Cadernos do cárcere

Obras de Antonio Gramsci

Editor: Carlos Nelson Coutinho
Coeditores: Luiz Sérgio Henriques e Marco Aurélio Nogueira

Cadernos do cárcere (6 vols.)

1. Introdução ao estudo da filosofia. A filosofia de Benedetto Croce
2. Os intelectuais. O princípio educativo. Jornalismo
3. Maquiavel. Notas sobre o Estado e a política
4. Temas de cultura. Ação católica. Americanismo e fordismo
5. O *Risorgimento*. Notas sobre a história da Itália
6. Literatura. Folclore. Gramática. Apêndices: variantes e índices

Escritos políticos (2 vols.)

1. Escritos políticos 1910-1920
2. Escritos políticos 1921-1926

Cartas do cárcere (2 vols.)

Antonio Gramsci

Cadernos do cárcere

Volume 6:
Literatura. Folclore. Gramática

Apêndices:
Variantes e índices

Tradução de
Carlos Nelson Coutinho
Luiz Sérgio Henriques

5ª edição

CIVILIZAÇÃO BRASILEIRA

Rio de Janeiro
2023

Capa: Rodrigo Moreira
Imagem de capa: Laski Diffusion/ Getty Images

Texto revisado segundo Acordo Ortográfico da Língua Portuguesa de 1990.

Direitos desta edição adquiridos pela
EDITORA CIVILIZAÇÃO BRASILEIRA
Um selo da
EDITORA JOSÉ OLYMPIO LTDA.
Rua Argentina, 171 — Rio de Janeiro, RJ — 20921-380 — Tel.: (21) 2585-2000.

CIP-BRASIL. CATALOGAÇÃO NA PUBLICAÇÃO
SINDICATO NACIONAL DOS EDITORES DE LIVROS, RJ

G773c Gramsci, Antonio, 1891-1937
5. ed. Cadernos do cárcere, volume 6 : literatura, folclore, gramática / Antonio Gramsci ; tradução Carlos Nelson Coutinho, Luiz Sérgio Henriques. - 5. ed. - Rio de Janeiro : Civilização Brasileira, 2023.

Tradução de: Quaderni del carcere
Apêndice: Variantes e índices
ISBN 978-65-5802-026-4

1. Literatura italiana - História e crítica. 2. Folclore. 3. Língua italiana. I. Coutinho, Carlos Nelson. II. Henriques, Luiz Sérgio. III. Título.

23-85358 CDD: 850.9
CDU: 821.131.1.09

Meri Gleice Rodrigues de Souza - Bibliotecária - CRB-7/6439

Impresso no Brasil
2023

SUMÁRIO

NOTA PRÉVIA

Para os critérios utilizados na presente edição brasileira dos *Cadernos do cárcere*, que se completa agora com este volume 6, remetemos à detalhada "Introdução" contida no volume 1. Nela o leitor encontrará não apenas a explicitação desses critérios, mas também uma descrição dos *Cadernos* e uma história de suas edições na Itália e no Brasil.

Recordamos aqui apenas alguns tópicos:

1) Os *Cadernos do cárcere* se dividem, segundo indicações do próprio Gramsci, em "cadernos especiais" e "cadernos miscelâneos". Nos primeiros, em geral mais tardios, Gramsci agrupou notas sobre temas específicos; nos segundos, reuniu apontamentos sobre diferentes assuntos. Além de reproduzir os "cadernos especiais" tais como nos foram legados por Gramsci, esta edição os faz sempre acompanhar pelas notas contidas nos "cadernos miscelâneos", relativas ao conteúdo básico de cada um dos "cadernos especiais".

O presente volume 6 contém quatro desses "cadernos especiais", dois dedicados a temas de literatura e arte, um ao folclore e outro à gramática. Também consideramos aqui como "caderno especial" a parte do caderno 4 (que, em seu conjunto, é um "caderno miscelâneo") na qual, com titulação própria e destaque gráfico, Gramsci dedicou 11 parágrafos à análise do canto décimo do *Inferno* de Dante. Esses quatro cadernos especiais são seguidos, como nos demais volumes, por uma parte geral intitulada "Dos cadernos miscelâneos", em que são reunidas todas as notas esparsas que Gramsci dedicou aos temas abordados nos mencionados cadernos especiais, muitas das quais intituladas "Literatura popular", "Os filhotes do padre Bresciani", "Caráter não nacional-popular da literatura italiana", etc., títulos igualmente presentes nos "cadernos especiais" contidos neste volume. Também se encontram nesta parte miscelânea as poucas notas dedicadas mais especificamente ao folclore (§ 14 do caderno 2, § 156 do caderno 5, § 15 do caderno 9 e § 7 do caderno 14) e à gramática (§ 74 do caderno 3, § 151 do caderno 5 e §§ 20 e 71 do caderno 6).

Apresentados aqui em sua presumível ordem cronológica de redação, os cadernos e as notas (sempre precedidas no manuscrito de Gramsci por um sinal de §) são datados e numerados segundo os critérios adotados na edição crítica organizada por Valentino Gerratana (*Quaderni del carcere*, Turim, Einaudi, 1975, 4 vols.).

2) Em sua edição, Gerratana distingue as notas gramscianas em textos A, B e C. Os textos A são aqueles que Gramsci cancela e depois retoma, com maiores ou menores alterações, em textos C; os textos B são os de redação única. Nossa edição, que reproduz a totalidade dos textos B e C, contém apenas alguns textos A, a maioria dos quais incluída no Apêndice ao presente volume 6, segundo critérios especificados a seguir. Enquanto os "cadernos especiais" são quase sempre constituídos de textos C, os "cadernos miscelâneos" (se excluirmos os textos A e apenas três textos C) são formados por textos B. Quando houver exceções a essa "regra", elas serão indicadas na presente edição mediante a inclusão, após cada parágrafo que não siga a "regra", dos signos {B} ou {C}. Cabe advertir que, no presente volume 6, todos os parágrafos contidos nos "cadernos especiais" 21, 23 (com exceção do § 59, do tipo B) e 27 são do tipo C; e todos aqueles presentes nos "cadernos miscelâneos" (bem como na parte intitulada "O canto décimo do *Inferno*") são do tipo B. Mas também — como principal exceção à "regra" — cabe registrar que todos os nove parágrafos contidos no "caderno especial" 29 (o último redigido por Gramsci) são de redação única, ou seja, do tipo B.

3) Sempre que o leitor encontrar, ao longo do texto de Gramsci, um número posto entre colchetes ([1], [2], [3], etc.), tal número remete às "Notas ao texto", situadas, neste volume, no final da parte I. Essas "Notas" fazem parte do aparato crítico da presente edição. No caso do atual volume, além de muitas notas originais e de outras sugeridas por

V. Gerratana em sua edição crítica, valemo-nos sobretudo de sugestões contidas nos dois volumes já publicados da edição norte-americana dos *Prison Notebooks*, organizada por J. A. Buttigieg, mencionada no volume 1.

4) O presente volume 6 contém, como apêndices, alguns materiais indispensáveis a uma mais adequada leitura crítica dos *Cadernos* gramscianos:

a) *Uma antologia de textos A*. Na esmagadora maioria dos casos, os textos C limitam-se a reproduzir os textos A, ou literalmente, ou introduzindo apenas correções estilísticas e/ou novos desenvolvimentos, mas quase sempre preservando essencialmente o que estava contido no texto (ou textos) A que lhe(s) serviu (ou serviram) de base. Em função disso, os textos A foram eliminados não só da antiga edição temática proposta por Palmiro Togliatti (cf. a "Introdução", vol. 1), mas também da edição crítica francesa, organizada por Robert Paris (*Cahiers de prison*, Paris, Gallimard, 5 vols., 1978-1996), que, no mais, segue o ordenamento por cadernos da edição Gerratana. Contudo, em certos casos, o conhecimento do texto A contribui para uma melhor avaliação da evolução do pensamento gramsciano durante o período carcerário. Por isso, num dos apêndices ao presente volume, estão incluídos alguns exemplos de textos A, que permitem ao leitor ter uma ideia mais precisa do modo pelo qual Gramsci os reelaborava em textos C.

b) *Um "Índice geral dos* Cadernos do cárcere". Em tal "Índice" são indicados, caderno a caderno, todos os parágrafos (com os títulos que lhes deu Gramsci) redigidos no cárcere. Nele estão assim relacionados não apenas todos os textos B e C, com referência ao número do volume e da página onde se encontram em nossa edição, mas também todos os textos A, ou com a indicação de onde se encontram na mesma ou com a menção do texto C no qual foram retomados e/ou reelaborados. Este "Índice" permitirá ao leitor não só localizar mais rapidamente o texto que lhe interessa, mas também — se assim o desejar — reler ou reexaminar as notas contidas em nossa edição dos *Cadernos* na ordem em que presumivelmente Gramsci as redigiu, ou, mais precisamente, na ordem material em que aparecem na edição organizada por Valentino Gerratana.

c) *Um "Índice dos principais conceitos"*. Nele estão arrolados alguns dos principais conceitos presentes nos *Cadernos*, o que possibilita ao leitor encontrar, nos seis volumes de nossa edição, o local exato em que foram mencionados ou desenvolvidos por Gramsci.

C.N.C.

CADERNOS DO CÁRCERE

VOLUME 6

I.

LITERATURA. FOLCLORE. GRAMÁTICA

1. Do Caderno 4

(1930-1932)

O canto décimo do Inferno [1]

§ 78. A questão de "estrutura e poesia" na *Divina comédia* segundo B. Croce e Luigi Russo. Leitura de Vincenzo Morello como *corpus vile*. Leitura de Fedele Romani sobre Farinata. De Sanctis [2]. Questão da "representação indireta" e das rubricas no drama: as rubricas têm um valor artístico? Contribuem para a representação dos papéis? Sim, certamente, na medida em que limitam o arbítrio do ator e caracterizam mais concretamente um determinado personagem. O caso de *Homem e super-homem* de Shaw, com o manual de John Tanner como apêndice: este apêndice é uma rubrica, da qual um ator inteligente pode e deve extrair elementos para sua interpretação [3]. A pintura de Medeia que mata os filhos que teve com Jasão, encontrada em Pompeia: Medeia é representada com o rosto vendado: o pintor não sabe ou não quer representar aquele rosto [4]. (Há, porém, o caso de Níobe, mas em obra de escultura: cobrir o rosto significaria retirar da obra seu conteúdo próprio [5].) Farinata e Cavalcante: o sogro e o pai de Guido. Cavalcante é o punido no círculo [6]. Ninguém observou que, se não se leva em conta o drama de Cavalcante, não se vê *em ato*, neste círculo, o tormento do condenado: a *estrutura* deveria ter levado a uma mais exata valorização estética do canto, já que toda punição é representada em ato. De Sanctis notou a aspereza contida no canto pelo fato de Farinata mudar repentinamente de caráter: depois de ter sido *poesia*, ele se torna *estrutura*, passando a agir como o cicerone de Dante, como De Sanctis explica. A representação poética de Farinata foi admiravelmente revivida por Romani: Farinata é *uma série de estátuas*. Depois, Farinata representa uma *rubrica*. O livro de Isidoro Del Lungo sobre a *Cronica* de Dino Compagni: nele se estabelece a data da morte de Guido. É estranho que os eruditos não tenham pensado antes em se servirem do Canto X para fixar aproximativamente esta data (alguém o fez?). Mas tampouco a verificação feita por Del Lungo serviu para interpretar a figura de Cavalcante e para dar uma explicação da função atribuída por Dante a Farinata [7].

Qual é a posição de Cavalcante, qual seu tormento? Cavalcante vê o passado e vê o futuro, mas não vê o presente, uma zona determinada do passado e do futuro na qual está compreendido o presente. No passado, Guido está vivo, no futuro está morto. Mas no presente? Está morto ou vivo? Este é o tormento de Cavalcante, sua obsessão, seu único pensamento dominante. Quando fala, pergunta pelo filho; quando ouve o verbo "desdenhou", conjugado no passado, ele insiste e, tardando a resposta, não mais duvida: seu filho está morto. Ele desaparece na tumba incandescente.

Como Dante representa este drama? Ele o sugere ao leitor, não o representa; fornece ao leitor os elementos para que o drama seja reconstruído e estes elementos são dados pela estrutura. Todavia, há uma parte dramática e esta precede a rubrica. Três deixas: Cavalcante aparece, não ereto e viril como Farinata, mas humilde, abatido, talvez de joelhos, e pergunta com insegurança sobre o filho. Dante responde, indiferente ou quase, empregando o verbo que se refere a Guido no passado. Cavalcante percebe imediatamente este fato e grita desesperadamente. Nele há dúvida, não certeza; pede outras explicações, através de três perguntas, nas quais há uma gradação de estados de espírito. "Por que disseste 'desdenhou'? Ele já não vive mais? Já não lhe chega aos olhos a doce luz?" Na terceira pergunta, há toda a ternura paterna de Cavalcante; a genérica "vida" humana é vista numa condição concreta, no gozo da luz, que os condenados e os mortos perderam. Dante demora a responder e, então, cessa a dúvida em Cavalcante. Farinata, ao contrário, não se abala. Guido é o marido de sua filha, mas, naquele momento, este sentimento não tem poder sobre ele. Dante sublinha esta sua força de espírito. Cavalcante desaba, *mas* Farinata não muda de aspecto, não abaixa a cabeça, não inclina a coluna. Cavalcante cai de costas, Farinata não tem nenhum gesto de abatimento; Dante analisa negativamente Farinata para sugerir os (três) movimentos de Cavalcante: crispar o semblante, abaixar a cabeça, inclinar a coluna. Mas algo se modificou também em Farinata. Quando retorna, não é mais tão altivo como em sua primeira aparição.

Dante não interroga Farinata apenas para se "informar", mas porque se comoveu com o desaparecimento de Cavalcante. Ele quer que se desate o nó que o impede de responder a Cavalcante; sente-se culpado diante de Cavalcante. Portanto, o trecho estrutural não é apenas estrutura; é também poesia, é um elemento necessário do drama que se desenvolveu.

§ 79. *Crítica do "não expresso"?* Minhas observações poderiam dar lugar à seguinte objeção: que se trata de uma crítica do que não foi expresso, de uma história do que não existiu, de uma abstrata busca de intenções plausíveis jamais transformadas em poesia concreta, mas das quais permanecem marcas exteriores no mecanismo da estrutura. Algo similar à posição frequentemente assumida por Manzoni em *Os noivos*; por exemplo, quando Renzo, após ter vagado em busca do Rio Adda e da fronteira, pensa na trança negra de Lúcia: "[...] e contemplando a imagem de Lúcia! Não *tentaremos* dizer o que ele sentia: *o leitor conhece as circunstâncias: que use a imaginação!*" Aqui também pode ser o caso de tentar "imaginar" um drama, conhecendo-lhe as circunstâncias.

A objeção tem uma aparência de verdade: se não se pode conceber Dante impondo limites à sua expressão por razões práticas (ao contrário de Manzoni, que se propõe não falar do amor sexual e não representar as paixões em sua plenitude por motivos de "moral católica"), pode-se supor que o fato ocorreu por "tradição de linguagem poética", que, de resto, Dante nem sempre teria respeitado (Ugolino, Mirra, etc.), "fortalecido" por seus especiais sentimentos para Guido [8]. Mas é possível reconstruir e criticar uma poesia a não ser com base no mundo da expressão concreta, da linguagem historicamente realizada? Portanto, não foi um elemento "voluntário", "de caráter prático ou intelectivo", que *cortou* as asas a Dante: ele "voou com as asas que tinha", por assim dizer, e não renunciou voluntariamente a nada. Sobre este tema do neomalthusianismo artístico de Manzoni, cf. o livrinho de Croce e o artigo de Giuseppe Citanna na *Nuova Italia* de junho de 1930 [9].

§ 80. Plínio recorda que Timantes de Sicião pintara a cena do sacrifício de Ifigênia representando o rosto de Agamenon encoberto [10]. Lessing, no *Laocoonte*, foi o primeiro (?) a reconhecer neste artifício não uma incapacidade do pintor em representar a dor do pai, mas o sentimento profundo do artista de que não teria sabido, por meio da representação de uma face conturbada, dar uma impressão tão penosa de infinita tristeza como o fez com esta figura velada, cujo rosto é coberto pela mão. Embora difira da pintura de Timantes na composição geral, também na pintura do sacrifício de Ifigênia, encontrada em Pompeia, a figura de Agamenon aparece velada.

Paolo Enrico Arias fala destas diversas representações de Ifigênia no *Bollettino dell'Istituto Nazionale del dramma antico di Siracusa*, artigo resumido no *Marzocco* de 13 de julho de 1930.

Nas pinturas de Pompeia, existem outras figuras veladas: por exemplo, *Medeia* que mata os filhos. Será que a questão foi tratada depois de Lessing, cuja interpretação não é completamente satisfatória?

§ 81. A data da morte de Guido Cavalcanti foi estabelecida criticamente, pela primeira vez, por Isidoro Del Lungo, em sua obra *Dino Compagni e la sua Cronica*, cujo terceiro volume, publicado em 1887, "contém os índices histórico e filológico de toda a obra e o texto da *Cronica* segundo o Códice Laurenziano Ashburnhamiano"; os volumes I e II foram concluídos em 1880 e publicados logo após. Deve-se ver se Del Lungo, ao estabelecer a data da morte de Guido, relaciona esta data com o Canto X: ao que me recorde, não. Sobre o mesmo assunto, caberia ver, de Del Lungo: *Dante nei tempi di Dante*, Bolonha, 1888; *Dal secolo e dal poema di Dante*, Bolonha, 1898; e, particularmente, *Da Bonifazio VIII ad Arrigo VII, pagine di storia fiorentina per la vita di Dante*, que é uma reprodução, revista e corrigida, e talvez ampliada, de uma parte da obra sobre *Dino Compagni e la sua Cronica*.

§ 82. *O desdém de Guido.* Na resenha escrita por G. S. Gargàno ("La lingua nei tempi di Dante e l'interpetazione della poesia", *Marzocco*, 14 de abril de 1929) sobre o livro póstumo de Enrico Sicardi, *La lingua italiana in Dante* (Ed. Optima, Roma), menciona-se a interpretação de Sicardi sobre o "desdém" de Guido. O trecho, segundo Sicardi, deveria ser assim interpretado: "Não faço a viagem por minha livre escolha; não sou livre de vir ou não vir; ao contrário, estou aqui trazido por aquele que está ali parado, esperando-me, e *com quem* vosso Guido desdenhou vir até aqui, ou seja, desdenhou acompanhá-lo até aqui." A interpretação de Sicardi é formal, não substancial: ele não explica em que consiste o "desdém" (ou pela língua latina, ou pelo imperialismo virgiliano ou pelas demais explicações dadas pelos intérpretes). Dante mereceu a "graça" do Céu: como seria possível conceder a mesma graça a um ateu? (Isto não é exato, já que a "graça", por sua própria natureza, não pode ser limitada por nenhum motivo.) Para Sicardi, no verso "talvez a quem vosso Guido desdenhou", o *quem* refere-se certamente a Virgílio, mas não é um complemento objeto, e sim um destes costumeiros pronomes aos quais falta a preposição *com*. E qual é o objeto de "desdenhou"? Deduz-se da expressão que antecede: "não venho por minha própria vontade" e é, digamos, ou o substantivo "vinda" ou, se se prefere, uma oração objetiva: "vir".

Em sua resenha, em certo ponto, escreve Gargàno: "O amigo de Guido diz ao pobre pai *desiludido* por não ver vivo no Inferno também seu filho, etc." *Desiludido?* É muito pouco: trata-se de uma palavra de Gargàno ou é extraída de Sicardi? Não se põe o problema: mas por que deveria Cavalcante esperar que Guido viesse ao Inferno com Dante? "Pela grandeza do gênio"? Cavalcante não é movido pela "racionalidade", mas pela "paixão": não há nenhuma razão para que Guido devesse acompanhar Dante; o que há, apenas, é o fato de Cavalcante querer saber se Guido está vivo ou morto e, com isso, libertar-se de seu tormento. A coisa mais importante do verso "talvez a quem Guido desdenhou" não é a expressão "a quem", nem o fato do "desdém", mas apenas o uso do verbo no passado. É sobre "desdenhou" que cai o acento "estético" e "dramático" do verso, residindo nele a origem do drama de Cavalcante, interpretado nas rubricas de Farinata. E tem lugar a "catarse"; Dante se corrige, põe fim à pena de Cavalcante, isto é, interrompe sua punição em *ato*.

§ 83. Vincenzo Morello, *Dante, Farinata e Cavalcante*, in-8º, 80 p., Mondadori, 1927. Contém dois escritos: 1) "Dante e Farinata. Il canto X dell'Inferno letto nella 'Casa di Dante' in Roma il XXV aprile MCMXXV"; 2) "Cavalcante e il suo disdegno". Na ficha bibliográfica do editor, afirma-se: "As interpretações de Morello darão lugar a discussões entre os estudiosos, já que se afastam completamente das tradicionais e chegam a conclusões diversas e novas." Mas Morello possuía uma qualificação qualquer para este trabalho e para esta investigação? Assim inicia ele o primeiro escrito: "A crítica dos últimos trinta anos explorou tão profundamente as fontes (!) da obra dantesca que se pode dizer agora que foram penetrados e esclarecidos os sentidos mais obscuros, as referências mais difíceis, as alusões mais ocultas e até os mais íntimos detalhes dos personagens das três partes." Feliz é quem se contenta com tão pouco! E é muito cômodo partir de tal premissa: isso dispensa a realização de um trabalho próprio e muito cansativo de escolha e de aprofundamento dos resultados alcançados pela crítica histórica e estética. E Morello continua: "Desse modo, *após a devida preparação*, podemos hoje ler e entender a *Divina comédia*, sem nos perdermos mais nos labirintos das velhas conjeturas, que a incompleta informação histórica e a *deficiente disciplina intelectual* competiam entre si para construir e tornar insolúveis." Morello, portanto, teria feito a *devida preparação* e estaria de posse de uma perfeita disciplina intelectual: não será difícil mostrar que leu superficialmente até mesmo o Canto X e nem mesmo compreendeu seu significado literal mais evidente. Segundo Morello, o Canto X é "político por excelência" e "a política, para Dante, é algo tão sagrado quanto a religião"; é necessária, portanto, uma "disciplina mais que nunca rigorosa" na interpretação do Canto X, a fim de que não se substituam as tendências e paixões dos outros pelas próprias e de que se evitem as mais estranhas aberrações.

Morello afirma que o Canto X é político por excelência, mas não o demonstra e não pode fazê-lo porque isso não é verdade: o Canto X é político como é política toda a *Divina comédia*, mas não é político por excelência. Mas esta afirmação tranquiliza Morello porque lhe evita cansar o cérebro; já que se considera um grande político e um grande teórico da política, pensa ser fácil dar uma interpretação política do Canto X, depois de ter passado a vista no canto na primeira edição que lhe caiu nas mãos, servindo-se das ideias gerais que circulam sobre a política de Dante e das quais todo jornalista de sucesso, como Morello, deve ter um certo conhecimento superficial, bem como um certo número de fichas para consulta.

Que Morello só tenha lido superficialmente o Canto X é algo evidenciado pelas páginas em que trata das relações entre Farinata e Guido Cavalcante (p. 35). Morello quer explicar a impassibilidade de Farinata durante o desenvolvimento "do *episódio*" de Cavalcante. Recorda a opinião de Foscolo, segundo a qual esta indiferença demonstra a forte têmpera de Farinata, que "não permite que os afetos domésticos o impeçam de pensar nas novas calamidades da pátria"; e a de De Sanctis, segundo a qual Farinata permanece indiferente porque "as palavras de Cavalcante chegam a seu ouvido, não à alma, que está inteiramente fixada num pensamento único: a arte mal aprendida". Para Morello, pode haver "talvez uma explicação mais convincente". Ou seja: "Se Farinata não muda o semblante, não baixa a cabeça nem se dobra, tal como pretendia o poeta, talvez não seja porque é insensível ou pouco atento à dor do próximo, mas *porque ignora a pessoa de Guido*, como ignorava a de Dante, e porque ignora que Guido casou com sua filha. Ele morreu em 1264, três anos antes da volta dos Cavalcante a Florença, quando Guido tinha sete anos; e este ficou noivo de Bice com a idade de nove anos (1269), cinco anos após a morte de Farinata. *Se é verdade que os mortos não podem conhecer por si mesmos os fatos dos vivos, mas apenas por meio das almas que se aproximam deles, ou dos anjos e dos demônios*, Farinata pode desconhecer seu parentesco com Guido e permanecer indiferente à sua sorte, se nenhuma alma, anjo ou demônio lhe informou a respeito. *O que não parece ter ocorrido.*" O trecho é espantoso de vários pontos de vista e revela quanto é deficiente a disciplina intelectual de Morello: 1) O próprio Farinata diz aberta e claramente que os hereges de seu grupo não ignoram sempre todos os fatos, mas só "quando estes se aproximam e são"; nisto consiste sua punição específica, além da tumba incandescente, "por terem querido enxergar o futuro", e somente neste caso é que, "se outros não nos contam", eles ignoram. Portanto, Morello nem sequer leu bem o texto; 2) É próprio do diletante tentar encontrar, nos personagens de uma obra de arte, intenções situadas para além do que está literalmente expresso pelo escrito. Foscolo e De Sanctis (particularmente De Sanctis) não se afastam da seriedade crítica; Morello, ao contrário, pensa realmente na vida concreta de Farinata no Inferno para além do que está dito no canto de Dante, chegando mesmo a supor ser pouco provável que os demônios ou anjos tenham podido, em suas horas de folga, informar Farinata do que ele ignorava. Estamos diante da mentalidade do homem do povo que, quando acaba de ler um romance, quer saber o que fizeram depois todos os personagens (daí o êxito das aventuras em série): é a mesma mentalidade de Rosini, que escreve *A monja de Monza*, ou a de todos os escrevinhadores que escrevem as continuações de obras famosas ou desenvolvem e ampliam seus episódios parciais [11].

Que exista entre Cavalcante e Farinata, na poesia de Dante, uma íntima relação, é algo evidenciado pela letra do Canto e por sua estrutura: Cavalcante e Farinata são vizinhos (alguns ilustradores chegam mesmo a imaginá-los na mesma tumba), seus dois dramas são estreitamente articulados e Farinata é reduzido à função estrutural de *explicator* para possibilitar ao leitor penetrar no drama de Cavalcante. Explicitamente, depois do "desdenhou", Dante contrapõe Farinata a Cavalcante no aspecto físico-estatuário, que expressa a posição moral dos dois; Cavalcante *cai*, se abate, não mais aparece; Farinata, "analiticamente", não muda de semblante, não baixa a cabeça, não se inclina.

Mas a incompreensão da letra do Canto por parte de Morello revela-se também onde ele fala de Cavalcante, p. 31 e ss.: "Neste Canto, é também representado o drama da família através da dilaceração das guerras civis; mas não por Dante e Farinata, e sim por Cavalcante." Por que "através da dilaceração das guerras civis"? Trata-se de um acréscimo cerebrino de Morello. O duplo elemento família-política aparece em Farinata e, com efeito, a política o mantém de pé diante do impacto causado pelo desastre familiar da filha. Mas, em Cavalcante, o único motivo dramático é o amor filial e, na realidade, ele desmorona tão logo tem a certeza de que o filho está morto. Segundo Morello, Cavalcante "pergunta a Dante *chorando*: — Por que meu filho não está contigo? — *Chorando*. Na verdade, pode-se dizer que este pranto de Cavalcante é o pranto da guerra civil". Estupidez, decorrente da afirmação de que o Canto X é "político por excelência". E mais adiante: "Guido estava vivo na época da viagem mística; mas estava morto quando Dante escrevia. Portanto, Dante escrevia realmente sobre um morto, *embora, pela cronologia da viagem, devesse dizer o contrário ao pai*", etc. Esta passagem demonstra como Morello mal aflorou o conteúdo dramático e poético do Canto e, literalmente, nem o percebeu quando da leitura textual.

Superficialidade plena de contradições, já que Morello, em seguida, atém-se à predição de Farinata, sem pensar que, se estes heréticos podem conhecer o futuro, devem também conhecer o passado, dado que o futuro sempre se torna passado: isto não o leva a reler o texto e a verificar seu significado.

Mas também a chamada interpretação política que Morello faz do Canto X é superficialíssima: não é mais do que a retomada da velha questão de saber se Dante foi guelfo ou gibelino. Para Morello, em suma, Dante foi gibelino e Farinata é "seu herói", só que Dante foi gibelino como Farinata, isto é, mais "político" do que "homem de partido". Sobre este assunto, pode-se dizer tudo o que se quiser. Na realidade, como ele mesmo diz, Dante "tomou o partido de si mesmo": era essencialmente um "intelectual", e seu sectarismo e partidarismo são mais de natureza intelectual do que política em sentido imediato. De resto, a posição política de Dante só poderia ser determinada através de uma minuciosíssima análise, não apenas de tudo o que ele mesmo escreveu, mas também das divisões políticas de seu tempo, que eram muito diferentes daquelas de cinquenta anos antes. Morello está demasiadamente preso à retórica literária para ter condições de conceber de modo realista as posições políticas dos homens da Idade Média diante do Império, do papado e de sua república comunal [12].

Onde Morello nos faz sorrir é em seu "desdém" pelos comentadores, que aflora aqui e ali, como na p. 52 de seu escrito "Cavalcante e il suo disdegno", no qual afirma que "a prosa dos comentadores altera frequentemente o sentido dos versos". Mas vejam quem o diz!

Este escrito, "Cavalcante e il suo disdegno", inclui-se precisamente naquela subliteratura sobre a *Divina comédia*, inútil e prejudicial com suas conjeturas, seus sofismas, seus arroubos de falsa genialidade, elaborada por pessoas que, por terem a caneta na mão, julgam-se no direito de escrever sobre qualquer coisa, liberando as extravagantes fantasias de seus ínfimos talentos.

§ 84. As "renúncias descritivas" na *Divina comédia*. De um artigo de Luigi Russo, "Per la poesia del Paradiso dantesco" (no *Leonardo* de agosto de 1927), extraio algumas referências às "renúncias descritivas" de Dante que, de qualquer modo, têm origem e explicação diversas daquelas do episódio de Cavalcante. Delas se ocupou Augusto Guzzo, na *Rivista d'Italia* de 15 de novembro de 1924, p. 456-479 ("Il Paradiso e la critica di De Sanctis") [13]. Escreve Russo: "Guzzo fala das 'renúncias descritivas' que são frequentes no *Paraíso* ('e aqui minha memória vence meu engenho', — 'mesmo se todas as línguas eu ouvisse agora'), e considera que esta é uma prova de que, onde Dante não pode transfigurar celestialmente a terra, 'prefere renunciar a descrever o fenômeno celeste, em vez de, com abstrata e artificiosa fantasia, subverter, inverter, violentar a experiência' (p. 478) [14]. Ora, também aqui Guzzo, como os outros dantólogos, permanece vítima de uma avaliação psicológica de vários versos deste gênero, tão recorrentes no *Paraíso*. Típico é o caso de Vossler, que certa feita se serviu destas 'renúncias descritivas' do poeta como se fossem confissões de impotência imaginativa, para concluir, com base no testemunho do próprio artista, sobre a inferioridade da última parte do poema [15]. Recentemente, contudo, em sua revisão crítica, utilizou precisamente aquelas renúncias descritivas para lhes atribuir um valor religioso, quase se o poeta pretendesse revelar, de quando em quando, que aquele é o reino do absoluto transcendente (*Die Göttliche Komödie*, 1925, II Band, p. 771-772). Ora, parece-me que jamais o poeta conseguiu ser tão expressivo quanto nestas suas confissões de impotência expressiva, as quais, na verdade, devem ser consideradas não em seu conteúdo (que é negativo), mas em seu tom lírico (que é positivo e mesmo, algumas vezes, hiperbolicamente positivo). Trata-se da poesia do inefável; e não se deve confundir a poesia do inefável com a inefabilidade poética", etc.

Para Russo, não se pode falar de renúncias descritivas em Dante. Trata-se, em forma negativa, de expressões plenas, suficientes, de tudo aquilo que verdadeiramente se agita no peito do poeta.

Russo refere-se em nota a um de seus estudos, "Il Dante del Vossler e l'unità poetica della Commedia", no vol. XII dos *Studi danteschi*, dirigidos por M. Barbi; mas a menção a Vossler deve se referir às tentativas de hierarquizar artisticamente as três partes do poema [16].

§ 85. Em 1918, numa coluna de *Sotto la mole*, intitulada "Il cieco Tiresia", publicou-se um esboço da interpretação da figura de Cavalcante formulada nestas notas [17]. No artigo publicado em 1918, partia-se da notícia, publicada pelos jornais, de que uma mocinha, numa pequena aldeia da Itália, ficou cega após prever o fim da guerra para 1918. A conexão é evidente. Na tradição literária e no folclore, o dom da previsão está sempre ligado à enfermidade atual do vidente que, embora veja o futuro, não vê o presente imediato por ser cego. (Isto talvez esteja ligado à preocupação de não perturbar a ordem natural das coisas; por isso, não se crê nos videntes, como Cassandra; se houvesse tal crença, suas previsões não se verificariam, já que os homens, tendo sido avisados, agiriam diferentemente e, por conseguinte, os fatos teriam um desenvolvimento diverso daquele previsto, etc.)

§ 86. De uma carta do professor U. Cosmo (dos primeiros meses de 1932), extraio alguns trechos sobre o problema de Cavalcante e Farinata:

"Parece-me que nosso amigo [Gramsci] acertou no alvo; sempre ensinei algo que se aproxima de sua interpretação. Ao lado do drama de Farinata, há também o drama de Cavalcante, e os críticos fizeram mal, e ainda o fazem, em deixá-lo na sombra. Nosso amigo, portanto, faria um ótimo trabalho esclarecendo-o. Mas, para esclarecê-lo, seria preciso aprofundar-se um pouco mais na alma medieval. Cada um deles, Farinata e Cavalcante, sofre seu drama. Mas o drama específico de um não atinge o outro. São ligados pelo parentesco dos filhos, mas são de partidos opostos. Por isso, não se encontram. Esta é sua força como *dramatis personae*, mas é sua culpa como homens. Mais difícil me parece provar que a interpretação refute substancialmente a tese de Croce sobre a poesia e a estrutura da *Comédia*. Sem dúvida, também a estrutura da obra tem valor de poesia. Com sua tese, Croce reduz a poesia da *Comédia* a poucas passagens e perde quase inteiramente o poder de sugestão que dela emana. Ou seja, perde quase toda a sua poesia. A virtude da grande poesia é sugerir mais do que aquilo que diz, e sugerir sempre coisas novas. Daí sua eternidade. Portanto, seria preciso deixar bem claro que esta virtude de sugestão que emana do drama de Cavalcante emana da estrutura da obra (a previsão do futuro e a ignorância do presente pelos condenados; o fato de estarem naquele determinado cone de sombra, como se expressa com muita felicidade o amigo; de estarem na mesma tumba [!?] os dois sofredores; de estarem ligados por aquelas determinadas leis de construção). Todas estas partes da estrutura tornam-se fonte de poesia. Se fossem suprimidas, desapareceria a poesia. — Parece-me que, para alcançar um efeito mais seguro, seria bom comprovar novamente a tese com um outro exemplo. Escrevendo sobre o *Paraíso*, cheguei à conclusão de que onde a *construção* é débil também a poesia é débil. [...] Contudo, seria talvez mais eficaz buscar a comprovação em algum episódio plástico do *Inferno* ou do *Purgatório*. Penso, portanto, que o amigo faria muito bem em desenvolver sua tese, com o rigor de seu raciocínio e a clareza de sua expressão. A aproximação com as rubricas dos dramas propriamente ditos é arguta e pode ser esclarecedora. Mando para você algumas indicações bibliográficas mais fáceis. O estudo de Russo pode ser consultado, na íntegra, em L. Russo, *Problemi di metodo critico*, Bári, Laterza, 1929. Na *Critica*, valeria a pena consultar o que Arangio Ruiz escreveu (*Critica*, XX, p. 340-357). Segundo Barbi, o artigo é 'belíssimo'. Pretensioso, em sua pomposa filosofia, é o artigo de Mario Botti ('Per lo studio della genesi della poesia dantesca. La seconda cantica: poesia e struttura nel poema'), nos *Annali del'Instruzione media*, 1930, p. 432-473. Barbi ocupa-se da questão, mas não diz nada de novo, no último número dos *Studi danteschi* (XVI, p. 47 e ss.), 'Poesia e struttura nella Divina Commedia. Per la genesi dell'ispirazione centrale della Divina Commedia'. Também Barbi, num estudo intitulado 'Con Dante e coi suoi interpreti' (vol. XV, *Studi danteschi*), passa em revista as últimas interpretações do Canto de Farinata. E o próprio Barbi publicou um comentário no vol. VIII dos *Studi danteschi*."

Há muitas coisas a observar sobre estas notas do professor Cosmo [18].

§ 87. Já que não se deve levar muito a sério a gravíssima tarefa de fazer progredir a crítica dantesca ou de colocar a própria pedrinha no edifício de comentários e de esclarecimentos sobre o divino poema, etc., parece que o melhor modo de apresentar estas observações sobre o Canto X deva ser mesmo o polêmico, para destruir um filisteu clássico como Rastignac, para demonstrar, de modo drástico e fulminante, ainda que demagógico, que os representantes de um grupo social subalterno podem ridicularizar, em termos científicos e de gosto artístico, rufiões intelectuais como Rastignac [19]. Mas Rastignac conta menos que nada no mundo cultural oficial! Não é preciso muito esforço para demonstrar sua inépcia e nulidade. Sua conferência, porém, foi pronunciada na Casa de Dante, em Roma. Por quem é dirigida esta Casa de Dante da cidade eterna? Também a Casa de Dante e seus dirigentes não valem nada? E, se não valem nada, por que não são eliminados pela grande cultura? E como a conferência foi julgada pelos dantólogos? Barbi falou dela, em suas resenhas nos *Studi danteschi*, para mostrar suas deficiências, etc.? E, ademais, é agradável poder puxar pela gola um homem como Rastignac e usá-lo como bola num solitário jogo de futebol.

§ 88. *Shaw e Gordon Craig* [20]. Polêmica entre os dois sobre o teatro. Shaw defende suas longuíssimas rubricas como auxílio não à representação, mas à leitura. Segundo Aldo Sorani (*Marzocco* de 1º de novembro de 1931), estas rubricas de Shaw "são precisamente o contrário do que Gordon Craig deseja e exige como algo capaz de dar vida no palco à fantasia do autor dramático, de recriar aquela atmosfera da qual surgiu a obra de arte e que se impôs ao próprio autor [21]".

2. Caderno 21

(1934-1935)

Problemas da cultura nacional italiana.

1º Literatura popular

§ 1. *Conexão de problemas.* Polêmicas surgidas no período de formação da nação italiana e da luta pela unidade política e territorial e que continuaram e continuam a envolver de modo obsessivo pelo menos uma parte dos intelectuais italianos. Alguns destes problemas, como o da língua, são muito antigos. Remetem às primeiras épocas da formação de uma unidade cultural italiana. Nasceram do confronto entre as condições gerais da Itália e as de outros países, particularmente da França, ou do reflexo de condições peculiares italianas, como o fato de que a península foi a sede do Império Romano e tornou-se a sede do maior centro da religião cristã. O conjunto destes problemas é o reflexo da difícil elaboração de uma nação italiana de tipo moderno, obstaculizada por condições de equilíbrio de forças internas e internacionais.

Jamais existiu, entre as classes intelectuais e dirigentes, a consciência de que há uma conexão entre estes problemas, conexão de coordenação e de subordinação. Ninguém jamais apresentou tais problemas como um conjunto correlacionado e coerente, mas cada um deles foi periodicamente reapresentado, conforme interesses polêmicos imediatos, nem sempre claramente expressos, sem vontade de aprofundamento. Por isso, o tratamento desses problemas foi feito de forma abstratamente cultural, intelectualista, sem perspectiva histórica exata e, portanto, sem que se formulasse para eles uma solução político-social concreta e coerente. Quando se afirma que jamais existiu consciência da unidade orgânica destes problemas, é preciso esclarecer: talvez seja verdade que faltou a coragem de formular a questão de modo exaustivo, já que de tal formulação, rigorosamente crítica e consequente, temia-se que derivassem imediatamente perigos vitais para a vida nacional unitária; esta timidez de muitos intelectuais italianos deve ser por sua vez explicada, e é característica de nossa vida nacional. Ademais, parece irrefutável que nenhum destes problemas pode ser resolvido isoladamente (na medida em que são ainda atuais e vitais). Portanto, um tratamento crítico e desapaixonado de todas estas questões — que ainda obcecam os intelectuais e são apresentados hoje, aliás, como algo em via de solução orgânica (unidade da língua; relação entre arte e vida; questão do romance e do romance popular; questão de uma reforma intelectual e moral, isto é, de uma revolução popular que tenha a mesma função da Reforma protestante nos países germânicos e da Revolução Francesa; questão da "popularidade" do *Risorgimento*, que teria sido alcançada com a Guerra de 1915-1918 e com as reviravoltas posteriores, do que resultou o emprego inflacionado dos termos "revolução" e "revolucionário") — pode fornecer a pista mais útil para reconstruir as características fundamentais da vida cultural italiana e das exigências que são por elas indicadas e propostas para solução.

Eis o "elenco" das mais significativas questões a examinar e analisar: 1) "Por que a literatura italiana não é popular na Itália?" (para usar a expressão de Ruggero Bonghi); 2) Existe um teatro italiano? Polêmica posta por Ferdinando Martini e que deve ser relacionada com uma outra, ou seja, a da maior ou menor vitalidade do teatro dialetal e do teatro em língua italiana; 3) Questão da língua nacional, tal como foi formulada por Alessandro Manzoni; 4) Existiu ou não um romantismo italiano?; 5) É necessário provocar na Itália uma reforma religiosa como a protestante? Ou seja: a ausência de vastas e profundas lutas religiosas, determinada pelo fato de ser a Itália a sede do papado quando fermentaram as inovações políticas que estão na base dos Estados modernos, foi origem de progresso ou de retrocesso?; 6) O Humanismo e o Renascimento foram progressistas ou reacionários?; 7) Impopularidade do *Risorgimento*, ou seja, indiferença popular no período das lutas pela independência e pela unidade nacional; 8) Apoliticismo do povo italiano, que se manifesta nas expressões "rebeldia", "subversivismo", "antiestatismo" primitivo e elementar; 9)

Inexistência de uma literatura popular em sentido estrito (romances de folhetim, de aventuras, científicos, policiais, etc.) e "popularidade" persistente deste tipo de romance traduzido de línguas estrangeiras, particularmente do francês; inexistência de uma literatura infantil [1]. Na Itália, o romance popular de produção nacional ou é o anticlerical ou são as biografias de bandidos. Mas se verifica um primado italiano no melodrama, que é o romance popular musicado.

Uma das razões pelas quais estes problemas não foram tratados explícita e criticamente deve ser encontrada no preconceito retórico (de origem literária), segundo o qual a nação italiana sempre existiu, da Roma antiga até hoje, e em algumas outras fantasias e vaidades intelectuais que, se foram "úteis" politicamente no período da luta nacional, como motivo para entusiasmar e concentrar as forças, são criticamente ineptas e, em última instância, tornam-se um elemento de debilidade, já que não permitem avaliar corretamente o esforço realizado pelas gerações que realmente lutaram para constituir a Itália moderna e porque induzem a uma espécie de fatalismo e de espera passiva de um futuro, que seria completamente predeterminado pelo passado. Em outros casos, estes problemas são mal formulados por causa da influência de conceitos estéticos de origem crociana, em especial os que se referem ao chamado "moralismo" na arte, ao "conteúdo" exterior à arte, à afirmação de que a história da cultura não deve ser confundida com a história da arte. Não se consegue compreender concretamente que a arte é sempre ligada a uma determinada cultura ou civilização e que, lutando-se para reformar a cultura, consegue-se modificar o "conteúdo" da arte, trabalha-se para criar uma nova arte, não a partir de fora (pretendendo-se uma arte didática, de tese, moralista), mas de dentro, já que o homem inteiro é modificado na medida em que são modificados seus sentimentos, suas concepções e as relações das quais o homem é a expressão necessária.

Ligação entre o "futurismo" e o fato de que algumas destas questões foram malpostas e não resolvidas, particularmente o futurismo em sua forma mais inteligente, a dos grupos florentinos de *Lacerba* e da *Voce*, com seu "romantismo" ou *Sturm und Drang* popular. Última manifestação "super-regionalista" [2]. Mas tanto o futurismo de Marinetti e o de Papini quanto o super-regionalismo chocaram-se, entre outras coisas, com este obstáculo: a ausência de caráter e de firmeza de seus protagonistas e a tendência carnavalesca e palhaçal dos pequenos-burgueses intelectuais, áridos e céticos.

Também a literatura regional foi essencialmente folclorística e pitoresca: o povo "regional" era visto "paternalisticamente", de fora, com espírito desencantado, cosmopolita, próprio de turistas em busca de sensações fortes e originais por sua crueza. O que prejudicou os escritores italianos foi precisamente seu íntimo "apoliticismo", coberto de retórica nacional verbosa. Deste ponto de vista, foram mais simpáticos Enrico Corradini e Pascoli, com seu nacionalismo confesso e militante, na medida em que buscaram resolver o dualismo literário tradicional entre povo e nação, embora tenham caído em outras formas de retórica e de oratória [3].

§ 2. No *Marzocco* de 13 de setembro de 1931, Aldo Sorani (que se ocupou com frequência, em diversas revistas e jornais, da literatura popular) publicou um artigo, "Romanzieri popolari contemporanei", no qual comenta a série de esboços sobre os "Ilustres desconhecidos", publicados por Charensol nas *Nouvelles Littéraires* (sobre isso, há uma nota mais adiante) [4]. "Trata-se de escritores popularíssimos, autores de romances de folhetim e de aventuras, desconhecidos ou quase pelo público literário, mas idolatrados e seguidos cegamente por aquele público de leitores bem maior, que decreta as imensas tiragens e que nada entende de literatura, mas quer se interessar e se apaixonar por enredos sensacionais, tecidos em torno de eventos criminais ou amorosos. Para o povo, *são esses os verdadeiros escritores*; e o povo sente por eles uma admiração e uma gratidão que tais romancistas mantêm de pé, entregando a editores e leitores uma massa de trabalhos tão contínua e imponente que parece incrível e insustentável terem tanta força, não digo intelectual, mas até física." Sorani observa que esses escritores "consagraram-se a uma tarefa exaustiva e prestam um serviço público real, já que infinitas massas de leitores e leitoras não podem passar sem eles e os editores obtêm enormes lucros graças à inesgotável atividade dos mesmos". Sorani emprega a expressão "serviço público real", mas lhe dá uma definição mesquinha, que não corresponde à que utilizamos nestas notas. Sorani observa que esses escritores, tal como se depreende dos artigos de Charensol, "tornaram mais severos seus costumes e mais morigerada sua vida em geral, desde a época agora remota em que Ponson de Terrail e Xavier de Montépin exigiam uma notoriedade mundana e tudo faziam para obtê-la [...], pretendendo que, no fim das contas, eles só se distinguiam de seus confrades mais acadêmicos por uma diferença de estilo. Escreviam como se fala, enquanto os outros escrevem como não se fala!". (Todavia, também os "ilustres desconhecidos" fazem parte, na França, das associações de literatos, como é o caso de Montépin. Recordar também o rancor de Balzac contra Sue por causa dos sucessos mundanos e financeiros deste último.)

Escreve ainda Sorani: "Um aspecto não negligenciável da persistência desta literatura popular [...] é oferecido pela paixão do público. Particularmente o grande público francês, aquele público que alguns consideram o mais malicioso, crítico e *blasé* do mundo, manteve-se fiel ao romance de aventuras e de folhetim. O jornalismo francês de informação e de grande tiragem é o que ainda não soube, ou não pôde, renunciar ao romance de folhetim. Proletariado e burguesia, em sua grande maioria, são ainda tão ingênuos (!) que têm necessidade dos intermináveis relatos emocionantes e sentimentais, horripilantes ou *larmoyants*, como alimento cotidiano de sua curiosidade e de sua sentimentalidade, têm ainda necessidade de tomar partido entre os heróis da delinquência e os heróis da justiça e da vingança."

"Diferentemente do público francês, o inglês ou americano inclinou-se para o romance de aventuras históricas [e os franceses não?] ou para o de aventuras policiais", etc. Lugares-comuns sobre as características nacionais.

"Quanto à Itália, creio que se pode perguntar por que a literatura popular não é popular na Itália. [Não é uma afirmação exata; não existem escritores na Itália, mas os leitores são muitíssimos.] Após Mastriani e Invernizio, parece-me que não mais existem entre nós romancistas capazes de conquistar a massa, arrepiando e fazendo chorar um público de leitores ingênuos, fiéis e insaciáveis [5]. Por que este gênero de romancistas não continuou (?) a existir entre nós? Será que nossa literatura, mesmo em seus submundos, foi excessivamente acadêmica e literata? Será que nossos editores não souberam cultivar uma planta considerada por demais desprezível? Será que nossos escritores não têm fantasia capaz de animar os folhetins e os fascículos? Ou será que nós, também neste campo, contentamo-nos, no passado e ainda hoje, em importar o que é produzido nos outros mercados? O certo é que não temos 'ilustres desconhecidos' em abundância, como a França, e alguma razão deve existir para esta deficiência; talvez valesse a pena investigá-la."

§ 3. *"Os humildes"*. Esta expressão — "os humildes" — é característica para compreender a atitude tradicional dos intelectuais italianos em face do povo e, consequentemente, o significado da "literatura para os humildes". Não se trata da relação contida na expressão dostoiévskiana "humilhados e ofendidos". É poderoso em Dostoiévski o sentimento nacional-popular, isto é, a consciência de uma missão dos intelectuais diante do povo, que talvez seja "objetivamente" constituído por "humildes", mas deve ser libertado desta "humildade", transformado, regenerado. No intelectual italiano, a expressão "humildes" indica uma relação de proteção paterna e divina, o sentimento "autossuficiente" de uma indiscutível superioridade, a relação entre duas raças, uma considerada superior e outra inferior, a relação que se dá entre adulto e criança na velha pedagogia, ou, pior ainda, uma relação do tipo "sociedade protetora dos animais" ou do tipo Exército da Salvação anglo-saxônico diante dos canibais da Papuásia.

§ 4. *O público e a literatura italiana*. Num artigo publicado no *Lavoro* e reproduzido em parte pela *Fiera Letteraria* de 28 de outubro de 1928, Leo Ferrero escreve: "Por uma ou outra razão, pode-se dizer que os escritores italianos não têm mais público. [...] De fato, um público quer dizer um conjunto de pessoas, não apenas que compra livros, mas sobretudo que admira homens. Uma literatura só pode florescer num clima de admiração e a admiração não é, como se poderia crer, uma recompensa, mas o estímulo ao trabalho. [...] O público que admira, que admira realmente, de coração, com alegria, o público que tem a felicidade de admirar (nada é mais deletério do que a admiração convencional) é o maior animador de uma literatura. Infelizmente, vários sintomas indicam que o público está abandonando os escritores italianos [6]."

A "admiração" de Ferrero não é mais do que uma metáfora e um "nome coletivo" para indicar o complexo sistema de relações, a forma de contato entre uma nação e seus escritores. Inexiste atualmente este contato, ou seja, a literatura não é nacional porque não é popular. Paradoxo da época atual. De resto, não há uma hierarquia no mundo literário, isto é, não existe uma personalidade eminente que exerça uma hegemonia cultural. Questão de por que e como uma literatura é popular. A "beleza" não basta: é necessário um determinado conteúdo intelectual e moral que seja a expressão elaborada e completa das aspirações mais profundas de um determinado público, isto é, da nação-povo numa certa fase de seu desenvolvimento histórico. A literatura deve ser, ao mesmo tempo, elemento efetivo de civilização e obra de arte; se não for assim, a literatura artística cederá lugar à literatura de folhetim, que, a seu modo, é um elemento efetivo de cultura, de uma cultura certamente degradada, mas vivamente sentida.

§ 5. *Conceito de "nacional-popular"*. Numa nota da *Critica Fascista* de 1º de agosto de 1930, lamenta-se que dois grandes jornais diários, um de Roma e outro de Nápoles, tenham iniciado a publicação em folhetim dos seguintes romances: *O conde de Monte Cristo* e *Joseph Balsamo*, de A. Dumas, e o *Calvário de uma mãe*, de Paul Fontenay [7]. Escreve a *Critica*: "O século XIX francês foi indubitavelmente um período áureo do romance de folhetim, mas aqueles jornais devem ter um conceito bem pobre de seus leitores para publicarem romances de um século atrás, como se o gosto, o interesse, a experiência literária não tivessem em nada se modificado de então para cá. E não só isso, mas [...] por que não levar em conta que existe, apesar das opiniões contrárias, um romance italiano moderno? E pensar que esta gente está pronta a derramar lágrimas de crocodilo pela infeliz sorte das letras pátrias!" A *Critica* confunde diversas ordens de problemas: o da não difusão entre o povo da chamada literatura artística e o da não existência na Itália de uma literatura "popular", razão pela qual os jornais são "obrigados" a se abastecer no exterior. (Decerto, nada impede teoricamente que possa existir, inclusive hoje, uma literatura popular artística; o exemplo mais evidente é o do êxito "popular" dos grandes romancistas russos; mas não existe, de fato, nem uma popularidade da literatura artística, nem uma produção local de literatura "popular", já que falta uma identidade de concepção do mundo entre "escritores" e "povo", ou seja, os sentimentos populares não são vividos como próprios pelos escritores nem os escritores desempenham uma função "educadora nacional", isto é, não se propuseram nem se propõem o problema de elaborar os sentimentos populares após tê-los revivido e deles se apropriado.) A *Critica* nem sequer se põe tais problemas e não sabe extrair as conclusões "realistas" do fato de que, se os romances de cem anos atrás agradam, isto significa que o gosto e a ideologia do povo são precisamente os de cem anos atrás. Os jornais são organismos político-financeiros e não se propõem divulgar as belas-letras "em suas colunas", a não ser que estas belas-letras aumentem a receita. O romance de folhetim é um meio para a difusão desses jornais entre as classes populares (recordar o exemplo do *Lavoro* de Gênova sob a direção de Giovanni Ansaldo, que republicou toda a literatura francesa de folhetim, ao mesmo tempo que buscava dar ao resto do jornal o tom da mais refinada cultura), o que significa sucesso político e sucesso financeiro [8]. Por isso, o jornal procura aquele romance, aquele tipo de romance que "certamente" agrada ao povo, que garantirá uma clientela "continuada" e permanente. O homem do povo compra um só jornal, quando o compra: a escolha do jornal nem sequer é pessoal, mas frequentemente do grupo familiar: as mulheres pesam muito na escolha e insistem no "belo romance interessante" (isto não significa que os homens não leiam também o romance; mas as mulheres, por certo, interessam-se particularmente pelo romance e pelo noticiário dos fatos cotidianos). Sempre decorreu disso que os jornais puramente políticos ou de opinião jamais puderam ter grande difusão (exceto em períodos de intensa luta política): eram comprados pelos jovens, homens e mulheres, sem preocupações familiares muito grandes e que se interessavam fortemente pelo destino de suas opiniões políticas, e por um pequeno número de famílias muito unidas ideologicamente. Em geral, os leitores de jornal não têm a mesma opinião do jornal que compram, ou são por ele pouco influenciados; por isso, deve-se estudar, do ponto de vista da técnica jornalística, o caso do *Secolo* e do *Lavoro*, que chegavam a publicar três romances de folhetim para poderem conquistar uma tiragem alta e permanente. (Não se pensa que, para muitos leitores, o "romance de folhetim" é como a "literatura" de bom nível para as pessoas cultas: conhecer o "romance" que a *Stampa* publicava era uma espécie de "dever mundano" de portaria, corredor e saguão de uso comum; cada capítulo dava lugar a "bate-papos" nos quais brilhavam a intuição psicológica, a capacidade lógica de intuição dos "mais destacados", etc.; pode-se afirmar que os leitores do romance de folhetim se interessam e se apaixonam por seus autores com muito maior sinceridade e com muito mais vivo interesse humano do que, nos chamados salões cultos, as pessoas se interessam pelos romances de D'Annunzio ou pelas obras de Pirandello [9].)

Contudo, o problema mais interessante é o seguinte: por que os jornais italianos de 1930, se querem ser difundidos (e manter-se), devem publicar os romances de folhetim de um século atrás (ou os modernos do mesmo tipo)? E por que não existe na Itália uma literatura "nacional" do gênero, embora ela deva ser lucrativa? Deve-se observar o fato de que, em muitas línguas, "nacional" e "popular" são sinônimos ou quase (é o caso em russo; é o caso em alemão, onde *volkisch* tem um significado, ainda mais íntimo, de raça; é o caso nas línguas eslavas em geral; em francês, "nacional" tem um significado no qual o termo "popular" já é mais elaborado politicamente, porque ligado ao conceito de "soberania": soberania nacional e soberania popular têm ou tiveram igual valor). Na Itália, o termo "nacional" tem um significado muito restrito ideologicamente e, de qualquer modo, não coincide com "popular", já que na Itália os intelectuais estão afastados do povo, ou seja, da "nação"; estão ligados, ao contrário, a uma tradição de casta, que jamais foi quebrada por um forte movimento político popular ou nacional vindo de baixo: a tradição é "livresca" e abstrata, e o intelectual moderno típico sente-se mais ligado a Annibal Caro ou a Ippolito Pindemonte do que a um camponês da Puglia ou da Sicília [10]. O termo "nacional" de uso corrente está ligado na Itália a esta tradição intelectual e livresca: daí a facilidade tola (e, no fundo, perigosa) de chamar de "antinacional" qualquer pessoa que não tenha esta concepção arqueológica e carcomida dos interesses do país.

Devem-se examinar os artigos de Umberto Fracchia na *Italia Letteraria* de julho de 1930, bem como a "Lettera a Umberto Fracchia sulla critica", de Ugo Ojetti, no *Pègaso* de agosto de 1930 [11]. As lamentações de Fracchia são muito similares às da *Critica Fascista*. A literatura "nacional" chamada de "artística" não é popular na Itália. De quem é a culpa? Do público que não lê? Da crítica que não sabe apresentar e exaltar junto ao público os "valores" literários? Dos jornais que, em vez de publicar em folhetim o "romance moderno italiano", publicam o velho *O conde de Monte Cristo*? Mas por que o público italiano, ao contrário de outros países, não lê? E, de resto, é verdade que não se lê na Itália? Não seria mais exato formular o seguinte problema: por que o público italiano lê a literatura estrangeira, popular e não popular, e não lê a italiana? O próprio Fracchia não publicou ultimatos aos editores que publicam (e que, portanto, devem vender relativamente) obras estrangeiras, ameaçando-os com medidas governamentais? E já não houve, pelo menos parcialmente, uma tentativa de intervenção governamental através do deputado Michele Bianchi, subsecretário do Interior [12]?

O que significa o fato de que o povo italiano lê preferencialmente os escritores estrangeiros? Significa que ele *sofre* a hegemonia intelectual e moral dos intelectuais estrangeiros, que se sente mais ligado aos intelectuais estrangeiros do que aos "patrícios", isto é, que não existe no país um bloco nacional intelectual e moral, nem hierárquico nem (muito menos) igualitário. Os intelectuais não saem do povo, ainda que acidentalmente algum deles seja de origem popular; não se sentem ligados ao povo (à parte a retórica), não o conhecem e não sentem suas necessidades, suas aspirações e seus sentimentos difusos; mas são, em face do povo, algo destacado, solto no ar, ou seja, uma casta e não uma articulação (com funções orgânicas) do próprio povo. A questão deve ser estendida a toda a cultura nacional-popular e não se restringir apenas à literatura narrativa: o mesmo deve ser dito do teatro, da literatura científica em geral (ciências naturais, história, etc.). Por que não surgem na Itália escritores como Flammarion [13]? Por que não nasceu uma literatura de divulgação científica, como na França e em outros países? Esses livros estrangeiros, quando traduzidos, são lidos e procurados, obtendo frequentemente enorme sucesso. Tudo isso significa que toda a "classe culta", com sua atividade intelectual, está separada do povo-nação, não porque o povo-nação não tenha demonstrado ou não demonstre se interessar por esta atividade em todos os seus níveis, dos mais baixos (romances de folhetim) aos mais elevados, como o atesta o fato de que ele procura os livros estrangeiros adequados, mas sim porque o elemento intelectual nativo é mais estrangeiro diante do povo-nação do que os próprios estrangeiros. A questão não nasceu hoje; ela se pôs desde a fundação do Estado italiano, e sua existência anterior é um documento para explicar o atraso da formação política nacional unitária da península. O livro de Ruggero Bonghi sobre a impopularidade da literatura italiana. Também a questão da língua, proposta por Manzoni, reflete o problema da unidade intelectual e moral da nação e do Estado, buscado na unidade da língua. Mas a unidade da língua é uma das modalidades externas, e não necessária se tomada isoladamente, da unidade nacional: de qualquer modo, é um efeito e não uma causa. Escritos de F. Martini sobre o teatro: sobre o teatro, existe e continua a se desenvolver toda uma literatura.

Na Itália, nunca houve, e continua a não haver, uma literatura nacional-popular, narrativa e de outro gênero. (Na poesia, inexistem os tipos como Béranger e, em geral, o tipo do *chansonnier* francês [14].) Todavia, existiram escritores individualmente populares e que tiveram grande sucesso: Guerrazzi teve sucesso e seus livros continuam a ser publicados e divulgados; Carolina Invernizio foi lida e talvez continue a sê-lo, embora seja de um nível mais baixo do que os Ponson e os Montépin. F. Mastriani foi lido, etc. [15] (G. Papini escreveu um artigo sobre Invernizio no *Resto del Carlino*, durante a guerra, por volta de 1916: ver se o artigo foi coletado em volume. Papini escreveu algo interessante sobre essa expressão honesta, mas medíocre, da literatura popular, observando precisamente como ela era lida pelo povo miúdo. Talvez se possa encontrar, na bibliografia de Papini publicada no ensaio de Palmieri, ou em outra, a data deste artigo e outras indicações [16].)

Na ausência de uma literatura "moderna" própria, algumas camadas do povo miúdo satisfazem de várias maneiras as exigências intelectuais e artísticas que existem, apesar de tudo, ainda que sob uma forma elementar e confusa: difusão do romance de cavalaria medieval — *Reali di Francia*, *Guerino detto il Meschino*, etc. —, particularmente na Itália meridional e nas montanhas; os *maggi* na Toscana (os assuntos representados pelos *maggi* são extraídos de livros, novelas e sobretudo de lendas que se tornaram populares, como a Pia dei Tolomei; existem várias publicações sobre os *maggi* e seu repertório) [17].

Os laicos fracassaram em sua tarefa histórica de educadores e elaboradores da intelectualidade e da consciência moral do povo-nação; não souberam satisfazer as exigências intelectuais do povo, precisamente por não terem representado uma cultura laica, por não terem sabido elaborar um "humanismo" moderno, capaz de se difundir até nas camadas mais rudes e incultas (como era necessário do ponto de vista nacional), por se terem mantido ligados a um mundo antiquado, mesquinho, abstrato, demasiadamente individualista e de casta. Ao contrário, a literatura popular francesa, que é a mais difundida na Itália, representa, em maior ou menor proporção, de um modo que pode ser mais ou menos simpático, este humanismo moderno, este laicismo moderno, a seu modo: ele foi representado por Guerrazzi, Mastriani e os outros poucos escritores populares conterrâneos. Mas, se os laicos fracassaram, os católicos não tiveram maior sucesso. Ninguém deve se deixar iludir pela razoável difusão obtida por certos livros católicos: ela se deve à vasta e poderosa organização da Igreja, não a uma força de expansividade interna: os livros são presenteados nas inúmeras cerimônias e são lidos por castigo, imposição ou desespero. Surpreende o fato de que, no campo da literatura de aventuras, os católicos tenham sabido expressar somente mesquinharias; eles dispõem, contudo, de uma fonte de primeira ordem nas viagens e na vida movimentada e frequentemente arriscada dos missionários. Todavia, mesmo no período de maior difusão do romance geográfico de aventuras, a literatura católica a respeito foi mesquinha e em nada comparável à francesa, inglesa ou alemã laicas: as experiências do cardeal Massaja na Abissínia são o livro mais notável; no resto, houve a invasão dos livros de Ugo Mioni (que foi padre jesuíta), inferiores ao mínimo exigido. Também na literatura popular científica os católicos fizeram muito pouco, apesar de seus grandes astrônomos (como o padre Secchi, jesuíta) e de a astronomia ser a ciência que mais interessa ao povo [18]. Essa literatura católica deixa transpirar a apologia jesuíta por todos os poros e surpreende por sua vulgar mesquinhez. A incapacidade dos intelectuais católicos e o escasso sucesso de sua literatura são um dos mais expressivos indícios da íntima ruptura que existe entre a religião e o povo: este se encontra num miserabilíssimo estado de indiferentismo e de ausência de vida espiritual ativa: a religião conservou-se no estágio da superstição, mas não foi substituída por uma nova moralidade laica e humanista por causa da impotência dos intelectuais laicos (a religião não foi nem substituída nem intimamente transformada e nacionalizada, como em outros países, como o próprio jesuitismo na

América: a Itália popular ainda está nas condições criadas imediatamente pela Contrarreforma: a religião, quando muito, combinou-se com o folclore pagão e conservou-se neste estágio).

§ 6. *Diversos tipos de romance popular.* Existe uma certa variedade de tipos de romance popular; e deve-se notar que, embora todos os tipos desfrutem simultaneamente de uma certa difusão e sucesso, um deles predomina sobre os outros e em grande medida. Com base nesta predominância, pode-se identificar uma alteração dos gostos fundamentais; do mesmo modo, com base na simultaneidade do sucesso dos diversos tipos, pode-se extrair a prova de que existem no povo diversos estratos culturais, diversas "massas de sentimento" preponderantes num e noutro estrato, diversos "modelos de herói" popular. Portanto, fixar um elenco destes tipos e estabelecer historicamente seu relativo sucesso maior ou menor têm importância para as finalidades deste ensaio: 1) Tipo Victor Hugo-Eugène Sue (*Os miseráveis, Os mistérios de Paris*): de caráter nitidamente ideológico-político, de tendência democrática ligada às ideologias de 1848; 2) Tipo sentimental, não político em sentido estrito, mas no qual se expressa o que poderia ser chamado de "democracia sentimental" (Richebourg-Decourcelle, etc.); 3) Tipo que se apresenta de pura intriga, mas que tem um conteúdo ideológico conservador-reacionário (Montépin); 4) O romance histórico de A. Dumas e de Ponson de Terrail, o qual, além do caráter histórico, tem um caráter ideológico-político, mas menos nítido: contudo, Ponson de Terrail é conservador-reacionário, e a exaltação dos aristocratas e de seus servos fiéis tem um caráter bem diverso do das representações históricas de A. Dumas, embora este não tenha uma tendência democrático-política nítida, mas seja antes atravessado por sentimentos democráticos genéricos e "passivos" e se aproxime frequentemente do tipo "sentimental"; 5) O romance policial em seu duplo aspecto (Lecocq, Rocambole, Sherlock Holmes, Arsène Lupin); 6) O romance de terror (fantasmas, castelos misteriosos, etc.: Ann Radcliffe, etc.); 7) O romance científico de aventuras, geográfico, que pode ser de tendência ou simplesmente de intriga (J. Verne, Boussenard) [19].

De resto, cada um destes tipos tem diferentes aspectos nacionais (na América, o romance de aventuras é a epopeia dos pioneiros, etc.). Pode-se observar como, na produção de conjunto de cada país, esteja implícito um sentimento nacionalista, não expresso de modo retórico, mas habilmente insinuado na narração. Em Verne e nos franceses, o sentimento anti-inglês, ligado à perda das colônias e à irritação causada pelas derrotas marítimas, é vivíssimo: no romance geográfico de aventuras, os franceses não entram em choque com os alemães, mas com os ingleses. Mas o sentimento anti-inglês é vivo também no romance histórico e até mesmo no romance sentimental (por exemplo, George Sand) [20]. (Reação à Guerra dos Cem Anos e ao assassinato de Joana d'Arc, bem como ao fim de Napoleão.)

Na Itália, nenhum destes tipos teve escritores (numerosos) de algum destaque (não destaque literário, mas valor "comercial", de invenção, de construção engenhosa de intrigas, certamente rebuscadas, mas elaboradas com certa racionalidade). Nem mesmo o romance policial, que teve tanto êxito internacional (e financeiro para autores e editores), encontrou escritores na Itália; todavia, muitos romances, particularmente históricos, tomaram como tema a Itália e as vicissitudes históricas de suas cidades, regiões, instituições, homens. É o caso da história de Veneza, com suas organizações políticas, judiciárias, policiais, que forneceu e continua a fornecer tema aos romancistas populares de todos os países, com exceção da Itália. Um certo êxito teve na Itália a literatura popular sobre a vida dos *briganti*, mas a produção é de baixíssimo nível [21].

O último e mais recente tipo de livro popular é a biografia romanceada, que de qualquer modo representa uma tentativa inconsciente de satisfazer as exigências culturais de alguns estratos populares mais sofisticados culturalmente, que não se contentam com a história tipo Dumas. Também esta literatura não tem muitos representantes na Itália (Mazzucchelli, Cesare Giardini, etc.): não só os escritores italianos não podem ser comparados em número, fecundidade e capacidade de diversão literária com os franceses, alemães e ingleses, mas, o que é mais significativo, eles escolhem seus temas fora da Itália (Mazzucchelli e Giardini na França, Eucardio Momigliano na Inglaterra), com o objetivo de se adaptarem ao gosto popular italiano, que se formou a partir sobretudo dos romances históricos franceses [22]. O literato italiano não escreveria uma biografia romanceada de Masaniello, de Michele di Lando, de Cola di Rienzo, sem se crer na obrigação de abarrotá-la de cansativas "peças de apoio" retóricas, para que não se creia... não se pense..., etc. [23] É verdade que o êxito das vidas romanceadas induziu muitos editores a iniciarem a publicação de coleções biográficas, mas trata-se de livros que estão para a vida romanceada como *A monja de Monza* está para *O conde de Monte Cristo*; trata-se do costumeiro esquema biográfico, em geral filologicamente correto, que pode encontrar no máximo alguns milhares de leitores, mas não se tornar popular.

Deve-se notar que alguns dos tipos de romance popular relacionados têm correspondentes no teatro e, hoje, no cinema. No teatro, o êxito considerável de D. Niccodemi deve-se, certamente, ao fato de que ele soube dramatizar temas e motivos eminentemente ligados à ideologia popular; é o caso de *Scampolo*, de *Aigrette*, de *Volata*, etc. Também em G. Forzano existe algo similar, mas baseado no modelo de Ponson de Terrail, com tendências conservadoras. O trabalho teatral que obteve maior sucesso popular na Itália foi *La morte civile*, de Giacometti, de caráter italiano: não teve imitadores de mérito (sempre em sentido não literário) [24]. No campo do teatro, pode-se observar como toda uma série de dramaturgos, de grande valor literário, pode agradar muitíssimo também ao público popular: *Casa de boneca*, de Ibsen, agrada muito ao povo das cidades, na medida em que os sentimentos representados e a tendência moral do autor encontram uma profunda ressonância na psicologia popular [25]. E, de resto, não poderia ser outra coisa o chamado *teatro de ideias*, ou seja, a representação de paixões ligadas aos costumes com soluções dramáticas que representem uma catarse "progressista", que representem o drama da parcela intelectual e moralmente mais avançada de uma sociedade e que expressem o desenvolvimento histórico imanente aos próprios costumes existentes. Estas paixões e este drama, contudo, devem ser representados e não desenvolvidos uma tese, um discurso de propaganda; isto é, o autor deve viver no mundo real, com todas as suas exigências contraditórias, e não expressar sentimentos absorvidos apenas nos livros.

§ 7. *Romance e teatro popular.* O drama popular é chamado, com um significado depreciativo, de drama ou dramalhão de arena, talvez porque existam em algumas cidades teatros ao ar livre chamados "arenas" (a Arena do Sol em Bolonha). Deve-se recordar o que Edoardo Boutet escreveu sobre os espetáculos clássicos (Ésquilo, Sófocles), que a Companhia Stabile de Roma, dirigida precisamente por Boutet, apresentava na Arena do Sol de Bolonha às segundas-feiras — dia das lavadeiras — e sobre o grande sucesso destas apresentações. (Estas recordações da vida teatral de Boutet foram publicadas pela primeira vez na revista *Il Viandante*, editada em Milão por T. Monicelli, nos anos 1908-1909 [26].) Deve-se também sublinhar o sucesso que sempre obtiveram junto às massas populares alguns dramas de Shakespeare, o que demonstra precisamente como é possível ser ao mesmo tempo grande artista e "popular".

No *Marzocco* de 17 de novembro de 1929, publicou-se uma nota de Gaio (Adolfo Orvieto), muito significativa: "'Danton', il melodramma e il 'romanzo nella vita'." A nota diz: "Uma companhia dramática de 'formação' recente, que reuniu um repertório de grandes espetáculos populares — desde *O conde de Monte Cristo* até *As duas órfãs* —, com a legítima esperança de trazer algumas pessoas ao teatro, viu seus desejos realizados, em Florença, com um novíssimo drama de autor húngaro sobre a Revolução Francesa: *Danton*." O drama é de De Pekar e é uma "pura fábula patética com detalhes fantásticos de extrema liberdade" (por exemplo, Robespierre e Saint-Just assistem ao processo de Danton e discutem com ele, etc.). "Mas é fábula, construída com competência, que se vale dos velhos métodos infalíveis do teatro popular, sem perigosos desvios modernistas. Tudo é elementar, limitado, de corte nítido. As tintas fortíssimas e os clamores se alternam com oportunas diminuições de ênfase, e o público respira e concorda. Demonstra apaixonar-se e se diverte. É este o melhor caminho para levá-lo ao teatro em prosa [27]?" A conclusão de Orvieto é significativa. Assim, em 1929, para ter público no teatro, é preciso representar *O conde de Monte Cristo* e *As duas órfãs*; e, em 1930, para conseguir leitores para os jornais, é preciso publicar em folhetim *O conde de Monte Cristo* e *Joseph Balsamo.*

§ 8. *Dados estatísticos.* Quantos romances de autor italiano foram publicados pelos periódicos populares mais difundidos, como o *Romanzo Mensile*, a *Domenica del Corriere*, a *Tribuna Illustrata*, o *Mattino Illustrato*? A *Domenica del Corriere*, talvez nenhum, em toda a sua vida (cerca de 36 anos), embora já tenha publicado cerca de uma centena de romances. A *Tribuna Illustrata*, alguns (nos últimos tempos, uma série de romances policiais do príncipe Valerio Pignatelli); mas deve-se notar que a *Tribuna* é muito menos difundida do que a *Domenica*, não é bem organizada redacionalmente e tem um tipo de romance menos selecionado [28].

Seria interessante ver a nacionalidade dos autores e o tipo dos romances de aventura publicados. O *Romanzo Mensile* e a *Domenica* publicam muitos romances ingleses (mas devem predominar os franceses) e de tipo policial (publicaram *Sherlock Holmes* e *Arsène Lupin*), mas também alemães, húngaros (a Baronesa Orczy é muito divulgada e seus romances sobre a Revolução Francesa tiveram várias edições também no *Romanzo Mensile*, que deve ter igualmente grande difusão) e até australianos (de Guy Boothby, que teve várias edições): predomina certamente o romance policial ou afim, embebido de uma concepção conservadora e reacionária ou baseado puramente na intriga [29]. Seria interessante saber quem era o encarregado, na redação do *Corriere della Sera*, de escolher estes romances e quais eram os critérios que lhe eram indicados, já que no *Corriere* tudo era organizado racionalmente. O *Mattino Illustrato*, embora saia em Nápoles, publica romances do tipo *Domenica*, mas se deixa guiar por questões financeiras e, com frequência, por veleidades literárias (foi por isso, acredito, que publicou Conrad, Stevenson, London). O mesmo se deve dizer sobre a *Illustrazione del Popolo*, de Turim. Relativamente, e talvez até mesmo absolutamente, a administração do *Corriere* é o centro de maior difusão dos romances populares: publica 15 deles por ano, com altíssimas tiragens. Depois, deve vir a Editora Sonzogno, que também deve ter uma publicação periódica. Um exame da atividade da Editora Sonzogno ao longo do tempo forneceria um quadro bastante aproximativo das variações ocorridas no gosto do público popular; a pesquisa é difícil, já que a Sonzogno não imprime o ano da publicação e frequentemente não numera as reedições, mas um exame crítico dos catálogos daria algum resultado. Uma comparação entre os catálogos de 50 anos atrás (quando o *Secolo* estava no auge) e os atuais já seria interessante: todo o romance lacrimoso-sentimental deve ter caído no esquecimento, com exceção de alguma "obra-prima" do gênero, que deve ainda resistir (como *A toutinegra do moinho*, de Richebourg); de resto, isso não quer dizer que tais livros não sejam lidos por certos estratos da população de província, onde os "despreconceituosos" ainda "degustam" Paul de Kock e discute-se animadamente sobre a filosofia de *Os miseráveis* [30]. Assim, seria interessante seguir a publicação dos romances em fascículos, até chegar aos de especulação, que custam dezenas e dezenas de liras e são vinculados a prêmios.

Um certo número de romances populares foi publicado por Edoardo Perino e, mais recentemente, por Nerbini, todos de fundo anticlerical e ligados à tradição de Guerrazzi. (É inútil recordar Salani, editor popular por excelência.) Seria preciso fazer uma lista dos editores populares.

§ 9. *Ugo Mioni*. A coleção "Tolle e lege" da Ed. Pia Società S. Paolo, Alba-Roma, num elenco que inclui 111 títulos, em 1928, registra 65 romances de Ugo Mioni, que certamente não são todos os publicados pelo prolífico monsenhor, o qual, de resto, não escreveu apenas romances de aventuras, mas também de apologia, de sociologia e também um volumoso tratado de "ciência das missões". Editoras católicas para publicações populares: existe também uma publicação periódica de romances. Mal impressos e em traduções incorretas.

§ 10. *Verne e o romance geográfico-científico.* Nos livros de Verne, jamais há algo completamente impossível: as "possibilidades" de que dispõem os heróis de Verne são superiores às realmente existentes na época, mas não demasiadamente superiores e, sobretudo, não "fora" da linha de desenvolvimento das conquistas científicas já realizadas; a imaginação não é inteiramente "arbitrária" e, por isso, tem o poder de excitar a fantasia do leitor já conquistado pela ideologia do fatal desenvolvimento do progresso científico no domínio e no controle das forças naturais. Diferente é o caso de Wells e de Poe, nos quais domina precisamente, em grande parte, o "arbitrário", ainda que o ponto de partida possa ser lógico e fundado numa realidade científica concreta [31]. Em Verne, há aliança do intelecto humano e das forças materiais; em Wells e Poe, o intelecto humano predomina e, por isso, Verne foi mais popular, já que mais compreensível. Ao mesmo tempo, porém, este equilíbrio nas construções romanescas de Verne tornou-se um limite, no tempo, à sua popularidade (para não falar do escasso valor artístico): a ciência superou Verne e seus livros não são mais "excitantes psíquicos".

Pode-se dizer algo parecido das aventuras policiais, como, por exemplo, as de Conan Doyle; na época eram excitantes, hoje quase nada e por várias razões: porque o mundo das lutas policiais é hoje mais conhecido, enquanto Conan Doyle em grande parte o revelava, pelo menos a um grande número de pacíficos leitores. Mas sobretudo porque, em Sherlock Holmes, existe um equilíbrio racional (excessivo) entre a inteligência e a ciência. Hoje interessa mais a contribuição individual do herói, a técnica "psíquica" em si, e, por isso, Poe e Chesterton são mais interessantes, etc. [32]

No *Marzocco* de 19 de fevereiro de 1928, Adolfo Faggi ("Impressioni di Giulio Verne") observa que o caráter anti-inglês de muitos romances de Verne deve ser relacionado com o período de rivalidade entre a França e a Inglaterra que culminou no episódio de Fachoda [33]. A afirmação é errada e anacrônica: o antibritanismo era (e talvez ainda seja) um elemento fundamental da psicologia popular francesa. O antigermanismo é relativamente recente e era menos enraizado do que o antibritanismo; não existia antes da Revolução Francesa e só se tornou mórbido depois de 1870, após a derrota e a dolorosa impressão de que a França não era a mais forte nação militar e política da Europa Ocidental, já que a Alemanha, sozinha, sem coalizão, vencera a França. O anti-inglesismo remonta à formação da França moderna, como Estado unitário e moderno, ou seja, à Guerra dos Cem Anos e aos reflexos na imaginação popular da epopeia de Joana d'Arc; foi reforçado, mais tarde, pelas guerras visando à hegemonia sobre o continente (e o mundo), que culminaram na Revolução Francesa e em Napoleão. O episódio de Fachoda, com toda a sua gravidade, não pode ser comparado a esta poderosa tradição, que é testemunhada por toda a literatura popular francesa.

§ 11. *Emilio De Marchi.* Por que De Marchi, ainda que existam em muitos de seus livros elementos de popularidade, não foi e não é muito lido? Relê-lo e analisar estes elementos, sobretudo em *Giacomo l'idealista.* (Sobre De Marchi e o romance de folhetim, Arturo Pompeati escreveu um ensaio na *Cultura*, insatisfatório [34].)

§ 12. *Sobre o romance policial.* O romance policial nasceu nas margens da literatura sobre os "julgamentos célebres". De resto, liga-se também a ela o romance do tipo *O conde de Monte Cristo.* Não se trata também aqui de "julgamentos célebres" romanceados, coloridos com a ideologia popular sobre a administração da justiça, sobretudo quando a ela se liga a paixão política? Rodin, do *Judeu errante*, não é um tipo do organizador de "intrigas celeradas", que não recua diante de nenhum delito ou assassinato, e o príncipe Rodolfo, ao contrário, não é o "amigo do povo", que desfaz outras intrigas e crimes [35]? A passagem deste tipo de romance para os de pura aventura é caracterizada por um processo de esquematização da mera intriga, depurada de qualquer elemento de ideologia democrática e pequeno-burguesa: não mais a luta entre o povo bom, simples e generoso, e as obscuras forças da tirania (jesuítas, polícia secreta ligada às razões de Estado ou à ambição de príncipes específicos, etc.), mas apenas a luta entre a delinquência profissional ou especializada e as forças da ordem legal, privadas ou públicas, com base na lei escrita. A coleção dos "julgamentos célebres", na famosa edição francesa, teve seu correspondente nos outros países; a coleção francesa, pelo menos parcialmente, foi traduzida para o italiano, no caso dos processos de fama europeia, como o de Fualdès, no caso do assassinato do carteiro de Lyon, etc. [36]

A atividade "judiciária" sempre interessou e continua a interessar: a atitude do sentimento público em face do aparelho da justiça (sempre desacreditado, donde o êxito do policial privado ou diletante) e em face do criminoso alterou-se com frequência ou, pelo menos, ganhou novos matizes. O grande criminoso foi muitas vezes representado como superior ao aparelho judiciário, até mesmo como o representante da "verdadeira" justiça: influência do Romantismo, *Os bandidos* de Schiller, as novelas de Hoffmann, Ann Radcliffe, o Vautrin de Balzac.

O tipo de Javert em *Os miseráveis* é interessante do ponto de vista da psicologia popular: Javert está errado do ponto de vista da "verdadeira" justiça, mas Hugo o representa de modo simpático, como um "homem de caráter", fiel ao dever "abstrato", etc. [37] Talvez nasça, a partir de Javert, uma tradição segundo a qual também o policial pode ser "respeitável". Rocambole, de Ponson de Terrail. Gaboriau continua a reabilitação do policial com o "senhor Lecoq", que abre caminho para Sherlock Holmes.

Não é verdade que os ingleses, no romance "judiciário", representem a "defesa da lei", enquanto os franceses representam a exaltação do criminoso. Trata-se de uma passagem "cultural" devida ao fato de que esta literatura também se difunde em certas camadas cultas. Recordar que Sue, muito lido pelos democratas da classe média, inventou todo um sistema de repressão à delinquência profissional.

Nesta literatura policial sempre existiram duas correntes: uma mecânica, de intriga; outra artística. Chesterton é hoje o maior representante do aspecto "artístico", como outrora o foi Poe. Balzac, com Vautrin, ocupa-se do criminoso, mas não é "tecnicamente" um escritor de romances policiais.

§ 13. *Romances policiais.* 1) Deve-se ver o livro de Henry Jagot, *Vidocq*, Ed. Berger-Levrault, Paris, 1930. Vidocq inspirou tanto o Vautrin de Balzac como Alexandre Dumas (há um pouco dele também no Jean Valjean de Hugo e, sobretudo, em Rocambole). Vidocq foi condenado a oito anos como falsificador de dinheiro, por uma sua imprudência, vinte fugas, etc. Em 1812, passou a fazer parte da polícia de Napoleão e, durante quinze anos, comandou um grupo de agentes criado especialmente para ele: tornou-se famoso pelas prisões sensacionais. Demitido por Luís Filipe, fundou uma agência privada de detetives, mas com escasso sucesso: só podia operar nas fileiras da polícia estatal. Morreu em 1857. Deixou suas *Memórias*, que não foram escritas só por ele e nas quais existem muitos exageros e vanglórias.

2) Deve-se ver o artigo de Aldo Sorani, "Conan Doyle e la fortuna del romanzo polizieco", no *Pègaso* de agosto de 1930, muito importante para a análise deste gênero de literatura e para as diversas especificações que teve até agora. Ao falar de Chesterton e da série de novelas do padre Brown, Sorani não leva em conta dois elementos culturais que, contudo, parecem essenciais: a) não se refere à atmosfera caricatural que se manifesta sobretudo no volume *A inocência do padre Brown*, atmosfera que, aliás, é o elemento artístico que eleva a novela policial de Chesterton, quando a expressão (o que nem sempre é o caso) é perfeitamente realizada; b) não se refere ao fato de que as novelas do padre Brown são "apologias" do catolicismo e do clero romano, educado para conhecer todas as sinuosidades da alma humana graças ao exercício da confissão e à função de guia espiritual e de intermediário entre o homem e a divindade, em oposição ao "cientificismo" e à psicologia positivista do protestante Conan Doyle. Sorani, em seu artigo, refere-se às diversas tentativas, particularmente anglo-saxônicas e de maior significação literária, para aperfeiçoar tecnicamente o romance policial. O arquétipo é Sherlock Holmes, em suas duas características fundamentais, de cientista e de psicólogo; busca-se aperfeiçoar uma ou outra característica, ou ambas conjuntamente. Chesterton insistiu precisamente no elemento psicológico, no jogo das induções e dedu-

ções, com o padre Brown, mas parece que exagerou ainda mais em sua tendência, com o tipo do poeta-policial Gabriel Gale.

Sorani esboça um quadro do imenso êxito do romance policial em todos os níveis da sociedade e busca determinar a origem psicológica deste êxito: seria uma manifestação de revolta contra a mecanicidade e a estandardização da vida moderna, um modo de evasão da mesquinhez cotidiana. Mas esta explicação pode ser utilizada para todas as formas de literatura, popular ou artística: desde o poema de cavalaria (também Dom Quixote não busca se evadir, inclusive praticamente, da mesquinhez e da estandardização da vida cotidiana de uma aldeia espanhola?) até o romance de folhetim em seus diversos gêneros. Toda a literatura e a poesia seriam então um narcótico contra a banalidade cotidiana? De qualquer modo, o artigo de Sorani é indispensável para uma futura pesquisa mais orgânica sobre este gênero de literatura popular.

O problema de saber por que se difundiu a literatura policial é um aspecto do problema mais geral: por que se difundiu a literatura não artística? Certamente por razões práticas e culturais (políticas e morais): e esta resposta genérica é a mais precisa, em seus limites aproximativos. Mas também a literatura artística não se difunde por razões práticas ou político-morais, e só mediatamente por razões de gosto artístico, de busca e gozo da beleza? Na realidade, um livro é lido por impulsos práticos (e deve-se pesquisar por que certos impulsos generalizam-se mais do que outros) e relido por razões artísticas. A emoção estética quase nunca se dá na primeira leitura. Isto se verifica ainda mais no teatro, onde a emoção estética é um "percentual" mínimo no interesse do espectador, já que no palco contam outros elementos, muitos dos quais não são sequer de natureza intelectual, mas sim de natureza meramente fisiológica, como o *sex-appeal*, etc. Em outros casos, a emoção estética no teatro não se origina da obra literária, mas da interpretação dos atores e do diretor: nestes casos, porém, é preciso que o texto literário do drama que serve de pretexto para a interpretação não seja "difícil" e rebuscado psicologicamente, mas, ao contrário, seja "elementar e popular", no sentido de que as paixões representadas sejam as mais profundamente "humanas" e de vivência imediata (vingança, honra, amor materno, etc.); e, portanto, a análise se complica também nestes casos. Os grandes atores tradicionais eram mais aplaudidos na *Morte civile*, em *As duas órfãs*, na *Gerla di papà Martin*, etc., do que nas complicadas tramas psicológicas; no primeiro caso, o aplauso era sem reservas; no segundo, era mais frio, destinado a separar o ator amado pelo público do trabalho representado, etc.

Uma justificação do êxito dos romances policiais similar à de Sorani se encontra num artigo de Filippo Burzio sobre *Os três mosqueteiros* de Alexandre Dumas (publicado na *Stampa* de 22 de outubro de 1930 e republicado parcialmente pela *Italia Letteraria* de 9 de novembro). Burzio considera *Os três mosqueteiros* uma felicíssima personificação, tal como o Dom Quixote e o Orlando Furioso, do mito da aventura, "ou seja, de algo essencial à natureza humana, que parece afastar-se, de modo grave e progressivo, da vida moderna. Quanto mais a existência se faz racional [ou não será o caso de dizer, mais precisamente, racionalizada de modo coercitivo, que, se é racional para os grupos dominantes, não o é para os dominados, e que se liga à atividade econômico-prática, através da qual a coerção se exerce, ainda que indiretamente, também sobre as camadas 'intelectuais'?] e organizada, quanto mais a disciplina social se faz férrea, quanto mais se faz precisa e previsível a tarefa imposta ao indivíduo [mas não previsível para os dirigentes, como o demonstram as crises e catástrofes históricas], tanto mais a margem de aventura se reduz, assim como se reduz a livre selva de cada um entre as paredes sufocantes da propriedade privada. [...] O taylorismo é uma bela coisa e o homem é um animal adaptável, mas talvez existam limites à sua mecanização. Se me indagassem sobre as razões profundas da inquietação ocidental, responderia sem hesitar: a decadência da fé [!] e a supressão da aventura". "Vencerá o taylorismo ou vencerão os mosqueteiros? Trata-se de uma outra questão, cuja resposta, que parecia certa há trinta anos, é melhor manter em suspenso. Se a atual civilização não se precipitar, assistiremos talvez a interessantes misturas das duas coisas [38]."

A questão é a seguinte: Burzio não leva em conta que sempre houve uma grande parte da humanidade cuja atividade foi sempre taylorizada e ferreamente disciplinada e que ela buscou se evadir dos estreitos limites da organização existente, que a esmagava, através da fantasia e do sonho. A maior aventura, a maior "utopia" criada coletivamente pela humanidade, ou seja, a religião, não é um modo de evadir-se do "mundo terreno"? E não é neste sentido que Balzac fala da loteria como o ópio da miséria, frase posteriormente retomada por outros? (Cf. o primeiro dos cadernos sobre *Temas de cultura* [39].) Contudo, o mais notável é que, ao lado de Dom Quixote, exista Sancho Pança, que não quer "aventuras", mas uma vida segura, e que a maioria dos homens seja atormentada precisamente pela obsessão da "imprevisibilidade do amanhã", pela precariedade da própria vida cotidiana, isto é, por um excesso de prováveis "aventuras". No mundo moderno, a questão tem um colorido diverso do que tinha no passado porque a racionalização coercitiva da existência atinge cada vez mais as classes médias e intelectuais, em enormes proporções; mas, também para elas, trata-se não de decadência da aventura, mas do caráter excessivamente aventuroso da vida cotidiana, isto é, da excessiva precariedade da existência, unida à convicção de que contra esta precariedade não há nenhum modo individual de resistência: aspira-se, portanto, à aventura "bela" e interessante, já que devida à própria livre iniciativa, em oposição à aventura "feia" e revoltante, já que devida às condições impostas por outros e não escolhidas.

A justificação de Sorani e de Burzio serve também para explicar a torcida esportiva, ou seja, explica demasiadamente e, por isso, não explica nada. O fenômeno é pelo menos tão velho quanto a religião, e é poliédrico, não unilateral: tem também um aspecto positivo, isto é, o desejo de "educar-se" através do conhecimento de um modo de vida que se considera superior ao que se tem, o desejo de elevar a própria personalidade através da proposição de modelos ideais (cf. a observação sobre a origem popular do super-homem em *Temas de cultura*), o desejo de conhecer mais mundo e mais seres humanos do que é possível em certas condições de vida, o esnobismo, etc., etc. [40]. O tema da "literatura popular como ópio do povo" está anotado num parágrafo sobre outro romance de Dumas, *O conde de Monte Cristo* [41].

§ 14. *Derivações culturais do romance de folhetim.* Deve-se ver o número da *Cultura* dedicado a Dostoiévski em 1931. Vladimir Pozner, num artigo, defende corretamente que os romances de Dostoiévski são culturalmente derivados dos romances de folhetim tipo E. Sue, etc. Será útil levar em conta esta derivação quando for desenvolvida esta rubrica sobre a literatura popular, na medida em que revela como certas correntes culturais (motivos e interesses morais, sensibilidade, ideologias, etc.) podem ter uma dupla expressão: a meramente mecânica, de enredo sensacionalista (Sue, etc.), e a "lírica" (Balzac, Dostoiévski e, em parte, V. Hugo). Os contemporâneos nem sempre percebem o caráter inferior de uma parte destas manifestações literárias, como ocorreu em parte com Sue, que foi lido por todos os grupos sociais e "comovia" até mesmo pessoas "de cultura", mas que depois decaiu à condição de "escritor lido apenas pelo povo" (a "primeira leitura" só fornece, ou quase, sensações "culturais" ou de conteúdo, e o "povo" é leitor de primeira leitura, acrítico, que se comove pela simpatia com a ideologia geral da qual o livro é expressão frequentemente artificial e programada).

Sobre este mesmo tema, devem-se ver: 1) Mario Praz, *La carne, la morte e il diavolo nella letteratura romantica*, in-16º, X-505 p., Milão/Roma, Ed. La Cultura, 40 liras (ver a resenha de L.F. Benedetto no *Leonardo* de março de 1931: dela se deduz que Praz não fez de modo exato a distinção entre os vários graus de *cultura*, o que leva a algumas objeções por parte de Benedetto, o qual, de resto, não parece ter apreendido, por seu turno, a conexão histórica da questão histórico-literária); 2) Étienne Servais, *Le genre romanesque en France depuis l'apparition de la "Nouvelle Héloise" jusqu'aux approches de la Révolution*, Ed. Armand Colin; 3) Reginald W. Hartland, *Le Roman terrifiant ou "Roman noir" de Walpole à Anne Radcliffe, et son influence sur la littérature française jusqu'en 1860*, Ed. Champion, e, do mesmo autor, pela mesma editora, *Walter Scott et le "Roman frénetique"* (a afirmação de Pozner de que o romance de Dostoiévski é "romance de aventuras" deriva provavelmente de um ensaio de Jacques Rivière sobre o "romance de aventuras", talvez publicado na *Nouvelle Revue Française*, que significaria "uma vasta representação de ações que são ao mesmo tempo dramáticas e psicológicas", tal como o conceberam Balzac, Dostoiévski, Dickens e George Elliot); 4) um ensaio de André Moufflet, "Le style du roman feuilleton", no *Mercure de France* de 1º de fevereiro de 1931 [42].

§ 15. *Bibliografia*. N. Atkinson, *Eugène Sue et le roman-feuilleton*, in-8º, 226 p., Paris, Nizet et Bastard, 40 francos.

3. Caderno 23

(1934)

Crítica literária

§ 1. *Retorno a De Sanctis.* Que significa e que pode e deveria significar a palavra de ordem de Giovanni Gentile: "Voltemos a De Sanctis!"? (Cf., entre outros, o número 1 do semanário *Il Quadrivio.*) Significa "voltar" mecanicamente aos conceitos desenvolvidos por De Sanctis sobre arte e literatura, ou significa assumir diante da arte e da vida uma atitude similar à assumida por De Sanctis em sua época? Posta esta atitude como "exemplar", cabe examinar: 1) em que consiste tal exemplaridade; 2) que atitude lhe corresponde hoje, isto é, que interesses intelectuais e morais correspondem hoje aos que dominaram a atividade de De Sanctis e lhe imprimiram uma determinada direção.

Não se pode dizer que a biografia de De Sanctis, ainda que essencialmente coerente, tenha sido "retilínea", como vulgarmente se crê. De Sanctis, na última fase de sua vida e de sua atividade, voltou sua atenção para o romance "naturalista" ou "verista", e esta forma de romance, na Europa Ocidental, foi a expressão "intelectualista" do movimento mais geral de "ida ao povo", de um populismo de alguns grupos intelectuais no fim do século passado, após o colapso da democracia na versão própria de 1848 e do advento de grandes massas operárias por causa do desenvolvimento da grande indústria urbana. Deve-se recordar, de De Sanctis, o ensaio "Scienza e Vita", sua passagem para a esquerda parlamentar, seu temor às tentativas reacionárias veladas por formas pomposas, etc. Um juízo de De Sanctis: "Falta a fibra porque falta a fé. E falta a fé porque falta a cultura." Mas o que significa "cultura" neste caso? Significa, indubitavelmente, uma coerente, unitária e nacionalmente difundida "concepção da vida e do homem", uma "religião laica", uma filosofia que tenha se transformado precisamente em "cultura", isto é, que tenha gerado uma ética, um modo de viver, um comportamento cívico e individual. Isto exigia, antes de mais nada, a unificação da "classe culta", e foi neste sentido que trabalhou De Sanctis com a fundação do "Círculo Filológico", que deveria determinar "a união de todos os homens cultos e inteligentes" de Nápoles; mas exigia sobretudo uma nova atitude em face das classes populares, um novo conceito do que é "nacional", diverso daquele da direita histórica, mais amplo, menos exclusivista, menos "policial", por assim dizer [1]. É este lado da atividade de De Sanctis que deveria ser esclarecido, este elemento de sua atividade que, de resto, não era novo, mas representava o desenvolvimento de germes já existentes em toda a sua carreira de literato e de político.

§ 2. *Uma nota juvenil de Luigi Pirandello.* Publicada pela *Nuova Antologia* de 1º de janeiro de 1934 e escrita por Pirandello nos anos 1889-1900, quando era estudante em Bonn: "Lamentamos que em nossa literatura não exista o drama; e, sobre isso, dizem-se muitas coisas e outras tantas se propõem, consolos, exortações, conselhos, projetos. Trabalho inútil: o verdadeiro mal não se vê e não se quer ver. Falta a concepção da vida e do homem. E, não obstante, temos terreno para a épica e para o drama. Árido e estúpido alexandrinismo é o nosso." Esta nota de Pirandello, contudo, talvez apenas ecoe discussões de estudantes alemães sobre a necessidade genérica de uma *Weltanschauung* e é mais superficial do que parece. De qualquer modo, Pirandello elaborou uma concepção da vida e do homem, mas "individual", incapaz de difusão nacional-popular, apesar de ter tido uma grande importância "crítica", de corrosão de um velho costume teatral.

§ 3. *Arte e luta por uma nova civilização.* A relação artística mostra, particularmente na filosofia da práxis, a fátua ingenuidade dos papagaios que acreditam possuir, em poucas formuletas estereotipadas, a chave para abrir todas as portas (chaves chamadas precisamente de "gazuas"). Dois escritores podem representar (expressar) o mesmo momento histórico-social, mas um pode ser artista e o outro simples borra-botas. Esgotar a questão limitando-se a descrever o que ambos representam ou expressam socialmente, isto é, resumindo, mais ou menos bem, as características de um determinado momento histórico-social, significa nem sequer aflorar o problema artístico. Tudo isso pode ser útil e necessário (aliás, certamente o é), mas num outro campo: no campo da crítica política, da crítica dos costumes, na luta para destruir e superar determinadas correntes de sentimentos e crenças, determinadas atitudes diante da vida e do mundo; não é crítica e história da arte e não pode ser apresentada como tal, sob pena de confusão e de paralisação ou estagnação dos conceitos científicos, isto é, precisamente da não obtenção das finalidades inerentes à luta cultural.

Um determinado momento histórico-social jamais é homogêneo; ao contrário, é rico de contradições. Ele adquire "personalidade", é um "momento" do desenvolvimento, graças ao fato de que, nele, uma certa atividade fundamental da vida predomina sobre as outras, representa uma "linha de frente" histórica. Mas isto pressupõe uma hierarquia, um contraste, uma luta. Deveria representar o momento em questão quem representasse esta atividade predominante, esta "linha de frente" histórica; mas como julgar os que representam as outras atividades, os outros elementos? Será que estes também não são "representativos"? E não é "representativo" do "momento" também quem expressa seus elementos "reacionários" e anacrônicos? Ou será que deve ser considerado representativo quem expressa todas as forças e elementos em contradição e em luta, isto é, quem representa as contradições da totalidade histórico-social?

Pode-se também pensar que uma crítica da civilização literária, uma luta para criar uma nova cultura é artística no sentido de que, da nova cultura, nascerá uma nova arte; mas isto aparece como um sofisma. De qualquer modo, talvez seja a partir de tais pressupostos que se pode compreender melhor a relação De Sanctis-Croce e as polêmicas sobre o conteúdo e a forma. A crítica de De Sanctis é militante, não "friamente" estética; é a crítica própria de um período de lutas culturais, de contrastes entre concepções de vida antagônicas. As análises de conteúdo, a crítica da "estrutura" das obras, isto é, da coerência lógica e histórico-atual da massa de sentimentos artisticamente representados, são ligadas a esta luta cultural: é precisamente nisto que parece residir a profunda humanidade e o humanismo de De Sanctis, que tornam o crítico tão simpático ainda hoje. Agrada sentir nele o fervor apaixonado do homem de partido, que tem sólidas convicções morais e políticas e não as esconde nem busca escondê-las. Croce consegue distinguir estes diferentes aspectos do crítico, que em De Sanctis estavam organicamente unidos e fundidos. Em Croce, estão vivos os mesmos motivos culturais que em De Sanctis, mas no período de sua expansão e de seu triunfo; continua a luta, mas por um refinamento da cultura (de uma certa cultura), não por seu direito de viver: a paixão e o fervor romântico compuseram-se na serenidade superior e na indulgência plena de bonomia. Mas, mesmo em Croce, esta posição não é permanente. É sucedida por uma fase na qual a serenidade e a indulgência se quebram e afloram a acrimônia e a cólera reprimida a duras penas: fase defensiva, não agressiva e fervorosa, e consequentemente incomparável à de De Sanctis [2].

Em suma, o tipo de crítica literária próprio à filosofia da práxis é fornecido por De Sanctis, não por Croce ou por qualquer outro (e muito menos por Carducci): neste tipo devem se fundir a luta por uma nova cultura, isto é, por um novo humanismo, a crítica dos costumes, dos sentimentos e das concepções do mundo, com a crítica estética ou puramente artística, e isso com fervor apaixonado, ainda que na forma do sarcasmo.

Numa época recente, correspondeu à fase De Sanctis, num plano subalterno, a fase da *Voce*. De Sanctis lutou pela criação *ex novo* na Itália de uma alta cultura nacional, em oposição às velharias tradicionais, a retórica e o jesuitismo (Guerrazzi e o padre Bresciani); a *Voce* lutou apenas pela divulgação, numa camada intermediária, daquela mesma cultura, contra o provincianismo, etc., etc. [3]. A *Voce* foi um aspecto do crocianismo militante, porque quis democratizar o que fora necessariamente "aristocrático" em De Sanctis e se mantivera "aristocrático" em Croce. De Sanctis tinha em vista formar um Estado-Maior cultural; a *Voce* pretendeu estender aos oficiais subalternos o mesmo tom de civilização e teve assim uma função, trabalhou substantivamente e suscitou correntes artísticas, no sentido de que ajudou muitos a se reencontrarem a si mesmos, suscitou uma maior necessidade de interioridade e de sincera expressão desta, embora não tenha surgido do movimento nenhum grande artista.

(Rafaello Ramat escreve, na *Italia Letteraria* de 4 de fevereiro de 1934: "Já se disse que, por vezes, para a história da cultura, pode ser mais útil o estudo de um escritor menor do que o de um grande escritor; e, em parte, isto é verdade. Pois, se no grande escritor triunfa completamente o indivíduo, que termina por não mais ser de nenhuma época, podendo assim se dar o caso (como já se deu) de se atribuir ao século qualidades próprias do homem, no escritor menor pode-se descobrir com maior clareza, se ele for um espírito atento e autocrítico, os momentos da dialética daquela específica cultura, na medida em que nele estes momentos não conseguem se unificar, como ocorre no grande escritor.")

O problema aqui mencionado encontra uma confirmação pelo absurdo no artigo de Alfredo Gargiulo, "Dalla cultura alla letteratura", na *Italia Letteraria* de 6 de abril de 1930 (sexto capítulo de um estudo panorâmico intitulado *1900-1930*, que será provavelmente reunido em livro e que deverá ser levado em conta para "Os filhotes do padre Bresciani"). Nessa série de artigos, Gargiulo revela o mais completo esgotamento intelectual (um dos tantos jovens sem "maturidade"); ele se acanalhou completamente no bando da *Italia Letteraria* e, no capítulo citado, adota o seguinte juízo, expresso por G.B. Angioletti no prefácio à antologia *Scrittori Nuovi*, organizada por Enrico Falqui e Elio Vittorini: "Os escritores desta antologia, portanto, de modo algum são novos porque encontraram novas formas ou cantaram novos *temas*; são novos porque têm da arte uma ideia diversa daquela dos escritores que os precederam. Ou, para dizer imediatamente o que é essencial, são novos porque *acreditam* na arte, ao passo que os precedentes acreditavam em muitas outras coisas que nada tinham a ver com a arte. Esta novidade, por isso, pode permitir a forma tradicional e o conteúdo antigo; mas não pode permitir desvios da ideia essencial da arte. Não é aqui o local para repetir qual é essa ideia. Contudo, permito-me recordar que os escritores novos, realizando uma revolução (!) que, por ter sido silenciosa (!), não será menos memorável (!), *pretendem ser sobretudo artistas*, enquanto seus predecessores se compraziam em ser moralistas, pregadores, estetizantes, psicologistas, hedonistas, etc." O discurso não é nem muito claro nem ordenado: se algo de concreto se pode extrair dele, é a tendência a um seiscentismo programático, nada mais. Esta concepção do artista é um novo "olhar para a própria língua" quando se fala, é um novo modo de construir "pequenos conceitos". E meros construtores de "pequenos conceitos", não de imagens, é a maior parte dos poetas exaltados pelo "bando", chefiado por Giuseppe Ungaretti (que, entre outras coisas, escreve numa língua completamente afrancesada e imprópria) [4]. O movimento da *Voce* não podia criar artistas, *ut sic*, é evidente; mas, lutando por uma nova cultura, por um modo novo de viver, promovia indiretamente também a formação de temperamentos artísticos originais, já que na vida também há arte. A "revolução silenciosa" de que fala Angioletti não passou de uma série de confabulações de botequim e de medíocres artigos de jornal estandardizados e de revistinhas provincianas. A caricatura do "sacerdote da arte" não é uma grande novidade, mesmo que se mude o ritual.

§ 4. *Uma máxima de Rivarol* [5]. "Para elogiar um livro, não é de modo algum necessário abri-lo; mas, se se toma a decisão de criticá-lo, é sempre prudente lê-lo. Pelo menos enquanto o autor estiver vivo..."

§ 5. *Alguns critérios de julgamento "literário"*. Um trabalho pode ser meritório: 1) Porque expõe uma nova descoberta que faz progredir uma determinada atividade científica. Mas não só a "originalidade" absoluta é um mérito. Pode realmente ocorrer: 2) que fatos e temas já conhecidos sejam escolhidos e dispostos segundo uma ordem, uma conexão, um critério mais adequados e probatórios do que os anteriores. A estrutura (a economia, a ordem) de um trabalho científico pode ser ela própria "original"; 3) os fatos e os temas já conhecidos podem dar lugar a considerações "novas", secundárias, mas mesmo assim importantes.

O julgamento "literário" deve, evidentemente, levar em conta as finalidades que um trabalho se propôs: de criação e reorganização científica, de divulgação dos fatos e temas conhecidos num determinado grupo cultural, de um determinado nível cultural e intelectual, etc. Existe, por isso, uma técnica da divulgação que deve ser adaptada e reelaborada em cada oportunidade: a divulgação é um ato eminentemente prático, no qual se deve examinar a conformidade dos meios ao fim, isto é, precisamente a técnica empregada. Mas também o exame e o julgamento do fato e da argumentação "original", ou seja, da "originalidade" dos fatos (conceitos, conexões de pensamento) e dos temas, são muito difíceis e complexos e requerem os mais amplos conhecimentos históricos. Deve-se ver, no capítulo que Croce dedicou a Loria, o seguinte critério: "Uma coisa é trazer à luz uma observação incidental, que depois se abandona sem desenvolver, e outra é estabelecer um princípio do qual se extraíram as fecundas consequências; uma coisa é enunciar um pensamento genérico e abstrato, e outra é pensá-lo real e concretamente; uma coisa, enfim, é inventar, e outra é repetir de segunda ou de terceira mão [6]." Apresentam-se casos extremos: o de quem acha que jamais houve algo de novo sob o sol e que o mundo inteiro é como a aldeia, mesmo na esfera das ideias; e o de quem, ao contrário, encontra "originalidade" a todo momento e considera original qualquer ruminação por causa da saliva nova. O fundamento de toda atividade crítica, portanto, deve se basear na capacidade de descobrir a distinção e as diferenças por baixo de toda superficial e aparente uniformidade e semelhança, bem como a unidade essencial por baixo de todo aparente e superficial contraste e diferenciação. (Que seja necessário, quando se julga um trabalho, levar em conta a finalidade explicitamente proposta pelo autor não significa, certamente, que deva ser silenciada, desconhecida ou desvalorizada qualquer outra contribuição real do autor, ainda que em oposição à finalidade proposta. Que Cristóvão Colombo se propusesse ir "em busca do Grande Khan" não diminui o valor de sua viagem real e de suas reais descobertas para a civilização europeia.)

§ 6. *Arte e cultura.* Parece evidente que, para ser exato, deve-se falar de luta por uma "nova cultura" e não por uma "nova arte" (em sentido imediato). Talvez nem sequer se possa dizer, para ser exato, que se luta por um novo conteúdo da arte, já que este não pode ser pensado abstratamente, separado da forma. Lutar por uma nova arte significaria lutar para criar novos artistas individuais, o que é absurdo, já que é impossível criar artificialmente os artistas. Deve-se falar de luta por uma nova cultura, isto é, por uma nova vida moral, que não pode deixar de ser intimamente ligada a uma nova intuição da vida, até que esta se torne um novo modo de sentir e de ver a realidade e, por consequência, mundo intimamente relacionado com os "artistas possíveis" e com as "obras de arte possíveis". Que não se possam criar artificialmente artistas individuais, portanto, não significa que o novo mundo cultural, pelo qual se luta, suscitando paixões e calor de humanidade, não suscite necessariamente "novos artistas"; ou seja, não se pode afirmar que Fulano ou Beltrano se tornarão artistas, mas pode-se afirmar que do movimento nascerão novos artistas. Um novo grupo social que ingressa na vida histórica com postura hegemônica, com uma segurança de si que antes não possuía, não pode deixar de gerar, a partir de seu interior, personalidades que, antes, não teriam encontrado força suficiente para se expressar completamente num certo sentido.

Assim, não se pode dizer que se formará uma nova "aura poética", segundo uma expressão que esteve em moda há alguns anos. A "aura poética" é apenas uma metáfora para expressar o conjunto dos artistas já formados e revelados ou, pelo menos, o processo iniciado e já consolidado de formação e revelação.

§ 7. *Neolalismo.* O neolalismo como manifestação patológica da linguagem (vocabulário) individual. Mas não se pode empregar o termo em sentido mais geral, para indicar toda uma série de manifestações culturais, artísticas, intelectuais? O que são todas as escolas e escolinhas artísticas e literárias senão manifestações de neolalismo cultural? Nos períodos de crise, verificam-se as mais extensas e múltiplas manifestações de neolalismo. A língua e as linguagens. Toda expressão cultural, toda atividade moral e intelectual têm uma língua própria historicamente determinada: esta língua é o que se chama também de "técnica" e também de "estrutura". Se um literato se pusesse a escrever numa linguagem pessoalmente arbitrária (isto é, se se tornasse um "neolálico" no sentido patológico da palavra) e fosse imitado por outros (cada um com uma linguagem arbitrária), chegaríamos a Babel. Não experimentamos a mesma impressão no caso da linguagem (técnica) musical, pictórica, plástica, etc. (Este ponto deve ser meditado e aprofundado.) Do ponto de vista da história da cultura e, portanto, também da "criação" cultural (que não deve ser confundida com a criação artística, mas deve ser aproximada, ao contrário, das atividades políticas, e, de fato, neste sentido, pode-se falar de uma "política cultural"), existe entre a arte literária e as demais formas de expressão artística (figurativas, musicais, orquestrais, etc.) uma diferença que seria necessário definir e precisar de modo teoricamente justificado e compreensível. A expressão "verbal" tem um caráter estritamente nacional-popular-cultural: uma poesia de Goethe, no original, só pode ser compreendida e revivida completamente por um alemão (ou por quem se "alemanizou"). Dante só pode ser compreendido e revivido por um italiano culto, etc. Uma estátua de Michelangelo, um trecho musical de Verdi, um balé russo, um quadro de Rafael, etc., ao contrário, podem ser compreendidos quase imediatamente por qualquer cidadão do mundo, mesmo de espírito não cosmopolita, mesmo se não superou o estreito círculo de uma província de seu país. Todavia, a coisa não é tão simples como poderia parecer à primeira vista. A emoção artística experimentada por um japonês ou um lapão diante de uma estátua de Michelangelo ou ao escutar uma melodia de Verdi é, por certo, uma emoção artística (o mesmo japonês ou lapão permaneceria insensível e surdo se escutasse a declamação de uma poesia de Dante, de Goethe, de Shelley, ou admiraria a arte do declamador como tal); todavia, a emoção artística do japonês ou do lapão não terá a mesma intensidade e calor que a emoção de um italiano médio e, menos ainda, de um italiano culto. Isto significa que, ao lado, ou melhor, abaixo da expressão de caráter cosmopolita da linguagem musical, pictórica, etc., existe uma mais profunda substância cultural, mais restrita, mais "nacional-popular". E isso não basta: os níveis desta linguagem são diversos; há um nível nacional-popular (e frequentemente, antes deste, um nível provincial-dialetal-folclorístico), depois o nível de uma determinada "civilização", que pode ser empiricamente fixada pela tradição religiosa (por exemplo, cristã, mas diferenciada em católica, protestante, ortodoxa, etc.), bem como, no mundo moderno, de uma determinada "corrente cultural-política". Durante a guerra, por exemplo, um orador inglês, francês, russo podia falar a um público italiano, em sua língua incompreendida, das devastações praticadas pelos alemães na Bélgica; se o público simpatizava com o orador, o público o escutava atentamente e o "seguia", pode-se dizer que o "compreendia". É verdade que, na oratória, a "palavra" não é o único elemento: há o gesto, o tom da voz, etc., isto é, um elemento musical que comunica o *Leitmotiv* do sentimento predominante, da paixão principal, e um elemento orquestral: o gesto em sentido amplo, que escande e articula a onda sentimental e passional.

Para estabelecer uma política cultural, estas observações são indispensáveis; para uma política de cultura das massas populares, são fundamentais. Eis a razão atual do "sucesso" internacional do cinema e, antes, do melodrama e da música em geral.

§ 8. *Investigação das tendências e dos interesses morais e intelectuais predominantes entre os literatos.* Por quais formas de atividade têm "simpatia" os literatos italianos? Por que a atividade econômica, o trabalho como produção individual e de grupo, não lhes interessa? Se, nas obras de arte, é tratado um tema econômico, o que interessa é o momento da "direção", do "domínio", do "comando" de um "herói" sobre os produtores. Ou interessa a produção em geral, o trabalho genérico como elemento genérico da vida e da potência nacional e, portanto, como motivo para voos oratórios. A vida dos camponeses ocupa um espaço maior na literatura, mas também aqui não como trabalho e labuta, e sim os camponeses como "folclore", como pitorescos representantes de costumes e sentimentos curiosos e bizarros; por isso, a "camponesa" tem ainda mais espaço, com seus problemas sexuais em seu aspecto mais exterior e romântico, e porque a mulher, com sua beleza, pode facilmente elevar-se às camadas sociais superiores.

O trabalho do empregado é fonte inesgotável de comicidade: em cada empregado se vê o Oronzo E. Marginati do velho *Travaso* [7]. O trabalho do intelectual ocupa pouco espaço, ou é apresentado em sua expressão de "heroísmo" e de "super-humanismo", com o efeito cômico de que os escritores medíocres representam "gênios" de sua própria estatura, e, como se sabe, se um homem inteligente pode fingir-se de tolo, um tolo não pode fingir-se de inteligente.

Decerto, não se pode impor a uma ou a várias gerações de escritores que tenham "simpatia" por este ou aquele aspecto da vida; mas que uma ou várias gerações de escritores tenham certos interesses intelectuais e morais e não outros tem um significado, ou seja, indica que uma certa orientação cultural predomina entre os intelectuais. Também o verismo italiano se diferencia das correntes realistas de outros países na medida em que ou se limita a descrever a "bestialidade" da chamada natureza humana (um verismo em sentido vulgar) ou dirige sua atenção para a vida provinciana e regional, para o que era a Itália real, em contraste com a Itália "moderna" oficial: não oferece representações valiosas do trabalho e da labuta. Para os intelectuais de tendência verista, a preocupação dominante não foi (como na França) estabelecer um contato com as massas populares já "nacionalizadas" em sentido unitário, mas fornecer os elementos que revelavam não estar ainda unificada a Itália real; de resto, há diferença entre o verismo dos escritores do Norte e do Sul (por exemplo, Verga, em quem o sentimento unitário era muito forte, como aparece na atitude assumida em 1920 em face do movimento autonomista da *Sicilia Nuova*) [8].

Mas não se trata só do fato de que os escritores não considerem digna de tratamento épico a atividade produtiva, embora esta represente toda a vida dos elementos ativos da população: quando se ocupam dela, a atitude que assumem é a do padre Bresciani.

(Devem-se examinar os escritos de Luigi Russo sobre Verga e sobre G. C. Abba.) G. C. Abba pode ser citado como exemplo italiano de escritor "nacional-popular", ainda que não seja "popularesco" e não faça parte de nenhuma corrente que critique, por motivos partidários ou sectários, a posição das classes dirigentes [9]. Devem-se analisar não apenas os escritos de Abba que têm valor poético, mas também os outros, como o dirigido aos soldados, que foi premiado pelas autoridades governamentais e militares e divulgado durante algum tempo no Exército. Na mesma direção, deve-se recordar o ensaio de Papini publicado em *Lacerba*, após os eventos de junho de 1914. Também deve ser destacada a posição de Alfredo Oriani, mas ela é demasiadamente abstrata e retórica, além de deturpada por seu titanismo de gênio incompreendido. Há algo de notável na obra de Piero Jahier (recordar as simpatias de Jahier por Proudhon), também de caráter popular-militar, mas mal temperada pelo estilo bíblico e claudeliano do escritor, que frequentemente o torna irritante e menos eficaz já que mascara uma forma esnobe de retórica [10]. (Toda a literatura do "super-regionalismo" deveria ser "nacional-popular" como programa, mas o é precisamente por programa, o que a tornou uma manifestação deteriorada da cultura: também Longanesi deve ter escrito um livrinho para os recrutas, o que demonstra como as escassas tendências nacional-populares nascem, talvez mais do que de qualquer outra coisa, de preocupações militares [11].) A preocupação nacional-popular na formulação do problema crítico-estético e moral-cultural aparece de modo relevante em Luigi Russo (cujo opúsculo *Narratori* é preciso ver), como resultado de um "retorno" às experiências de De Sanctis após o ponto de chegada do crocianismo.

Deve-se observar que o brescianismo, no fundo, é individualismo antiestatal e antinacional, mesmo quando e embora se mascare de nacionalismo e estatismo frenético. "Estado" significa, em especial, direção consciente das grandes multidões nacionais; é necessário, portanto, um "contato" sentimental e ideológico com estas multidões e, em certa medida, simpatia e compreensão de suas necessidades e exigências. Ora, a ausência de uma literatura nacional-popular, devida à ausência de preocupações e de interesse por estas necessidades e exigências, deixou o "mercado" literário aberto à influência de grupos intelectuais de outros países, os quais, "popular-nacionais" em sua pátria, tornam-se o mesmo na Itália, já que as exigências e necessidades que buscam satisfazer são similares também na Itália. Assim, o povo italiano se apaixonou, através do romance histórico-popular francês (e continua a se apaixonar, como demonstram também os mais recentes catálogos das livrarias), pelas tradições francesas, monárquicas e revolucionárias, e conhece mais a figura popular de Henrique IV do que a de Garibaldi, mais a Revolução de 1789 do que o *Risorgimento*, mais as invectivas de Victor Hugo contra Napoleão III do que as dos patriotas italianos contra Metternich; apaixona-se por um passado que não é seu, serve-se em sua linguagem e em seu pensamento de metáforas e de referências culturais francesas, etc., é culturalmente mais francês do que italiano.

Para a orientação nacional-popular dada por De Sanctis à sua atividade crítica, deve-se ver a obra de Luigi Russo, *Francesco De Sanctis e la cultura napoletana,1860-1885*, Ed. La Nuova Italia, 1928, e o ensaio de De Sanctis, "La scienza e la vita". Talvez se possa dizer que De Sanctis sentiu fortemente o contraste "Reforma-Renascimento", isto é, precisamente o contraste entre vida e ciência que havia na tradição italiana, como uma debilidade da estrutura nacional-estatal, e buscou reagir contra ele. Eis por que, num certo ponto, ele se afasta do idealismo especulativo e se aproxima do positivismo e do verismo (simpatias por Zola, tal como Russo por Verga e Di Giacomo) [12]. Como parece observar Russo em seu livro (cf. a resenha de G. Marzot, na *Nuova Italia* de maio de 1932), "o segredo da eficácia de De Sanctis deve ser inteiramente buscado em sua espiritualidade democrática, que o faz suspeitar e tornar-se inimigo de todo movimento ou pensamento que assuma caráter absolutista e privilegiado [...]; e na tendência e na necessidade de conceber o estudo como momento de uma atividade mais ampla, tanto espiritual como prática, contida na fórmula de seu famoso discurso, 'La scienza e la vita'".

A antidemocracia nos escritores brescianos não tem nenhum significado politicamente relevante e coerente; é o modo de oposição a qualquer forma de movimento nacional-popular, determinada pelo espírito econômico-corporativo de casta, de origem medieval e feudal.

§ 9. *Os filhotes de padre Bresciani.* Exame de uma parcela substantiva da literatura narrativa italiana, particularmente das últimas décadas. A pré-história do brescianismo moderno (do pós-guerra) pode ser identificada numa série de escritores como: Antonio Beltramelli (com livros do tipo *Gli uomini rossi*, *Il cavalier Mostardo*, etc.), Polifilo (Luca Beltrami), com as diversas representações dos "habitantes de Casate Olona", etc. A literatura bastante extensa e difundida em certos ambientes e que possui um caráter mais tecnicamente "de sacristia": é pouco conhecida no ambiente cultural laico e não é absolutamente estudada. Seu caráter tendencioso e propagandístico é abertamente confessado: trata-se de "boa literatura". Entre a literatura de sacristia e o brescianismo laico, situa-se uma corrente literária que se desenvolveu muito nos últimos anos (grupo católico florentino dirigido por Giovanni Papini, etc.): um exemplo típico dessa corrente são os romances de Giuseppe Molteni. Um desses, *L'ateo*, reflete o monstruoso escândalo Dom Riva-Irmã Fumagalli de uma maneira ainda mais monstruosamente aberrante: Molteni chega a afirmar que, precisamente por sua qualidade de padre obrigado ao celibato e à castidade, é necessário perdoar Dom Riva (que violentou e infectou trinta meninas de pouca idade, que lhe foram oferecidas pela Irmã Fumagalli a fim de mantê-lo "fiel"); e acredita que a esse massacre pode ser contraposto, como moralmente equivalente, o vulgar adultério de um advogado ateu. Molteni era muito conhecido no mundo literário católico: foi crítico literário e articulista de toda uma série de cotidianos e periódicos clericais, entre os quais *Italia* e *Vita e Pensiero* [13].

O brescianismo assume uma certa importância no "laicato" literário do pós-guerra e vem se tornando cada vez mais a "escola" narrativa dominante e oficiosa.

Ugo Ojetti e o romance *Mio figlio ferroviere*. Características gerais da literatura de Ojetti e diversas atitudes "ideológicas" da figura. Escritos sobre Ojetti de Giovanni Ansaldo, que, de resto, assemelha-se a Ojetti muito mais do que poderia parecer no passado. A manifestação mais característica de Ugo Ojetti é sua carta aberta ao padre Enrico Rosa, publicada no *Pègaso* e reproduzida na *Civiltà Cattolica* com comentário de Rosa [14]. Ojetti, depois do anúncio da concilição ocorrida entre o Estado e a Igreja, não só estava convencido de que doravante todas as manifestações intelectuais italianas seriam controladas de acordo com um estreito conformismo católico e clerical, mas já se adaptara a esta ideia; dirigiu-se então ao padre Rosa, com um estilo melosamente adulatório das benemerências culturais da Companhia de Jesus, para solicitar uma "justa" liberdade artística. É impossível dizer, à luz dos eventos subsequentes (discurso do chefe do governo na Câmara), se foi mais abjeta a prostração de Ojetti ou mais cômica a tranquila audácia do padre Rosa, que, de qualquer modo, deu uma lição de caráter a Ojetti, certamente ao modo dos jesuítas [15]. Ojetti é representativo de vários pontos de vista: mas sua covardia intelectual supera toda medida normal.

Alfredo Panzini: já na pré-história com algumas passagens, por exemplo, da *Lanterna di Diogene* (o episódio da "lívida espada" vale um poema de comicidade), depois com *Il padrone sono me*, *Il mondo è rotondo* e quase todos os seus livros a partir da guerra. Na *Vita di Cavour*, existe uma referência precisamente ao padre Bresciani, verdadeiramente espantosa se não fosse sintomática. Toda a literatura pseudo-histórica de Panzini deve ser reexaminada do ponto de vista do brescianismo laico. O episódio Croce-Panzini, referido na *Critica*, é um caso de jesuitismo não só literário, mas pessoal [16].

De Salvatore Gotta, pode-se dizer o que Carducci escreveu de Rapisardi: "*Oremus* no altar, e flatulências na sacristia [17]." Toda a sua produção literária é bresciana.

Margherita Sarfatti e seu romance *Il Palazzone* [18]. Na resenha de Goffredo Bellonci publicada pela *Italia Letteraria* de 23 de junho de 1929, lê-se: "[...] de grande veracidade aquela timidez da virgem que se detém, pudica, diante do leito matrimonial, embora sinta que 'ele é benigno e acolhedor para as futuras justas amorosas'." Essa virgem pudica, que sente com as expressões técnicas dos novelistas licenciosos, é impagável: a virgem Fiorella teria pressentido também os futuros "muitos milhões" e seu "casaco de peles" bem escovado. Sobre a questão das "justas de amor", caberia fazer uma amena divagação: poderia ser recordado o lendário episódio sobre Dante e a pequena meretriz, relatado na coletânea Papini (Carabba), para dizer que de "justas amorosas" pode falar o homem, não a mulher [19]. Caberia recordar também a expressão do católico Chesterton, na *Nova Jerusalém*, sobre a chave e a fechadura a respeito da luta entre os sexos, para dizer que o ponto de vista da chave não pode ser o da fechadura. (Deve-se observar como Goffredo Bellonci, que flerta prazerosamente com a erudição "preciosa" — barata — a fim de brilhar nos jornalecos romanos, acha "verdadeiro" que uma virgem pense em justas de amor.)

Mario Sobrero, com o romance *Pietro e Paolo*, pode entrar no quadro geral do brescianismo por causa do claro-escuro [20].

Francesco Perri e o romance *Gli emigranti*. Este Perri não será o Paolo Albatrelli dos *Conquistatori* [21]? De qualquer modo, deve-se levar em conta também os *Conquistatori*. Em *Gli emigranti*, o traço mais característico é a vulgaridade, mas não a vulgaridade do principiante ingênuo, que, neste caso, poderia ser o material bruto não elaborado, mas que pode vir a sê-lo; trata-se de uma vulgaridade opaca, material, não de primitivo, mas de imbecilizado pretensioso. Segundo Perri, seu romance seria "verista" e ele seria o iniciador de uma espécie de neorrealismo. Mas pode hoje existir um verismo não historicista? O próprio verismo do século XIX foi, no fundo, uma continuação do velho romance histórico no ambiente do historicismo moderno. Em *Gli emigranti*, inexiste qualquer referência cronológica, o que é compreensível. Existem duas referências genéricas: uma ao fenômeno da emigração meridional, que teve um certo decurso histórico; e outra às tentativas de invasão das terras senhoriais "usurpadas" ao povo, que também podem ser relacionadas a épocas bem determinadas. O fenômeno migratório criou uma ideologia (o mito da América), que se opôs à velha ideologia à qual, antes da guerra, estavam ligadas as tentativas esporádicas, mas endêmicas, de invasão das terras. Inteiramente diverso é o movimento de 1919-1920, que é simultâneo e generalizado, e tem uma organização implícita nas associações de ex-combatentes sulistas. Em *Gli emigranti*, todas estas distinções históricas, essenciais para compreender e representar a vida do camponês, são anuladas e o conjunto confuso se reflete de modo tosco, brutal, sem elaboração artística. É evidente que Perri conhece o ambiente popular calabrês não de modo imediato, por experiência própria sentimental e psicológica, mas através de velhos esquemas regionalistas (e, se ele é o Albatrelli, deve-se levar em conta suas origens políticas, mascaradas por pseudônimos, a fim de não perder, em 1924, o emprego que tinha no município ou na província de Milão). A ocupação de terras (a tentativa de ocupação) em Pandure nasce de "intelectuais", com uma base jurídica (nada menos do que as leis subversivas de J. Murat), e termina em nada, como se o fato (que, contudo, é verbalmente apresentado como uma emigração popular em massa) nem sequer tivesse tocado nos hábitos de uma aldeia patriarcal [22]. Frases puramente mecânicas. Assim também a emigração. Esta aldeia de Pandure, com a família de Rocco Blèfari, é — para empregar a expressão de um outro calabrês de caráter temperado como o aço, Leonida Rèpaci — um para-raios para todos os males. Insistência sobre os erros da linguagem falada dos camponeses, que é típica do brescianismo, se não mesmo da imbecilidade literária em geral. As "caricaturas" (Galeoto, etc.) são lamentáveis, sem argúcia nem humorismo. A ausência de historicidade é "desejada", com o objetivo de pôr no mesmo saco, caoticamente, todos os motivos folclóricos gerais, que são na realidade bastante diferenciados no tempo e no espaço.

Leonida Rèpaci: em *L'ultimo cirineo*, deve-se desmontar o dispositivo armado de modo revoltante; deve-se ver *I fratelli Rupe*, que seriam os irmãos Rèpaci, os quais, ao que parece, foram comparados por alguém aos Cairoli [23].

Umberto Fracchia: deve-se ver, particularmente, *Angela Maria*. (No quadro geral, ocupam o primeiro lugar Ojetti, Beltramelli, Panzini; nestes, o caráter jesuítico-retórico é mais evidente, e é mais importante o lugar que lhes é reservado nas avaliações literárias mais correntes.)

§ 10. *Duas gerações*. A velha geração dos intelectuais fracassou, mas teve uma juventude (Papini, Prezzolini, Soffici, etc.). A atual geração não tem sequer esta fase de brilhantes promessas (Titta Rosa, Angioletti, Malaparte, etc.). Asnos irrecuperáveis, desde pequenos [24].

§ 11. *G. Papini*. Tornou-se o "autor pio" da *Civiltà Cattolica* [25].

§ 12. *A. Panzini*. Na *Italia che scrive* de junho de 1929, Fernando Palazzi, resenhando *I giorni del sole e del grano* de Panzini, observa: "[...] sobretudo se ocupa e se preocupa com a vida campestre como dela se pode ocupar um patrão que quer estar tranquilo sobre as capacidades laborais das bestas de trabalho que possui, tanto as quadrúpedes como as bípedes, e que, quando olha para um campo cultivado, pensa imediatamente se a colheita será aquela que espera." Em suma, Panzini senhor de escravos.

§ 13. *Leonida Rèpaci*. Em sua novela "autobiográfica" *Crepuscolo* (*Fiera Letteraria*, 3 de março de 1929), escreve: "Já naquela época eu alinhava dentro de mim, fortificando-as a cada dia com as mais íntimas raízes do instinto, aquelas belas qualidades que mais tarde, nos anos futuros, teriam feito de mim uma fábrica de infortúnios: o amor pelos vencidos, ofendidos, humilhados, *o desprezo pelo perigo diante da justa causa*, a independência do caráter que evidencia a retidão, o louco orgulho que esbraveja até mesmo em face do fracasso", etc., etc. Quantas belas qualidades perderia depois Leonida Rèpaci! Ao contrário, parece que, desde sua mais tenra infância, para obter um elogio literário do *Corriere della Sera*, Rèpaci passaria até mesmo sobre o corpo da mãe.

§ 14. *Curzio Malaparte*. Seu verdadeiro nome é Kurt Erich Suckert, italianizado por volta de 1924 para Malaparte, graças a um trocadilho com os Bonaparte (cf. coleção da revista *La Conquista dello Stato*) [26]. No primeiro pós-guerra, ostentou o nome estrangeiro. Pertenceu à organização de Guglielmo Lucidi, que imitava o grupo francês de *Clarté* (de Henri Barbusse) e o grupo inglês do *Controle democrático* [27]. Na coleção da revista de Lucidi, intitulada *Rassegna (o Rivista) Internazionale*, publicou um livro de guerra, *La rivolta dei santi maledetti*, uma exaltação da suposta atitude derrotista dos soldados italianos em Caporetto, brescianamente corrigida em sentido contrário na edição subsequente e, depois, retirada do comércio. A característica preponderante de Suckert é um arrivismo desenfreado, uma desmedida vaidade e um esnobismo camaleônico: para ter sucesso, Suckert era capaz de qualquer perfídia. Seus livros sobre a *Italia barbara* e sua exaltação da Contrarreforma: nada sério e nada que não seja superficial [28].

Sobre a exibição do nome estrangeiro (que em certo momento se chocou com as referências a um racismo e populismo de farsante e, por isso, foi substituído pelo pseudônimo, no qual Kurt — Conrado — é latinizado em Curzio), deve-se notar uma corrente bastante difundida entre certos intelectuais italianos do tipo "moralistas" ou moralizadores: eles eram levados a acreditar que, no exterior, as pessoas eram mais honestas, mais capazes e mais inteligentes do que na Itália. Esta "mania pelo estrangeiro" assumia formas tediosas e por vezes repugnantes em tipos invertebrados, como Graziadei, mas era mais difundida do que se crê e dava lugar a revoltantes poses esnobes; deve-se recordar o breve colóquio com Giuseppe Prezzolini, em Roma, em 1924, e sua desconsolada exclamação: "Deveria ter conseguido a tempo para meus filhos a nacionalidade inglesa!" ou algo similar [29]. Este estado de espírito não parece ter sido característico apenas de alguns grupos intelectuais italianos, mas parece ter ocorrido, em determinadas épocas de envilecimento moral, também em outros países. De qualquer modo, além de ser uma estupidez, é um índice importante de ausência de espírito nacional-popular. Confunde-se todo um povo com algumas de suas camadas corrompidas, particularmente da pequena burguesia (de resto, tais senhores, eles próprios, pertencem essencialmente a tais camadas), a qual, nos países essencialmente agrícolas, atrasados culturalmente e pobres, é muito difundida e pode ser comparada ao *lumpen-proletariat* das cidades industriais. A camorra e a máfia são apenas formas similares de uma tal delinquência, que vive parasitando os grandes proprietários e o campesinato. Os moralizadores caem no mais tolo pessimismo, já que suas prédicas deixam as coisas tais como estão. Os tipos como Prezzolini, em vez de admitirem sua própria incapacidade orgânica, consideram mais cômodo concluir que todo um povo é inferior, pelo que nada mais resta a fazer salvo acomodar-se: "Viva a Alemanha, viva a França, contanto que se encha a pança." Estes homens, ainda que por vezes alardeiem um nacionalismo dos mais exacerbados, deveriam ser registrados pela polícia entre os elementos capazes de espionar contra seu próprio país.

§ 15. *Ugo Ojetti.* Procurar o juízo duro e mordaz sobre ele formulado por Carducci [30].

§ 16. *G. Papini.* G. Papini, quando queria levar os filisteus italianos à loucura, em 1912-1913, escreveu em *Lacerba* o artigo "Gesù Peccatore", sofística coletânea de episódios e de conjeturas forçadas extraídas dos Evangelhos apócrifos. Ao que parece, ele sofreu uma ação judicial por causa deste artigo, o que muito o surpreendeu. Afirmara como plausível e provável a hipótese de relações homossexuais entre Jesus e João. Em seu artigo sobre o "Cristo romano", no volume *Gli operai della vigna*, com os mesmos procedimentos críticos e o mesmo "vigor" intelectual, afirmou que César é um precursor de Cristo, que a Providência fez nascer em Roma para preparar o terreno ao cristianismo. Num terceiro período, é provável que Papini, empregando as geniais iluminações críticas que caracterizam A. Loria, termine por concluir sobre a relação necessária entre o cristianismo e a inversão sexual [31].

§ 17. *Filippo Crispolti.* Num artigo publicado no *Momento* de junho de 1928 (primeira quinzena, ao que parece, já que republicado parcialmente pela *Fiera Letteraria* depois deste período), Filippo Crispolti conta que, quando em 1906 se pensou na Suécia em conceder o Prêmio Nobel a Giosuè Carducci, nasceu a forte dúvida de que um tal atestado de admiração ao cantor de Satanás pudesse suscitar escândalo entre os católicos. Em consequência, foram solicitadas informações a Crispolti, que as deu por carta e num colóquio com o embaixador sueco em Roma, De Bildt. As informações de Crispolti foram favoráveis. Assim, o Prêmio Nobel concedido a Carducci se deveria a ninguém menos do que a Filippo Crispolti [32].

§ 18. *"Arte católica"*. Edoardo Fenu, num artigo "Domande su un'arte cattolica", publicado no *Avvenire d'Italia* e resumido na *Fiera Letteraria* de 15 de janeiro de 1928, condena "em quase todos os escritores católicos" o tom apologético. "Ora, a defesa (!) da fé deve decorrer dos fatos, do processo crítico (!) e natural do relato, isto é, deve ser, manzonianamente, a 'substância' da própria arte. É evidente (!) que um escritor verdadeiramente (!) católico jamais baterá a cabeça contra as paredes opacas (!) da heresia, moral ou religiosa. Um católico, pelo simples fato (!) de sê-lo, já está investido (!) (de fora?) daquele espírito simples e profundo que, transfundindo-se nas páginas de uma narrativa ou de uma poesia, fará de sua arte (!) uma arte simples, serena, de modo algum pedante. Portanto (!), é perfeitamente inútil tentar, a cada página, fazer-nos compreender que o escritor tem uma estrada a nos indicar, uma luz a nos iluminar. A arte católica deverá (!) pôr-se em condições de ser, ela mesma, aquela estrada e aquela luz, sem perder-se no lixo (só baratas tontas podem se perder no lixo) dos sermões inúteis e das advertências ociosas." (Em literatura), [...] "com exceção de alguns homens, como Papini, Giuliotti e, em certo sentido, também Manacorda, o balanço é quase falimentar. Escolas? ... *ne verbum quidem*. Escritores? Sim, com muita generosidade podem surgir alguns nomes, mas que dificuldade! A não ser que se queira rotular Gotta de católico, ou qualificar Gennari de romancista, ou aplaudir aquela imensa caterva de perfumados e enfeitados escritores e escritoras para senhoritas [33]".

Muitas contradições, impropriedades e ingenuidades tolas no artigo de Fenu. Mas a conclusão implícita é justa: o catolicismo é estéril para a arte, isto é, não existem e não podem existir "almas simples e sinceras" que sejam escritores cultos e artistas refinados e disciplinados. O catolicismo se tornou, para os intelectuais, algo muito difícil, que não pode dispensar, mesmo em seu íntimo, uma apologia minuciosa e pedante. O fato já é antigo: remonta ao Concílio de Trento e à Contrarreforma. "Escrever", depois disso, tornou-se perigoso, particularmente sobre coisas e sentimentos religiosos. Desde então, a Igreja adotou um duplo parâmetro para medir a ortodoxia: ser "católico" tornou-se, ao mesmo tempo, algo facílimo e dificílimo. É facílimo para o povo, ao qual não se exige mais do que "crer" genericamente e obedecer às práticas do culto: nenhuma luta efetiva e eficaz contra a superstição, contra os desvios intelectuais e morais, contanto que não sejam "teorizados". Na realidade, um camponês católico pode ser intelectualmente, de modo inconsciente, protestante, ortodoxo, idólatra: basta dizer que é "católico". Também aos intelectuais não se exige muito, se eles se limitarem às práticas exteriores do culto; nem sequer se exige que creiam, mas só que não deem mau exemplo, negligenciando os "sacramentos", particularmente os mais visíveis e sobre os quais se exerce o controle popular: o batismo, o matrimônio, os funerais (o viático, etc.). Dificílimo, ao contrário, é ser ativo intelectual "católico" e artista "católico" (particularmente romancista, mas também poeta), pois se exige uma tal bagagem de noções sobre encíclicas, contraencíclicas, breves, cartas apostólicas, etc., e os desvios da orientação ortodoxa eclesiástica têm sido na história tantos e tão sutis, que é facílimo cair na heresia ou na meia heresia ou em um quarto de heresia. O genuíno sentimento religioso tornou-se infecundo: deve-se ser doutrinário para poder escrever "ortodoxamente". Por isso, na arte, a religião não é mais um sentimento originário: é um motivo, um tema. E a literatura católica pode ter padres Bresciani ou Ugos Mioni, não pode mais ter um São Francisco, um Passavanti, um Tomás de Kempis; pode ser "militância", propaganda, agitação, não mais pode ser efusão ingênua de fé incontestada, mas de uma fé que é posta em questão até mesmo no íntimo dos que são sinceramente católicos. O exemplo de Manzoni pode servir de prova: quantos artigos sobre Manzoni a *Civiltà Cattolica* publicou, em seus oitenta e quatro anos de vida, e quantos sobre Dante? Na realidade, os católicos mais ortodoxos desconfiam de Manzoni e falam dele o menos que podem; por certo, não o analisam como analisam Dante e alguns outros [34].

§ 19. *Tommaso Gallarati Scotti.* Em sua coletânea de novelas *Storie dell'Amor Sacro e dell'Amor Profano*, deve-se recordar o relato no qual se fala do corpo de uma prostituta sarracena, levado para a Itália meridional por um barão cruzado e que é adorado pela população como a relíquia de uma santa: são espantosas as considerações de Gallarati Scotti, embora ele tenha sido um "modernista" antijesuítico [35]. Tudo isso depois da novela boccacciana de Frade Cipolla e do romance do português Eça de Queiroz, *A relíquia*, traduzido por L. Siciliani (Ed. Rocco Carabba, Lanciano), que é uma derivação do Cipolla boccacciano [36]. Os bollandistas são respeitáveis, pelo menos porque contribuíram para extirpar certas raízes de superstição (ainda que suas pesquisas permaneçam circunscritas a um círculo muito restrito e sirvam sobretudo para convencer os intelectuais de que a Igreja combate as falsificações históricas); o esteticismo jesuítico-folclórico de Gallarati Scotti é revoltante [37]. Deve-se recordar o diálogo mencionado nas *Memórias* de W. Steed, entre um jovem protestante e um cardeal, a respeito de São Genaro; bem como a notinha de B. Croce a uma carta de G. Sorel, a respeito de uma conversa de Croce com um padre napolitano sobre o sangue de São Genaro (ao que parece, existem em Nápoles outros três ou quatro sangues que fervem "milagrosamente", mas que não são "explorados" para não desacreditar o de São Genaro, que é popularíssimo) [38]. A figura literária de Gallarati Scotti inclui-se sub-repticiamente entre os filhotes do padre Bresciani.

§ 20. *Adelchi Baratono* [39]. Escreveu, no segundo número da revista *Glossa perenne* (dirigida então por Raffa Garzia e que começou a ser publicada em 1928-1929), um artigo, "Novecentismo", que deve ser muito rico de temas "maçantes". Entre outros: "A arte e a literatura de uma época só podem e devem ser (!) as que correspondem à vida (!) e ao gosto da época; e todas as recriminações, além de não servirem para mudar sua inspiração e sua forma, seriam também contrárias a todo critério (!) histórico e, como tal, justo (?) de julgamento."

Mas a vida e o gosto de uma época são algo monolítico, ou, ao contrário, algo pleno de contradições? E, sendo assim, como se estabelece a "correspondência"? O período do *Risorgimento* era "correspondido" por Berchet ou pelo padre Bresciani [40]? A recriminação queixosa e moralista seria certamente tola, mas pode-se criticar e julgar sem chorar. De Sanctis foi um firme defensor da revolução nacional, mas soube julgar brilhantemente não só Guerrazzi, mas também Bresciani. O agnosticismo de Baratono não é mais do que covardia moral e cívica. Se fosse verdade que um juízo de valor sobre os contemporâneos é impossível por falta de objetividade e de universalidade, a crítica deveria fechar as portas; mas Baratono teoriza apenas sua própria incapacidade estética e filosófica e sua própria covardia.

§ 21. *Maddalena Santoro*: *L'amore ai forti*, romance, Bemporad, 1928 (ultrabresciano).

§ 22. *Curzio Malaparte*. Ver, na *Italia Letteraria* de 3 de janeiro de 1932, o artigo de Malaparte: "Analisi cinica dell'Europa". Nos últimos dias de 1931, na sede da *École de la Paix* em Paris, o ex-primeiro-ministro Herriot pronunciou um discurso sobre os melhores meios de organizar a paz europeia [41]. Após Herriot, falou Malaparte refutando-o: "Assim como também o senhor, sob certos aspectos (*sic*), é um revolucionário — eu disse entre outras coisas a Herriot (escreve Malaparte em seu artigo) —, penso que esteja em condições de compreender que o problema da paz deveria ser considerado não apenas do ponto de vista do pacifismo acadêmico, mas também de um ponto de vista revolucionário. Somente o espírito patriótico e o espírito revolucionário (se é verdade, como é verdade, no fascismo por exemplo, que um não exclui o outro) podem sugerir os meios de assegurar a paz europeia. — Não sou um revolucionário, respondeu-me Herriot; sou simplesmente um cartesiano. Mas o senhor, caro Malaparte, é apenas um patriota."

Assim, para Malaparte, até mesmo Herriot é um revolucionário, pelo menos sob certos aspectos, e então torna-se ainda mais difícil compreender o que significa "revolucionário", tanto para Malaparte como em geral. Se, na linguagem comum de certos grupos políticos, "revolucionário" estava assumindo cada vez mais o significado de "ativista", de "intervencionista", de "voluntarista", de "dinâmico", é difícil dizer como Herriot possa ser qualificado como tal; e por isso, com ironia, Herriot respondeu que era um "cartesiano". Parece que, para Malaparte, pode-se entender que "revolucionário" tornou-se um cumprimento, como outrora "cavalheiro", ou "grande cavalheiro", ou "verdadeiro cavalheiro". Também isto é brescianismo: após 1848, os jesuítas se autointitulavam os "verdadeiros liberais" e chamavam os liberais de libertinos e demagogos.

§ 23. *Giovanni Ansaldo.* Num lugarzinho à parte, na rubrica dos "Filhotes do padre Bresciani", deve ser também inserido Giovanni Ansaldo. Deve-se recordar seu diletantismo político-literário que, em determinado período, levou-o a defender a necessidade de "estar entre poucos", de constituir uma "aristocracia": sua atitude era mais um esnobismo banal do que expressão de uma firme convicção ético-política, era um modo de fazer literatura "diferente", como a que se faz em ambíguas igrejinhas literárias. Assim, Ansaldo tornou-se a "Estrela Negra" do *Lavoro*, estrela com cinco pontas, que não deve ser confundida com aquela que, nos *Problemi del Lavoro*, serve para indicar Franz Weiss e que tem seis pontas (que Ansaldo mantenha suas cinco pontas é algo que pode ser visto no *Almanacco delle Muse* de 1931, seção genovesa; o *Almanacco delle Muse* foi publicado pela "Alleanza del Libro") [42]. Para Ansaldo, tudo torna-se elegância cultural e literária: a erudição, a precisão, o óleo de rícino, o porrete, o punhal; a moral não é seriedade moral, mas elegância, cravo na lapela. Também esta atitude é jesuítica, é uma forma de culto do próprio particular na ordem da inteligência, uma exterioridade típica de sepulcro caiado. De resto, como esquecer que precisamente os jesuítas foram sempre mestres de "elegância" (jesuítica) de estilo e de língua?

§ 24. *Giuseppe Prezzolini.* Artigo de Prezzolini, "Monti, Pellico, Manzoni, Foscolo veduti da viaggiatori americani", publicado no *Pègaso* (di Ojetti) de maio de 1932. Prezzolini menciona uma passagem do crítico de arte americano H. Y. Tuckermann (*The Italian Sketch-Book*, 1848, p. 123): "Na Itália, alguns jovens liberais revelam-se bastante desiludidos porque um deles, que estava para se tornar um mártir de sua causa, preferiu tornar-se devoto, e manifestam mal-estar porque ele resolveu empregar sua pena para escrever hinos católicos e odes religiosas [43]." E comenta: "O *despeito* que os mais raivosos manifestavam por não ter encontrado em Pellico um instrumento de *pequena* polêmica política é figurado nessas 'observações'." Trata-se de um mistério "profano" da mentalidade bresciana saber por que estaríamos diante de mesquinho "despeito" e por que, antes de 1848, a polêmica contra as perseguições austríacas e clericais devia ser "pequena".

§ 25. *Literatura de guerra.* Que reflexos teve a tendência "brescianista" na literatura de guerra? A guerra obrigou os diversos estratos sociais a se aproximarem, a se conhecerem, a se avaliarem reciprocamente, no comum sofrimento e na comum resistência sob formas de vida excepcionais, que determinavam uma maior sinceridade e uma maior aproximação à humanidade "biologicamente" entendida. O que os literatos aprenderam com a guerra? E, de modo geral, o que aprenderam com a guerra aquelas camadas das quais normalmente surgem, em maior número, os escritores e os intelectuais? Duas linhas de investigação devem ser seguidas: 1) A que se refere ao estrato social, a qual já foi explorada em muitos de seus aspectos pelo professor Adolfo Omodeo, na série de capítulos *Momenti della vita di guerra. Dai diari e dalle lettere dei caduti*, publicados na *Critica* e depois reunidos em volume [44]. A coletânea de Omodeo apresenta um material já selecionado, segundo uma tendência que se pode chamar até mesmo de nacional-popular, já que Omodeo se propõe implicitamente demonstrar como existia, já em 1915, uma robusta consciência nacional-popular, que teve ocasião de se manifestar no tormento da guerra, consciência formada pela tradição liberal-democrática; e, portanto, propõe mostrar como absurda toda pretensão de profunda regeneração neste sentido no pós-guerra. É outra questão saber se Omodeo conseguiu cumprir sua tarefa de crítico. De resto, Omodeo tem uma concepção muito estreita e mesquinha do que é nacional-popular, concepção cujas origens culturais são facilmente identificáveis; ele é um epígono da tradição moderada, acrescida de um certo tom democrático (ou melhor, populista), que não sabe libertar-se de fortes traços "bourbonizantes". Na realidade, a questão de uma consciência nacional-popular não se apresenta para Omodeo como questão de uma íntima ligação de solidariedade democrática entre intelectuais-dirigentes e massas populares, mas como questão interior das consciências individuais que atingiram um determinado nível de nobre desinteresse nacional e de espírito de sacrifício. Estamos ainda, portanto, naquele ponto de exaltação do "voluntarismo" moral e da concepção de elites que se esgotam em si mesmas e não se põem o problema de ser organicamente ligadas às grandes massas nacionais.

2) A literatura de guerra propriamente dita, isto é, produzida por escritores "profissionais" que escreviam para ser publicados, obteve na Itália um êxito desigual. Logo após o armistício, foi muito escassa e de pouco valor; buscou sua fonte de inspiração no *Feu* de Barbusse. É muito interessante estudar *Il diario di guerra*, de B. Mussolini, a fim de nele encontrar as pegadas da série de pensamentos políticos, verdadeiramente nacional-populares, que haviam formado, anos antes, no plano das ideias, a substância do movimento que teve como manifestação culminante o processo sobre a matança de Roccagorga e os eventos de junho de 1914 [45]. Ocorreu, posteriormente, uma segunda onda de literatura de guerra, que coincidiu com um movimento europeu no mesmo sentido, produzido após o sucesso internacional do livro de

Remarque e com o propósito predominante de combater a mentalidade pacifista à maneira de Remarque [46]. Esta literatura é de modo geral medíocre, seja como arte, seja como nível cultural, isto é, como criação prática de "massas de sentimentos e de emoções" a serem impostas ao povo. Grande parte desta literatura insere-se perfeitamente no tipo "bresciano". Exemplo característico é o livro de Curzio Malaparte, *La rivolta dei santi maledetti*, já mencionado. Deve-se ver qual foi a contribuição a esta literatura do grupo de escritores que costuma ser chamado de *vociano* e que, já antes de 1914, trabalhava, em concordante discordância, para elaborar uma consciência nacional-popular moderna. Os melhores livros desse grupo foram escritos por seus autores "menores", como Giani Stuparich [47]. Os livros de Ardengo Soffici são intimamente repugnantes, por causa de uma nova forma de baixa retórica pior do que a tradicional. É necessária uma resenha da literatura de guerra na rubrica sobre o brescianismo.

§ 26. *Leonida Rèpaci.* Saiu o primeiro volume de um romance dito "cíclico" de Leonida Rèpaci, *I fratelli Rupe* (Milão, Ceschina, 1932, 15 liras), que, em seu conjunto, deveria representar o desenvolvimento da vida italiana, nos primeiros trinta anos deste século, visto a partir da Calábria (no prefácio, Rèpaci apresenta o plano da obra). Além do ridículo moral do título, cabe perguntar se a Calábria teve nessa época uma função nacional representativa e, de modo geral, se a província teve na Itália uma função progressista ou qualquer outra função, como, por exemplo, a de dirigir um movimento qualquer no país, de selecionar os dirigentes, de ventilar o ambiente fechado, rarefeito ou corrupto dos grandes centros urbanos da vida nacional. Na realidade, no que se refere aos dirigentes, a província (e, particularmente, no Sul) era muito mais corrupta do que o Centro (no Sul, as massas populares exigiam dirigentes do Norte para seus institutos econômicos); e, com muita frequência, os provincianos que se urbanizavam traziam um novo tipo de corrupção, sob a forma da rabulice mesquinha e da mania de baixas intrigas. Um característico exemplo disso foram precisamente os irmãos Rèpaci, que emigraram de Palmi para Turim e Milão. Os irmãos Rupe, é evidente, são os irmãos Rèpaci; mas, se se excetua Mariano, onde está o caráter rupestre dos outros, de Ciccio e de Leonida? O caráter "abjeto e gelatinoso" predomina, com o ridículo moral de pretender-se "rocha", nada menos que isso [48]. Deve-se observar que o "Rèpaci Leonida" carece de qualquer fantasia inventiva, para não falar criadora; tem apenas uma certa disposição medíocre para ampliar mecanicamente (por agregação, por inflação, por "sincretismo") a série de pequenos fatos "dramáticos" em tom menor, que caracterizam o anedotário da maioria das famílias pequeno-burguesas italianas (sobretudo sulistas) neste início de século, e que caracterizaram também a família Rèpaci, assumida por Leonida como substância mitológica da própria "escrita". Esse processo de inchamento mecânico pode ser demonstrado analiticamente. E, de resto, é uma estranha mitologia a de Rèpaci, privada de humanidade séria e pudica de si mesma, privada de dignidade, de decoro, para não falar de grandeza ética. O impudor de putinha de baixo nível é a característica de Leonida diante de seus familiares. O *Ultimo Cireneo*, com as repugnantes cenas das agitações obscenas de seu irmão Ciccio, tornado impotente não por invalidez de guerra, mas por causas fisiológicas talvez de origem sifilítica (Ciccio não chegou à frente de combate e suas proezas militares são as de Leonida, que foi corajoso e destemido antes de acovardar-se na vaidade literária), mostra de que têmpera é a humanidade de Leonida (também nos *Fratelli Rupe* há um impotente), o qual, pode-se dizer, é capaz de se entristecer porque em sua família não houve um incesto que lhe permitisse escrever um romance onde dissesse que os "Rupe" conheceram todas as tragédias, até mesmo as de Fedra e de Édipo.

§ 27. *Arnaldo Frateili.* É o crítico literário da *Tribuna* e pertence à estirpe intelectual dos Forges, que esteriliza a terra onde pisa [49]. Escreveu um romance, *Capogiro* (Milão, Bompiani, 1932). Frateili: apresenta-se à fantasia tal como aparece numa caricatura-retrato publicada pela *Italia Letteraria*: uma cara de tolo pretensioso com uma gotinha no nariz. Frateili cheira rapé? Estará gripado? Por que aquela gotinha? Trata-se de um erro "zincográfico"? De um traço de lápis não programado? Mas por que, então, o desenhista não apagou a gotinha? Angustiantes problemas: os únicos que surgem a propósito de Frateili.

§ 28. *Literatura de guerra.* Ver o cap. IX, "Guerre et littérature", do volume de B. Crémieux sobre a *Littérature italienne* (Ed. Kra, 1928, p. 243 e ss.) [50]. Para Crémieux, a literatura italiana de guerra assinala uma descoberta do povo pelos literatos. Como Crémieux exagera! O capítulo, contudo, é interessante e deve ser relido. De resto, também a América foi descoberta pelo italiano Colombo e colonizada por espanhóis e anglo-saxões.

§ 29. *Novecentismo de Bontempelli.* O manifesto escrito por Bontempelli para a revista *900* é simplesmente o artigo de G. Prezzolini "Viva l'artificio!", publicado em 1915 e reimpresso nas p. 51 e ss. da coletânea *Mi pare...* (Fiume, Ed. Delta, 1925) [51]. Bontempelli não fez mais do que desenvolver e debilitar, mecanizando-os, uma série de temas contidos no artigo de Prezzolini. A comédia *Nostra Dea*, de 1925, é uma extensão mecânica das palavras de Prezzolini impressas na p. 56 de *Mi pare...* Deve-se observar que o artigo de Prezzolini é muito ruim e pedante: deixa transparecer o esforço feito pelo autor, depois da experiência de *Lacerba*, para se tornar mais "leve e brilhante". O que poderia ser expresso num epigrama é mastigado e insalivado com muitos trejeitos entediantes. Bontempelli imita a ruindade, multiplicando-a. Em Prezzolini, um epigrama torna-se um artigo; em Bontempelli, um volume.

§ 30. *Novecentistas e super-regionalistas.* O Barroco e a Arcádia adaptados aos tempos modernos. (O sempre presente Malaparte, que foi redator-chefe do *900* de Bontempelli, tornou-se pouco depois o "chefe da escola" dos super-regionalistas e a vespa que dá ferroadas em Bontempelli.)

§ 31. *Prezzolini. Il Codice della Vita italiana* (Ed. La Voce, Florença, 1921) conclui o período originário e original da atividade de Prezzolini, do escritor moralista sempre em campanha para renovar e modernizar a cultura italiana. Imediatamente depois Prezzolini "entra em crise", com altos e baixos curiosíssimos, até embarcar na corrente tradicional e louvar o que havia vituperado.

Um momento da crise é representado pela carta escrita em 1923 a P. Gobetti, "Per una società degli Apoti", republicada no livrinho *Mi pare...* Prezzolini sente que sua posição de "espectador" é "um pouco, um pouquinho (!) covarde". "Não seria nosso dever tomar partido? Não há algo de tedioso (!), de antipático·(!), de triste (!) no espetáculo destes jovens [...] que estão quase todos fora da luta, olhando os combatentes e apenas se perguntando como e por que são dados os golpes?" Encontra uma solução, muito cômoda: "Nossa tarefa, nossa utilidade no presente momento e também [...] nos próprios embates que agora dividem e têm eficácia, no próprio esforço através do qual se prepara o mundo de amanhã, só podem ser aqueles aos quais nos dedicamos, ou seja, o de esclarecer ideias, de destacar valores, de salvar, acima das lutas, um patrimônio ideal, a fim de que ele possa voltar a frutificar no futuro." O modo de ver a situação é espantoso: "O momento que atravessamos é de tal modo crédulo (!), fanático, partidário, que um fermento de crítica, um elemento de pensamento (!), um núcleo de pessoas que olhe acima dos interesses só pode fazer bem. Não estamos vendo tornarem-se cegos muitos dos melhores? Hoje, tudo é aceito pelas massas (mas não era a mesma coisa na época da guerra líbica? E, malgrado isso, Prezzolini não se limitou, então, a propor uma Sociedade de Abstêmios!): o documento falso, a lenda grosseira, a superstição primitiva são aceitos sem exame, de olhos fechados, e propostos como remédio material e espiritual. E quantos dos líderes têm como programa explícito a escravidão do espírito como remédio para os cansados, como refúgio para os desesperados, como panaceia para os políticos, como calmante para os exasperados! Poderemos nos intitular a Congregação dos Abstêmios, 'daqueles que não bebem', a tal ponto são evidentes e manifestos por toda a parte não só o hábito, mas também a vontade geral de beber tudo isso."

Uma afirmação de singular jesuitismo sofístico: "É necessário que uma minoria, capaz disso, sacrifique-se se for preciso e renuncie a muitos sucessos exteriores, sacrifique até mesmo o desejo de sacrifício e de heroísmo (!), não diria para ir precisamente contra a corrente, mas estabelecendo um ponto sólido a partir do qual será retomado o movimento para a frente", etc., etc.

Diferença entre Prezzolini e Gobetti; ver se a carta teve resposta e qual [52].

§ 32. *Alfredo Panzini.* A *Vita di Cavour* de Panzini foi publicada em capítulos na *Italia Letteraria*, nos números de 9 de junho a 13 de outubro de 1929, e foi republicada (revista e corrigida? Seria interessante um exame minucioso, se isso valesse a pena) pelo editor Mondadori, num volume da coleção "Scie", com enorme atraso [53]. Na *Italia Letteraria* de 30 de junho, com o título "Chiarimento", foi publicada uma carta enviada por Panzini, com data de 27 de junho de 1929, ao diretor de *Il Resto del Carlino.* Panzini, com estilo seco e intimamente alarmado, lamenta um comentário picante, publicado pelo jornal bolonhês quando da publicação do segundo capítulo de seu escrito, que era considerado um "agradável divertimento" e "coisa trivial". Panzini responde em estilo telegráfico: "Nenhuma intenção de escrever biografia ao modo romanesco francês. Minha intenção era escrever em estilo agradável e dramático, mas tudo documentado (correspondência Nigra-Cavour)." (Como se a única documentação sobre a vida de Cavour fosse essa correspondência!) Além disso, Panzini busca se defender, bastante mal, do fato de ter mencionado uma forma de ditadura própria de Cavour, "humana", que poderia parecer elipticamente um juízo crítico sobre outras formas de ditadura: pode-se imaginar o pavor de Panzini ao pisar sobre estas brasas incandescentes [54]. O episódio tem um certo significado, já que mostra como muitos começaram a perceber que esses escritos pseudonacionais e patrióticos de Panzini são fastidiosos, insinceros e deixam o jogo à mostra. A imbecilidade e a inépcia de Panzini em face da história são incomensuráveis: sua escrita é um puro e infantil jogo de palavras, encoberto por uma espécie de ironia tola, que deveria fazer crer na existência de uma profundidade que ninguém sabe qual é, como aquela que certos camponeses expressam em seu ingênuo modo de falar. Historiador à Bertoldo! Na verdade, é uma forma de *stenterellismo* que assume o ar de Maquiavel em mangas de camisa e não em vestes solenes [55]. Um outro ataque a Panzini pode ser lido na *Nuova Italia* daquela época: afirma-se que a *Vita di Cavour* é escrita como se Cavour fosse Pinóquio!

Nem se pode dizer que o estilo de Panzini, em seus escritos de história, seja "agradável e dramático": trata-se, ao contrário, de um estilo farsesco, e a história é apresentada como uma "piada" de caixeiro-viajante ou de farmacêutico do interior. O farmacêutico é Panzini e seus fregueses são outros tantos Panzini que se regalam com sua própria tola estupidez.

Todavia, a *Vita di Cavour* tem alguma utilidade: é uma espantosa coletânea de lugares-comuns sobre o *Risorgimento* e um documento de primeira ordem do jesuitismo literário de Panzini. Exemplo: "Um escritor inglês chamou a história da unidade da Itália a mais romanesca história dos tempos modernos." (Panzini, além de criar lugares-comuns para os temas de que trata, empenha-se muito para recolher todos os lugares-comuns que, sobre o mesmo tema, foram postos em circulação por outros escritores, sobretudo estrangeiros, sem perceber que em muitos casos, como neste, está implícito um juízo "difamatório" sobre o povo italiano: Panzini deve ter feito um fichário especial de lugares-comuns para condimentar oportunamente seus próprios escritos.) "O rei Vítor nascera com a espada e sem medo: terríveis bigodes, um grande cavanhaque. Agradavam-lhe as belas mulheres e a música dos canhões. Um grande rei."

Este lugar-comum, esta oleografia de Vítor Emanuel, típica de botequim, deve ser relacionada com outra, sobre a "tradição" militar do Piemonte e de sua aristocracia. Na realidade, faltou ao Piemonte, precisamente, uma "tradição" militar no sentido não burocrático da palavra, ou seja, faltou uma "continuidade" do pessoal militar de primeiro escalão; e isso se manifestou precisamente nas guerras do *Risorgimento*, nas quais não se revelou nenhuma personalidade (salvo no campo garibaldino), mas, ao contrário, afloraram muitas deficiências internas gravíssimas. No Piemonte, existia uma tradição militar "popular"; de sua população, era sempre possível extrair um bom exército; surgiam de tanto em tanto quadros militares de primeira ordem, como Emanuele Filiberto, Carlo Emanuele, etc., mas faltou precisamente uma tradição, uma continuidade na aristocracia, na alta oficialidade. A situação foi agravada pela Restauração: a prova disso ocorreu em 1848, quando não se sabia o que fazer para encontrar um chefe para o Exército. Depois de se ter inutilmente solicitado um general à França, terminou-se por admitir um bobalhão qualquer vindo da Polônia. As qualidades guerreiras de Vítor Emanuel II consistiam somente numa certa coragem pessoal, que é de supor que fosse muito rara na Itália, já que tanto se insistiu em destacá-la. O mesmo se diga do "cavalheirismo"; deve-se supor que, na Itália, a maioria esmagadora era formada por velhacos, já que ser cavalheiro se tornou motivo de distinção. Sobre Vítor Emanuel II, deve-se recordar o episódio recordado por F. Martini em seu livro póstumo de memórias (Ed. Treves). Martini conta que, depois da tomada de Roma, Vítor Emanuel disse que lhe desagradava o fato de não ter nada *da piè* (para pilhar): e isso, para quem contava o episódio (creio que Q. Sella), parecia demonstrar que não teria havido na história um rei mais conquistador do que Vítor Emanuel. Do episódio, talvez se pudesse dar uma explicação mais terra a terra, ligada à concepção do Estado patrimonial e aos diferentes valores da lista civil [56]. Além do mais, cabe lembrar a correspondência de Massimo D'Azeglio publicada por Bollea no *Bollettino Storico Subalpino*, bem como o conflito entre Vítor Emanuel e Quintino Sella sobre questões econômicas [57].

O que espanta muito, de resto, é que se insista tanto sobre os episódios "galantes" da vida de Vítor Emanuel, como se eles fossem capazes de tornar a figura do rei mais popular: fala-se de altos funcionários e de oficiais que se dirigiam às casas de camponeses para convencê-los a mandar suas filhas para que se deitassem com o rei por dinheiro.

Se pensarmos bem, é espantoso que tais coisas sejam contadas, acreditando-se que fortalecem a admiração popular.

"[...] O Piemonte [...] tem uma tradição guerreira, tem uma nobreza guerreira." Seria possível observar que Napoleão III, dada a "tradição" guerreira de sua família, ocupou-se de ciência militar e escreveu livros que, ao que parece, não eram muito ruins para sua época.

"As mulheres? Bem, as mulheres. Sobre esse assunto, ele (Cavour) concordava bastante com seu rei, embora também nisso houvesse alguma diferença. O rei Vítor não era difícil de contentar, como o poderia atestar a bela Rosina, que foi depois condessa de Mirafiori"; e continua neste mesmo tom até lembrar que os propósitos galantes (!) do rei, fazendo a corte às Tuglierí (*sic*), eram tão audaciosos "que todas as damas ficaram amavelmente (!) aterrorizadas. Aquele forte e magnífico rei montanhês!". (Panzini se refere aos episódios contados por Paléologue, mas que diferença de estilo! Paléologue, apesar do tema escabroso, conserva o tom do cavalheiro cortesão: Panzini não sabe evitar a linguagem de cafetão vulgar, de mercador de prostitutas [58].) "Cavour era bem mais refinado. Mas ambos eram cavalheiros e, ousaria dizer, românticos (!)." "Massimo D'Azeglio [...] como cavalheiro delicado que era..."

A referência de Panzini, da qual se fala na p. 37 e que atraiu os raios... ameaçadores de *Il Resto del Carlino*, está contida na segunda parte da *Vita di Cavour*, na edição da *Italia Letteraria* (número de 16 de junho), e vale a pena citá-la porque terá sido cancelada ou modificada na edição Mondadori: "[Cavour] não precisava assumir atitudes específicas. Mas, em certos momentos, devia aparecer como maravilhoso e terrível. O aspecto da grandeza humana é capaz de induzir nos outros obediência e terror; e esta é uma ditadura mais forte do que aquela que consiste em assumir várias pastas no ministério [59]."

Parece incrível que uma tal frase tenha podido escapar ao pávido Panzini e é natural que *Il Resto del Carlino* o tenha repreendido. Pela resposta de Panzini, pode-se explicar o infortúnio: "Quanto a certas estocadas contra a ditadura, talvez tenha sido um erro confiar nos conhecimentos históricos do leitor. Cavour, em 1859, reivindicou (?!) poderes ditatoriais assumindo vários ministérios, entre os quais o da Guerra, com grande (!?) escândalo da então quase virgem constitucionalidade. Não foi essa forma material de ditadura que induziu à obediência, mas a ditadura da grandeza humana de Cavour." Parece evidente que o objetivo de Panzini era bajulador, mas sua inocência política (e, portanto, histórica) deu-lhe uma rasteira e transformou a bajulação servil num trejeito equívoco. Não se pode falar de ditadura no caso de Cavour, menos ainda em 1859; de resto, essa foi uma debilidade no desenvolvimento da guerra e na posição dos piemonteses no seio da aliança com Napoleão. São conhecidas as opiniões de Cavour sobre a ditadura e sobre a função do Parlamento, opiniões sobre as quais Panzini medrosamente se cala, embora certamente não fosse perigoso falar delas. O curioso é que, mais adiante, o próprio Panzini mostra como Cavour tinha sido posto à margem do desenvolvimento da guerra e, embora fosse ministro da Guerra, não recebia nem sequer os boletins do Exército. Para um ditador, nada mal. Cavour não conseguiu nem mesmo fazer valer suas prerrogativas constitucionais como chefe do governo (as quais, de resto, não eram contempladas no Estatuto) e disso resultou seu conflito com o rei depois do armistício de Villafranca. Na verdade, não foi a política de Cavour a ser continuada pela guerra de 1859, mas uma mistura das veleidades políticas de Napoleão e das tendências absolutistas piemontesas, personificadas pelo rei e por um grupo de generais. Repetiu-se a situação de 1848-1849. E, se não houve desastre militar, isso se deveu à presença do Exército francês: mas o resultado da situação política foi igualmente grave, já que Napoleão teve na aliança uma hegemonia ilimitada, enquanto coube ao Piemonte uma posição bastante subordinada [60].

"[...] A guerra do Oriente, uma coisa excessivamente complicada, que se omite aqui para manter a clareza da exposição." (Afirmação impagável para um historiador: afirma-se que Cavour foi um gênio político, etc., mas a afirmação jamais se torna demonstração e representação concreta. O significado da participação piemontesa na Guerra da Crimeia e da capacidade política de Cavour, ao tê-la desejado, é "omitido" por "clareza".) O perfil de Napoleão III é abusivamente trivial: não se busca explicar por que Napoleão colaborou com Cavour (as citações de apoio deveriam ser abundantes: será preciso rever o livro ou os números da *Italia Letteraria*).

"No museu napoleônico em Roma, há um precioso punhal com uma lâmina que pode trespassar o coração" (ao que parece, não se trata de um punhal qualquer!). "Pode esse punhal servir como documento? Não conheço punhais (!), mas ouvi dizer que esse era um punhal dos carbonários, confiado a quem ingressava na tenebrosa seita", etc. (Panzini deve ter sido sempre obcecado por punhais: lembrar a "lívida lâmina" da *Lanterna di Diogene* [61]. Talvez tenha sido envolvido por acaso em algum tumulto na Romanha e tenha então se deparado com um par de olhos ameaçador: daí as "lívidas lâminas" que trespassam o coração, etc.)

"E quem quer ver como a seita dos carbonários assume o aspecto de Belzebu deve ler o romance *L'Ebreo di Verona*, de Antonio Bresciani; terá então ocasião de se divertir (!) muito, mesmo porque, a despeito do que dizem os modernos (mas De Sanctis era contemporâneo de Bresciani), aquele padre jesuíta foi um poderoso narrador [62]." (Essa passagem poderia servir como epígrafe ao ensaio sobre "Os filhotes do padre Bresciani": ela se encontra na terceira parte da *Vita di Cavour*, edição da *Italia Letteraria*, n. de 23 de junho de 1929.)

Toda essa *Vita di Cavour* é uma zombaria com a história. Se as vidas romanceadas são a forma atual da literatura histórica amena do tipo Alexandre Dumas, A. Panzini é o Ponson du Terrail do quadro. Panzini quer mostrar, de modo tão ostentatório, que "sabe muito" sobre o espírito e a natureza dos homens, que é um sujeito extraordinariamente esperto, um realista tão desencantado da tenebrosa perversidade do gênero humano e especialmente dos políticos, que, depois de tê-lo lido, vem o desejo de refugiar-se em Condorcet e em Bernardin de Saint-Pierre, os quais, pelo menos, não foram tão trivialmente filisteus [63]. Nenhuma conexão histórica é reconstruída à luz de uma personalidade: a história se torna uma sequência de historinhas pouco divertidas já que insalivadas por Panzini, sem conexão nem com individualidades heroicas nem com outras forças sociais. Panzini revela verdadeiramente uma nova forma de jesuitismo, muito mais acentuada do que se pensava lendo a *Vita* publicada em partes. Ao lugar-comum da "nobreza guerreira e não de salão", podem-se contrapor os juízos que Panzini, de tanto em tanto, formula sobre generais específicos, como La Marmora e Della Rocca, frequentemente com expressões de escárnio trivialmente espirituoso: "Della Rocca é um guerreiro. Em Custoza, 1866, não brilhará por excessivo valor, mas é um obstinado guerreiro e, por isso, será duro com os boletins." (Trata-se, precisamente, de uma frase de "demagogo". Della Rocca não queria mais mandar os boletins do Estado-Maior para Cavour, que havia registrado sua má redação literária, com a qual colaborava o rei.) Outras alusões deste tipo em relação a La Marmora e a Cialdini (embora Cialdini não fosse piemontês); jamais é referido o nome de um general piemontês que tenha de algum modo brilhado; outra menção a Persano [64].

Não se compreende precisamente o que Panzini quis escrever com esta *Vita di Cavour*, já que não se trata certamente de uma vida de Cavour nem de uma biografia do homem Cavour, nem de um perfil do político Cavour. Na verdade, do livro de Panzini, Cavour, homem e político, sai bastante estropiado e reduzido às proporções de Gianduia: sua figura não tem nenhum relevo concreto porque, para dar um relevo, não bastam certamente as jaculatórias que Panzini continuamente repete: herói, soberbo, gênio, etc. [65]. Esses juízos, não sendo justificados (e, por isso, trata-se de jaculatórias), poderiam até mesmo parecer ironias se não se compreendesse que a medida usada por Panzini para julgar o heroísmo, a grandeza, o gênio, etc. é pura e simplesmente sua medida pessoal, ou seja, a genialidade, a grandeza, o heroísmo do Sr. Alfredo Panzini. Do mesmo modo e pela mesma razão, Panzini se excede em ver a ação do dedo de deus, do destino, da providência, nos eventos do *Risorgimento*; trata-se da concepção vulgar da "boa estrela" condimentada com palavras de tragédia grega e de padre jesuíta, mas nem por isso menos trivial. Na realidade, a estúpida insistência no "elemento extra-humano", bem como a imbecilidade histórica significam diminuir a função do esforço italiano, que desempenhou, apesar de tudo, uma parte não insignificante nos eventos. O que poderia significar que a revolução italiana foi um evento milagroso? Que, entre o fator nacional e o internacional do evento, foi o internacional que teve o peso maior e criou dificuldades que pareciam insuperáveis. Foi isso mesmo que ocorreu? Então, seria preciso dizê-lo; e, neste caso, talvez a grandeza de Cavour se destacasse ainda mais e seu "heroísmo" se apresentasse mais claramente como digno de exaltação (à parte qualquer outra consideração). Mas Panzini quer abordar muita coisa ao mesmo tempo e não consegue dizer nada de sensato: ele tampouco sabe o que é uma revolução e quem são os revolucionários. Todos foram grandes, revolucionários, etc., assim como no escuro todos os gatos são pardos.

Na *Italia Letteraria* de 2 de junho de 1929, publica-se uma entrevista de Panzini com Antonio Bruers, "Come e perché Alfredo Panzini ha scritto una *Vita di Cavour*". Nela se diz que o próprio Bruers induziu Panzini a escrever o livro, "de modo que o público pudesse ter finalmente um 'Cavour' italiano, depois de ter tido um Cavour alemão, um inglês e um francês". Na entrevista, Panzini diz que sua *Vita* "não é uma monografia no sentido histórico-científico da palavra; é um perfil destinado não aos eruditos, aos 'especialistas', mas ao grande público" (ou seja, quinquilharias para negros). Panzini está convencido de que, em seu livro, há partes originais e, especificamente, o fato de ter dado importância ao atentado de Orsini para explicar a atitude de Napoleão III; segundo Panzini, Napoleão III, quando jovem, teria feito parte do movimento dos carbonários, "com o qual se comprometeu, empenhando sua honra (!), o futuro soberano da França" [66]. Orsini, mandatário do movimento dos carbonários (que já não existia há muito tempo), teria recordado a Napoleão III seu compromisso e, portanto, etc. (Precisamente um romance à Ponson du Terrail; Orsini, se é que um dia fez parte dos carbonários, já devia ter esquecido o movimento há muito tempo na época do atentado; a repressão que promoveu em 1848, nas Marcas, voltava-se precisamente contra os velhos carbonários; e, além disso, depois de ter abandonado o movimento dos carbonários e, tal como outros revolucionários, aderido à "Jovem Itália" e ao mazzinismo, Orsini também rompeu com Mazzini.) As razões da atitude pessoal de Napoleão em face de Orsini (que, de qualquer modo, foi guilhotinado) talvez se expliquem de modo banal, ou seja, pelo medo do cúmplice que escapou e que podia cometer novo atentado; também a grande seriedade de Orsini, que não era um exaltado qualquer, deve ter se imposto e demonstrado que o ódio dos revolucionários italianos por Napoleão não era uma ninharia: seria preciso fazer esquecer a queda da República Romana e buscar destruir a opinião difusa de que Napoleão fosse o maior inimigo da unidade da Itália. De resto, Panzini esquece (por "clareza") que houvera a Guerra da Crimeia e a orientação geral pró-italiana de Napoleão (o qual, porém, sendo conservador, não devia agradar aos revolucionários); tanto assim que o atentado pareceu desfazer a trama já montada. Toda a hipótese de Panzini baseia-se no fato de ter visto o punhal que trespassava o coração e na hipótese de que esse punhal fosse um instrumento dos carbonários: um romance à Ponson e nada mais.

§ 33. *Riccardo Bacchelli. Il diavolo al Pontelungo* (Ed. Ceschina, Milão). Este romance de Bacchelli foi traduzido para o inglês por Orlo Williams, e a *Fiera Letteraria* de 27 de janeiro de 1929 reproduz a introdução de Williams à sua tradução [67]. Williams nota que *Il diavolo al Pontelungo* "é um dos poucos romances verdadeiros, no sentido que damos na Inglaterra ao termo 'romance'"; mas não destaca o fato (embora fale do outro livro de Bacchelli, *Lo sa il tonno*) de que Bacchelli é um dos poucos escritores italianos que podem ser chamados de "moralistas" no sentido inglês e francês (recordar que Bacchelli foi colaborador da *Voce* e assumiu até mesmo a direção da revista durante algum tempo, na ausência de Prezzolini); ao contrário, chama-o de *raisonneur*, de *poeta erudito*: *raisonneur* no sentido de que, muito frequentemente, interrompe a ação do drama com comentários sobre as motivações das ações humanas em geral. (*Lo sa il tonno* é o livro típico de Bacchelli "moralista" e não parece muito bem realizado.) Numa carta a Williams, citada na introdução, Bacchelli dá as seguintes informações sobre o *Diavolo*: "Em linhas gerais (!), o material é *estritamente* (!) histórico, tanto na primeira como na segunda parte. São históricos (!) os protagonistas, como Bakunin, Cafiero, Costa [68]. Na compreensão da época, das ideias e dos fatos, busquei ser historiador em sentido estrito: revolucionarismo cosmopolita, primórdios da vida política do Reino da Itália, qualidade do socialismo italiano em seus inícios, psicologia política do povo italiano e seu irônico bom senso, seu maquiavelismo instintivo e realista (*seria melhor dizer guicciardinismo, no sentido do homem de Guicciardini do qual fala De Sanctis*), etc. [69]. Minhas fontes são a experiência da vida política transcorrida em Bolonha, que é a cidade politicamente mais suscetível e sutil da Itália (meu pai era político, deputado liberal conservador) (*o juízo de Bacchelli sobre a Bolonha política é essencialmente justo, mas não para o povo e sim para as classes possuidoras e intelectuais, coligadas contra o campo irrequieto e violento de um modo elementar; em Bolonha, vivem num estado permanente de pânico social, com medo de uma jacquerie, e o temor aguça o ouvido político*), as recordações de alguns dos últimos sobreviventes da época da Internacional anarquista (conheci um que foi camarada e cúmplice de Bakunin nos eventos de Bolonha de 1874), e, no que toca aos livros, sobretudo o capítulo do professor Ettore Zoccoli, em seu livro sobre a anarquia, e os cadernos de Bakunin editados pelo historiador austríaco do movimento anarquista, Nettlau, em sua raríssima biografia publicada em poucos exemplares. O francês (*era, porém, suíço*) James Guillaume trata também de Bakunin e Cafiero em sua obra sobre a Internacional, que não conheço, mas da qual creio afastar-me em vários pontos importantes [70]. Esta obra fez parte (!) de uma posterior polêmica sobre a Baronatta, de Lucarno, da qual não me ocupei (*mas esta polêmica iluminou o caráter de Bakunin e, portanto, suas relações com Cafiero!*) [71]. Trata-se de coisas mesquinhas e de questões de dinheiro (*puxa vida!*). Creio que Herzen, em suas memórias, escreveu as palavras mais justas e mais humanas acerca da personalidade inconstante, inquieta e confusa de Bakunin. Marx, como não era raro, foi apenas cáustico e injurioso. Em suma, creio que lhe posso dizer que o livro se funda numa base conceitual substancialmente histórica. Como e com que sentimento artístico fui capaz de desenvolver este material europeu (!) e representativo, eis um tema que não me cabe julgar." (*Il diavolo al Pontelungo* deve ser posto ao lado de *Pietro e Paolo*, de Sobrero, por causa das ambiguidades, no ensaio sobre os "filhotes do padre Bresciani": de resto, em Bacchelli, há muito brescianismo, não só político-social, mas também literário: a *Ronda* foi uma manifestação de jesuitismo artístico.)

§ 34. *Jahier, Raimondi e Proudhon*. Artigo de Giuseppe Raimondi, "Rione Bolognina", na *Fiera Letteraria* de 17 de junho de 1928. Tem como epígrafe o seguinte mote de Proudhon: "A pobreza é boa e devemos considerá-la como o princípio de nossa alegria [72]." O artigo é uma espécie de manifesto "ideológico-autobiográfico" e termina com as seguintes frases: "Como todo operário, sempre senti com clareza a divisão das classes sociais. Infelizmente (*sic*), permanecerei entre os que trabalham. Do outro lado, há aqueles que posso respeitar, pelos quais posso até experimentar sincera gratidão (!); mas algo me impede de chorar (!) com eles e não consigo abraçá-los espontaneamente (!). Ou me submetem (!) ou os desprezo." (Um belo modo de apresentar uma forma superior de dignidade operária!) "Foi sempre nos subúrbios onde se fizeram as revoluções; e em nenhum lugar o povo é tão jovem, tão liberto de qualquer tradição, tão disposto a seguir um imprevisto movimento de paixão coletiva como no subúrbio, que já não é cidade e ainda não é campo. [...] A partir daqui terminará por nascer uma nova civilização, bem como uma história que terá aquele sentido de revolta e de reabilitação secular próprio dos povos que tão somente a moral da época moderna fez reconhecer como dignos. Disso se falará como hoje se fala do *Risorgimento* italiano e da Independência americana. O operário tem gostos simples: instrui-se com as edições semanais das

Scoperte delle scienze e da *Storia delle Crociate*: sua mentalidade será sempre aquela um pouco ateia e garibaldina dos círculos suburbanos e das Universidades Populares. [...] Deixem-no em paz com seus defeitos, poupem-no de suas ironias. O povo não sabe gracejar. Sua modéstia é verdadeira, assim como sua fé no futuro." (Muito oleográfico, mas bastante à moda do pior Proudhon, também no tom axiomático e peremptório.)

Na *Italia Letteraria* de 21 de junho de 1929, o mesmo Raimondi fala de sua deferente amizade por Piero Jahier e das conversas entre ambos: "[...] fala-me de Proudhon, de sua grandeza e de sua modéstia, da influência que suas ideias exerceram no mundo moderno, da importância que essas ideias assumiram num mundo regido pelo trabalho socialmente organizado, num mundo onde a consciência dos homens evolui e se aperfeiçoa cada vez mais, em nome do trabalho e de seus interesses. Em mim, a admiração por Proudhon é sobretudo sentimental, instintiva, como um afeto e um respeito, que herdei, que me foram transmitidas ao nascer. Em Jahier, é toda intelectual, derivada do estudo e, por isso (!), profundíssima."

Este Sr. Giuseppe Raimondi era um discreto *poseur* com sua "admiração herdada"; encontrara um dos infinitos modos de distinguir-se no seio da juventude literária moderna; mas, há algum tempo, já não se ouve mais falar dele. (Bolonhês: colabora com L. Longanesi no *Italiano*, depois é desafiado de modo violento e depreciativo por Longanesi, *rondista*.)

§ 35. *Escritores "tecnicamente" católicos.* É notável a escassez de escritores católicos na Itália, escassez que tem alguma razão de ser no fato de que a religião está separada da vida militante em todas as suas manifestações. Entendemos por "escritores" aqueles que possuem uma certa dignidade intelectual e que produzem obras de arte (drama, poesia, romance). Já se mencionou Gallarati Scotti por um traço característico das *Storie dell'Amor Sacro e dell'Amor Profano*, que têm dignidade artística mas têm cheiro de modernismo [73]. Paolo Arcari (mais conhecido como escritor de ensaios literários e políticos e que, de resto, foi diretor da revista liberal *L'Azione Liberale* de Milão, mas que escreveu alguns romances). Luciano Gennari (que escreve em francês). Não é possível uma comparação entre a atividade artística dos católicos franceses (e sua estatura literária) e a dos italianos. Crispolti escreveu um romance de propaganda, *Il duello*. Na realidade, o catolicismo italiano é estéril no campo literário, bem como nos demais campos da cultura (cf. Missiroli, *Date a Cesare...*). Maria di Borio (recordar o episódio típico de Di Borio durante a conferência da indiana Arcandamaia sobre o valor das religiões, etc.). O grupo florentino do *Frontespizio*, dirigido por Papini, desenvolve uma atividade literário--católica extremista, o que é mais uma prova do indiferentismo do estrato intelectual em face da concepção religiosa [74].

§ 36. *Critérios de método*. Seria absurdo pretender que, a cada ano, ou mesmo de dez em dez anos, a literatura de um país produza obras como *Os noivos* ou *Os sepulcros*, etc. [75]. Precisamente por isto, a atividade crítica normal não pode deixar de ter um caráter preponderantemente "cultural" e ser uma crítica de "tendências", a não ser que se torne um contínuo massacre.

E, neste caso, como escolher a obra a massacrar, o escritor a demonstrar como alheio à arte? Este parece ser um problema negligenciável, mas, ao contrário, se refletirmos do ponto de vista da organização moderna da vida cultural, é um problema fundamental. Uma atividade crítica que fosse permanentemente negativa, feita de demolições, de demonstrações de que se trata de "não poesia" em vez de "poesia", tornar-se-ia aborrecida e revoltante: a "escolha" pareceria uma perseguição ao indivíduo ou poderia ser considerada "casual" e, portanto, irrelevante. Parece certo que a atividade crítica deva ter sempre um aspecto positivo, no sentido de que deva ressaltar, na obra examinada, um valor positivo, o qual, se pode não ser artístico, pode ser cultural; e, neste caso, não contará tanto o livro singular, salvo casos excepcionais, mas sim os conjuntos de obras classificados segundo a tendência cultural. Sobre a escolha: o critério mais simples, além da intuição do crítico e do exame sistemático de toda a literatura, trabalho colossal e quase impossível de ser feito individualmente, parece ser o do "êxito editorial", entendido em dois sentidos: "êxito junto aos leitores" e "êxito junto aos editores", o qual, em certos países, nos quais a vida intelectual é controlada por órgãos governamentais, tem também um certo significado, já que indica a orientação que o Estado gostaria de imprimir à cultura nacional. Partindo dos critérios da estética crociana, apresentam-se os mesmos problemas: já que "fragmentos" de poesia podem ser encontrados por toda parte, tanto no *Amore illustrato* como na obra científica estritamente especializada, o crítico deveria conhecer "tudo" para ser capaz de separar o joio do trigo. Na realidade, todo crítico sente que pertence a uma organização de cultura que opera como conjunto; o que escapa a um é "descoberto" e indicado por outro, etc. Também a multiplicação dos "prêmios literários" não passa de uma manifestação, mais ou menos bem organizada, com maiores ou menores elementos de fraude, deste serviço de "indicação" coletiva da crítica literária militante.

Deve-se notar que, em certos períodos históricos, a atividade prática pode absorver as maiores inteligências criativas de uma nação: em certo sentido, nesses períodos, todas as melhores forças humanas são concentradas no trabalho estrutural e ainda não se pode falar em superestruturas. Segundo o que escreve Cambon no prefácio à edição francesa da autobiografia de Henry Ford, essa foi a base da construção na América de uma teoria sociológica, cujo objetivo era justificar a ausência, nos Estados Unidos, de um florescimento cultural humanista e artístico [76]. De qualquer modo, essa teoria, para ter pelo menos a aparência de uma justificação, deve ser capaz de mostrar uma ampla atividade criativa no campo prático, ainda que permaneça sem resposta a seguinte questão: se esta atividade "poético-criativa" existe e é vital, estimulando todas as forças vitais, as energias, as vontades, os entusiasmos do homem, por que não estimula também a energia literária e não cria uma épica? Se isto não ocorre, nasce a legítima dúvida de que se trata de energias "burocráticas", de forças não expansíveis universalmente, mas repressivas e brutais. Pode-se supor que os construtores das Pirâmides, escravos tratados a chibata, concebessem liricamente o seu trabalho? O que se deve sublinhar é que as forças que dirigem esta grandiosa atividade prática não são repressivas apenas em face do trabalho instrumental, o que é compreensível, mas são repressivas universalmente, o que precisamente é típico e faz com que uma certa energia literária, como na América, manifeste-se nos refratários à organização da atividade prática, que pretendia se fazer passar por "épica" em si mesma. A situação é pior, contudo, onde à nulidade artística não corresponde sequer uma atividade prático-estrutural de certa grandiosidade e onde se justifica a nulidade artística através de uma atividade prática que se "realizará" e, por sua vez, produzirá uma atividade artística.

Na realidade, toda força inovadora é repressiva em face de seus adversários; mas, na medida em que desencadeia, potencia e exalta forças latentes, é expansiva, e essa expansividade é, em grande medida, aquilo que a distingue. As restaurações, não importa o nome com que se apresentem, e particularmente as restaurações que ocorrem na época atual, são universalmente repressivas: o "padre Bresciani", a literatura bresciana se torna predominante. A psicologia que precedeu uma tal manifestação intelectual é uma psicologia criada pelo pânico, por um medo cósmico diante de forças demoníacas que não são compreendidas e que, por isso, só podem ser controladas através de uma construção universal repressiva. A recordação deste pânico (de sua fase aguda) perdura por muito tempo e dirige a vontade e os sentimentos; a liberdade e a espontaneidade criadoras desaparecem e resta o cansaço, o espírito de vingança, a estúpida cegueira disfarçada pela melifluidade jesuítica. Tudo se torna prático (no sentido deteriorado), tudo é propaganda, polêmica, negação implícita, em forma mesquinha, estreita, frequentemente ignóbil e revoltante, como no *Ebreo di Verona* [77].

Questão da juventude literária de uma geração. Por certo, ao julgar um escritor, do qual se examina o primeiro livro, será preciso levar em conta a "idade", já que o juízo sempre será também um juízo de cultura: o fruto verde de um jovem poderá ser apreciado como uma promessa e obter um encorajamento. Mas os frutos secos não são promessas, mesmo que pareçam ter o gosto dos frutos verdes.

§ 37. *Papini*. Deve-se notar como os escritores da *Civiltà Cattolica* têm por ele grande predileção, como o mimam e o defendem contra toda acusação de ser pouco ortodoxo [78]. Frases de Papini contidas no livro *S. Agostino* e que revelam a tendência ao barroquismo (os jesuítas foram grandes representantes do barroquismo): "quando alguém se debatia para sair dos porões do orgulho e respirar o ar divino do absoluto", "elevar-se do estrume às estrelas", etc. Papini converteu-se não ao cristianismo, mas precisamente ao jesuitismo (pode-se afirmar, de resto, que o jesuitismo, com seu culto ao papa e com a organização de um império espiritual absoluto, é a fase mais recente do cristianismo católico).

§ 38. *Mario Puccini* [79]. *Cola o Rittrato dell'Italiano*, Ed. Vecchioni, Aquila, 1927. Cola é um camponês toscano, que presta serviço militar na retaguarda durante a guerra, através do qual Puccini gostaria de representar o "velho italiano", etc.: "[...] O caráter de Cola, [...] sem reações mas sem entusiasmos, capaz de fazer o próprio dever e também de realizar algum ato valoroso, mas por obediência e por necessidade e com um terno respeito pela própria pele, convencido sim e não da necessidade da guerra, mas sem nem suspeitar da existência de valores heroicos [...] o tipo de uma consciência que, se não completamente surda, é de certo passiva diante das exigências ideais, situada entre a hipocrisia e a preguiça, resistente a ver para além das 'ordens do governo' e das modestas funções da vida individual: contente, em suma, com a existência da planície e sem ambições pelos altos cumes." (Da resenha publicada na *Nuova Antologia* de 16 de março de 1928, p. 270.)

§ 39. *Luigi Capuana*. Trecho de um artigo de Luigi Tonelli, "Il carattere e l'opera di Luigi Capuana" (*Nuova Antologia*, 1º de maio de 1928): "*Re Bracalone* (romance fantástico: o século XX é criado, pelo poder da magia, em poucos dias, no tempo do 'era uma vez'; mas, depois de ter tido dele uma amarga experiência, o rei o destrói, preferindo voltar aos tempos primitivos) nos interessa também sob o aspecto ideológico, já que, num período de enfatuação (!) internacionalista socialistoide, o autor teve a coragem (!) de marcar com fogo (!) 'os tolos sentimentalismos da paz universal, do desarmamento, e os não menos tolos sentimentalismos da igualdade econômica e da comunidade de bens', assim como de expressar a urgência de 'pôr fim às agitações que já criaram um Estado dentro do Estado, um governo irresponsável', e afirmar a necessidade de uma consciência nacional: 'Faz-nos falta a dignidade nacional; é preciso criar o nobre orgulho dela, intensificá-lo até o excesso. É o único caso em que o excesso não prejudica.'" Tonelli é um idiota, mas tampouco Capuana faz ironia ao usar sua fraseologia de jornaleco provinciano defensor de Crispi. De resto, caberia ver o que significava na época sua ideologia do "era uma vez", que, na Itália de então, exaltava um paternalismo anacrônico e de modo algum nacional [80].

De Capuana cabe recordar, a respeito da questão da língua na literatura italiana, o teatro dialetal e as opiniões sobre a língua no teatro. Algumas comédias de Capuana (como *Giacinta*, *Malia*, *Il cavalier Pedagna*) foram escritas originariamente em italiano e depois vertidas em dialeto: só tiveram sucesso em dialeto. Tonelli, que não compreende nada, escreve que Capuana foi induzido à forma dialetal no teatro "não apenas pela convicção de que 'é preciso passar pelos teatros dialetais, se se quer verdadeiramente chegar ao teatro nacional italiano' [...], mas, também e sobretudo, pelo caráter particular de suas criações dramáticas: essas são primorosamente (!) dialetais, encontrando no dialeto sua mais natural e depurada expressão". Mas o que significa "criações primorosamente dialetais"? O fato é explicado pelo próprio fato, ou seja, não é explicado. (Deve-se ainda recordar que Capuana escrevia em dialeto sua correspondência com uma sua "teúda e manteúda", mulher do povo, isto é, compreendia que o italiano não lhe permitiria ser entendido com exatidão e "simpaticamente" pelos elementos do povo, cuja cultura não era nacional, mas regional, ou nacional-siciliana; como seria possível, em tais condições, passar do teatro dialetal ao nacional é uma afirmação enigmática e demonstra apenas escassa compreensão dos problemas culturais nacionais [81].)

Deve-se ver por que, no teatro de Pirandello, certas comédias são escritas em dialeto e outras em italiano: em Pirandello, o exame é ainda mais interessante, já que Pirandello, em outro momento, adquiriu uma fisionomia cultural cosmopolita, isto é, tornou-se italiano e nacional na medida em que se desprovincianizou completamente e se europeizou. A língua ainda não adquiriu uma "historicidade" de massa, ainda não se tornou um fato nacional. *Liolà* de Pirandello, em italiano literário, vale muito pouco, embora *O falecido Matias Pascal*, de onde foi extraída, ainda possa ser lido com prazer. No texto italiano, o autor não consegue colocar-se em uníssono com o público, não tem a perspectiva da historicidade da língua quando os personagens querem ser concretamente italianos diante de um público italiano. Na realidade, existem na Itália muitas línguas "populares" e, nas conversas íntimas, nas quais se expressam os sentimentos e afetos mais comuns e difundidos, fala-se costumeiramente nos dialetos regionais: em grande parte, a língua literária é ainda uma língua cosmopolita, uma espécie de "esperanto", isto é, algo limitado à expressão de sentimentos e de noções parciais, etc.

Quando se afirma que a língua literária tem uma grande riqueza de meios expressivos, afirma-se algo equívoco e ambíguo; confunde-se a riqueza expressiva "possível" registrada no dicionário, ou contida inerte nos "autores", com a riqueza individual, que pode ser individualmente utilizada. Mas esta última é a única riqueza real e concreta; e é com base nela que se pode medir o grau de unidade linguística nacional, que é dado pela fala viva do povo, pelo grau de nacionalização do patrimônio linguístico. É evidente a importância deste elemento no diálogo teatral; o diálogo deve suscitar, a partir do palco, imagens vivas, com toda a sua concretude histórica de expressão; em vez disso, muito frequentemente, sugerem-se imagens livrescas, sentimentos mutilados pela incompreensão da língua e de seus matizes. As palavras da fala familiar reproduzem-se no ouvinte como recordação de palavras lidas nos livros e nos jornais ou procuradas no dicionário, tal como ocorreria com alguém que ouvisse falar francês no teatro e que só tivesse aprendido francês nos livros sem mestre; a palavra é ossificada, sem articulação de matizes, sem a compreensão de seu significado exato, que é dado por todo o período, etc. Tem-se a impressão de que se é um tolo, ou de que os outros o são. Deve-se observar como, no italiano falado, o homem do povo comete inúmeros erros de pronúncia: *profúgo*, *roséo*, etc., o que significa que tais palavras foram lidas mas não ouvidas, não ouvidas repetidamente, isto é, colocadas em diferentes perspectivas (diferentes períodos), cada uma das quais tenha feito brilhar um lado daquele poliedro que toda palavra é. (Erros de sintaxe são ainda mais significativos.)

§ 40. *Bellonci e Crémieux.* A *Fiera Letteraria* de 15 de janeiro de 1928 resume um artigo, bastante tolo e despropositado, publicado por G. Bellonci no *Giornale d'Italia*. Crémieux, em seu *Panorama*, escreve que inexiste na Itália uma língua moderna, o que é justo num sentido muito preciso: 1) que não existe uma concentração da classe culta unitária, cujos componentes escrevam e falem "sempre" uma língua "viva" unitária, isto é, difundida igualmente em todos os estratos sociais e grupos regionais do país; 2) que, portanto, entre a classe culta e o povo existe uma nítida separação: a língua do povo ainda é o dialeto, com o subsídio de um jargão italianizante que, em grande parte, é o dialeto mecanicamente traduzido. Existe, ademais, uma forte influência dos vários dialetos na língua escrita, pois também a chamada classe culta fala em certos momentos a língua nacional, mas emprega os dialetos na fala familiar, ou seja, naquela mais viva e aderente à realidade imediata; por outro lado, contudo, a reação aos dialetos faz com que, ao mesmo tempo, a língua nacional se conserve um pouco fossilizada e estagnada e, quando quer ser familiar, rompa-se em vários reflexos dialetais. Além do tom do discurso (o andamento e o ritmo da frase) que caracteriza as regiões, são também influenciados o léxico, a morfologia e, em particular, a sintaxe. Manzoni banhou no Arno seu léxico pessoal lombardizante, menos a morfologia e quase nada a sintaxe, que é mais ligada ao estilo, à forma pessoal artística e à essência nacional da língua. Também na França verifica-se algo similar no contraste entre Paris e a Provença, mas em medida muito menor, quase negligenciável; num cotejo entre A. Daudet e Zola, descobriu-se que Daudet quase não conhece mais o passado remoto etimológico, que é substituído pelo imperfeito, o que só casualmente ocorre em Zola.

Contra a afirmação de Crémieux, Bellonci escreve: "Até o século XVI, as formas linguísticas vêm de cima; a partir do século XVII, vêm de baixo." Descomunal despropósito, por superficialidade e ausência de crítica e de capacidade de distinguir. Dado que, precisamente até o século XVI, Florença exerce uma hegemonia cultural ligada à sua hegemonia comercial e financeira (o papa Bonifácio VIII dizia que os florentinos eram o quinto elemento do mundo), há um desenvolvimento linguístico unitário a partir de baixo, que vai do povo às pessoas cultas, desenvolvimento reforçado pelos grandes escritores florentinos e toscanos. Após a decadência de Florença, o italiano torna-se cada vez mais a língua de uma casta fechada, sem contato vivo com uma fala histórica. Não será esta, talvez, a questão posta por Manzoni, ou seja, a de retornar a uma hegemonia florentina através de meios estatais, refutada por Ascoli, o qual, mais historicista, não acredita em hegemonias culturais por decreto, isto é, não baseadas numa função nacional mais profunda e necessária [82]?

A pergunta de Bellonci — "será que Crémieux nega que exista (que tenha existido, foi provavelmente o que quis dizer) uma língua grega por terem existido suas variantes dóricas, iônicas, eólicas?" — é apenas cômica; mostra que ele não compreendeu Crémieux e não compreende nada destas questões, mas raciocina usando categorias livrescas, como língua, dialeto, "variantes", etc.

§ 41. *A feira do livro.* Já que o povo não vai ao livro (a um certo tipo de livro, o dos literatos profissionais), então o livro irá ao povo. A iniciativa foi lançada pela *Fiera Letteraria* e por Umberto Fracchia, seu diretor na época, em 1927, em Milão. A iniciativa não era má em si e produziu alguns pequenos resultados: mas a questão não foi enfrentada no sentido de que o livro, para ir ao povo, deve se tornar nacional-popular intimamente, e não só "materialmente", com as banquinhas, os vendedores ambulantes, etc. Na realidade, uma organização para levar o livro ao povo existia e existe, e é representada pelos "pontremoleses", mas o livro assim divulgado é o da mais baixa literatura popular, do *Segretario degli amanti* ao *Guerino*, etc. [83] Esta organização poderia ser "imitada", ampliada, controlada e abastecida de livros menos tolos e com maior variedade de escolha.

§ 42. *Luca Beltrami (Polifilo).* Para pesquisar os escritos brescianos de Beltrami (*I popolari di Casata Olona*), deve-se ver a *Bibliografia degli scritti di Luca Beltrami*, de março de 1881 a março de 1930, organizada por Fortunato Pintor, bibliotecário honorário do Senado, com prefácio de Guido Mazzoni. Por uma referência publicada no *Marzocco* de 11 de maio de 1930, vê-se que os escritos de Beltrami sobre a cidade ficcional de "Casate Olona" foram nada menos do que *trinta e cinco*. Beltrami anotou esta sua *Bibliografia*. Sobre "Casate Olona", escreve o *Marzocco*: "[...] A bibliografia dos trinta e cinco escritos sobre a hipotética cidade de 'Casate Olona' lhe sugere a ideia de recompor numa unidade suas declarações, propostas e polêmicas de índole político-social, as quais, sem sintonia com um regime democrático parlamentar, devem ser consideradas, sob um certo aspecto, como uma antecipação de que outros — não Beltrami — poderiam se vangloriar por terem sido proféticos precursores (!?)." Beltrami era um conservador moderado e não é certo que sua "antecipação" tenha sido aceita com entusiasmo. Seus escritos, de resto, são de uma vulgaridade intelectual desconcertante.

§ 43. *Giovanni Cena.* Sobre a atividade de Cena nas escolas dos camponeses da região rural de Roma, devem-se ver as publicações de Alessandro Marcucci [84]. (Cena pretendia precisamente "ir ao povo"; é interessante ver de que modo buscou realizar praticamente seu propósito, já que isso mostra o que um intelectual italiano, de resto cheio de boas intenções, podia entender por "amor ao povo".)

§ 44. *Gino Saviotti*. Sobre o caráter antipopular, ou, pelo menos, a-popular-nacional da literatura italiana, escreveram e continuam a escrever muitos literatos. Mas, nesses escritos, o tema não é formulado em seus termos reais e as conclusões concretas são frequentemente espantosas. De Gino Saviotti, que escreve prazerosamente contra a literatura dos literatos, é citado, na *Italia Litteraria* de 24 de agosto de 1930, o seguinte trecho extraído de um artigo publicado no *Ambrosiano* de 15 de agosto: "Bom Parini, compreende-se por que levantaste a poesia italiana em tua época. Deste a ela a seriedade que lhe faltava, transfundiste em suas áridas veias teu bom sangue popular. Devemos te agradecer até hoje, 131 anos depois de tua morte. Seria preciso um outro homem como tu, hoje, em nossa chamada poesia [85]." Em 1934, foi concedido a Saviotti um prêmio literário (uma parte do Prêmio Viareggio) por um romance no qual é representado o esforço de um homem do povo para se tornar "artista" (isto é, para se tornar "artista profissional", não ser mais "homem do povo", mas elevar-se ao nível dos intelectuais de profissão): tema essencialmente "antipopular" e exaltação da casta como modelo de vida "superior", o que de mais velho e rançoso se pode encontrar na tradição italiana [86].

§ 45. *A "descoberta" de Italo Svevo*. Italo Svevo foi revelado ao público dos literatos italianos por James Joyce, que o conhecera pessoalmente em Trieste (mas deve-se recordar que Italo Svevo escrevera algumas vezes na *Critica Sociale* em torno de 1900) [87].

Recordando Svevo, a *Fiera Letteraria* afirma que, antes dessa revelação, houvera a "descoberta italiana": "Nestes dias, parte da imprensa italiana repetiu o erro da 'descoberta francesa' (ou seja, devida a Crémieux, ao qual, contudo, foi Joyce quem falou de Svevo, razão pela qual a *Fiera Letteraria* se equivoca); mesmo os maiores jornais, portanto, parecem ignorar o que foi dito e repetido no devido tempo. É assim necessário escrever mais uma vez que os italianos cultos foram os primeiros a ser informados sobre a obra de Svevo; e que, graças a Eugenio Montale, que escreveu sobre ele nas revistas *Esame* e *Quindicinale*, o escritor triestino teve na Itália seu primeiro e legítimo reconhecimento. Com isso, não se quer retirar dos estrangeiros nada do que lhes cabe; só não nos parece justo que uma sombra qualquer ofusque a sinceridade e, digamos mesmo, o orgulho (!!) de nossa homenagem ao amigo morto." (*Fiera Letteraria* de 23 de setembro de 1928 — Svevo morrera em 13 de setembro —, num editorial que introduzia um artigo de Montale, "Ultimo addio", e um de Giovanni Comisso, "Colloquio".) Mas essa prosa untuosa e jesuítica está em contradição com o que afirma Carlo Linati, na *Nuova Antologia* de 1º de fevereiro de 1928 ("Italo Svevo, romanziere"): "Há dois anos, quando participava de uma noitada num clube intelectual milanês, lembro-me de que, em certo momento, entrou na sala um jovem escritor que mal acabara de chegar de Paris, o qual, depois de nos ter falado demoradamente de um jantar do *Pen Club* oferecido a Pirandello por literatos parisienses, aduziu que, no final desse jantar, o célebre romancista irlandês James Joyce, conversando com ele sobre a literatura italiana moderna, dissera-lhe: — Mas vocês, italianos, têm um grande prosador e talvez nem o saibam. — Quem? — Italo Svevo, triestino." Linati diz que ninguém conhecia aquele nome, como não o conhecia o jovem literato que havia falado com Joyce. Montale conseguiu finalmente "descobrir" um exemplar de *Senilidade* e escreveu sobre ele em *Esame*. E foi assim como, "orgulhosamente", os literatos italianos "descobriram" Svevo. Trata-se de um puro acaso? Não parece. Segundo a *Fiera Letteraria*, devem ser recordados pelo menos outros dois "casos", o de *Os indiferentes*, de Moravia, e o de *Malagigi*, de Nino Savarese, do qual só se falou depois que foi indicado para um prêmio literário [88]. Na verdade, essa gente pouco se importa com a literatura e a poesia, com a cultura e a arte: exerce a profissão de sacristão literário e nada mais.

§ 46. É preciso recordar, com elogios, no campo da literatura para os jovens, *Il Giornalino della Domenica*, dirigido por Vamba, com todas as suas iniciativas e organizações. Sobre a colaboração do padre Pistelli (exemplo raro de um grande filólogo que trabalha de modo genial para os jovens), cf. o artigo de Lea Nissim, "Omero Redi e le 'Pistole'", na *Nuova Antologia* de 1º de fevereiro de 1928 [89].

§ 47. *Critérios. Ser uma época.* Na *Nuova Antologia* de 16 de outubro de 1928, Arturo Calza escreve: "É preciso reconhecer que, de 1914 até hoje, a literatura perdeu não somente o público que lhe fornecia a seiva (!), mas também o que lhe fornecia os temas. Quero dizer que, nesta nossa sociedade europeia, que atravessa agora um daqueles momentos mais agudos e mais turvos de crise moral e espiritual que preparam (!) as grandes renovações, o filósofo — e, portanto, necessariamente, também o poeta, o romancista e o dramaturgo — veem em torno de si mais uma sociedade 'em devir' do que uma sociedade estabilizada e consolidada numa esquema definitivo (!) de vida moral e intelectual; mais vagas e sempre mutáveis aparências de costumes e de vida do que vida e costumes solidamente estabelecidos e organizados; mais sementes e germes do que flores desabrochadas e frutos maduros. De modo que — como magistralmente escrevia nestes dias o diretor da *Tribuna* (Roberto Forges Davanzati) e repetiram posteriormente, e mesmo 'intensificaram', outros jornais — 'vivemos no maior absurdo artístico, entre todos os estilos e todas as tentativas, *sem ter mais capacidade de ser uma época*'." Quantas palavras inúteis entre Calza e Forges Davanzati [90]! Será que só hoje há uma crise histórica? E, ao contrário, não será verdade que é precisamente nos períodos de crise histórica que as paixões, os interesses e os sentimentos se aguçam e manifesta-se na literatura o "romantismo"? Os argumentos dos dois escritores claudicam e se voltam contra os argumentadores: será que Forges Davanzati não percebe que não ter a capacidade de ser uma época não pode se limitar à arte, mas envolve toda a vida? A ausência de uma ordem artística (no sentido em que a expressão pode ser entendida) liga-se à ausência de uma ordem moral e intelectual, isto é, à ausência de um desenvolvimento histórico orgânico. A sociedade gira sobre si mesma, como um cão que quer morder o próprio rabo, mas esta aparência de movimento não é desenvolvimento.

§ 48. *Antonio Fradeletto.* Ex-maçom radical, depois convertido ao catolicismo. Era um publicista retórico sentimental, orador das grandes ocasiões; representava um tipo da velha cultura italiana que, parece, tende a desaparecer naquela forma primitiva, já que o tipo se universalizou e se diluiu. Escritores de temas artísticos, literários e "patrióticos". Era nisto, precisamente, que consistia o tipo: que o patriotismo não era um sentimento difuso e enraizado, o estado de espírito de um estrato nacional, um dado efetivo, mas uma "especialidade oratória" de uma série de "personagens" (ver Cian, por exemplo), uma qualificação profissional, por assim dizer [91]. (Não confundir com os nacionalistas, embora Corradini tenha pertencido a este tipo, diferenciando-se nisto de Coppola e mesmo de Federzoni. Tampouco D'Annunzio jamais se inseriu perfeitamente nesta categoria. O fato notável é que seria muito difícil explicar a um estrangeiro, particularmente a um francês, em que consistia este tipo, que é ligado ao desenvolvimento específico da cultura e da formação nacional italiana. Nenhuma comparação possível, por exemplo, com Barrès e com Péguy [92].)

§ 49. *Escritores "tecnicamente" brescianos.* Sobre tais escritores, deve-se ver monsenhor Giovanni Casati, *Scrittori cattolici italiani viventi. Dizionario bio-bibliografico ed indice analitico delle opere*, com prefácio de F. Meda, VIII-112 p., in-8º, nas várias edições [93].

Deve-se sublinhar que, há alguns anos, os escritores católicos em sentido estrito buscam se organizar, formar uma corporação solidária autônoma, que se controla e se exalta através de toda uma série de publicações e de iniciativas. Razão desta atitude militante e frequentemente agressiva, que está ligada à nova situação que, legal e oficialmente, o catolicismo vem conquistando no país.

§ 50. *Panzini.* Em outra nota, já se registrou que F. Palazzi, em sua resenha do livro de Panzini *I giorni del sole e del grano*, observa como a atitude de Panzini em face do camponês é mais a do senhor de escravos do que a do desinteressado e cândido agricultor; mas essa observação pode ser estendida a outros, e não só a Panzini, que é apenas o tipo ou a máscara de uma época [94]. Mas Palazzi faz outras observações que são estreitamente ligadas a Panzini (e ligadas a certas obsessões de Panzini, às suas pávidas obsessões, como aquela, por exemplo, da "lívida lâmina"). Palazzi escreve (*Italia che scrive* de junho de 1929): "Quando (Panzini) elogia, da boca para fora, a frugal refeição consumida nos minifúndios, perceberemos, se examinarmos bem, que sua boca faz caretas de desgosto e, em seu íntimo, pensa como é possível viver de cebolas e da esquálida sopa negra, quando Deus pôs na terra as trufas e, no fundo do mar, as ostras. [...] 'Certa feita — ele confessará —, cheguei mesmo a chorar.' Mas esse choro não brota de seus olhos, como dos de Leon Tolstoi, pelas misérias que estão em face dele, pela beleza que se pode entrever em certas atitudes humildes, pela viva simpatia em face dos humildes e dos aflitos, que de resto não são poucos entre os rudes cultivadores rurais. Não, de modo algum! Ele chora porque, ao voltar a escutar certos esquecidos nomes de utensílios, recorda que também sua mãe os chamava assim, e volta a se ver menino e medita sobre a brevidade inelutável da vida, sobre a rapidez da morte que nos espera. 'Senhor arcipreste, lhe peço: pouca terra sobre o caixão.' Em suma, Panzini chora porque tem pena de si mesmo. Chora por si e por sua morte, não pelos outros. Passa ao lado da alma do camponês sem vê-la. Vê as aparências exteriores, mal ouve o que acabou de sair de sua boca e pergunta se, para o camponês, a propriedade não será por acaso sinônimo de 'roubar'."

§ 51. *"Popularidade" de Tolstoi e de Manzoni.* No *Marzocco* de 11 de novembro de 1928, foi publicado um artigo de Adolfo Faggi, "Fede e dramma", no qual se contêm alguns elementos para estabelecer uma comparação entre a concepção do mundo de Tolstoi e a de Manzoni, embora Faggi afirme arbitrariamente que "*Os noivos* correspondem perfeitamente a seu (de Tolstoi) conceito de arte religiosa", exposto no estudo crítico sobre Shakespeare: "A arte em geral, e particularmente a arte dramática, sempre foi religiosa, isto é, sempre teve por finalidade esclarecer aos homens suas relações com Deus, segundo a concepção que, de tais relações, tinham, em cada época, os homens mais eminentes e, por isso, destinados a guiar os outros. [...] Houve, mais tarde, um desvio na arte, que a sujeitou ao passatempo e ao divertimento, desvio que teve lugar também na arte cristã." Faggi nota que, em *Guerra e paz*, os dois personagens que têm maior importância religiosa são Platão Karataev e Pedro Bezukhov: o primeiro é homem do povo, e seu pensamento ingênuo e instintivo exerce grande influência sobre a concepção da vida de P. Bezukhov.

Característico em Tolstoi é precisamente que a sabedoria ingênua e instintiva do povo, enunciada mesmo através de uma palavra casual, ilumine e determine uma crise no homem culto. É este, precisamente, o traço mais marcante da religião de Tolstoi, que entende o evangelho "democraticamente", isto é, segundo seu espírito originário e original. Manzoni, ao contrário, sofreu a Contrarreforma: seu cristianismo oscila entre um aristocratismo jansenista e um paternalismo populista jesuítico. A observação de Faggi — segundo a qual, em *Os noivos*, "são os espíritos superiores, como o padre Cristóvão e o cardeal Borromeo, que agem sobre os inferiores e sabem sempre encontrar para eles a palavra que os ilumina e guia" — não tem conexão substancial com a formulação do que é a arte religiosa em Tolstoi, que se refere à concepção geral e aos modos específicos de exteriorização: as concepções do mundo só podem ser elaboradas por espíritos eminentes, mas a "realidade" é expressa pelos humildes, pelos pobres de espírito.

De resto, cabe observar que, em *Os noivos*, não há homem do povo que não seja objeto de galhofa e de ironia: de dom Abbondio a frei Galdino, ao alfaiate, a Gervásio, a Inês, a Perpétua, a Renzo, à própria Lúcia, todos são representados como gente mesquinha, estreita, sem vida interior. Vida interior, somente os senhores a possuem: frei Cristóvão, Borromeo, o Inominado, o próprio dom Rodrigo. Perpétua, segundo Dom Abbondio, dissera mais ou menos o que Borromeo disse depois, mas se tratava de questões práticas e, de resto, deve-se observar como o tema torna-se objeto de comicidade. O mesmo ocorre com o fato de que o parecer de Renzo sobre o valor do voto de castidade de Lúcia coincide aparentemente com o parecer do padre Cristóvão. A importância que tem a frase de Lúcia para perturbar a consciência do Inominado e para determinar sua crise moral não tem o caráter iluminador e fulgurante que tem em Tolstoi a contribuição do povo, fonte de vida moral e religiosa, mas é algo mecânico e de caráter "silogístico". Na realidade, também em Manzoni podem ser encontrados notáveis traços de brescianismo. (Deve-se notar que, antes de Parini, foram os jesuítas que "valorizaram" o povo "paternalisticamente": cf. *La giovinezza del Parini, Verri e Beccaria*, de C.A. Viano, Milão, 1933, onde se menciona o padre Pozzi, jesuíta, "que muito antes de Parini pôs-se a defender e exaltar — diante da aprovação do melhor patriciado milanês — 'o plebeu' ou o proletário, como agora se diria" (cf. *Civiltà Cattolica* de 4 de agosto de 1934, p. 272).

Num segundo artigo, publicado no *Marzocco* de 9 de setembro de 1928 ("Tolstoi e Shakespeare"), Faggi examina o opúsculo de Tolstoi sobre Shakespeare, ao qual se referira no artigo anterior: Leon N. Tolstoi, *Shakespeare, eine kritische Studie*, Hanôver, 1906. O livrinho contém também um artigo de Ernest Crosby sobre "a atitude de Shakespeare diante das classes trabalhadoras" e uma breve carta de Bernard Shaw sobre a filosofia de Shakespeare [95]. Tolstoi pretende demolir Shakespeare partindo do ponto de vista da própria ideologia cristã; sua crítica não é artística, mas moral e religiosa. O artigo de Crosby, que lhe serve de ponto de partida, mostra, em oposição à opinião de muitos ingleses ilustres, que não existe em toda a obra de Shakespeare quase nenhuma palavra de simpatia para com o povo e as massas trabalhadoras. Shakespeare, de acordo com as tendências de sua época, toma claramente partido em favor das classes elevadas da sociedade: seu drama é essencialmente aristocrático. Quase todas as vezes em que introduz na cena burgueses ou pessoas do povo, apresenta-os de modo depreciativo ou repugnante, fazendo deles objeto ou tema de riso (cf. o que já foi dito de Manzoni, cuja tendência é análoga, embora as manifestações dessa tendência sejam atenuadas).

A carta de Shaw é dirigida contra Shakespeare "pensador", não contra Shakespeare "artista". Segundo Shaw, *deve-se* dar o primeiro posto na literatura àqueles autores que superaram a moral de seu tempo e entreviram as novas exigências do futuro: Shakespeare não foi "moralmente" superior a seu tempo, etc.

Nestas notas, é preciso evitar qualquer tendenciosidade moralista à maneira de Tolstoi, bem como qualquer tendenciosidade de "juízo retrospectivo" a Shaw. Trata-se de uma pesquisa de história da cultura, não de crítica artística em sentido estrito: pretende-se demonstrar que são os autores examinados que introduzem um conteúdo moral extrínseco, ou seja, que fazem propaganda e não arte, e que a concepção do mundo implícita em suas obras é estreita e mesquinha, não nacional-popular, mas sim de casta fechada. A investigação sobre a beleza de uma obra é subordinada à investigação da razão pela qual ela é "lida", é "popular", é "procurada", ou, ao contrário, da razão pela qual não atinge o povo e não o interessa, pondo em evidência a ausência de unidade na vida cultural nacional.

§ 52. *Bruno Cicognani e a humanidade fundamental autêntica*. Sobre Bruno Cicognani, escreve Alfredo Gargiulo na *Italia Letteraria* de 24 de agosto de 1930 (cap. XIX de "1900-1930"): "O homem e o artista identificam-se em Cicognani: apesar disso, sente-se a necessidade de declarar imediatamente, quase em lugar separado (!), a simpatia que o homem inspira. O humaníssimo Cicognani! Algumas quedas, de resto leves, no humanitarismo de tipo romântico ou eslavo: que importa? Todos estarão dispostos a lhe perdoar, em homenagem àquela humanidade fundamental autêntica (!) [96]." Pela continuação, não se compreende bem o que Gargiulo quer dizer: será que é algo criticamente "monstruoso" a identificação entre o artista e o homem? Ou a atividade artística não é a humanidade do artista? E que significam os adjetivos "autêntica" e "fundamental"? São sinônimos do adjetivo "verdadeiro", que está atualmente desacreditado por causa de sua vacuidade. (Será necessário, para esta rubrica, reler toda a exposição de Gargiulo.)

Humanidade "autêntica, fundamental" só pode significar concretamente, no campo artístico, uma única coisa: "historicidade", isto é, caráter "nacional-popular" do escritor, ainda que no amplo sentido de "socialidade", mesmo em sentido aristocrático, contanto que o grupo social que se expressa seja historicamente vivo e que o "vínculo" social não seja de caráter "prático-político" imediato, ou seja, declamatório-moralista, mas sim histórico ou ético-político.

§ 53. *Diretivas e desvios.* Tentativas francesas de literatura popular. Foi publicada uma antologia de escritores operários americanos (*Poèmes d'ouvriers américains*, traduzidos por N. Guterman e P. Morhange, Ed. Les Revues, 1930, 9 francos, Paris), que teve muito sucesso junto à crítica francesa, como se pode ver pelos extratos publicados no prospecto editorial.

Em 1925, nas "Editions Aujourd'hui", foi publicada uma *Anthologie des écrivains ouvriers*, organizada por Gaston Depresle, com prefácio de Barbusse (escritos, entre outros, de Marguerite Andoux, Pierre Hamp, etc.).

A Livraria Valois publicou, em 1930, Henri Poulaille, *Nouvel âge littéraire*, em cujo prospecto editorial são relacionados os nomes de C.L. Philippe, Charles Péguy, G. Sorel, L. e M. Bonneff, Marcel Martinet, Charles Vildrac, etc. (não fica claro se se trata de uma antologia ou de uma coletânea de artigos críticos de Poulaille). Devem-se examinar as tentativas de Enrico Rocca, no *Lavoro Fascista*, para obter uma colaboração literária de operários. Crítica destas tentativas.

§ 54. *Giulio Bechi.* Morto em 28 de agosto de 1917 na frente de combate (cf. jornais e revistas da época: escreveu sobre ele Guido Biagi, no *Marzocco*; cf. os *Profili e caratteri*, de Ermenegildo Pistelli). Mario Puccioni ("Militarismo e italianiatà negli scritti di Giulio Bechi", no *Marzocco* de 13 de julho de 1930) escreve: "A mentalidade dos parlamentares sardos viu em *Caccia grossa* somente um impiedoso ataque contra usos e pessoas e conseguiu causar-lhe a maçada — como Giulio dizia, com uma expressão napolitana — de passar dois meses preso na fortaleza de Belvedere"; o que não é perfeitamente exato (ao que parece, Bechi foi desafiado para um duelo por ter "falado mal das mulheres sardas" e, portanto, foi punido pela autoridade militar por ter criado as condições para ser desafiado). Bechi foi à Sardenha com o 67º Regimento de Infantaria. A questão do comportamento de

Bechi na repressão ao chamado *brigantaggio* de Nuoro, com medidas de estado de sítio, ilegais, tratando a população como se fosse constituída de negros, prendendo em massa velhos e crianças, evidencia-se a partir do tom geral do livro e de seu próprio título; e é mais complexa do que parece a Puccioni, que busca destacar como Bechi protestava contra o abandono em que fora deixada a Sardenha e como exaltava as virtudes nativas dos sardos. O livro mostra, ao contrário, que Bechi aproveitou-se da ocasião para fazer medíocre literatura sobre eventos graves e tristes para a história nacional [97].

§ 55. *Oskar Maria Graf.* Foi traduzido para o francês um romance de Oskar Maria Graf: *Nous sommes prisonniers...* (Ed. Gallimard, 1930), que parece ser interessante e significativo como tentativa literária de um operário (padeiro?) alemão [98].

§ 56. *Lina Pietravalle.* Da resenha escrita por Giulio Marzot sobre o romance de Pietravalle *Le catene* (Mondadori, 1930, 320 p., 12 liras): "A quem lhe pergunta com que sentimento participa da vida dos camponeses, Felícia responde: 'Amo os camponeses como amo a terra, mas não misturarei a terra com meu pão.' Há, portanto, a consciência de um afastamento: admite-se que também (!) o camponês possa ter sua (!) dignidade humana, mas ele é obrigado a manter-se nos limites de sua condição social."

Marzot escreveu um ensaio sobre Giovanni Verga e, por vezes, é um crítico inteligente [99].

Caberia estudar o seguinte ponto: se o naturalismo francês, com suas pretensões de objetividade científica e experimental, já não conteria, em geral, a posição ideológica que teve depois um grande desenvolvimento no naturalismo ou realismo provincial italiano e, particularmente, em Verga: o povo do campo é visto com "distanciamento", como "natureza" sentimentalmente estranha ao escritor, como espetáculo, etc. É a posição de *Io e le belve*, de Hagenbeck [100]. Na Itália, a pretensão "naturalista" da objetividade experimental dos escritores franceses, que tinha uma origem polêmica contra os escritores aristocráticos, inseriu-se numa posição ideológica preexistente, tal como aparece em *Os noivos*, onde existe o mesmo "distanciamento" em face dos elementos populares, distanciamento mal disfarçado por um benévolo sorriso irônico e caricatural. Nisto Manzoni se distingue de Grossi que, em *Marco Visconti*, não ironiza as pessoas do povo; e até mesmo do D'Azeglio das *Memorie*, pelo menos no que se refere às notas sobre a população dos castelos romanos [101].

§ 57. *A cultura nacional italiana*. Na "Lettera a Umberto Fracchia sulla critica" (*Pègaso*, agosto de 1930), Ugo Ojetti faz duas observações dignas de nota: 1) Recorda que Thibaudet divide a crítica em três classes: a dos críticos profissionais, a dos próprios autores e a *des honnêtes gens*, isto é, do público "esclarecido" que, no final das contas, é a verdadeira bolsa de valores literários, já que existe na França um público vasto e atento no acompanhamento de todas as vicissitudes da literatura [102]. Na Itália, inexistiria a crítica do público (isto é, inexistiria ou seria bastante escasso um público médio esclarecido, como na França); "[...] falta a persuasão, ou, se se prefere, a ilusão de que eles (os escritores) realizem uma obra de importância nacional, ou mesmo, no caso dos melhores, histórica; pois, como o senhor (Fracchia) diz, 'todo ano e todo dia que passam têm, igualmente, sua literatura, sempre foi e sempre será assim, sendo absurdo esperar ou prognosticar ou invocar para amanhã o que existe hoje. Todo século, toda porção de século sempre celebraram suas próprias obras; foram até mesmo levados a exagerar a importância, a grandeza, o valor e a duração delas'. Correto, mas não para a Itália, etc." (Ojetti parte da carta aberta de Umberto Fracchia a S. Exa., Gioacchino Volpe, publicada na *Italia Letteraria* de 22 de junho de 1930, e que se refere ao discurso pronunciado por Volpe na sessão da Academia em que se distribuíram prêmios. Entre outras coisas, Volpe disse o seguinte: "Não se veem despontar grandes obras pictóricas, grandes obras históricas, grandes romances. Mas quem observa atentamente vê na presente literatura forças latentes, ânsias de elevação, algumas boas e promissoras realizações" [103].)

2) A outra observação de Ojetti é esta: "A escassa popularidade de nossa literatura passada, ou seja, de nossos clássicos. É verdade: na crítica inglesa e francesa, leem-se frequentemente comparações entre os autores vivos e os clássicos, etc., etc." Esta observação é fundamental para um juízo histórico sobre a atual cultura italiana: o passado não vive no presente, não é elemento essencial do presente, isto é, não existe continuidade e unidade na história da cultura nacional. A afirmação de uma continuidade e unidade é só uma afirmação retórica ou tem valor de mera propaganda sugestiva; é um ato prático, que visa a criar artificialmente o que não existe, não é uma realidade em ato. (Uma certa continuidade e unidade pareceu existir do *Risorgimento* até Carducci e Pascoli, para os quais era possível reportar-se até a literatura latina; elas foram quebradas com D'Annunzio e sucessores.) O passado, compreendida a literatura, não é elemento de vida, mas somente de cultura livresca e escolar; o que, de resto, significa que o sentimento nacional é recente, ou talvez seja mais justo dizer que está ainda apenas em processo de formação, comprovando que a literatura, na Itália, jamais foi um fato nacional, mas sim de caráter "cosmopolita".

Da carta aberta de Umberto Fracchia a S. Exa., G. Volpe, podem-se extrair algumas passagens típicas: "Apenas um pouco mais de coragem, de entrega (!), de fé (!) bastariam para transformar o elogio a contragosto que o senhor fez da atual literatura num elogio aberto e explícito; para afirmar que a atual literatura italiana tem forças não só latentes, mas aparentes, visíveis (!), que esperam (!) apenas ser vistas (!) e reconhecidas por todos os que as ignoram, etc., etc." Volpe, um pouco "a sério", parafraseara os versos jocosos de Giusti: "Heróis, heróis, que fazeis vós? — Parimos o que vem após" [104]. Fracchia lamenta-se miseravelmente de que não tenham sido reconhecidos e valorizados os partos como tais.

Fracchia ameaçou várias vezes os editores que publicam um número excessivo de traduções com medidas legislativo-corporativas que protejam os escritores italianos (deve-se recordar a portaria do subsecretário do Interior, o deputado Bianchi, posteriormente "interpretada" e de fato revogada, e que se vinculava a uma campanha jornalística de Fracchia) [105]. O raciocínio de Fracchia, já citado: todo século, toda fração de século não só têm sua literatura, mas também a celebram; tanto que as histórias literárias tiveram de pôr em seu devido lugar muitas obras celebradíssimas e que hoje se reconhece que não valem nada. De modo geral, o fato é justo, mas dele se deve deduzir que o atual período literário não sabe interpretar sua época, está separado da vida nacional efetiva, de modo que nem sequer por "razões práticas" são exaltadas obras que mais tarde, talvez, poderiam ser reconhecidas como artisticamente nulas, já que sua "praticidade" terá sido superada. Mas será verdade que não existem livros muito lidos? Existem, mas são estrangeiros; e ainda haveria outros mais se fossem traduzidos, como os livros de Remarque, etc. Realmente, a época atual não dispõe de uma literatura aderente a suas necessidades mais profundas e elementares, já que a literatura existente, salvo raras exceções, não se liga à vida popular-nacional, mas a grupos restritos que não passam de presunçosas nulidades da vida nacional. Fracchia queixa-se da crítica, que se põe somente do ponto de vista das grandes obras-primas, que se rarefaz na perfeição das teorias estéticas, etc. Mas, se os livros fossem examinados de um ponto de vista de história da cultura, a queixa seria a mesma ou pior, já que o conteúdo ideológico e cultural da atual literatura é quase zero e, na maioria dos casos, é contraditório e moderadamente jesuítico.

Tampouco é verdade (como escreveu Ojetti na carta a Fracchia) que não exista na Itália uma "crítica do público"; existe, mas a seu modo, já que o público lê muito e, portanto, escolhe entre o que existe à disposição. Por que este público ainda prefere Alexandre Dumas e Carolina Invernizio e atira-se com avidez sobre os romances policiais? De resto, esta crítica do público italiano tem uma certa organização, que é representada pelos editores, pelos diretores de jornais e periódicos populares; manifesta-se na escolha dos folhetins, manifesta-se na tradução de livros estrangeiros e não só dos atuais, mas de velhos, velhíssimos; manifesta-se nos repertórios das companhias teatrais, etc. Nem se trata de exotismo cem por cento, já que na música este mesmo público deseja Verdi, Puccini, Mascagni, os quais, evidentemente, não têm correspondentes na literatura. E não só isso: no exterior, Verdi, Puccini e Mascagni são frequentemente preferidos, a seus próprios músicos nacionais e contemporâneos, pelos públicos estrangeiros. Este fato é a prova mais cabal de que existe na Itália separação entre público e escritores e o público busca "sua" literatura no exterior, pois a sente como mais "sua" do que a chamada literatura nacional. Este fato põe um problema essencial de vida nacional. Se é verdade que todo século ou fração de século tem sua literatura, nem sempre é verdade que esta literatura seja produzida na própria comunidade nacional. Todo povo tem sua literatura, mas ela pode vir-lhe de um outro povo, isto é, o povo em questão pode ser subordinado à hegemonia intelectual e moral de outros povos. É este, com frequência, o mais gritante paradoxo de muitas tendências monopolistas de caráter nacionalista e repressivo: o de que, enquanto se constroem grandiosos planos de hegemonia, não se percebe que se é objeto de hegemonias estrangeiras; do mesmo modo como, enquanto se fazem planos imperialistas, na realidade se é objeto de outros imperialismos, etc. De resto, não se sabe se o centro político dirigente não entenda muito bem a situação de fato e não busque superá-la: mas é certo que os literatos, neste caso, não ajudam o centro dirigente político em tais esforços e seus cérebros vazios empenham-se na celebração nacionalista para não sentirem o peso da hegemonia da qual se depende e pela qual se é oprimido.

§ 58. *O sentimento "ativo" nacional dos escritores.* Trecho da "Lettera a Piero Parini sugli scrittori sedentari", de Ugo Ojetti (*Pègaso* de setembro de 1930): "Como é possível que nós, italianos, que levamos a todo o planeta nosso trabalho, e não somente o trabalho manual, e que temos densas colônias de Melbourne ao Rio, de São Francisco a Marselha, de Lima a Túnis, sejamos os únicos a não ter romances nos quais nossos costumes e nossa consciência sejam revelados, em contraste com a consciência e os costumes dos estrangeiros entre os quais nos coube viver, lutar, sofrer e, por vezes, até mesmo vencer? Italianos, no topo ou na base, operários ou banqueiros, mineiros ou médicos, garçons ou engenheiros, pedreiros ou comerciantes, são encontrados em todos os cantos do mundo. A nossa literatíssima literatura os ignora, ou melhor, sempre os ignorou. Se não existe romance ou drama sem um progressivo contraste de almas, que contraste é mais profundo e concreto do que este entre duas raças, uma das quais é mais antiga, ou seja, a mais rica de usos e ritos imemoriais, expatriada e obrigada a viver sem outro socorro além daquele da própria energia e resistência?"

Muitas observações ou acréscimos a fazer. Na Itália, sempre existiu uma grande quantidade de publicações sobre a emigração como fenômeno econômico-social. Não lhe corresponde uma literatura artística: mas todo emigrante traz consigo um drama, já antes de partir da Itália. Que os literatos não se ocupem do emigrado no exterior deveria surpreender menos do que o fato de que não se ocupem dele antes que emigre, das condições que o obrigam a emigar, etc.; ou seja, que não se ocupem das lágrimas e do sangue que já na Itália, ainda antes que no exterior, significou a emigração em massa. De resto, é preciso dizer que, se é escassa (e, na maioria dos casos, retórica) a literatura sobre os italianos no exterior, é escassa também a literatura sobre os países estrangeiros. Para que fosse possível, como escreve Ojetti, representar o contraste entre italianos imigrados e as populações dos países de imigração, seria necessário conhecer tanto estes países quanto... os italianos.

§ 59. *Leonida Rèpaci.* Uma sua carta à direção da *Italia Letteraria* (7 de julho de 1934) — para protestar, muito comicamente, contra a demolição de seu romance *Potenza dei fratelli Rupe* por Roberto Fracassi — contém, referidas a si mesmo, as seguintes palavras: "[...] um homem, um verdadeiro homem, daqueles que ganham a vida no dia a dia, com esforço e, algumas vezes, com desespero." {B}

4. Caderno 27

(1935)

Observações sobre o "Folclore"

§ 1. *Giovanni Crocioni* (no volume *Problemi fondamentali del Folclore*, Bolonha, Zanichelli, 1928) critica como confusa e imprecisa a divisão do material folclórico proposta por Pitré em 1897, na Premissa à *Bibliografia delle tradizioni popolari*, e propõe sua própria divisão em quatro seções: arte, literatura, ciência, moral do povo. Mas também esta divisão é criticada como imprecisa, mal definida e demasiadamente lata. Raffaele Ciampini, na *Fiera Letteraria* de 30 de dezembro de 1928, pergunta: "Ela é científica? Como, por exemplo, incluir nela as superstições? E que quer dizer uma moral do povo? Como estudá-la cientificamente? E por que, então, não falar também de uma religião do povo [1]?" Pode-se dizer que, até agora, o folclore foi preponderantemente estudado como elemento "pitoresco" (na realidade, até agora foi apenas coletado material de erudição, e a ciência do folclore consistiu, sobretudo, nos estudos sobre o método para a coleta, seleção e classificação deste material, isto é, no estudo das cautelas práticas e dos princípios empíricos necessários para desenvolver de modo profícuo um aspecto particular da erudição; com isso, decerto, não se desconhece a importância e o significado histórico de alguns grandes estudiosos do folclore). Seria preciso estudar o folclore, ao contrário, como "concepção do mundo e da vida", em grande medida implícita, de determinados estratos (determinados no tempo e no espaço) da sociedade, em contraposição (também esta, na maioria dos casos, implícita, mecânica, objetiva) às concepções do mundo "oficiais" (ou, em sentido mais amplo, das partes cultas das sociedades historicamente determinadas) que se sucederam no desenvolvimento histórico. (Daí a estreita relação entre folclore e "senso comum", que é o folclore filosófico.) Concepção do mundo não só não elaborada e assistemática — já que o povo (isto é, o conjunto das classes subalternas e instrumentais de toda forma de sociedade que existiu até agora) não pode, por definição, ter concepções elaboradas, sistemáticas e politicamente organizadas e centralizadas em seu (ainda que contraditório) desenvolvimento — como também múltipla. E múltipla não apenas no sentido de algo diversificado e justaposto, mas também no sentido de algo estratificado, do mais grosseiro ao menos grosseiro, se é que não se deve até mesmo falar de um aglomerado indigesto de fragmentos de todas as concepções do mundo e da vida que se sucederam na história, da maioria das quais, aliás, somente no folclore é que podem ser encontrados os documentos mutilados e contaminados que sobreviveram.

Também o pensamento e a ciência moderna fornecem continua mente novos elementos ao "folclore moderno", na medida em que certas noções científicas e certas opiniões, subtraídas de seu contexto e mais ou menos desfiguradas, caem continuamente no domínio popular e são "inseridas" no mosaico da tradição (a *Scoperta dell'America*, de C. Pascarella, mostra como as noções sobre Cristóvão Colombo, divulgadas pelos manuais escolares e pelas "Universidades populares", bem como toda uma série de hipóteses científicas podem ser assimiladas de modo bizarro) [2]. O folclore só pode ser compreendido como um reflexo das condições de vida cultural do povo, ainda que certas concepções próprias do folclore ou perdurem mesmo depois que as condições foram (ou pareçam ter sido) modificadas ou, então, deem lugar a combinações bizarras.

Decerto, existe uma "religião do povo", particularmente nos países católicos e ortodoxos, muito diversa da religião dos intelectuais (dos que são religiosos) e muito diversa, em especial, daquela organicamente sistematizada pela hierarquia eclesiástica — embora se possa sustentar que todas as religiões, até mesmo as mais elaboradas e refinadas, são "folclore" com relação ao pensamento moderno, com a diferença capital de que as religiões, e a católica em primeiro lugar, são precisamente "elaboradas e sistematizadas" pelos intelectuais (ver acima), pela hierarquia eclesiástica e, portanto, apresentam problemas específicos (deve-se ver se uma tal elaboração e sistematização não é necessária para manter o folclore disseminado e múltiplo: as condições da Igreja antes e depois da Reforma e do Concílio de Trento, bem como o diverso desenvolvimento histórico-cultural dos países reformados e dos ortodoxos após a Reforma e Trento são elementos muito significativos). É verdade, assim, que existe uma "moral do povo", entendida como um conjunto determinado (no tempo e no espaço) de máximas para a conduta prática e de costumes que delas derivam ou que as produziram; moral que é estreitamente ligada, tal como a superstição, às reais crenças religiosas: existem imperativos que são muito mais fortes, persistentes e efetivos do que os da "moral" oficial. Também nesta esfera devem-se distinguir diversos estratos: os fossilizados, que refletem condições de vida passada e que são, portanto, conservadores e reacionários; e os que são uma série de inovações, frequentemente criadoras e progressistas, determinadas espontaneamente por formas e condições de vida em processo de desenvolvimento, e que estão em contradição com a moral dos estratos dirigentes, ou são apenas diferentes dela.

Ciampini considera muito justa a necessidade defendida por Crociani de que o folclore seja ensinado nas escolas onde são preparados os futuros professores, mas depois nega que se possa formular a questão da utilidade do folclore (há indubitavelmente confusão entre "ciência do folclore", "conhecimento do folclore" e "folclore", isto é, "existência do folclore"; ao que parece, Ciampini pretende se referir aqui precisamente à "existência do folclore", de modo que o professor não deveria combater a concepção ptolomaica, que é própria do folclore). Para Ciampini, o folclore (?) é fim em si mesmo ou tem a única utilidade de oferecer a um povo os elementos para um mais profundo conhecimento de si mesmo (folclore deveria significar aqui "conhecimento e ciência do folclore"). Estudar as superstições para erradicá-las seria, para Ciampini, como se o folclore matasse a si mesmo, enquanto a ciência é apenas conhecimento desinteressado, fim em si mesma! Mas, então, por que ensinar o folclore nas escolas que preparam os professores? Para aumentar a cultura desinteressada dos mestres? Para mostrar-lhes o que não devem destruir?

Como se vê, as ideias de Ciampini são muito confusas, ou melhor, intimamente incoerentes, já que, em outro local, o próprio Ciampini reconhecerá que o Estado não é agnóstico, mas tem uma concepção própria da vida e tem o dever de difundi-la, educando as massas nacionais. Mas esta atividade formativa do Estado, que se expressa não só na atividade política geral, mas particularmente na escola, não se desenvolve sobre o nada e a partir do nada: na realidade, ela está em concorrência e em contradição com outras concepções explícitas e implícitas e, entre estas, não é das menores e menos tenazes o folclore, o qual, portanto, deve ser "superado". Portanto, conhecer o folclore significa, para o professor, conhecer quais são as outras concepções do mundo e da vida que atuam de fato na formação intelectual e moral das gerações mais jovens, a fim de extirpá-las e substituí-las por concepções consideradas superiores. Desde a escola primária até as... cátedras de agricultura, na realidade, o folclore já fora sistematicamente derrotado: o ensino do folclore aos professores deveria reforçar ainda mais este trabalho sistemático. É certo que, para alcançar este objetivo, seria preciso modificar o espírito das pesquisas folclóricas, bem como aprofundá-las e ampliá-las. O folclore não deve ser concebido como uma bizarria, mas como algo muito sério e que deve ser levado a sério. Somente assim o ensino será mais eficiente e determinará realmente o nascimento de uma nova cultura entre as grandes massas populares, isto é, desaparecerá a separação entre cultura moderna e cultura popular ou folclore. Uma atividade deste gênero, feita em profundidade, corresponderia no plano intelectual ao que foi a Reforma nos países protestantes.

§ 2. *"Direito natural" e folclore.* Ainda hoje é exercida uma certa crítica, no mais das vezes de caráter jornalístico e superficial, não muito brilhante, contra o chamado direito natural (cf. algumas elucubrações de Maurizio Maraviglia e os sarcasmos e as zombarias mais ou menos convencionais e envelhecidas dos jornais e das revistas) [3]. Qual é o significado real destes exercícios?

Para compreender isto, parece-me ser preciso distinguir algumas das expressões que tradicionalmente assumiu o "direito natural":

1) A expressão católica, contra a qual os atuais polemistas não têm a coragem de tomar uma posição nítida, embora o conceito de "direito natural" seja essencial e integrante da doutrina social e política católica. Seria interessante recordar a estreita relação que existe entre a religião católica, tal como esta foi sempre entendida pelas grandes massas, e os "princípios imortais" de 1789. Os próprios católicos da hierarquia admitem esta relação quando afirmam que a Revolução Francesa foi uma "heresia" ou que a partir dela se iniciou uma heresia, isto é, reconhecem que ocorreu então uma cisão na própria mentalidade e concepção fundamentais do mundo e da vida; de resto, só assim se pode explicar a história religiosa da Revolução Francesa, já que de outro modo seria inexplicável a adesão em massa de uma população que ainda era, decerto, profundamente religiosa e católica às novas ideias e à política revolucionária dos jacobinos contra o clero. Por isso, pode-se dizer que, conceitualmente, não são os princípios da Revolução Francesa que superam a religião, já que pertencem à sua mesma esfera mental, mas sim os princípios que são superiores historicamente (enquanto expressam exigências novas e superiores) aos da Revolução Francesa, isto é, os que se fundam na realidade efetiva da força e da luta.

2) A expressão de diversos grupos intelectuais, de diversas tendências político-jurídicas, sobre a qual se processou até agora a polêmica científica sobre o "direito natural". Quanto a isso, a questão foi resolvida fundamentalmente por Croce, com o reconhecimento de que se tratou de correntes políticas e publicísticas que tinham seu significado e sua importância na medida em que expressavam exigências reais na forma dogmática e sistemática da chamada ciência do direito (cf. a análise de Croce) [4]. Contra esta tendência é que se desenvolve a polêmica "aparente" dos atuais praticantes da ciência do direito, os quais, na realidade, ao não distinguirem entre o conteúdo real do "direito natural" (reivindicações concretas de caráter político-econômico-social), a forma da teorização e as justificativas mentais que deste conteúdo real são dadas pelo direito natural, chegam a ser mais acríticos e anti-históricos do que os teóricos do direito natural, isto é,

são asnos com antolhos do mais tosco conservadorismo (que se refere também às coisas passadas e "historicamente" superadas e varridas).

3) Na realidade, a polêmica visa a frear o influxo que poderiam ter (e que tiveram de fato), particularmente sobre os jovens intelectuais, as correntes populares do "direito natural", isto é, o conjunto de opiniões e de crenças sobre os "próprios" direitos que circulam ininterruptamente entre as massas populares, que se renovam continuamente sob o impulso das reais condições de vida e da espontânea comparação entre o modo de ser das diversas camadas. A religião tem muita influência sobre estas correntes, a religião em todos os sentidos, desde aquela tal como é sentida e praticada até aquela tal como é organizada e sistematizada pela hierarquia, que não pode renunciar ao conceito de direito popular. Mas influem sobre tais correntes, através de caminhos intelectuais incontroláveis e capilares, também uma série de conceitos difundidos pelas correntes laicas do direito natural, e ainda se tornam "direito natural", através das mais variadas e bizarras contaminações, também certos programas e proposições afirmados pelo "historicismo". Portanto, existe uma massa de opiniões "jurídicas" populares, que assumem a forma do "direito natural" e constituem o "folclore" jurídico. Que esta corrente tenha uma importância não insignificante é algo demonstrado pela organização das "Cortes de Apelação" e de toda uma série de magistraturas arbitrais ou de conciliação, em todos os campos das relações individuais e de grupo, que deveriam julgar levando em conta precisamente o "direito" tal como o povo o entende, controlado pelo direito positivo e oficial. Nem se deve pensar que a importância desta questão tenha desaparecido com a abolição dos júris populares, já que nenhum magistrado pode, em nenhuma medida, prescindir da opinião: é provável, aliás, que a questão se reapresente sob outra forma e em proporção bem mais ampla do que no passado, o que não deixará de gerar perigos e novas séries de problemas a resolver.

5. Caderno 29

(1935)

Notas para uma introdução ao estudo da gramática

§ 1. *Ensaio de Croce*: "Questa tavola rotonda è quadrata" [1]. O ensaio é equivocado até mesmo do ponto de vista crociano (da filosofia crociana). O próprio emprego que Croce faz da proposição mostra que ela é "expressiva" e, portanto, justificada: pode-se dizer o mesmo de qualquer proposição, ainda que não "tecnicamente" gramatical, que pode ser expressiva e justificada na medida em que tem uma função, embora negativa (para mostrar o "erro" de gramática, pode-se empregar um despropósito gramatical). Portanto, o problema deve ser formulado de outra maneira, ou seja, nos termos de "disciplina em relação à historicidade da língua", quando for o caso dos "erros gramaticais" (que são ausência de "disciplina mental", neolalismo, particularismo provincial, jargão, etc.), ou em outros termos (no mencionado caso do ensaio de Croce, o erro é estabelecido pelo fato de que uma tal proposição pode aparecer na representação de um "louco", de um anormal, etc., e adquirir valor expressivo absoluto; como representar alguém que não seja "lógico" a não ser fazendo-o dizer "coisas ilógicas", etc.?). Na realidade, tudo o que não é "gramaticalmente exato" pode também ser justificado do ponto de vista estético, lógico, etc., contanto que seja visto não na lógica particular, etc., da expressão imediatamente mecânica, mas como elemento de uma representação mais ampla e abrangente.

A questão que Croce pretende formular — "o que é a gramática?" — não pode ser solucionada em seu ensaio. A gramática é "história" ou "documento histórico": é a "fotografia" de uma determinada fase de uma língua nacional (coletiva), historicamente formada e em contínuo desenvolvimento, ou os traços fundamentais de uma fotografia. A questão prática pode ser a seguinte: para que serve tal fotografia?

Para fazer a história de um aspecto da civilização ou para modificar um aspecto da civilização?

A pretensão de Croce levaria a negar, entre outras coisas, qualquer valor a um quadro que representasse, por exemplo, uma... sereia; isto é, seria preciso concluir que toda proposição deve corresponder ao *verdadeiro* ou ao *verossímil*, etc.

(A proposição pode ser não lógica em si, contraditória, mas ao mesmo tempo "coerente" num quadro mais amplo.) {B}

§ 2. *Quantas formas de gramática podem existir?* Várias, certamente. Há aquela "imanente" à própria língua, que faz uma pessoa falar "de acordo com a gramática" sem sabê-lo, tal como o personagem de Molière falava em prosa sem sabê-lo. Nem creio ser inútil recordar isto, já que Panzini (*Guida alla grammatica italiana*, 18º milheiro) não parece distinguir entre esta "gramática" e a gramática "normativa", escrita, sobre a qual pretende falar e que lhe parece ser a única gramática existente possível. O prefácio à primeira edição está repleto de leviandades, que, de resto, têm seu significado num escritor (e considerado especialista) de coisas gramaticais, tal como a afirmação de que "podemos escrever e falar mesmo sem gramática" [2]. Na realidade, além da "gramática imanente" a toda língua, existe também, de fato, ou seja, ainda que não escrita, uma (ou mais) gramática "normativa", constituída de controle recíproco, de ensinamento recíproco, de "censura" recíproca, que se manifestam nas perguntas: "O que você entendeu ou quer dizer?", "Explique-se melhor", etc., com a caricatura e a ironia, etc. Todo este conjunto de ações e reações conflui no sentido de determinar um conformismo gramatical, isto é, de estabelecer "normas" e juízos de correção e de incorreção, etc. Mas esta manifestação "espontânea" de um conformismo gramatical é necessariamente desconexa, descontínua, limitada a estratos sociais locais ou a centros locais, etc. (Um camponês que vai para a cidade termina, graças à pressão do ambiente urbano, por conformar-se ao modo de falar da cidade; no campo, busca-se imitar o modo de falar da cidade; as classes subalternas buscam falar como as classes dominantes e os intelectuais, etc.)

Poder-se-ia esboçar um quadro da "gramática normativa" que opera espontaneamente em toda sociedade determinada, na medida em que esta tende a unificar-se seja como território, seja como cultura, isto é, na medida em que existe nesta sociedade uma camada dirigente cuja função é reconhecida e seguida.

O número das "gramáticas espontâneas ou imanentes" é incalculável e, teoricamente, pode-se dizer que cada pessoa tem sua própria gramática. Todavia, ao lado desta "desagregação" de fato, devem-se sublinhar os movimentos unificadores, de maior ou menor amplitude, seja como área territorial, seja como "volume linguístico". As "gramáticas normativas" escritas tendem a abarcar todo um território nacional e todo o "volume linguístico", a fim de criar um conformismo linguístico nacional unitário, o qual, de resto, põe num plano mais elevado o "individualismo" expressivo, já que cria um esqueleto mais robusto e homogêneo para o organismo linguístico nacional, do qual cada indivíduo é o reflexo e o intérprete. (Sistema Taylor e autodidatismo.)

Gramáticas históricas e não só normativas. — Mas é evidente que um escritor de gramática normativa não pode ignorar a história da língua da qual pretende propor uma "fase exemplar" como a "única" digna de se tornar, "orgânica" e "totalitariamente", a língua "comum" de uma nação, em luta e em concorrência com outras "fases" e tipos ou esquemas que já existem (ligados a desenvolvimentos tradicionais ou a tentativas inorgânicas e incoerentes das forças que, como se viu, operam continuamente sobre as "gramáticas" espontâneas e imanentes à linguagem). A gramática histórica não pode deixar de ser "comparativa": expressão que, analisada a fundo, indica a íntima consciência de que o fato linguístico, como qualquer outro fato histórico, não pode ter fronteiras nacionais estreitamente definidas, mas que a história é sempre "história mundial" e que as histórias particulares vivem somente no quadro da história mundial. A gramática normativa tem outras finalidades, ainda que não se possa imaginar a língua nacional fora do quadro das demais línguas, que influem, através de caminhos variados e de difícil verificação, sobre ela (quem pode controlar a contribuição de inovações linguísticas devidas aos emigrados repatriados, aos viajantes, aos leitores de jornais e línguas estrangeiras, aos tradutores, etc.?).

A gramática normativa escrita, portanto, pressupõe sempre uma "escolha", uma orientação cultural, ou seja, é sempre um ato de política cultural-nacional. Será possível discutir sobre o melhor modo de apresentar a "escolha" e a "orientação" a fim de que sejam aceitas de bom grado, isto é, discutir sobre os meios mais adequados para atingir o objetivo; não pode haver dúvida de que há um objetivo a alcançar, que requer meios idôneos e adequados, ou seja, de que se trata de um ato político.

Questões: saber qual é a natureza deste ato político e se ele suscitará oposições de "princípio", uma colaboração de fato, oposição nos detalhes, etc. Se se parte do pressuposto de centralizar o que já existe em estado difuso, disseminado, mas inorgânico e incoerente, parece evidente que não é racional uma oposição de princípio; cabe, ao contrário, uma colaboração de fato e uma cuidadosa acolhida de tudo o que possa servir para criar uma língua comum nacional, cuja inexistência determina atritos sobretudo nas massas populares, entre as quais são mais tenazes do que se crê os particularismos locais e os fenômenos de psicologia restrita e provinciana; trata-se, em suma, de uma intensificação da luta contra o analfabetismo, etc. A oposição de "fato" já existe na resistência das massas a se desvencilharem de hábitos e psicologias particularistas. Resistência estúpida, determinada pelos defensores fanáticos das línguas internacionais. É claro que, nesta ordem de problemas, não pode ser discutida a questão da luta nacional de uma cultura hegemônica contra outras nacionalidades ou resíduos de nacionalidades.

Panzini nem de longe se põe tal problema; e, por isso, suas publicações gramaticais são incertas, contraditórias, oscilantes. Não se põe, por exemplo, o problema de qual seja hoje, a partir de baixo, o centro de irradiação das inovações linguísticas, um problema que, porém, tem uma não desprezível importância prática. Florença, Roma, Milão. Mas, de resto, nem sequer se põe o problema de saber se existe (e qual seja) um centro de irradiação espontânea a partir do alto, isto é, de forma relativamente orgânica, contínua, eficiente; e de saber se tal irradiação pode ou não ser regulada e intensificada. {B}

§ 3. *Focos de irradiação de inovações linguísticas na tradição e de um conformismo nacional linguístico nas grandes massas nacionais.* 1) a escola; 2) os jornais; 3) os escritores de arte e os populares; 4) o teatro e o cinema falado; 5) o rádio; 6) as reuniões públicas de todo o tipo, incluídas as religiosas; 7) os relatos de "conversas" entre os vários estratos da população, mais cultos e ou menos cultos — (uma questão à qual talvez não se dê toda a importância devida é constituída por aquela parcela de "palavras" versificadas que é aprendida de memória, sob a forma de cançonetas, fragmentos de ópera, etc. Deve-se notar como o povo não se empenha em decorar bem estas palavras, que são frequentemente extravagantes, antiquadas, barrocas, mas as reduza a ladainhas cuja única utilidade é recordar o motivo musical); 8) os dialetos locais, entendidos em diversos sentidos (dos dialetos mais localizados até os que abrangem conjuntos regionais mais ou menos amplos: por exemplo, o napolitano para a Itália meridional, o palermitano e o catanês para a Sícilia, etc.).

Dado que o processo de formação, de difusão e de desenvolvimento de uma língua nacional unitária ocorre através de todo um complexo de processos moleculares, é útil ter consciência de todo o processo em seu conjunto a fim de ter condições de intervir ativamente nele com um máximo de resultados. Esta intervenção não deve ser considerada como "decisiva" nem se deve imaginar que todos os objetivos propostos serão atingidos em seus detalhes, isto é, que será obtida uma *determinada* língua unitária: o que será obtido é uma *língua unitária*, caso ela seja uma necessidade, e a intervenção organizada acelerará os tempos do processo já existente. É impossível prever e estabelecer qual será esta língua; de qualquer modo, se a intervenção for "racional", ela será organicamente ligada à tradição, o que não é de pouca importância na economia da cultura.

Manzonianos e "classicistas". Tinham um tipo de língua que queriam fazer predominar. Não é justo dizer que estas discussões foram inúteis e que não deixaram marcas na cultura moderna, ainda que não muito grandes. Na realidade, neste último século, a cultura unitária se ampliou e, portanto, também uma língua unitária comum. Mas toda a formação histórica da nação italiana se dava em ritmo demasiadamente lento. Sempre que aflora, de um modo ou de outro, a questão da língua, isto significa que uma série de outros problemas está se impondo: a formação e a ampliação da classe dirigente, a necessidade de estabelecer relações mais íntimas e seguras entre os grupos dirigentes e a massa popular-nacional, isto é, de reorganizar a hegemonia cultural. Verificam-se hoje diversos fenômenos que indicam um renascimento destas questões: publicações de Panzini, Trabalza-Allodoli, Monelli, colunas nos jornais, intervenção das direções sindicais, etc. [3]. {B}

§ 4. *Diversos tipos de gramática normativa.* Para as escolas. Para as chamadas pessoas cultas. Na realidade, a diferença se deve ao diverso grau de desenvolvimento intelectual do leitor ou do estudioso e, portanto, à diferente técnica que é preciso empregar para ensinar ou intensificar o conhecimento orgânico da língua nacional: aos jovens, em face dos quais não se pode prescindir didaticamente de uma certa rigidez autoritária peremptória ("tem que se dizer desse jeito"), e aos "outros", que, ao contrário, é preciso "persuadir" para fazê-los aceitar livremente uma determinada solução como a melhor (demonstrada como a melhor graças à obtenção do objetivo proposto e compartilhado, quando é compartilhado). Não se deve esquecer, ademais, que no estudo tradicional da gramática normativa foram inseridos outros elementos do programa didático de ensino geral, como o de certos elementos da lógica formal: pode-se discutir se esta inserção é ou não oportuna, se o estudo da lógica formal é ou não justificado (parece justificado e parece também justificado que seja acompanhado pelo da gramática, mais que pelo da aritmética, etc., pela semelhança de natureza e porque, com a gramática, a lógica formal é relativamente vivificada e facilitada), mas não se deve prescindir da questão. {B}

§ 5. *Gramática histórica e gramática normativa.* Dado que a gramática normativa é um ato político e que só a partir deste ponto de vista pode-se justificar "cientificamente" sua existência, bem como o enorme trabalho de paciência que seu aprendizado requer (como é grande o trabalho necessário para fazer com que, de centenas de milhares de recrutas da mais variada origem e preparação mental, resulte um exército homogêneo e capaz de movimentar-se e atuar disciplinada e simultaneamente, como serão numerosas as "lições práticas e teóricas" de regulamentos, etc.), dado isto, deve ser posta sua relação com a gramática histórica. Não ter definido esta relação explica muitas incongruências das gramáticas normativas, até a de Trabalza-Allodoli. Trata-se de duas coisas distintas e em parte diversas, como a história e a política, mas que não podem ser pensadas independentemente: como a política e a história. Ademais, já que o estudo das línguas como fenômeno cultural nasceu de necessidades políticas (mais ou menos conscientes e conscientemente expressas), as necessidades da gramática normativa influíram sobre a gramática histórica e sobre suas "concepções legislativas" (ou, pelo menos, este elemento tradicional reforçou, no século passado, a aplicação do método naturalista-positivista ao estudo da história das línguas, concebido como "ciência da linguagem"). Da gramática de Trabalza, bem como da demolidora resenha de Schiaffini (*Nuova Antologia*, 16 de setembro de 1934), depreende-se que também os chamados "idealistas" não compreenderam a renovação trazida à ciência da linguagem pelas doutrinas de Bartoli. A tendência do "idealismo" encontrou sua mais completa expressão em Bertoni: trata-se de um retorno a velhas concepções retóricas, sobre palavras "belas" e "feias" em si e para si, concepções maquiadas com uma nova linguagem pseudocientífica [4]. Na realidade, busca-se encontrar uma justificativa extrínseca para a gramática normativa, depois de se ter "revelado", de modo igualmente extrínseco, sua "inutilidade" teórica e mesmo prática.

O ensaio de Trabalza sobre a *Storia della grammatica* poderá fornecer indicações úteis sobre as interferências entre gramática histórica (ou melhor, história da língua) e gramática normativa, sobre a história do problema, etc. [5]. {B}

§ 6. *Gramática e técnica*. Pode-se pôr, para a gramática, a mesma questão que para a "técnica" em geral? A gramática é apenas a técnica da língua? Será que se justifica a tese dos idealistas, particularmente dos gentilianos, de que a gramática é inútil e deve ser excluída do ensino escolar? Se as pessoas falam (se se expressam através das palavras) de um modo historicamente determinado por nações ou por áreas linguísticas, pode-se prescindir do ensino deste "modo historicamente determinado"? Admitindo-se que a gramática normativa tradicional seja insuficiente, será esta uma boa razão para não se ensinar nenhuma "gramática", isto é, para não se preocupar de nenhum modo em acelerar o aprendizado daquele determinado modo de falar de uma certa área linguística, mas deixar que a "língua se aprenda na linguagem viva" ou outra expressão qualquer empregada por Gentile e pelos gentilianos? Trata-se, no fundo, de uma forma de "liberalismo" das mais excêntricas e absurdas. Diferenças entre Croce e Gentile. Gentile habitualmente se baseia em Croce, exagerando ao absurdo algumas de suas posições teóricas. Croce afirma que a gramática não faz parte de nenhuma das atividades espirituais teóricas por ele elaboradas, mas termina por encontrar na "prática" uma justificativa para muitas atividades negadas no âmbito teórico: Gentile exclui também da prática, num primeiro momento, aquilo que nega no plano teórico, a não ser quando encontra depois uma justificação teórica para as manifestações práticas mais superadas e tecnicamente injustificadas.

Deve-se aprender "sistematicamente" a técnica? Já ocorreu que, à técnica de Ford, tenha sido contraposta a do artesão de aldeia. Aprende-se a "técnica industrial" de várias maneiras: o artesão, durante o próprio trabalho na fábrica, observando como os outros trabalham (e, portanto, com maior perda de tempo e de esforço e apenas parcialmente); nas escolas profissionais (onde se aprende sistematicamente toda a profissão, embora algumas noções aprendidas sejam utilizadas poucas vezes na vida ou mesmo nunca); através da combinação de várias maneiras, através do sistema Taylor-Ford, que cria um novo tipo de qualificação e de profissão restrito a determinadas fábricas e, também, a máquinas ou momentos do processo produtivo.

A gramática normativa, que só por abstração pode ser considerada separadamente da linguagem viva, visa a fazer com que se aprenda todo o organismo de uma determinada língua, bem como a criar uma atitude espiritual que torne as pessoas capazes de se orientarem sempre no ambiente linguístico (ver a nota sobre o estudo do latim nas escolas clássicas) [6]. Mesmo que a gramática seja excluída da escola e deixe de ser "escrita", nem por isso será excluída da "vida" real, como mencionado em outra nota: exclui-se apenas a intervenção organizada unitariamente no aprendizado da língua e, na realidade, exclui-se do aprendizado da língua culta a massa popular nacional, já que a camada dirigente mais elevada, que tradicionalmente fala a "língua nacional", transmite-a de geração em geração, através de um processo lento, que começa com os primeiros balbucios da criança sob a guia dos pais e continua na conversação (com os "é assim que se diz", "é assim que se deve dizer", etc.) durante toda a vida: na realidade, a gramática se estuda "sempre", etc. (com a imitação dos modelos admirados, etc.) [7]. Na posição de Gentile, há muito mais política do que se crê e muito reacionarismo inconsciente, como, de resto, observou-se outras vezes e em outras ocasiões; há todo o reacionarismo da velha concepção liberal, há um "deixar fazer, deixar passar" que não é justificado, como era em Rousseau (e Gentile é mais rousseauniano do que ele mesmo crê), pela oposição à paralisia da escola jesuítica, mas que se tornou uma ideologia abstrata, "a-histórica". {B}

§ 7. *A chamada "questão da língua"*. Parece claro que o *De Vulgari Eloquio*, de Dante, deva ser considerado essencialmente um ato de política cultural-nacional (no sentido que nacional tinha naquela época e em Dante), do mesmo modo como sempre foi um aspecto da luta política o que se chamou de "questão da língua", que é interessante estudar a partir deste ponto de vista [8]. Ela foi uma reação dos intelectuais ao esfacelamento da unidade política que existiu na Itália sob o nome de "equilíbrio dos Estados italianos", ao esfacelamento e à desintegração das classes econômicas e políticas que se vinham formando após o século XI com as Comunas, e representa a tentativa (que em grande parte pode-se dizer exitosa) de conservar, e mesmo de reforçar, uma camada intelectual unitária, cuja existência devia ter um significado não insignificante nos séculos XVIII e XIX (no *Risorgimento*). O opúsculo de Dante tem também um significado não desprezível para a época em que foi escrito: não só de fato, mas elevando o fato à teoria, os intelectuais italianos do período mais exuberante das Comunas "rompem" com o latim e justificam a língua vulgar, exaltando-a contra o "mandarinismo" latinizante, ao mesmo tempo que o vulgar alcança assim grandes manifestações artísticas. Que a tentativa de Dante tenha tido enorme importância inovadora é algo que se vê mais tarde, quando o latim volta a ser a língua das pessoas cultas (e aqui pode se inserir a questão do duplo aspecto do Humanismo e do Renascimento, que foram essencialmente reacionários do ponto de vista nacional-popular, mas progressistas enquanto expressão do desenvolvimento cultural dos grupos intelectuais italianos e europeus). {B}

§ 8. De Bartoli, "Quistioni linguistiche e diritti nazionali", discurso pronunciado na abertura do ano acadêmico turinês de 1934, publicado em 1935 (ver nota na *Cultura* de abril de 1935). Parece, pela nota, que o discurso é muito discutível em algumas partes gerais: por exemplo, a afirmação de que "a Itália dialetal é una e indivisível".

Informações sobre o atlas linguístico publicado em dois números de um *Bollettino*. {B}

§ 9. *O título* do estudo poderia ser: "Língua nacional e gramática". {B}

6. Dos cadernos miscelâneos

CADERNO 1 (1929-1930)

§ 9. *Soffici*. Um caipira sem ingenuidade nem espontaneidade.

§ 81. Nino Daniele, *D'Annunzio politico*, São Paulo, 1928. Um livro que deve ser lido.

§ 99. *Um famoso fanfarrão desmiolado* é Antonio Bruers, uma das muitas rolhas de cortiça que sobem à superfície lamacenta das águas agitadas [1]. No *Lavoro fascista* de 23 de agosto de 1929, ele dá como provável a afirmação na Itália de uma filosofia "que, embora sem renunciar a nenhum dos valores concretos do idealismo, seja capaz de compreender, em sua plenitude filosófica e social, a exigência religiosa. Esta filosofia é o espiritualismo, doutrina sintética (!), que não exclui a imanência, mas confere o primado lógico à transcendência, que reconhece praticamente (!) o dualismo e, portanto, confere ao determinismo, à natureza, um valor que se concilia com as exigências do experimentalismo". Esta doutrina corresponderia ao "gênio predominante da estirpe itálica", da qual Bruers, apesar do nome exótico, seria naturalmente o coroamento histórico, espiritual, imanente, transcendente, ideal, determinado, prático e experimental, bem como religioso.

§ 100. Goffredo Bellonci, *Pagine e idee*, Ed. Sapientia, Roma. Ao que parece, trata-se de uma história da literatura italiana originalmente subvertida pelo lugar-comum. Este Bellonci não passa de uma caricatura do jornalismo literário; um Bouvard das ideias e da política, uma vítima de Mario Missiroli, que, por sua vez, já era uma vítima de Oriani e de Sorel [2].

§ 101. *Piedigrotta*. Num artigo no *Lavoro* (8 de setembro de 1929), Adriano Tilgher escreve que a poesia dialetal napolitana e, portanto, em grande parte, o sucesso das canções de Piedigrotta passam por uma intensa crise. Teriam secado suas duas grandes fontes: realismo e sentimentalismo. "A mudança dos sentimentos e do gosto foi tão rápida e desordenada, tão vertiginosa e súbita, e ainda está tão longe de se cristalizar em algo estável e duradouro, que os poetas dialetais que se aventuram em tais areias movediças para tentar levá-las à dureza e à clareza da forma estão condenados a soçobrar sem remédio."

A crise de Piedigrotta é realmente um sinal dos tempos. A teorização do super-regionalismo matou o super-regionalismo (na verdade, pretendia-se fixar um figurino tendencioso do super-regionalismo embolorado e basbaque). E, de resto, a época moderna não é expansiva e sim repressiva. Não mais se ri com o coração: o sorriso é apenas sarcástico e se fazem mecânicas piadas provincianas. A fonte de Piedigrotta não secou; foi esvaziada porque se tornou "oficial" e os cantores populares se tornaram funcionários (ver o caso de Libero Bovio) (e cf. o apólogo francês sobre o funcionário corno) [3].

§ 102. *"La Fiera Letteraria", que depois se transformou em "L'Italia Letteraria"*, sempre foi, mas está se tornando cada vez mais, um saco de batatas. Tem dois diretores, mas é como se não tivesse nenhum e um secretário examinasse a correspondência que chega, tirando na sorte os artigos a publicar. O curioso é que os dois diretores, Malaparte e Angioletti, não escrevem em seu próprio periódico e preferem outras vitrinas. Os esteios da redação devem ser Titta Rosa e Enrico Falqui; e, dos dois, o mais cômico é o segundo, que redige o "observatório da imprensa", saltitando à esquerda e à direita, sem bússola e sem ideias. Titta Rosa pontifica mais, dando-se ares de grande pontífice desencantado mesmo quando escreve disparates. Angioletti parece muito temeroso de lançar-se em alto-mar: não tem a impudência de Malaparte. É interessante notar como a *Italia Letteraria* não formula juízos próprios e espera sempre que os figurões falem primeiro. Foi o que ocorreu com *Os indiferentes* de Moravia, mas foi mais grave ainda o caso de *I Malagigi* de Nino Savarese, um livro realmente saboroso, só resenhado quando entrou na lista tríplice para o prêmio dos "Trinta", tendo sido ignorado por ocasião de sua publicação nas páginas da *Nuova Antologia*. As contradições deste grupo de escrevinhadores são realmente divertidas, mas não vale a pena registrá-las. Lembram os Bandar Log do *Livro da selva*: "nós faremos, nós criaremos", etc., etc. [4].

CADERNO 2 (1929-1933)

§ 14. Amy A. Bernardy, *Forme e colori di vita regionale italiana. Piemonte*, vol. 1, Zanichelli, Bolonha, 20 liras. (Compilar bibliografias de todas as coleções que se ocupam da vida regional e que tenham um certo valor. Bibliografia ligada à questão do folclore.)

§ 47. *Ada Negri.* Artigo de Michele Scherillo na *Nuova Antologia* de 16 de setembro de 1927. Sobre Ada Negri, seria preciso fazer um estudo histórico-crítico. Pode ser chamada, num período de sua vida, de "poetisa proletária" ou simplesmente "popular"? No campo da cultura, creio que ela representa a ala esquerda do romantismo de 1848; o povo se torna cada vez mais proletariado, mas é visto ainda como povo, não através dos germes de reconstrução original que contém em si (mas, ao contrário, através da queda que representa passar de "povo" a "proletariado"?). (Em *Stella mattutina*, Treves, 1921, Ada Negri narrou os episódios de sua vida de menina e adolescente [5].)

§ 53. *Giovanni Cena.* A figura de Cena deve ser estudada de dois pontos de vista: como escritor e poeta "popular" (cf. Ada Negri) e como homem de ação empenhado na criação de instituições para a educação dos camponeses (escolas da zona rural de Roma e da zona pantanosa do Pontino, fundadas com Angelo e Anna Celli). Cena nasceu em Montanaro Canavese, em 12 de janeiro de 1870, e morreu em Roma, em 7 de dezembro de 1917. Em 1900-1901, foi correspondente da *Nuova Antologia* em Paris e em Londres. Em 1902, tornou-se editor da revista, função que exerceu até a morte. Discípulo de Arturo Graf. (Em *Candidati all'Immortalità*, de Giulio De Frenzi, é publicada uma carta autobiográfica de Cena [6].) Recordar o artigo de Cena, "Che fare?", publicado pela *Voce* em 1912 (ao que me parece).

§ 67. Nicola Zingarelli, "Le idee politiche di Petrarca", *Nuova Antologia*, 16 de junho de 1928.

§ 103. Adriano Tilgher, "Perché l'artista scrive o dipinge, o scolpisce ecc.?", na *Italia che scrive* de fevereiro de 1929.

Artigo típico da incongruência lógica e da ligeireza moral de Tilgher, o qual, depois de ter "arrasado" de modo banal a teoria de Croce sobre o assunto, reapresenta-a tal e qual, no final do artigo, como sua, de forma fantasiosa e imaginária. Tilgher afirma que, segundo Croce, "a *exteriorização física* [...] do fantasma artístico tem finalidade essencialmente mnemônica" etc. Deve-se examinar este tema: o que significa para Croce, neste caso, "memória"? Tem um valor puramente pessoal, individual, ou também de grupo? O escritor preocupa-se apenas consigo, ou é levado historicamente a pensar também nos outros?, etc.

§ 108. *Literatura Popular. Edoardo Perino.* Sobre a atividade editorial de Perino, que marcou época em Roma (Perino publicou literatura anticlerical em fascículos ilustrados, começando com a *Beatrice Cenci* de Guerrazzi), cf. o *Memoriale* de G. De Rossi, que deve ter sido publicado em 1927 ou 1928.

§ 110. *Cultura popular. I poeti del popolo siciliano*, de Filippo Fichera, Isola del Liri, Soc. Tip. A. Macione e Pisani, 1929. Creio ser possível encontrar neste volume indicações para identificar a importância na Sicília das "competições poéticas" ou "torneios", realizados em público como representações teatrais populares. Qual é seu caráter? Segundo uma resenha publicada no *Marzocco* de 1929, parece puramente religioso.

§ 112. *Literatura popular. Victor Hugo.* Sobre Victor Hugo, recordar suas relações estreitas com Luís Filipe e, portanto, sua atitude monarquista constitucional em 1848. É interessante observar que, enquanto escrevia *Os miseráveis*, escrevia também as notas de *Choses vues* (publicadas postumamente); e os dois escritos nem sempre estão de acordo. Examinar tais questões, já que Hugo é considerado habitualmente como um homem coerente, etc. (Na *Revue des Deux Mondes* de 1928 ou 1929, mais provavelmente de 1929, deve haver um artigo sobre este assunto.)

CADERNO 3 (1930)

§ 7. O povo (ora bolas!), o público (ora bolas!). Os políticos improvisados perguntam, com a autossuficiência de quem sabe muito: "O povo! Mas o que é este povo? Quem o conhece? Quem um dia o definiu?" Contudo, não fazem nada além de maquinar truques e truques para conquistar as maiorias eleitorais. (De 1924 a 1929, quantos foram na Itália os comunicados para anunciar retoques na lei eleitoral? Quantos projetos de novas leis eleitorais foram apresentados e retirados? O elenco seria interessante em si mesmo [7].) O mesmo dizem os literatos puros: "Um vício trazido pelas ideias românticas foi o de convocar o público para ser juiz. Quem é o público? Quem é ele? Este grande cérebro onisciente, este gosto refinado, esta probidade absoluta, esta pérola — onde está?" (G. Ungaretti, *Resto del Carlino*, 23 de outubro de 1929). Mas, enquanto isso, pedem que sejam instauradas medidas protecionistas contra as traduções de línguas estrangeiras; e, quando vendem mil exemplares de um livro, fazem repicar os sinos em suas aldeias. (Contudo, o "povo" deu título a muitos jornais importantes, pertencentes precisamente aos que hoje perguntam "o que é este povo?", justamente nos jornais que têm o povo no título [8].)

§ 36. *Fatos de cultura*. O episódio Salgari (que foi contraposto a Jules Verne na intervenção do ministro Fedele, o que motivou ridículas campanhas do *Raduno*, órgão do Sindicato de Autores e Escritores, etc.) deve-se pôr ao lado da representação da farsa *Un'avventura galante ai bagni di Cernobbio*, ocorrida em 13 de outubro de 1928 no Alfonsine, em celebração do primeiro centenário da morte de Vincenzo Monti [9]. Esta farsa, publicada em 1858 como complemento editorial de um trabalho teatral de Giovanni De Castro, é de um certo Vincenzo Monti, professor em Como naquela época (uma simples leitura revela a impossibilidade de atribuí-la a Monti), mas foi "descoberta", atribuída a Monti e representada no Alfonsine, diante das autoridades, numa festividade oficial, no centenário montiano. (Ver nos jornais da época, se for o caso, quem foi o autor da admirável descoberta e quais os personagens oficiais que aceitaram gato por lebre.)

§ 53. *Passado e presente. Influência do romantismo francês de folhetim.* Muitas vezes me referi a essa "fonte de cultura" para explicar certas manifestações intelectuais subalternas (recordar o homem dos mictórios ingleses e das tampas de privada automáticas) [10]. A tese poderia ser desenvolvida mais plenamente e com referências mais amplas. As "propostas" econômico-sociais de Eugène Sue vinculam-se a certas tendências do saint-simonismo, às quais se ligam também as teorias do Estado orgânico e o positivismo filosófico. O saint-simonismo teve uma certa difusão popular também na Itália, diretamente (existem publicações sobre isso que deverão ser consultadas) e indiretamente (através dos romances populares que recolhiam opiniões mais ou menos ligadas ao romantismo, através de Louis Blanc, etc. — os romances de Eugène Sue, por exemplo) [11].

Isto serve para mostrar como a situação política e intelectual do país era tão atrasada que se punham os mesmos problemas que na França de 1848 e que os representantes destes problemas eram elementos sociais muito semelhantes aos franceses daquela época: *bohème* — pequenos intelectuais provenientes da província, etc. (cf. sempre *A sagrada família*, capítulo "Revelação dos mistérios da economia política"). O príncipe Rodolfo é novamente apontado como regulador da sociedade, mas é um príncipe Rodolfo vindo do povo e, portanto, ainda mais romântico (de resto, não se sabe se, em remotíssimos tempos, não teria havido uma casa real em seu *pedigree*) [12].

§ 74. *Giulio Bertoni e a linguística.* Seria preciso escrever uma crítica demolidora de Bertoni como linguista, por causa das atitudes que assumiu ultimamente com seu escrito no *Manualetto di linguistica* e no opúsculo publicado por Petrini (cf. trecho publicado pela *Nuova Italia* de agosto de 1930) [13]. Parece-me possível demonstrar que Bertoni nem conseguiu fornecer uma teoria geral das inovações trazidas por Bartoli para a linguística, nem conseguiu compreender em que consistem estas inovações e qual é sua importância prática e teórica.

De resto, no artigo publicado no *Leonardo*, há alguns anos, sobre os estudos linguísticos na Itália, ele em nada distingue Bartoli da média geral, mas, graças a um jogo de claro-escuro, coloca-o mesmo em segundo plano; ao contrário, em recente artigo publicado no *Marzocco* sobre a *Miscellanea* Ascoli, Casella sublinha a originalidade de Bartoli [14]. No artigo de Bertoni publicado no *Leonardo*, deve-se ressaltar como Campus aparece até mesmo como superior a Bartoli, quando seus estudos sobre as velares ário-europeias não passam de pequenos ensaios nos quais se aplica pura e simplesmente o método geral de Bartoli, além de serem devedores das sugestões do próprio Bartoli; foi Bartoli quem, desinteressadamente, valorizou Campus e sempre procurou colocá-lo em primeiro plano [15]. Bertoni, não talvez sem malícia acadêmica, num artigo como o de *Leonardo*, onde deve ser contada praticamente cada palavra dedicada a cada estudioso, para dar uma justa perspectiva, arrumou as coisas de tal modo que Bartoli foi posto num cantinho obscuro. Foi um erro de Bartoli ter colaborado com Bertoni na redação do *Manualetto*; e digo erro e responsabilidade científica. Bartoli é apreciado por seus trabalhos concretos: deixando que Bertoni escrevesse a parte teórica, induziu a erro os estudantes e conduziu-os por um falso caminho: neste caso, a modéstia e o desinteresse tornam-se uma culpa.

De resto, se não compreendeu Bartoli, Bertoni tampouco compreendeu a estética de Croce, no sentido de que não soube derivar da estética crociana regras de investigação e de construção da ciência da língua; não fez mais do que parafrasear, exaltar e liricizar impressões: trata-se essencialmente de um positivista, que se enternece diante do idealismo porque este está mais em moda e permite fazer retórica. Surpreende que Croce tenha elogiado o *Manualetto*, sem ver e observar as incongruências de Bertoni; parece-me que Croce, mais do que tudo, quis registrar com benevolência o fato de que, neste ramo de estudos, onde o positivismo triunfa, há quem busque iniciar um novo caminho no sentido idealista. Parece-me que entre o método de Bartoli e o crocianismo não há nenhuma relação de dependência imediata: a relação é com o historicismo em geral, não com uma forma particular de historicismo. A inovação de Bartoli é precisamente esta: ele transformou a linguística, que era vulgarmente concebida como ciência natural, numa ciência histórica, cujas raízes devem ser buscadas "no espaço e no tempo" e não no aparelho vocal fisiologicamente entendido.

Seria preciso demolir Bertoni não apenas neste campo: sua figura de estudioso sempre me repugnou intelectualmente. Há nela algo de falso, de insincero, no sentido literal da palavra; para não falar da prolixidade e da falta de "perspectiva" nos valores históricos e literários.

Na "linguística", crociano é Vossler. Mas que relação existe entre Bartoli e Vossler e entre Vossler e aquilo que comumente se chama de "linguística"? Sobre isso, recordar o artigo de Croce "Questa tavola rotonda è quadrata" (nos *Problemi di Estetica*), de cuja crítica deve-se partir para estabelecer os conceitos exatos nesta questão.

§ 82. *Cultura histórica italiana e francesa.* A cultura histórica e a cultura geral francesa puderam se desenvolver e se tornar "popular-nacionais" por causa da própria complexidade e variedade da história política francesa nos últimos 150 anos. A tendência dinástica se dissolveu em função da sucessão de três dinastias radicalmente antagônicas entre si (legitimista, liberal-conservadora, militar-plebiscitária) e da sucessão de governos republicanos também fortemente diferenciados (o jacobino, o radical socialista e o atual). É impossível uma "hagiografia" nacional unilinear: qualquer tentativa deste tipo revela-se imediatamente como sectária, forçada, utópica, antinacional, já que é obrigada a suprimir (ou a subestimar) páginas incanceláveis da história nacional (cf. a atual tendência Maurras e a mísera história da França de Bainville) [16]. Por esta razão, o protagonista da história francesa tornou-se o elemento permanente dessas variações políticas, ou seja, o povo-nação; portanto, um tipo de nacionalismo político e cultural que foge aos limites dos partidos propriamente nacionalistas e que impregna toda a cultura; portanto, uma dependência e uma ligação estreita entre povo-nação e intelectuais.

Nada semelhante ocorre na Itália, onde é preciso usar uma lanterna para procurar no passado o sentimento nacional, fazendo distinções, interpretando, calando, etc., onde para que se exalte Ferrucci é preciso explicar Maramaldo, para que se exalte Florença é preciso justificar Clemente VII e o papado, para que se exalte Milão e a Liga é preciso explicar Como e as cidades favoráveis a Barba-Roxa, para que se exalte Veneza é preciso explicar Júlio II, etc. [17]. O preconceito de que a Itália sempre foi uma nação complica toda a história e requer acrobacias intelectuais anti-históricas. Por isso, na história do século XIX não podia existir unidade nacional, já que faltava o elemento permanente, o povo-nação. Por um lado, a tendência dinástica devia predominar, dada a contribuição que lhe era dada pelo aparelho estatal, enquanto as tendências políticas mais fortemente oposicionistas não podiam ter um mínimo comum de objetividade: a história era propaganda política, visava a criar a unidade nacional, ou seja, a nação, a partir de fora, contra a tradição; era um *querer ser*, não um dever ser porque já existem as condições de fato. Por causa precisamente dessa sua posição, os intelectuais deviam distinguir-se do povo, situar-se fora dele, criar ou reforçar entre si o espírito de casta e, no fundo de si mesmos, *desconfiar* do povo, senti-lo como algo estranho, como algo a temer, já que na realidade se tratava de uma coisa desconhecida, de uma misteriosa hidra de inumeráveis cabeças.

Pareceu-me que já existiam atualmente algumas condições para superar este estado de coisas, mas elas não foram devidamente exploradas e a retórica voltou a triunfar (a atitude dúbia na interpretação de Caporetto oferece um exemplo deste atual estado de coisas, assim como a polêmica sobre o *Risorgimento* e, mais recentemente, sobre a Concordata) [18]. Mas não se deve negar que muitos passos à frente foram dados, em todos os sentidos; negar isso seria cair numa retórica oposta. Aliás, sobretudo antes da guerra, muitos movimentos intelectuais estavam dirigidos no sentido de rejuvenescer a cultura, de expurgá-la de seu caráter retórico e de aproximá-la do povo, ou seja, de nacionalizá-la. (Nação-povo e nação-retórica poderiam ser consideradas as duas tendências.)

(Sobre este último tema, cf. Volpe, *L'Italia in cammino*, onde há muitas inexatidões de fato e de proporções e onde se observa o nascimento de uma nova retórica; o livro de Croce, *La Storia d'Italia*, onde há defeitos de outro tipo, mas não menos perigosos, já que a história é esvaziada na abstração dos conceitos; e os livros de Prezzolini sobre a cultura italiana [19].)

§ 85. *Arturo Graf.* Se for preciso escrever sobre Giovanni Cena e seu programa social, caberá recordar Graf e sua crise espiritual, que o reconduziu à religião, ou, pelo menos, ao teísmo. (Cf. O. M. Barbano, "Per una fede. Da lettere inedite di Arturo Graf", na *Nuova Antologia* de 16 de julho de 1928. Barbano era aluno e amigo de Graf e publica trechos das cartas que Graf lhe enviou sobre a crise que atravessou e sobre seu pequeno volume *Per una fede*, que teve pequeno impacto fora do círculo mais próximo.) Nessas cartas, são interessantes algumas referências às relações entre Graf e o Modernismo (conhecido através da revista *Il Rinnovamento*), pelas quais talvez se possa dizer que a crise de Graf se liga à crise geral da época, manifestada em certos grupos intelectuais, descontentes com a "ciência", mas descontentes também com a religião oficial.

§ 146. *Kipling.* A obra de Kipling poderia servir para criticar uma determinada sociedade que pretende ser algo sem ter elaborado em si a moral cívica correspondente, mas que, ao contrário, apresenta um modo de ser contraditório com as finalidades que verbalmente se propõe. De resto, a moral de Kipling é imperialista somente na medida em que se liga estreitamente a uma realidade histórica bem determinada: mas é possível extrair dela imagens de poderoso caráter imediato para todo grupo social que luta pelo poder político. A "capacidade de queimar as próprias entranhas sem abrir a boca" tem um valor não só para os imperialistas ingleses, etc.

§ 155. *A nova arquitetura*. Particular caráter objetivo da arquitetura. Realmente, a "obra de arte" é o "projeto" (o conjunto dos desenhos, dos planos e dos cálculos, com os quais outras pessoas além do arquiteto "artista-projetista" podem realizar o edifício, etc.): um arquiteto pode ser julgado um grande artista por seus planos, ainda que nada tenha edificado materialmente. O projeto está para o edifício material como o "manuscrito" está para o livro impresso: o edifício é a exteriorização social da arte, sua "difusão", a possibilidade dada ao público de participar da beleza (quando esta ocorre), assim como o livro impresso.

Não se sustenta a objeção de Tilgher a Croce sobre a "memória" como causa da exteriorização artística: o arquiteto não tem necessidade do edifício para "recordar", mas sim do projeto. Isso vale mesmo que só se considere a "memória" crociana como aproximação relativa ao problema da razão pela qual o pintor pinta, o escritor escreve, etc., sem se contentar em construir fantasmas apenas para seu próprio uso e consumo; e levando-se em conta que todo projeto arquitetônico tem um caráter de "aproximação" maior do que o manuscrito, a pintura, etc. Também o escritor introduz inovações em cada edição do livro (ou corrige as provas, modificando, etc.; cf. Manzoni). Na arquitetura, a questão é mais complexa, já que o edifício nunca é inteiramente completo em si, mas deve sofrer adaptações também em relação ao "panorama" no qual está inserido, etc. (e é impossível fazer segundas edições dele tão facilmente como no caso de um livro, etc.). Contudo, o ponto mais importante a ser hoje observado é o seguinte: que numa civilização em rápido desenvolvimento, na qual o "panorama" urbano deve ser muito "elástico", não pode nascer uma grande arte arquitetônica, já que é mais difícil conceber edifícios feitos para a "eternidade".

Na América, calcula-se que um arranha-céu deva durar não mais do que 25 anos, pois se supõe que, em 25 anos, toda a cidade "possa" mudar de aspecto, etc. A meu ver, uma grande arte arquitetônica só pode nascer depois de uma fase transitória de caráter "prático", ou seja, de uma fase na qual se busca apenas alcançar a máxima satisfação das necessidades elementares do povo com o máximo de proveito. E isso entendido em sentido amplo, ou seja, não só no que se refere a cada edifício, a cada habitação ou a um específico local de reunião para as grandes massas, mas no que se refere a um complexo arquitetônico com ruas, praças, jardins, parques, etc.

CADERNO 4 (1930-1932)

§ 68. *Il libro di don Chisciotte* de E. Scarfoglio [20]. É um episódio da luta para rejuvenescer a cultura italiana e desprovincianizá-la. Em si, o livro é medíocre. Vale pela época e porque talvez seja a primeira tentativa do gênero.

Se vier a escrever sobre Oriani, terei de levar em conta o trecho que lhe dedica Scarfoglio (p. 227 da edição Mondadori, 1925). Para Scarfoglio (que escreve em torno de 1884), Oriani é um fraco, um fracassado, que se consola demolindo tudo e todos: "O senhor de Banzole tem a memória repleta de leituras apressadas e fragmentárias, de teorias mal-entendidas e mal digeridas, de fantasias mal e debilmente formadas; de resto, ele não domina com segurança o instrumento da língua." É interessante uma citação, talvez do livro *Quartetto*, onde Oriani escreve: "Vencido a cada batalha e insultado como todos os vencidos, jamais desci ou descerei à tolice da réplica, à baixeza do lamento: os vencidos estão errados." Este traço me parece fundamental no caráter de Oriani, que era um inconstante, sempre descontente com todos porque ninguém reconhecia seu gênio e que, no fundo, renunciava a lutar para se impor, ou seja, tinha de si mesmo uma bem estranha avaliação. É um pseudotitã; e, apesar de possuir alguns inegáveis talentos, predomina nele o "gênio incompreendido" de província que sonha com a glória, com o poder, com o triunfo, precisamente como a mocinha sonha com o príncipe encantado.

CADERNO 5 (1930-1932)

§ 26. *Os filhotes de padre Bresciani. Alfredo Panzini.* A tradução de *Os trabalhos e os dias* de Hesíodo, publicada por Panzini em 1928 (primeiro na *Nuova Antologia* e, depois, num pequeno volume da Editora Treves), é examinada no *Marzocco* de 3 de fevereiro de 1929 por Angiolo Orvieto ("Da Esiodo a Panzini"). A tradução é tecnicamente muito imperfeita. Para cada palavra do texto, Panzini emprega duas ou três de sua própria lavra; trata-se mais de uma tradução-comentário do que de uma tradução, à qual falta "o colorido particularíssimo do original, a não ser uma certa solenidade majestosa que, em vários locais, ele conseguiu conservar". Orvieto cita alguns graves erros de Panzini: em vez de "enfermidades que trazem a velhice ao homem", Panzini traduz "enfermidades que a velhice traz aos homens". Hesíodo fala do "carvalho que tem bolotas no alto e abelhas no meio (no tronco)"; e Panzini traduz, comicamente, "os carvalhos das montanhas (!) amadurecem as bolotas, enquanto os das planícies (!) acolhem abelhas em seu tronco", distinguindo assim duas famílias de carvalhos, etc. (um aluno do ensino médio seria reprovado por um tal absurdo). Para Hesíodo, as musas são "doadoras de glória com os poemas"; para Panzini, "gloriosas na arte do canto". Orvieto dá outros exemplos, dos quais se deduz que, além do conhecimento superficial do grego, os erros de Panzini decorrem também do preconceito político (caso típico de brescianismo), como no caso em que muda o texto para fazer com que Hesíodo participe da campanha demográfica [21].

Deve-se ver se as revistas de filologia clássica se ocuparam da tradução de Panzini; de qualquer modo, o artigo de Orvieto parece-me suficiente para meu objetivo (é preciso revê-lo porque, neste momento, falta-me uma parte dele).

§ 27. *Os filhotes de padre Bresciani.* Enrico Corradini. Foi republicada em 1928, na Coleção Teatral Barbera, a *Carlotta Corday* de

E. Corradini, que — em 1907 ou 1908, quando foi escrita — obteve uma recepção desastrosa e foi retirada de cena. Corradini imprimiu o drama com um prefácio (também republicado na Ed. Barbera), no qual acusava pelo desastre um artigo do *Avanti!*, segundo o qual Corradini queria difamar a Revolução Francesa. O prefácio de Corradini deve ser interessante também do ponto de vista teórico, para a redação desta rubrica sobre o brescianismo, já que Corradini parece distinguir entre "pequena política" e "grande política" nas "teses" contidas nas obras de arte. Naturalmente, para Corradini, já que sua obra é de "grande política", não lhe poderia ser dirigida a acusação de "politicagem" no terreno artístico. Mas a questão é outra: trata-se de ver se, nas obras de arte, há intromissão de elementos extra-artísticos, sejam estes de alta ou de baixa qualidade, isto é, se se trata de "arte" ou de oratória visando a finalidades práticas. E toda a obra de Corradini é deste tipo: não arte, mas sim má política, isto é, simples retórica ideológica.

§ 32. *Ugo Foscolo e a retórica literária italiana. Os sepulcros* devem ser considerados como a maior "fonte" da tradição cultural retórica, que vê nos monumentos um motivo de exaltação das glórias nacionais. A "nação" não é o povo, ou o passado que continua no "povo", mas, ao contrário, o conjunto das coisas materiais que recordam o passado: estranha deformação, que podia ser explicada no início do século XIX, quando se tratava de despertar energias latentes e de entusiasmar a juventude, mas que não passa de "deformação", já que se tornou puro motivo decorativo, exterior, retórico. (A inspiração dos sepulcros não é, em Foscolo, similar à da chamada poesia sepulcral: é uma inspiração "política", como ele mesmo escreve na carta a Guillon [22].)

§ 33. M. Iskowicz, *La littérature à la lumière du matérialisme historique*, 1929, 30 francos (anunciado no boletim de 1º de fevereiro de 1929, "Nouveautés", *Listes mensuelles de la Maison du Livre Française*).

§ 38. *Caráter não nacional-popular da literatura italiana.* Artigo de Orazio Pedrazzi na *Italia Letteraria* de 4 de agosto de 1929: "Le tradizioni antiletterarie della burocrazia italiana." Pedrazzi deixa de fazer algumas distinções necessárias. Não é verdade que a burocracia italiana seja tão "antiliterária" como afirma Pedrazzi, mas é verdade que a burocracia (e se quer dizer a alta burocracia) não escreve sobre sua própria atividade. As duas coisas são diferentes: creio, aliás, que exista uma mania literária própria da burocracia, mas diz respeito ao "escrever bonito", "à arte", etc. Talvez se possa demonstrar que a grande massa do rebotalho literário se deva a burocratas. Ao contrário, é verdade que não existe na Itália (como na França e em outros lugares) uma literatura de valor produzida por funcionários públicos (militares e civis) e que trate da atividade desenvolvida, no exterior, pelo pessoal diplomático e, na frente de batalha, pelos oficiais, etc. O que existe, na maioria dos casos, é "apologia". "Na França, na Inglaterra, generais e almirantes escrevem para seu povo; entre nós, escreve-se apenas para os superiores." Ou seja: a burocracia não tem um caráter nacional, mas de casta.

§ 40. *Pirandello.* Sobre a concepção do mundo implícita nos dramas de Pirandello, deve-se ler o prefácio de Benjamin Crémieux à tradução francesa de *Enrico IV* (Éditions de la N. R. F.).

§ 54. *Os filhotes de padre Bresciani.* Literatura popular-nacional. Será necessário fixar com precisão o que se deve entender por "interessante" na arte em geral e, particularmente, na literatura narrativa e no teatro. O elemento "interessante" muda de acordo com os indivíduos, os grupos sociais ou a massa em geral: é, portanto, um elemento da cultura, não da arte, etc. Mas, por causa disso, trata-se de um fato completamente estranho e separado da arte? A própria arte interessa, ou seja, é interessante em si mesma, na medida em que satisfaz uma exigência da vida. E mais: além deste caráter mais íntimo da arte, ou seja, o de ser interessante em si mesma, que outros elementos de "interesse" pode apresentar uma obra de arte, como, por exemplo, um romance, um poema ou um drama? Teoricamente, um número infinito. Mas os elementos que "interessam" não são infinitos: são apenas, precisamente, os que se considera que contribuem de modo mais direto para o "êxito" imediato ou mediato (em primeiro grau) do romance, do poema, do drama. Um gramático pode se interessar por um drama de Pirandello por querer saber quantos elementos lexicais, morfológicos e sintáticos de marca siciliana Pirandello introduz ou pode introduzir na língua italiana literária: trata-se de um elemento "interessante", mas que não contribuirá muito para a difusão do drama em questão. A "metrificação bárbara" de Carducci era um elemento "interessante" para um círculo mais amplo, para a corporação dos literatos profissionais e para aqueles que pretendiam vir a sê-lo: por isso, já representou um notável elemento de "êxito" imediato, contribuiu para difundir alguns milhares de versos escritos numa metrificação bárbara [23]. Estes elementos "interessantes" variam de acordo com a época, os climas culturais e as idiossincrasias pessoais.

O elemento mais estável de "interesse" é certamente o interesse "moral" positivo ou negativo, isto é, por adesão ou por contraposição: "estável" em certo sentido, ou seja, no sentido da "categoria moral", não do conteúdo moral concreto. Estreitamente ligado a este é o elemento "técnico" num determinado sentido particular, isto é, "técnico" como modo de fazer compreender, da maneira mais imediata e dramática, o conteúdo moral, a contradição moral do romance, do poema, do drama: temos assim os "golpes" de cena no drama, a "intriga" preponderante no romance, etc. Nem todos estes elementos são necessariamente "artísticos", mas tampouco são necessariamente não artísticos. Do ponto de vista da arte, são em certo sentido "indiferentes", isto é, extra-artísticos: são dados de história da cultura e devem ser avaliados deste ponto de vista.

Que isto ocorra, que seja assim, é algo provado precisamente pela chamada literatura comercial, que é uma seção da literatura popular-nacional: o caráter "comercial" é dado pelo fato de que o elemento "interessante" não é "ingênuo", "espontâneo", intimamente fundido na concepção (intuição) artística, mas trazido de fora, de modo mecânico, dosado industrialmente como elemento seguro de "êxito" imediato. Contudo, isto significa, de qualquer modo, que também a literatura comercial não deve ser negligenciada na história da cultura: ao contrário, ela tem um enorme valor precisamente deste ponto de vista, já que o sucesso de um livro de literatura comercial indica (e frequentemente é o único indicador existente) qual é a "filosofia da época", ou seja, qual é a massa de sentimentos (e de concepções do mundo) que predomina na multidão "silenciosa". Esta literatura é um "narcótico" popular, é um "ópio". (Deste ponto de vista, seria possível fazer uma análise de *O conde de Monte Cristo*, de Alexandre Dumas, que talvez seja o mais "opiáceo" dos romances populares: qual é o homem do povo que não crê ter sofrido uma injustiça por parte dos poderosos e não fantasia a "punição" que lhes irá infligir? Edmond Dantès oferece-lhe o modelo, "embriaga-o" de exaltação, substitui a crença numa justiça transcendente na qual já não mais acredita "sistematicamente".)

§ 63. *Os filhotes de padre Bresciani.* Escritores "tecnicamente" brescianos. Sobre tais escritores, cf. Giovanni Casati, *Scrittori cattolici italiani viventi. Dizionario biobibliografico ed indice analitico delle opere*, com prefácio di Filippo Meda, Milão, Romolo Ghirlanda Editor, Via Unione 7, in-8º, VIII-112 p., 15 liras. De tal dicionário, devem-se ver também as sucessivas edições e compará-las entre si, a fim de verificar os acréscimos ou omissões deliberados.

Dom Giovanni Casati é o especialista católico em biobibliografia. Dirige a *Rivista di Letture*, que aconselha e desaconselha os livros a serem lidos e comprados pelos indivíduos e pelas bibliotecas católicas; está preparando uma lista de *Scrittori d'Italia dalle origini fino ai viventi* em ordem alfabética (segundo o artigo de *Civiltà Cattolica* de 2 de março de 1929, do qual recolho essas informações, foram publicados até agora os de letras A-B); escreveu um volume de *Saggi di libri letterari condannati dall'Indice.*

No dicionário dos *Scrittori cattolici italiani viventi*, são registrados 591. Alguns não responderam ao convite; Casati, no caso de escritores que publicam livros em editoras não católicas, interpretou este silêncio "como tácito pedido para não fazerem parte do dicionário". Seria preciso ver por que foram convidados: por que "batizados" ou por que em seus livros se manifestava um caráter estrita e confessadamente "católico"? Diz a *Civiltà Cattolica* que, no *Dizionario*, faltam, por exemplo, Gaetano De Sanctis, Pietro Fedeli e "não poucos outros professores universitários e escritores de valor". De Sanctis é certamente um escritor deliberadamente "católico", confessadamente católico. Mas Pietro Fedele? Talvez se tenha tornado católico nos últimos anos; mas certamente não o era, pelo menos até 1924. Revela-se assim que o critério para estabelecer a "catolicidade" não foi muito rigoroso e que houve a intenção de confundir "católicos" escritores e escritores "católicos" [24].

No *Dizionario*, não estão incluídos os jornalistas e publicistas que não publicaram nenhum livro: assim, não aparece o conde Della Torre, diretor do *Osservatore Romano*, nem Calligari (Mikros), diretor da *Unità Cattolica* (recentemente falecido). Alguns recusam o convite "por modéstia".

Quem são os "convertidos" incluídos no *Dizionario*? (Tipos: Papini, Giuliotti, Mignosi, etc.) Diz a *Civiltà Cattolica*: "Desde a guerra até hoje, observa-se um certo despertar da consciência religiosa nos escritores contemporâneos, um insólito interesse pelos problemas religiosos, uma orientação mais do que frequente para a Igreja Católica, orientação para a qual certamente contribuíram, em não pequena medida, os convertidos incluídos no dicionário de Casati."

Dos 591 escritores católicos italianos vivos, 374 ("salvo erro", escreve a *Civiltà Cattolica*) são homens da Igreja, sacerdotes e religiosos, entre os quais 3 cardeais, 9 bispos, três ou quatro abades (sem contar Pio XI); 217 são leigos, entre os quais 49 mulheres: somente uma mulher é freira.

A *Civiltà Cattolica* registra alguns erros. Existe um *Katholischer Literaturkalender* (Ed. Herder, Freiburg i. B., 1926), que registra 5.313 escritores católicos alemães. Para a França, o *Almanach Catholique Français* (publicado por Bloud et Gay, Paris, a partir de 1920) publica um pequeno dicionário das "principais personalidades católicas". Para a Inglaterra, *The Catholic Who's Who*, 1928 (Londres, Burns Oates and Washbourne).

A *Civiltà Cattolica* faz votos de que, ampliados os quadros (com a inclusão de jornalistas e publicistas) e vencido o retraimento dos "modestos", o elenco italiano duplique, o que ainda seria muito pouco. O curioso é que a *Civiltà Cattolica* fale de "retirar alguns da própria modéstia" e se refira ao "orientalista professor P. S. Rivetta", o qual, se é modesto como "orientalista" e como "professor P. S. Rivetta", não é certamente modesto como "Toddi", piadista do *Travaso delle Idee* e redator do periódico *Via Vittorio Veneto*, cujo público são as *garçonnes*, os frequentadores dos cafés de luxo e todos os esnobes.

§ 66. *Os filhotes de padre Bresciani. Ugo Ojetti e os jesuítas.* A "Lettera al reverendo padre Enrico Rosa", de U. Ojetti, foi publicada no *Pègaso* de março de 1929 e republicada na *Civiltà Cattolica* de 6 de abril do mesmo ano, com um longo comentário do próprio padre Rosa [25]. A carta de Ojetti é refinadamente jesuítica. Começa assim: "Reverendo padre: é tão grande, depois de 11 de fevereiro, o tropel dos convertidos a um catolicismo de conveniência e de moda que Vossa Reverendíssima permitirá a um romano, de família (como outrora se dizia) papista, batizado em S. Maria in Via e educado para a religião precisamente no Santo Inácio de Roma e por seus jesuítas, entreter-se por meia hora com Vossa Reverendíssima, ou seja, descansar da grande festança, dialogando com um homem como o senhor, íntegro e judicioso, que era ontem o que é hoje e o que será amanhã." Mais adiante, recordando seus primeiros professores jesuítas: "E eram tempos difíceis, nos quais dizer 'jesuíta' era como dizer poder fraudulento ou obscura perversidade, enquanto lá dentro, no último andar do Colégio Romano, sob o teto (sob o qual ficava a escola de religião, jesuíta, na qual Ojetti foi educado), tudo era ordem, confiança, jovial benevolência e, mesmo em política, tolerância; e jamais uma palava contra a Itália, jamais, como infelizmente ocorria nas escolas públicas, a baixa subserviência à supremacia real ou imaginária dessa ou daquela cultura estrangeira sobre nossa cultura." E mais: recorda ter sido "um antigo assinante da *Civiltà Cattolica*" e "um fiel leitor dos artigos lá publicados por Vossa Reverendíssima"; e, por isso, "eu, escritor, dirijo--me ao senhor, escritor, e declaro-lhe meu caso de consciência". Há de tudo: a família papista, o batismo na igreja jesuíta, a educação jesuíta, tais escolas vistas de modo culturalmente idílico, os jesuítas como os únicos (ou quase) representantes da cultura nacional, a leitura da *Civiltà Cattolica*, o padre Rosa como antigo guia espiritual de Ojetti, o apelo de Ojetti hoje a seu guia para um caso de consciência. Ojetti, portanto, não é um católico de hoje, um católico do 11 de fevereiro, por conveniência ou por moda; ele é um jesuíta tradicional, sua vida é um exemplo a ser apresentado nas pregações, etc. Ojetti jamais foi *made in Paris*, jamais foi um diletante do ceticismo e do agnosticismo, jamais foi voltairiano, jamais considerou o catolicismo, no máximo, como um puro conteúdo sentimental das artes figurativas. Por isso, o 11 de fevereiro o encontrou preparado para acolher a Conciliação com "jovial benevolência"; ele nem sequer pensa (Deus o livre!) que se possa tratar de um *instrumentum regni*, já que ele mesmo sentiu "a força que tem na alma dos adolescentes o fervor religioso, e como, uma vez desperto, ele transmita seu calor a todos os outros sentimentos, desde o amor pela pátria e pela família até a dedicação aos chefes, dando à formação moral do caráter um prêmio e uma sanção divinos imediatos". Não é esta, em resumo, a biografia, ou melhor, a autobiografia de Ojetti? Mas, atenção: "E a poesia? E a arte? E o juízo crítico? E o juízo moral? Todos vocês voltarão a obedecer aos jesuítas?", pergunta um diabinho como Ojetti, na pessoa de "um poeta francês, que é realmente um poeta". Não foi por acaso que Ojetti frequentou a escola dos jesuítas; ele encontrou para tais perguntas uma resposta refinadamente jesuítica, salvo num aspecto: o de tê-la divulgado e tornado pública. Ojetti deveria ainda melhorar sua "formação moral do caráter", com sanção e prêmio divinos: estas são coisas que se fazem e não se dizem. Com efeito, eis a solução de Ojetti: "[...] a Igreja, mantendo seus dogmas, sabe ter indulgênia com o momento histórico e demonstrou isso muito bem no Renascimento (mas, depois do Renascimento, houve a Contrarreforma, cujos campeões e representantes são precisamente os jesuítas); e Pio XI, humanista, sabe de quanto ar precisa a poesia para respirar. E já há muito tempo, sem esperar a Conciliação, também na Itália a cultura laica e a religiosa colaboram cordialmente na ciência e na história. [...] Conciliação não é confusão. O papado condenará, como é seu direito; o governo da Itália permitirá, como é seu dever. E Vossa Reverendíssima, se achar que é oportuno, explicará na *Civiltà Cattolica* os motivos da condenação e defenderá as razões da fé; e nós do lado de cá, sem ira, defenderemos as razões da arte, se delas realmente estivermos convencidos, porque pode ocorrer, como frequentemente ocorreu de Dante a Manzoni, de Rafael a Canova, que também a nós fé e beleza pareçam duas faces do mesmo rosto, dois raios da mesma luz. E, em alguns casos, teremos o prazer de discutir educadamente. Baudelaire, por exemplo, é ou não um poeta católico? [...] O fato é que o conflito prático e histórico está hoje resolvido. Mas o outro conflito — entre absoluto e relativo, entre espírito e corpo, eterno contraste que está na consciência de cada um de nós (diz Ojetti), razão pela qual B. Croce e G. Gentile, não católicos, foram contra o Modernismo (?), satisfeitos (?) de vê-lo derrotado porque [?] teria sido a má (?) Conciliação, o perverso equívoco transformado em doutrina sagrada —, que é íntimo e eterno (e, se é eterno, como pode ser conciliado?), não está resolvido, não pode sê-lo; e a ajuda que cada um pode dar, e cotidianamente o faz, para resolvê-lo já nos era antes dada a nós, católicos, pela religião (mas como se pode ser católico com o 'eterno contraste'? Quando muito, pode-se ser jesuíta!). Pequenez nossa, se ainda não fomos capazes, com tal ajuda, de resolvê-lo de uma vez por todas (!?); mas Vossa Reverendíssima sabe que é precisamente a partir do contínuo ressurgimento, renovação e reativação deste eterno conflito que surgem e resplandescem poesia e arte [26]."

Certamente, um espantoso documento de jesuitismo e de baixeza moral. Ojetti pode criar uma nova seita superjesuíta: um modernismo estetizante jesuítico!

A resposta do padre Rosa é menos interessante porque jesuiticamente mais anódina: Rosa evita cuidadosamente examinar de modo mais sutil o catolicismo de Ojetti e o dos neoconvertidos. E o faz com demasiada rapidez: é bom que Ojetti & Cia. se digam católicos e adulem os jesuítas; aliás, talvez não se venha a exigir mais nada deles. Rosa diz muito bem: "Mas, conveniência ou moda — vamos dizê-lo cá entre nós, confidencialmente e de passagem —, talvez sejam um mal menor e, portanto, um certo bem em relação àquela conveniência ou moda anteriores, ou seja, a de futil anticlericalismo e de vulgar materialismo, que fazia com que muitos [...] se mantivessem distantes da profissão da fé que, não obstante, conservavam ainda no fundo da alma 'naturalmente cristã'."

§ 84. *Literatura popular.* Wells. Cf. o artigo de Laura Torretta, "L'ultima fase di Wells", na *Nuova Antologia* de 16 de julho de 1929. Interessante e cheio de indicações úteis para esta rubrica. Wells deverá ser considerado como escritor que inventou um novo tipo de romance de aventuras, diverso do de Verne. Em Verne, encontramo-nos geralmente no âmbito do verossímil, com uma antecipação no tempo. Em Wells, o ponto de partida geral é inverossímil, enquanto os detalhes são cientificamente exatos ou, pelo menos, verossímeis; Wells é mais imaginoso e engenhoso, Verne é mais popular. Mas Wells é também escritor popular em todo o restante de sua produção: é escritor "moralista", e não apenas no sentido normal, mas também no pejorativo. Mas não pode ser popular na Itália e, em geral, nos países latinos e na Alemanha: é muito ligado à mentalidade anglo-saxônica.

§ 94. *Caráter negativo popular-nacional da literatura italiana.* Ao tratar desta questão, mas sobretudo ao fazer a história da atitude de toda uma série de literatos e de críticos, que sentiam a falsidade da tradição e a sonoridade falsa de sua íntima retórica, de sua não aderência à realidade histórica, não se deve esquecer Enrico Thovez e seu livro *Il pastore, il gregge, la zampogna.* A reação de Thovez não foi justa, mas o que importa neste caso é que tenha reagido, isto é, que tenha pelo menos sentido que algo não ia bem [27].

Sua distinção entre poesia de forma e poesia de conteúdo era teoricamente falsa: a chamada poesia de forma é caracterizada pela indiferença do conteúdo, isto é, pela indiferença moral, mas isto é também um "conteúdo", o "vazio histórico e moral do escritor". Thovez ligava-se em grande medida a De Sanctis por seu aspecto de "inovador da cultura" italiana; e deve ser considerado, com a *Voce*, uma das forças que trabalharam, ainda que decerto caoticamente, por uma reforma intelectual e moral no período anterior à guerra.

Sobre Thovez, é preciso ver também as polêmicas que provocou com sua atitude. No artigo "Enrico Thovez e il problema della formazione artistica", de Alfonso Ricolfi, na *Nuova Antologia* de 16 de agosto de 1929, há algumas indicações úteis, mas muito poucas. Seria necessário encontrar o artigo de Prezzolini, "Thovez il precursore".

§ 96. *Caráter negativo nacional-popular da literatura italiana.* Em 1892, o editor Hoepli promoveu uma enquete sobre a literatura italiana que foi recolhida em volume, *I migliori libri italiani consigliati da cento illustri contemporanei*, que deve ser interessante consultar para esta rubrica, a fim de estabelecer quais foram as obras mais bem avaliadas, por quem e por quais razões.

§ 101. *Os filhotes de padre Bresciani. Filippo Crispolti.* Um dos documentos mais brescianos de Crispolti é o artigo "La madre di Leopardi", na *Nuova Antologia* de 16 de setembro de 1929. Não surpreende que eruditos puros, como Ferretti, apaixonados até mesmo pelas minúcias biográficas dos grandes homens, tenham tentado "reabilitar" a mãe de Leopardi: mas a baba jesuítica que Crispolti derrama sobre o escrito de Ferretti causa nojo [28]. Todo o tom é repugnante, sob o aspecto intelectual e moral. Sob o aspecto intelectual, porque Crispolti interpreta a psicologia de Leopardi através de suas próprias "grandes dores" juvenis (é certamente dele mesmo, Crispolti, o manuscrito inédito de memórias ao qual se refere duas vezes) por ter sido pobre, mau dançarino e conversador aborrecido: uma comparação repugnante. Sob o aspecto moral, porque a tentativa de justificar a mãe de Leopardi é mesquinha, capciosa, jesuítica no sentido técnico da palavra [29]. É verdade que todas as mães aristocráticas do início do século XIX eram como Adelaide Antici? Uma profusa quantidade de documentos em contrário poderia ser apresentada. E também o exemplo de D'Azeglio não serve, já que a dureza na educação física para produzir soldados é algo muito diverso da secura moral e sentimental: quando o menino D'Azeglio quebra o braço e o pai o induz a ocultar o problema durante toda uma noite para não alarmar a mãe, quem deixa de ver o afetuoso substrato familiar contido no episódio, que deve ter estimulado a criança, vinculando-a ainda mais intimamente aos pais? (Este episódio de D'Azeglio é citado em outro artigo do mesmo número da *Nuova Antologia*, "Pellegrinaggio a Recanati", de Alessandro Varaldo.) A defesa da mãe de Leopardi não é um simples fato de curiosidade erudita, mas um elemento ideológico, ao lado da reabilitação dos Bourbons, etc.

§ 102. *Literatura italiana. Contribuição dos burocratas.* Já escrevi uma nota sobre este assunto, observando como escrevem pouco, sobre os temas de sua especialidade e de sua particular atividade, os funcionários italianos de todas as categorias (se escrevem, fazem-no somente para os superiores, não para o povo-nação) [30]. Na *Nuova Antologia* de 16 de setembro de 1929, na p. 267, afirma-se que o livro *Nazioni e minoranze etniche* (Zanichelli, 2 vols.) foi escrito "por um jovem cavalheiro romano que, não querendo ver confundidos seus estudos jurídicos e históricos com suas funções diplomáticas, adotou o nome um pouco arcaico de Luca dei Sabelli".

§ 103. *Literatura popular. Teatro.* "O drama lacrimoso e a comédia sentimental haviam povoado o palco de loucos e de delinquentes de todo tipo; e a Revolução Francesa, com exceção de poucos trabalhos de ocasião, nada havia inspirado aos autores dramáticos que representasse uma nova orientação artística e que afastasse o público dos misteriosos subterrâneos, das perigosas florestas, dos manicômios..." (Alberto Manzi, "Il Conte Giraud, il governo italico e la censura", na *Nuova Antologia* de 1º de outubro de 1929.)

Manzi cita um trecho de um opúsculo do advogado Maria Giacomo Boïeldieu, de 1804: "Em nossos dias, o palco se transformou: e não é raro ver os assassinos em suas tocas e os loucos no manicômio. Não será o caso de deixar aos tribunais a tarefa de punir aqueles monstros que desonram o nome de homem? E aos médicos a de tentar curar os infelizes cujos delitos chocam penosamente a humanidade, ainda que sejam apenas simulados? Que poderosa atração e que solução pode o espectador encontrar no quadro de males que, na ordem moral e física, deixam desolada a espécie humana, males dos quais, de um momento para outro e pelo mais leve abalo de nossos nervos esgotados, podemos nós mesmos nos tornar vítimas merecedoras de compaixão? Que necessidade temos de ir ao teatro para assistir a *Bandidos* (peça típica: *Robert chef des brigands*, de Lamartelière, que terminou como funcionário público, e cujo enorme sucesso, em 1791, foi determinado pela frase 'guerra nos castelos, paz nas choupanas', peça inspirada nos *Bandoleiros* de Schiller), *Loucas* e *Doentes de amor* (peças típicas: *Nina la pazza per amore*, *Il cavaliere de la Barre*, *Il delirio*, etc.)", etc., etc. [31]. Boïeldieu critica "o gênero, que, na realidade, parece-me perigoso e deplorável".

O artigo de Manzi contém algumas indicações sobre a atitude da censura napoleônica contra este tipo de teatro, sobretudo quando os casos anormais representados atingiam o princípio monárquico.

§ 104. *O século XVI.* O modo de julgar a literatura do século XVI segundo certos padrões estereotipados deu lugar, na Itália, a curiosos juízos e a limitações de atividade crítica que são significativos para julgar o caráter abstrato da realidade nacional-popular de nossos intelectuais. Atualmente, algo está lentamente se modificando, mas o velho reage. Em 1928, Emilio Lovarini publicou uma comédia em cinco atos, *La venexiana, commedia di ignoto cinquecentesco* (Zanichelli, 1928, nº 1 da "Nova seleção de curiosidades literárias inéditas ou raras"), que foi reconhecida como uma belíssima obra de arte (cf. Benedetto Croce, na *Critica* de 1930). Irineo Sanesi (autor do volume *La Commedia* na coleção dos "Gêneros literários" da Editora Vallardi), num artigo intitulado "La Venexiana", na *Nuova Antologia* de 1º de outubro de 1929, assim formula o que para ele é o problema crítico posto pela comédia: o desconhecido autor da *Venexiana* é um retardatário, um retrógrado, um conservador, já que representa a comédia nascida da novelística medieval, a comédia realista, vivaz (mesmo se escrita em latim), que toma seus temas da realidade da comum vida burguesa ou citadina, cujos personagens são reproduzidos a partir desta mesma realidade, cujas ações são simples, claras, lineares, e cujo maior interesse reside precisamente em sua sobriedade e lucidez. Ao contrário, segundo Sanesi, são revolucionários os escritores do teatro erudito e classicizante, que traziam de novo para o palco os antiquíssimos tipos e motivos caros a Plauto e Terêncio. Para Sanesi, os escritores da nova classe histórica são reacionários, enquanto revolucionários são os escritores cortesãos: é espantoso [32].

É interessante o que ocorreu com a *Venexiana*, a pouca distância do que ocorrera com as comédias de Ruzzante, traduzidas do dialeto paduano do século XVI para o francês arcaizante por Alfred Mortier. Ruzzante fora revelado por Maurice Sand (filho de George Sand), que o proclamou maior não só do que Ariosto (na comédia) e do que Bibbiena, mas do que o próprio Maquiavel, assim como precursor de Molière e do naturalismo francês moderno. Também sobre a *Venexiana*, Adolfo Orvieto (*Marzocco*, 30 de setembro de 1928) escreveu que ela parecia "o produto de uma fantasia dramática de nossos tempos" e mencionou Becque [33].

É interessante observar este duplo filão no século XVI: um verdadeiramente nacional-popular (nos dialetos, mas também em latim), ligado à novelística anterior, expressão da burguesia; e um outro, áulico, cortesão, anacional, mas que é posto nas nuvens pelos retóricos.

§ 113. *Sobre Henrik Ibsen.* Cf. Guido Manacorda, "Il pensiero religioso di Enrico Ibsen", *Nuova Antologia* de 1º de novembro de 1929. Este artigo de Manacorda, que pertence ao grupo dos "católicos integristas" e polemistas em favor da Igreja de Roma, é interessante para compreender Ibsen indiretamente, para entender plenamente o valor de seus pontos de vista ideológicos, etc.

§ 122. *Nacional-popular.* Escrevi algumas notas para observar como as expressões "nação" e "nacional" têm em italiano um significado muito mais limitado do que, em outras línguas, têm as palavras correspondentes registradas nos dicionários. A observação mais interessante pode ser feita em relação ao chinês, embora também na China os intelectuais estejam separados do povo: para traduzir a expressão chinesa *Sen Min-tchiu-i*, que indica os três princípios da política nacional-popular de Sun Yat-Sen, os jesuítas inventaram a fórmula "tríplice demismo" (inventada pelo jesuíta italiano D'Elia na tradução francesa do livro de Sun Yat-Sen, *Le triple demisme de Sun Wen*); cf. *Civiltà Cattolica* de 4 e 18 de maio de 1929, na qual a fórmula chinesa *Sen Min-tchiu-i* é analisada em sua composição gramatical chinesa e comparada com várias traduções possíveis [34].

§ 151. *Linguística.* Importância do escrito de Enrico Sicardi, *La lingua italiana in Dante*, editado em Roma pela Editora "Optima", com prefácio de Francesco Orestano. Li sobre ele a resenha escrita por G. S. Gargàno ("La lingua nei tempi di Dante e l'interpretazione della poesia"), no *Marzocco* de 14 de abril de 1929. Sicardi insiste na necessidade de estudar as "línguas" dos vários escritores quando se quer interpretar exatamente seu mundo poético. Não sei se tudo o que Sicardi escreve é exato e, em particular, se é possível estudar "historicamente" as línguas "particulares" de cada escritor, já que não dispomos de um documento essencial: um amplo testemunho da língua falada na época de cada escritor. Mas a exigência metodológica de Sicardi é justa e necessária (recordar no livro de Vossler, *Idealismo e positivismo no estudo da língua*, a análise estética da fábula de La Fontaine sobre o corvo e a raposa e a errônea interpretação de *son bec*, devida à ignorância do valor histórico de *son*) [35].

§ 153. *Literatura popular.* Romances e poesias populares de Ferdinando Russo (em dialeto napolitano) [36].

§ 154. *Os filhotes de padre Bresciani. Cardarelli e a* Ronda. Nota de Luigi Russo sobre Cardarelli na *Nuova Italia* de outubro de 1930.

Russo encontra precisamente em Cardarelli o tipo (moderno-fóssil) representado, em Nápoles, pelo abade Vito Fornari, em comparação com De Sanctis. Dicionário da Crusca. Contrarreforma, Academia, reação, etc.

Sobre a *Ronda* e sobre as referências à vida prática em 1919-1921, cf. Lorenzo Montano, *Il Perdigiorno*, Edizione dell'Italiano, Bolonha, 1928 (são recolhidas no volume as notas de atualidade de Montano publicadas na *Ronda*) [37].

§ 155. *Os filhotes de padre Bresciani.* A *Fiera Letteraria*, no número de 9 de setembro de 1928, publicou um manifesto, "Para uma união literária europeia", assinado por quatro semanários literários: *Les Nouvelles Littéraires*, de Paris; *La Fiera Letteraria*, de Milão; *Die Literarische Welt*, de Berlim; e *La Gaceta Literaria*, de Madri. Neste manifesto, era anunciada uma certa colaboração europeia entre os literatos que participam destes quatro semanários e os de outros países europeus, através de simpósios anuais, etc. Depois, não se falou mais no assunto.

§ 156. *Folclore.* Uma divisão e distinção dos cantos populares formulada por Ermolao Rubieri: 1º) cantos compostos pelo povo e para o povo; 2º) cantos compostos para o povo, mas não pelo povo; 3º) cantos não escritos nem pelo povo nem para o povo, mas por este adotados já que adequados à sua maneira de sentir e de pensar [38].

Parece-me que todos os cantos populares podem e devem ser reduzidos a esta terceira categoria, pois o que distingue o canto popular, no quadro de uma nação e de sua cultura, não é o fato artístico nem a origem histórica, mas seu modo de conceber o mundo e a vida, em contraste com a sociedade oficial: nisso e só nisso deve ser buscada a "coletividade" do canto popular e do próprio povo. Disto decorrem outros critérios de investigação do folclore: que o próprio povo não é uma coletividade homogênea de cultura, mas apresenta numerosas estratificações culturais, combinadas de modo variado, as quais, em sua pureza, nem sempre podem ser identificadas em determinadas coletividades populares históricas; é certo, porém, que o grau maior ou menor de "isolamento" histórico de tais coletividades fornece a possibilidade de uma certa identificação.

CADERNO 6 (1930-1932)

§ 20. *Questões de linguística. Giulio Bertoni.* É surpreendente a resenha benévola que Natalino Sapegno publicou, no *Pègaso* de setembro de 1930, sobre *Linguaggio e poesia* (Ed. Bibliotheca, Rieti, 1930, 5 liras) [39]. Sapegno não percebe que a teoria de Bertoni — de que "a nova linguística é uma sutil análise que diferencia as vozes poéticas daquelas instrumentais" — não é de modo algum uma novidade, já que se trata do retorno a uma velhíssima concepção retórica e pedante, segundo a qual as palavras se dividem em "feias" e "belas", em poéticas e não poéticas ou antipoéticas, etc., do mesmo modo como as línguas haviam sido divididas em belas e feias, civilizadas ou bárbaras, poéticas e prosaicas, etc. Bertoni nada acrescenta à linguística, a não ser velhos preconceitos; e é espantoso que estas tolices tenham sido aceitas de bom grado por Croce e pelos alunos de Croce. O que são as palavras separadas e abstraídas da obra literária? Não mais elemento estético, mas elemento de história da cultura; e é como tal que o linguista as estuda. E que significa a justificação feita por Bertoni do "exame naturalista das línguas, como fato físico e como fato social"? Como fato físico? Que significa isto? Que também o homem, além de elemento da história política, deve ser estudado como fato biológico? Que também deve ser feita a análise química de uma pintura, etc.? Que seria útil examinar o esforço mecânico que custou a Michelangelo esculpir o Moisés?

É espantoso que os crocianos não tenham percebido tudo isso, o que serve para indicar quantas confusões Bertoni contribuiu para difundir neste campo. Sapegno chega mesmo a escrever que esta pesquisa de Bertoni (sobre a beleza das palavras abstratas individuais: como se o vocábulo mais "desgastado e mecanizado" não readquirisse, na obra de arte concreta, todo o seu viço e sua ingenuidade primitiva) "é difícil e delicada, mas nem por isso menos necessária: através dela, a glotologia, melhor do que ciência da linguagem, voltada para a descoberta de leis mais ou menos estáveis e seguras, irá se encaminhar no sentido de se tornar história da língua, atenta aos fatos particulares e a seu significado espiritual". E mais: "O núcleo deste raciocínio (de Bertoni) é, como todos podem ver, um conceito sempre vivo e fecundo da estética crociana. Mas a originalidade de Bertoni consiste em tê-lo desenvolvido e enriquecido através de um caminho concreto, apenas indicado por Croce, ou talvez iniciado, mas jamais trilhado até o fim e de modo deliberado", etc. Se Bertoni "revive o pensamento crociano", até mesmo enriquecendo-o, e se Croce se reconhece em Bertoni, então é preciso dizer que o próprio Croce deve ser revisto e corrigido; mas me parece que Croce foi apenas muito indulgente com Bertoni, por não ter aprofundado a questão e por motivos "didáticos".

As pesquisas de Bertoni são em parte, e sob um certo aspecto, um retorno a velhos sistemas etimológicos: *sol quia solus est*, como é belo que o "sol" contenha implícita em si a imagem da "solidão" no imenso céu e assim por diante; "como é belo que na Puglia a libélula, com suas asas em forma de cruz, seja chamada de *a morte*", etc., etc. Recordar, num escrito de Carlo Dossi, a historinha do professor que explica a formação das palavras: "No início, cai um fruto fazendo *pum*! E eis o 'pomo'", etc. "E se tivesse caído uma pera?", pergunta o jovem Dossi [40].

§ 26. *Os filhotes de padre Bresciani. Pirandello.* Pirandello não pertence de modo algum a essa categoria de escritores. Comento-o aqui somente para agrupar as notas de cultura literária. Será preciso escrever sobre Pirandello um ensaio específico, utilizando todas as notas que escrevi durante a guerra, quando Pirandello era combatido pela crítica, que era incapaz até mesmo de resumir seus dramas (recordar as resenhas sobre *Innesto* nos jornais turinenses após a primeira representação e as ofertas de aliança que me foram feitas por Nino Berrini) e provocava o furor de uma parte do público. Recordar que

Liolà foi retirada de cartaz por Pirandello, já na segunda apresentação, por causa das demonstrações hostis dos jovens católicos turinenses. Cf. o artigo da *Civiltà Cattolica* de 5 de abril de 1930, "Lazzaro ossia un mito di Luigi Pirandello" [41].

A importância de Pirandello me parece ser de caráter intelectual e moral, ou seja, mais cultural do que artística: ele tentou introduzir na cultura popular a "dialética" da filosofia moderna, em oposição ao modo aristotélico-católico de conceber a "objetividade do real". Fez isso como é possível fazê-lo no teatro e como o próprio Pirandello pode fazê-lo: esta concepção dialética da objetividade apresenta-se ao público como aceitável na medida em que se expressa através de personagens excepcionais e, portanto, sob vestes românticas, de luta paradoxal contra o senso comum e o bom senso. Mas poderia ser de outro modo? Somente assim é que os dramas de Pirandello podem deixar menos evidente seu caráter de "diálogos filosóficos" (embora este os marque fortemente), já que os protagonistas devem com muita frequência "explicar e justificar" o novo modo de conceber o real; de resto, o próprio Pirandello nem sempre escapa do solipsismo puro e simples, já que nele a "dialética" é mais sofística do que dialética.

§ 27. *Os filhotes de padre Bresciani. Supercosmopolitismo e super-regionalismo.* Cf., na *Italia Letteraria* de 16 de novembro de 1930, a carta aberta de Massimo Bontempelli a G. B. Angioletti, com um comentário deste último ("Il Novecentismo è vivo o è morto?"). A carta foi escrita por Bontempelli logo depois de sua nomeação para a Academia e salta de cada palavra a satisfação do autor em poder dizer que aniquilou seus inimigos, Malaparte e o bando da revista *L'Italiano*. Essa polêmica do super-regionalismo contra o supercosmopolitismo, segundo Bontempelli, era movida por sentimentos obscuros e ignóbeis, o que se pode aceitar, se se leva em conta o arrivismo demonstrado por Malaparte em todo o período do pós-guerra: era a luta de um grupelho de literatos "ortodoxos" que se sentiam atingidos pela "concorrência desleal" dos literatos já escritores do *Mondo*, como Bontempelli, Alvaro, etc., e pretendiam dar um conteúdo de tendência ideológico-

-artístico-cultural à sua resistência, etc. Mesquinhez de uma parte e de outra. O comentário de Angioletti é ainda mais mesquinho do que a carta de Bontempelli.

§ 29. *Os filhotes de padre Bresciani.* Deve-se notar como, na Itália, o conceito de cultura é estreitamente livresco: os jornais literários se ocupam de livros e de quem escreve livros. Eles jamais publicam artigos de impressões sobre a vida coletiva, sobre os modos de pensar, sobre os "sinais dos tempos", sobre as modificações que ocorrem nos costumes, etc. Diferença entre a literatura italiana e as demais literaturas. Na Itália, inexistem os memorialistas e são raros os biógrafos e os autobiógrafos. Inexiste o interesse pelo homem vivo, pela vida vivida. (Será que as *Cose viste* de Ugo Ojetti são mesmo a grande obra-prima da qual se começou a falar a partir do momento em que Ojetti tornou-se diretor do *Corriere della Sera*, ou seja, do órgão literário que melhor paga aos escritores e lhes dá maior fama? Também nas *Cose viste* fala-se sobretudo de escritores, pelo menos nas colunas que li há alguns anos. Caberia rever [42].) É este um outro sintoma da separação entre os intelectuais italianos e a realidade popular-nacional.

Sobre os intelectuais, cf. esta observação de Prezzolini (*Mi pare...*, p. 16), escrita em 1920: "Entre nós, o intelectual tem a pretensão de ser um parasita. Considera-se o passarinho feito para a gaiola de ouro, que deve ser mantido com ração especial e grãos de milho. O desdém que ainda existe por tudo o que se assemelha ao trabalho, as homenagens que continuam a ser prestadas à concepção romântica de uma inspiração que se espera provir do céu, tal como a pitonisa esperava seus transes, são na verdade fétidos sintomas de putrefação interior. É preciso que os intelectuais compreendam que já passou a época destas interessantes mascaradas. Daqui a alguns anos, não será permitido adoecer de literatura ou permanecer inútil." Os intelectuais concebem a literatura uma específica "profissão", que deveria "render" mesmo quando não se produz imediatamente nada e que deveria dar direito a uma aposentadoria. Mas quem estabelece que Fulano é verdadeiramente um "literato" e que a sociedade pode mantê-lo enquanto espera sua "obra-prima"? O literato reivindica o direito de estar em "ócio" (*otium et non negotium*), de viajar, de fantasiar, sem preocupações de caráter econômico. Este modo de pensar liga-se ao mecenato das cortes, de resto mal interpretado, já que os grandes literatos do Renascimento, além de escrever, trabalhavam de algum modo (mesmo Ariosto, literato por excelência, tinha incumbências administrativas e políticas): uma falsa e equivocada imagem do literato do Renascimento. Hoje, o literato é professor e jornalista ou simples literato (no sentido de que tende a tornar-se tal, se é funcionário, etc.).

Pode-se dizer que a "literatura" é uma função social, mas que os literatos, tomados individualmente, não são necessários à função, embora isso pareça paradoxal. Mas é verdade no sentido de que, enquanto as demais profissões são coletivas e a função social se decompõe nos indivíduos, isto não ocorre na literatura. A questão é de "aprendizagem": mas pode-se falar de "aprendizagem" artístico-literária? A função intelectual não pode ser separada do trabalho produtivo geral nem mesmo para os artistas, a não ser quando eles demonstram que são de fato produtivos "artisticamente". Nem isto prejudicará a "arte", mas, ao contrário, só lhe trará benefícios: prejudicará somente a *bohème* artística, o que está muito longe de ser um mal.

§ 42. *Tendências da cultura italiana. Giovanni Cena.* Sobre Cena, é muito interessante o artigo de Arrigo Cajumi, "Lo strano caso di Giovanni Cena" (*Italia Letteraria*, 24 de novembro de 1929).

De Cajumi, será útil pesquisar as coletâneas de artigos; Cajumi é muito capaz na tarefa de encontrar certas conexões no mundo da cultura italiana. Sobre Cajumi, cabe lembrar a questão de Arrigo e Enrico: Enrico, secretário de redação da *Italia Nostra*, o semanário dos intelectuais neutralistas de 1914-1915, e diretor do *Ambrosiano* no período em que o *Ambrosiano* era controlado por Gualino; parece-me que, no jornal, como diretor-responsável, ele se assinava "Cavaleiro ou Comendador Enrico Cajumi"; Arrigo, escritor de artigos literários e culturais na *Stampa*, correspondente da *Stampa* em Genebra durante as sessões da Sociedade das Nações, apologista da política e da oratória de Briand. Por que esta mudança de Arrigo em Enrico e de Enrico em Arrigo? Cajumi estava no terceiro ano da Universidade de Turim quando eu estava no primeiro: era um jovem brilhante como estudante e como conversador. Lembrar o episódio de Berra, ocorrido em 1918 ou 1919, ou seja, tão logo começou a aparecer na *Stampa* a assinatura de Arrigo Cajumi. Berra me contou que encontrou Enrico Cajumi e falou com ele sobre estes artigos: Cajumi mostrou-se ofendido por alguém poder acreditar que ele fosse o autor dos artigos de Enrico-Arrigo. Cajumi, em 1912-1913, transferiu-se da Universidade de Turim para a de Roma e tornou-se amigo, além de aluno, de Cesare De Lollis, especializando-se em literatura francesa. Que se trate da mesma pessoa é algo demonstrado pelo atual culto de Arrigo por parte de De Lollis e pelo fato de que ele é do grupo que continuou *La Cultura*. E mais: Cajumi, com o nome de Enrico, continuou a assinar artigos no *Ambrosiano*, mesmo quando já se afastara da publicação, creio que por causa de uma rebelião na redação. Num artigo publicado na *Stampa* sobre Marco Ramperti, recordava nesta época ter conhecido pessoalmente Ramperti durante uma sua aventura jornalística e de tê-lo visto trabalhar de perto: ora, Ramperti era justamente o crítico teatral do *Ambrosiano*. Cajumi é agora funcionário da Editora Bemporad de Florença e escreve apenas resenhas e artigos de literatura na *Stampa* (creio) e na *Italia Letteraria* [43].

Do artigo sobre Cena, extraio alguns trechos: "Nascido em 1870, morto em 1917, Giovanni Cena nos aparece uma figura representativa do movimento intelectual que a melhor parte de nossa burguesia realizou a reboque das novas ideias que vinham da França e da Rússia, com uma contribuição pessoalmente mais amarga e enérgica, causada pelas origens proletárias (ou camponesas?) e pelos anos de miséria. Autodidata que se libertou por milagre do embrutecimento do trabalho paterno e da pequena aldeia nativa, Cena inseriu-se inconscientemente na corrente que na França — prosseguindo uma tradição (!) derivada (!) de Proudhon e que, paulatinamente (!), através de Vallès e dos participantes da Comuna, chegou aos *Quatre Évangiles* de Zola, à questão

Dreyfus, às Universidades Populares de Daniel Halévy, e que continua hoje em Guéhenno (!) (bem mais, ao contrário, em Pierre Dominique e em outros) — foi definida como 'ida ao povo' (Cajumi transporta para o passado uma palavra de ordem moderna, dos populistas; no passado, depois da Revolução Francesa e até Zola, jamais houve cisão entre povo e escritores na França: a reação simbolista cavou um fosso entre povo e escritores, entre escritores e vida, e Anatole France é o tipo mais completo de escritor livresco e de casta) [44]. Cena vinha do povo, do que deriva a originalidade (!) de sua posição; mas o ambiente da luta era sempre o mesmo, aquele onde se afirmou o socialismo de um Prampolini. Era a segunda geração pequeno-burguesa depois da unidade italiana (a crônica histórica da primeira foi magistralmente escrita por Augusto Monti, em *Sansoussî*), estranha à política das classes conservadoras dominantes, mais ligada em literatura a De Amicis ou a Stecchetti do que a Carducci, distante de D'Anunzio [45]. Essa segunda geração preferirá formar-se com base em Tolstoi, considerado mais como pensador do que como artista; descobrirá Wagner; acreditará vagamente nos simbolistas, na poesia social (simbolistas e poesia social?), na paz perpétua; insultará os governantes porque pouco idealistas; e não despertará de seus sonhos nem mesmo sob os tiros de canhão de 1914" (muito maneirista e rebuscado tudo isto!). "Crescido em meio a enormes dificuldades, sabia ser anfíbio, nem burguês nem popular: 'Como consegui ter uma instrução acadêmica e obter diplomas é algo que frequentemente, quando reflito sobre isso, me faz perder a calma. E quando, ao refletir, sinto que posso *me perdoar*, então tenho verdadeiramente o sentimento de ser um vitorioso. Tenho o sentimento profundo de que só o desafogo da literatura e a fé em seu poder de liberação e de elevação me salvaram de tornar-me um Ravachol.'"

No primeiro esboço dos *Ammonitori*, Cena imaginou que o suicida se jogasse sob um automóvel real, mas, na edição definitiva, não conservou o episódio: "[...] Estudioso de questões sociais, estranho a Croce, Missiroli, Jaurès, Oriani, às verdadeiras exigências do proletariado nortista, que ele, como camponês, não podia sentir. Turinense, era hostil ao jornal que representava a burguesia liberal, ou melhor, social-democrata. Não existe nele traço de sindicalismo; de Sorel, nem menciona o nome. O modernismo não o preocupava." Esse trecho mostra quanto é superficial a cultura política de Cajumi. Cena aparece ora como popular, ora proletário, ora camponês. A *Stampa* é social-democrata, ou melhor, existe uma burguesia social-democrata em Turim. Nisto, Cajumi imita certos políticos sicilianos que fundavam partidos democráticos sociais ou até mesmo trabalhistas; e cai assim na armadilha criada por certos jornalistas ridículos, que cozinharam a palavra social-democracia em todos os molhos. Cajumi esquece que em Turim, antes da guerra, a *Stampa* estava à direita da *Gazzetta del Popolo*, jornal democrático moderado. De resto, é muito engraçada a mistura Croce-Missiroli-Jaurès-Oriani para os estudos sociais.

No escrito *Che fare?*, Cena queria fundir os nacionalistas com os filossocialistas como ele. Mas será que, no fundo, todo este socialismo pequeno-burguês à De Amicis não era um embrião de socialismo nacional, ou nacional-socialismo, que buscou abrir caminho de tantos modos na Itália e que encontrou no pós-guerra um terreno propício?

§ 44. *Sobre a literatura italiana*. Cf. o ensaio de G. A. Borgese "Il senso della leteratura italiana", na *Nuova Antologia* de 1º de janeiro de 1930 [46]. "Um epíteto, um mote não pode resumir o espírito de uma época ou de um povo, mas serve algumas vezes como referência ou apoio mnemônico. Para a literatura francesa, costuma-se dizer: graça; ou: clareza, lógica. Poder-se-ia dizer: cavalheiresca lealdade da análise. Diríamos, para a literatura inglesa: lirismo da intimidade; para a alemã: audácia da liberdade; para a russa: coragem da verdade. As palavras de que podemos nos servir para a literatura italiana são precisamente aquelas de que nos servimos para essas recordações visuais: majestade, magnificência, grandeza." Em suma, Borgese considera que o caráter da literatura italiana é "teológico-absoluto-metafísico-antirromântico", etc.; e, talvez, sua linguagem de hierofante pudesse precisamente ser traduzida no juízo, em palavras pobres, de que a literatura italiana é separada do desenvolvimento real do povo italiano, é de casta, não sente (não reflete) o drama da história, ou seja, não é popular-nacional.

Fala do livro de Bonghi: "O autor e seus amigos cedo perceberam, mas demasiadamente tarde para corrigir um título que se tornou em pouco tempo excessivamente famoso, que seria melhor que o pequeno livro tivesse como título: por que a prosa italiana não é popular na Itália [47]. Precisamente isto é relativamente débil na literatura italiana: a prosa, ou, melhor ainda do que a prosa entendida como gênero literário e ritmo verbal, diríamos o *sentido do prosaico*: o interesse, a curiosidade observadora, o amor paciente pela vida histórica e contingente tal como se processa diante de nossos olhos, pelo mundo em seu devir, pela realização dramática e progressiva do divino."

É interessante, pouco antes, uma passagem sobre De Sanctis e a ridícula reprovação: "Via a literatura italiana viver há mais de seis séculos e pedia-lhe que nascesse." Na realidade, De Sanctis queria que a "literatura" se renovasse porque os italianos se haviam renovado, porque desaparecera a separação entre literatura e vida, etc. É interessante observar que De Sanctis é progressista ainda hoje, quando comparado com os muitos Borgeses da crítica atual.

"A sua limitada popularidade [da literatura italiana], o singular e quase aristocrático e distanciado tipo de êxito que lhe coube por muito tempo, não se explica apenas (!) por sua inferioridade: explica-se de modo mais completo (!) por suas excelências (! — excelências misturadas com inferioridade!), pelo ar rarefeito em que se desenvolveu. Não popularidade é como dizer não divulgação; consequência que decorre da premissa *odi profanum vulgus et arceo*. De modo algum popular e profana, essa literatura nasceu sagrada, com um poema que seu próprio autor chamou de sagrado (sagrado porque fala de Deus, mas que tema é mais popular do que Deus? E, na *Divina comédia*, não se fala só de Deus, mas também dos diabos e de seus 'novos pífaros'), etc., etc." "O destino político que, ao retirar da Itália liberdade e poder material, dela fez o que biblicamente, leviticamente, poder-se-ia chamar de um povo de sacerdotes."

O ensaio conclui — menos mal — que o caráter da literatura italiana pode mudar, ou melhor, deve mudar, etc., mas isso destoa do conjunto do próprio ensaio.

§ 48. *Retrato do camponês italiano.* Cf., em *Fiabe e leggende popolari* de Pitré (p. 207), uma novelinha popular siciliana, a qual (segundo D. Bulferetti, na *Fiera Letteraria* de 29 de janeiro de 1928) corresponde a uma xilogravura de velhas estampas venezianas, nas quais se vê Deus endereçar do céu as seguintes ordens: ao papa, "você reza"; ao imperador, "você protege"; ao camponês, "e você labuta".

O espírito das novelinhas populares fornece a concepção que, de si mesmo e de sua posição no mundo, o camponês se resignou a absorver da religião.

§ 56. *Os filhotes de padre Bresciani.* Filippo Crispolti. Já observei em outro parágrafo como Crispolti não hesita em pôr-se a si mesmo como paradigma para julgar a dor de Leopardi [48]. Em seu artigo "Ombre di romanzi manzoniani", Manzoni se torna paradigma para autojulgar o romance efetivamente escrito por Crispolti, *Il duello*, e um outro romance, *Pio X*, que terminou não sendo escrito. A arrogância de Crispolti é até mesmo ridícula: *Os noivos* tratam da "brutal proibição de um casamento", *Il duello* de Crispolti trata do duelo; ambos se referem ao dissídio existente na sociedade entre a adesão ao Evangelho, que condena a violência, e o uso brutal da violência. Há uma diferença entre Manzoni e Crispolti: Manzoni provinha do jansenismo, Crispolti é um jesuíta laico. Manzoni era um liberal e um democrata do catolicismo (embora de tipo aristocrático) e era favorável à queda do poder temporal; Crispolti era um tremendo reacionário e como tal permaneceu: se se afastou dos papistas intransigentes e aceitou ser senador foi somente porque queria que os católicos se tornassem o partido ultradireitista da nação.

A trama do romance não escrito *Pio X* é interessante somente porque menciona algumas dificuldades objetivas que se apresentam na convivência em Roma de duas potências como a monarquia e o papa, já reconhecido como soberano pela Lei das Garantias [49]. Toda saída do papa do Vaticano para atravessar Roma exige: 1) grandes despesas estatais para o aparato honorífico devido ao papa; 2) é uma ameaça de guerra civil, já que é preciso obrigar os partidos progressistas a não fazerem demonstrações e, implicitamente, põe a questão de saber se tais partidos podem chegar um dia ao poder com seus programas, ou seja, interfere negativamente sobre a soberania do Estado.

§ 57. *A chamada poesia social italiana*. Rapisardi. Cf. o artigo, muito interessante, de Nunzio Vaccalluzzo, "La poesia di Mario Rapisardi", na *Nuova Antologia* de 16 de fevereiro de 1930. Rapisardi foi apresentado como materialista e até mesmo materialista histórico. Isso é verdade? Ou não seria mais correto dizer que ele foi um "místico" do naturalismo ou do panteísmo? Mas ligado ao povo, sobretudo ao povo siciliano, às misérias do camponês siciliano, etc. [50].

O artigo de Vaccalluzzo pode servir para iniciar um estudo sobre Rapidardi também pelas indicações que fornece. Obter uma lista das obras de Rapisardi, etc. É especialmente importante a coletânea *Giustizia*, que ele, diz Vaccalluzzo, havia cantado como poeta proletário (!), "mais com veemência de palavras que de sentimento": mas precisamente esta *Giustizia*, pelo que me lembro, é poesia de democrata-camponês.

§ 62. *Os filhotes de padre Bresciani*. De Sanctis, em algum lugar, escreveu que — antes de redigir um ensaio ou de dar uma lição, por exemplo, sobre um canto de Dante — ele lia várias vezes o canto em voz alta, decorava-o, etc., etc. Isto é lembrado para sustentar a observação de que o elemento artístico de uma obra, excetuadas raras ocasiões (e veremos quais), não pode ser apreciado na primeira leitura, nem sequer pelos grandes especialistas como De Sanctis. A primeira leitura dá apenas a possibilidade de ingressar no mundo cultural e sentimental do escritor, e nem mesmo isso é sempre verdadeiro, particularmente no caso dos escritores não contemporâneos, cujo mundo cultural e sentimental é diverso do atual: uma poesia de um canibal sobre a alegria de um lauto banquete de carne humana pode ser concebida como bela e pode exigir, para ser artisticamente vivenciada, sem preconceitos "extraestéticos", um certo distanciamento psicológico em relação à cultura moderna. Mas a obra de arte contém também outros elementos "historicistas" além do mundo cultural e sentimental determinado: é o caso da linguagem, entendida não apenas como expressão puramente verbal, tal como pode ser fotografada numa certa época e lugar pela gramática, mas como um conjunto de imagens e de modos de expressão que não fazem parte da gramática. Tais elementos aparecem de modo mais claro nas outras artes. A língua japonesa revela-se imediatamente diversa da língua italiana, o que não é o caso da linguagem da pintura, da música e das artes figurativas em geral. Contudo, existem também estas diferenças de linguagem, e elas se tornam tanto mais evidentes quanto mais descermos das manifestações artísticas dos artistas para as manifestações artísticas do folclore, no qual a linguagem dessas artes é reduzida ao elemento mais autóctone e primordial (recordar o episódio do desenhista que traça o perfil de um negro e os outros negros ironizam o retratado porque o pintor reproduziu-lhe "só meia face"). Do ponto de vista cultural e histórico, porém, existe uma grande diferença entre a expressão linguística da palavra escrita e falada e as expressões linguísticas das outras artes. A linguagem "literária" é estreitamente ligada à vida das multidões nacionais e desenvolve-se lentamente e apenas de modo molecular; embora seja possível afirmar que todo grupo social tem uma "língua" própria, deve-se notar (salvo raras exceções) que entre a língua popular e a das classes cultas há uma contínua aderência e um contínuo intercâmbio. Isto não ocorre nas linguagens das demais artes; sobre estas, pode-se notar que se verificam atualmente duas ordens de fenômenos: 1) nelas estão sempre vivos, pelo menos em medida muito maior que na língua literária, os elementos expressivos do passado, pode-se mesmo dizer de todo o passado; 2) nelas se forma rapidamente uma língua cosmopolita, que absorve os elementos técnico-expressivos de todas as nações que, alternadamente, produzem grandes pintores, escultores, músicos, etc. Wagner forneceu à música elementos linguísticos em proporção maior do que toda a literatura alemã em toda a sua história, etc. Isto ocorre porque o povo participa escassamente na produção dessas linguagens, que são próprias de uma elite internacional, etc., ao mesmo tempo que pode muito rapidamente (e como coletividade, não como indivíduos) chegar a compreendê-las. Tudo isto para indicar como realmente o "gosto" puramente estético, embora possa ser chamado de primário como forma e atividade do espírito, não é tal praticamente, isto é, em sentido cronológico.

Foi dito por alguém (por Prezzolini, por exemplo, no livrinho *Mi pare...*) que o teatro não pode ser considerado uma arte, mas um divertimento de caráter mecanicista. Isto porque os espectadores não podem fruir esteticamente o drama representado, mas interessam-se apenas pela intriga, etc. (ou algo parecido). A observação é falsa no sentido de que, na representação teatral, o elemento artístico não é dado apenas pelo drama em sentido literário. O criador não é apenas o escritor: o autor intervém na representação teatral através das palavras e das rubricas, que limitam o arbítrio do ator e do diretor; mas, na representação, o elemento literário torna-se realmente o pretexto para novas criações artísticas, que, de complementares e crítico-interpretativas, estão se tornando cada vez mais importantes: a interpretação do autor em questão e o complexo cênico criado pelo diretor. É verdade, porém, que só a leitura repetida pode propiciar a fruição do drama tal como o autor o produziu. A conclusão é a seguinte: uma obra de arte é tão mais "artisticamente popular" quanto mais seu conteúdo moral, cultural e sentimental for aderente à moralidade, à cultura, aos sentimentos nacionais, e não entendidos como algo estático, mas como uma atividade em contínuo desenvolvimento. A imediata tomada de contato entre leitor e escritor ocorre quando a unidade de conteúdo e forma no leitor tem como premissa a unidade do mundo poético e sentimental; se não for assim, o leitor deve começar por traduzir a "língua" do conteúdo em sua própria língua. Pode-se dizer que se dá uma situação similar à de alguém que aprendeu inglês num curso intensivo Berlitz e depois lê Shakespeare: o esforço despendido na compreensão literal, obtida com o contínuo auxílio de um medíocre dicionário, reduz a leitura a nada mais do que um mero exercício escolar pedante.

§ 64. *Os filhotes de padre Bresciani.* "A arte educa como arte, mas não como 'arte educativa', porque neste caso é nada e o nada não pode educar. Decerto, ao que parece, todos desejamos uma arte que se assemelhe à do *Risorgimento* e não, por exemplo, à do período dannunziano. Mas, na verdade, se se observa bem, não há neste desejo a manifestação da preferência de uma arte em relação a outra, mas de uma realidade moral em relação a outra. Do mesmo modo, quem deseja que um espelho reflita não uma pessoa feia, mas uma bonita, não deseja um espelho diverso daquele que tem diante de si, mas sim uma pessoa diversa" (Croce, *Cultura e vita morale*, p. 169-170, capítulo "Fede e programmi", de 1911).

"Quando uma obra de poesia ou um ciclo de obras poéticas se formou, é impossível prosseguir tal ciclo através do estudo, da imitação e das variações em torno àquelas obras; por este caminho obtém-se apenas a chamada escola poética, o *servum pecus* dos epígonos. Poesia não gera poesia; a partenogênese não existe; exige-se a intervenção do elemento masculino, do que é real, passional, prático, moral. Os mais altos críticos de poesia aconselham, neste caso, a não recorrer a receitas literárias, mas, como eles dizem, a 'refazer o homem'. Refeito o homem, rejuvenescido o espírito, gerada uma nova vida afetiva, dela surgirá, se surgir, uma nova poesia" (B. Croce, *Cultura e vita morale*, p. 241-242, capítulo "Troppa filosofia", de 1922).

Esta observação pode ser apropriada pelo materialismo histórico. A literatura não gera literatura, etc., isto é, as ideologias não criam ideologias, as superestruturas não geram superestruturas a não ser como herança de inércia e passividade: elas são geradas não por "partenogênese", mas pela intervenção do elemento "masculino" — a história — a atividade revolucionária que cria o "novo homem", isto é, novas relações sociais.

Disto também se deduz o seguinte: que o velho "homem", em função da mudança, torna-se também ele "novo", já que entra em novas relações, tendo sido subvertidas as relações primitivas. Disso resulta o fato de que, antes que o "novo homem" criado positivamente tenha gerado poesia, é possível assistir ao "canto de cisne" do velho homem renovado negativamente. E, com frequência, este canto de cisne é de admirável esplendor; nele o novo se une ao velho, as paixões se aguçam de modo incomparável, etc. (Não será a *Divina comédia* algo como o canto de cisne medieval, mas que antecipa os novos tempos e a nova história?)

§ 67. *Cultura italiana. Valentino Piccoli.* De Piccoli, será útil recordar a nota "Un libro per gli immemori" (nos *Libri del giorno* de outubro de 1928), na qual resenha o livro de Mario Giampaoli, *1919* (Roma/Milão, Libreria del Littorio, in-16º, 335 p., com 40 ilustrações fora do texto, 15 liras). Piccoli emprega para Giampaoli os mesmos adjetivos que emprega para Dante, para Leopardi e para qualquer grande escritor que ele passa o tempo a cobrir com seu estilo pegajoso. Aparece com frequência o adjetivo "austero", etc., "páginas de antologia", etc. [51].

§ 68. *Alfredo Oriani.* Floriano del Secolo, "Contributo alla biografia di Oriani. Con lettere inedite", no *Pègaso* de outubro de 1930.

Aparece Oriani na chamada "tragédia" de sua vida intelectual de "gênio" incompreendido pelo público nacional, de apóstolo sem seguidores, etc. Mas é verdade que Oriani foi "incompreendido", ou tratava-se de uma esfinge sem enigmas, de uma montanha que só paria pequenos ratos? E como é que Oriani se tornou agora "popular", "mestre de vida", etc.? Muito se publica sobre ele, mas a edição nacional de suas obras é comprada e lida? É de duvidar. Oriani e Sorel (na França). Mas Sorel foi muitíssimo mais atual do que Oriani. Por que Oriani não conseguiu formar uma escola, um grupo de discípulos, por que não organizou uma revista? Queria ser "reconhecido" sem fazer nenhum esforço (além das lamentações junto aos amigos mais íntimos). Faltava-lhe vontade, aptidões práticas, mas queria influir sobre a vida política e moral da nação. O que o tornava antipático a muitos devia ser precisamente este juízo instintivo de que se tratava de um vaidoso que queria ser pago antes de ter terminado a obra, que queria ser reconhecido como "gênio", "líder", "mestre", graças a um direito divino que ele afirmava peremptoriamente. Decerto, Oriani deve ser aproximado de Crispi como psicologia e de todo um estrato de intelectuais italianos que, em alguns representantes mais baixos, cai no ridículo e na farsa intelectual.

§ 71. *Linguística*. Antonio Pagliaro, *Sommario di linguistica arioeuropea*. Primeiro número: *Cenni storici e quistioni teoriche*, Libreria di Scienze e Lettere del dott. G. Bardi, Roma, 1930 (nas "Pubblicazioni della Scuola di Filologia Classica dell'Università di Roma, Serie seconda, *Sussidi e materiali*, II, 1"). Sobre o livro de Pagliaro, cf. a resenha de Goffredo Coppola, no *Pègaso* de novembro de 1930 [52].

O livro é indispensável para conferir os progressos feitos pela linguística nos últimos tempos. Parece-me que muita coisa mudou (a julgar pela resenha), mas que ainda não foi encontrada a base na qual apoiar os estudos linguísticos. A identificação entre arte e língua, feita por Croce, permitiu um certo progresso e permitiu resolver alguns problemas, bem como declarar outros inexistentes (ou arbitrários); mas os linguistas, que são essencialmente historiadores, encontram-se diante de outro problema: é possível a história das línguas fora da história da arte e, mais ainda, é possível a história da arte?

Mas os linguistas estudam as línguas precisamente enquanto não são arte, mas "material" da arte, enquanto produto social, enquanto expressão cultural de um determinado povo, etc. Estas questões não foram resolvidas, ou o foram através de um retorno à velha retórica embelezada (cf. Bertoni).

Para Coppola (também para Pagliaro?), a identificação entre arte e língua levou ao reconhecimento de que é insolúvel (ou arbitrário?) o problema da origem da linguagem, que significaria perguntar por que o homem é homem (linguagem = fantasia, pensamento). Parece-me que não é muito preciso. O problema não pode ser resolvido por falta de documentos e, portanto, é arbitrário: além de um certo limite histórico, pode-se fazer história hipotética, conjectural ou sociológica, mas não história "histórica". Esta identificação permitiria também determinar aquilo que na língua é erro, isto é, não língua. "Erro é a criação artificial, racionalista, deliberada, que não se afirma porque não revela nada, que é típica do indivíduo fora de sua sociedade." Parece-me então que se deveria dizer que língua = história e não língua = arbítrio. As línguas artificais são como os jargões: não é verdade que sejam não línguas de modo absoluto, já que são de algum modo úteis: têm um conteúdo histórico-social muito limitado. Mas isto ocorre também entre dialeto e língua nacional-literária. E, não obstante, também o dialeto é língua-arte. Mas entre o dialeto e a língua nacional-literária algo mudou: precisamente o ambiente cultural, político-moral, sentimental. A história das línguas é história das inovações linguísticas, mas estas inovações não são individuais (como ocorre na arte): são de toda uma comunidade social que inovou sua cultura, que "progrediu" historicamente. Naturalmente, também elas se tornam individuais, mas não do indivíduo-artista, e sim do indivíduo elemento histórico-cultural *completo*, determinado.

Também na língua não há partenogênese, isto é, língua que produza outra língua, mas há inovação por interferências de culturas diversas, etc., o que ocorre sob formas muito diferentes: ocorre com massas inteiras de elementos linguísticos e ocorre molecularmente (o latim inovou o céltico das Gálias em "massa" e, ao contrário, influenciou o germânico "molecularmente", isto é, emprestando-lhe palavras ou formas singulares, etc.). A interferência e a influência "molecular" podem ocorrer no próprio seio de uma nação, entre diversos estratos, etc.; uma nova classe que se torna dirigente inova em "massa"; o jargão das profissões, etc., isto é, das sociedades particulares, inova molecularmente. O julgamento artístico nestas inovações tem o caráter de "gosto cultural", não de gosto artístico; isto é, pela mesma razão por que agradam às morenas ou às louras e mudam os "ideais" estéticos, ligados a determinadas culturas.

§ 73. *Os filhotes de padre Bresciani*. Cf. o artigo "Dell'interesse", de Carlo Linati, nos *Libri del giorno* de fevereiro de 1929. Linati se pergunta em que consiste o *quid* que faz com que os livros interessem e termina por não encontrar uma resposta. E é certo que uma resposta precisa não pode ser encontrada, pelo menos no sentido em que Linati a entende; ele gostaria de encontrar o *quid* para ser capaz, ou para fazer com que os outros o fossem, de escrever livros interessantes. Linati diz que o problema, nestes últimos tempos, tornou-se "candente", o que é verdade, como é natural que seja. Houve um certo despertar de sentimentos nacionalistas: é explicável que se ponha o problema de por que os livros italianos não são lidos, por que são considerados "entediantes", e, ao contrário, são considerados "interessantes" os estrangeiros, etc. O despertar nacionalista faz sentir que a literatura italiana não é "nacional", no sentido de que não é popular, e que sofremos como povo a hegemonia estrangeira. Disso resultam programas, polêmicas, tentativas, mas que não dão em nada. Seria necessária uma crítica impiedosa da tradição e uma renovação cultural-moral da qual deveria nascer uma nova literatura. Mas isto, precisamente, não pode ocorrer por causa da contradição, etc.: o despertar nacionalista assumiu o significado de exaltação do passado. Marinetti tornou-se acadêmico e luta contra a tradição da macarronada [53].

§ 80. *Os filhotes do padre Bresciani.* Rèpaci. Observar seu caráter de gramatiqueiro pedante, que parece ter se desenvolvido mais ainda nestes últimos tempos, como se revela em suas últimas novelas, como, por exemplo, *Guerra di fanciulli*. As palavrinhas encadeadas em série, o uso de gracejos toscanos para relatos de ambiente calabrês provocam o mais ridículo efeito. E mais: como se torna mecânica a tentativa, feita de fora, de construir novelas "psicanalíticas", quando, ao contrário, a motivação provém de um impulso superficial de folclorismo pitoresco!

§ 115. *Os filhotes de padre Bresciani. Angelo Gatti.* Seu romance *Ilia e Alberto*, publicado em 1931 (conferir): romance autobiográfico. Gatti converteu-se ao catolicismo jesuítico. Toda a chave, o núcleo central do romance, consiste no seguinte: Ilia, mulher sadia, recebe na boca gotas de saliva de um tuberculoso, através de um espirro ou de uma crise de tosse (ou sei lá como — não li o romance, mas apenas resenhas) ou de outro modo qualquer; torna-se tuberculosa e morre.

Parece-me estranho e pueril que Gatti tenha insistido neste detalhe mecânico e exterior, que, contudo, deve ser importante no romance, já que um resenhista nele se deteve. Recorda as costumeiras tolices que as comadres dizem para explicar as infecções. Será que Ilia estava sempre de boca aberta diante das pessoas que tossiam e espirravam em seu rosto nos bondes ou nos lugares onde há sempre muita gente? E como pôde estabelecer que foi precisamente essa a causa do contágio? Ou se trata de um doente que infectava de propósito as pessoas sadias? É verdadeiramente assombroso que Gatti se tenha servido desta *ficelle* em seu romance [54].

§ 124. *Croce e a crítica literária.* A estética de Croce está se tornando normativa, está se tornando uma "retórica"? Seria preciso ler sua *Aesthetica in nuce* (que é o verbete sobre estética da última edição da *Enciclopédia Britânica)* [55]. Uma de suas afirmações é que *tarefa* precípua da estética moderna deve ser "a restauração e defesa do classicismo contra o romantismo, do momento sintético, tanto formal quanto teórico, no qual reside o específico da arte, contra o momento afetivo, que a arte tem por missão resolver em si mesma". Este trecho mostra, para além de suas preocupações estéticas, quais são as preocupações "morais" de Croce, isto é, suas preocupações "culturais" e, portanto, "políticas". Poder-se-ia perguntar se a estética, como ciência, pode ter outra tarefa além daquela de elaborar uma teoria da arte e da beleza, da expressão. Estética significa aqui "crítica em ato", "concreta"; mas a crítica em ato não deveria apenas criticar, isto é, fazer a história da arte concretamente, das "expressões artísticas individuais"?

§ 133. *Para uma nova literatura (arte) através de uma nova cultura.* Cf., no volume de B. Croce, *Nuovi saggi sulla letteratura italiana del seicento* (1931), o capítulo no qual fala das academias jesuítas de poesia e as aproxima das "escolas de poesia" criadas na Rússia (Croce talvez tenha se inspirado no conhecido Fülöp-Miller) [56]. Mas por que não as aproxima dos ateliês de pintura e de escultura dos séculos

XV e XVI? Eram também eles "academias jesuítas"? E por que não se poderia fazer com a poesia o que se fazia com a pintura e a escultura? Croce não leva em conta o elemento social que "quer ter" uma poesia própria, elemento "sem escola", isto é, que não se apropriou da "técnica" e da própria linguagem: na realidade, trata-se de uma "escola" para adultos, que educa o gosto e cria o sentimento "crítico" em sentido amplo. Um pintor que "copia" um quadro de Rafael faz "academia jesuíta"? Do melhor modo, ele "mergulha" na arte de Rafael, busca recriá-la, etc. E por que não se poderiam fazer exercícios de versificação entre operários? Isto não servirá para educar o ouvido à musicalidade do verso, etc.?

§ 134. *Literatura popular. Romance de folhetim.* Cf. o que escrevi sobre *O conde de Monte Cristo* como modelo exemplar de romance de folhetim [57]. O romance de folhetim substitui (e ao mesmo tempo favorece) a fantasia do homem do povo; é um verdadeiro sonhar com os olhos abertos. Pode-se ver o que Freud e os psicanalistas afirmam sobre o sonhar com os olhos abertos [58]. Neste caso, pode-se dizer que, no povo, o fantasiar depende do "complexo de inferioridade" (social), que determina longas fantasias sobre a ideia de vingança, de punição dos culpados pelos males sofridos, etc. Em *O conde de Monte Cristo*, existem todos os elementos para gerar tais fantasias e, portanto, para propiciar um narcótico que atenue a sensação de dor, etc.

§ 147. *Popularidade da literatura italiana. Nuova Antologia*, 1º de outubro de 1930: Ercole Reggio, "Perché la letteratura italiana non è popolare in Europa". "O pouco êxito obtido entre nós até mesmo por livros italianos famosos, em comparação com o de tantos livros estrangeiros, deveria nos convencer de que as razões da escassa popularidade de nossa literatura na Europa são provavelmente as mesmas que a fazem pouco popular em nosso próprio país; e que, por isso, no final das contas, não será o caso de pedir aos outros o que não conseguimos obter em nossa própria casa. Mesmo na afirmação de italianizantes, de simpatizantes estrangeiros, nossa literatura carece, em princípio, de qualidades modestas e necessárias, daquilo que se orienta para o *homem médio, para o homem dos economistas* (?!); e é em razão de suas prerrogativas, daquilo que constitui sua originalidade, como o mérito, que ela não alcança e jamais poderá alcançar a popularidade das outras grandes literaturas europeias." Reggio refere-se ao fato de que, ao contrário, as artes figurativas italianas (esquece a música) são populares na Europa e põe a seguinte questão: ou existe um abismo entre a literatura e as outras artes italianas (e seria impossível explicar este abismo) ou, então, o fato deve ser explicado por meio de razões secundárias, extra-artísticas, ou seja, enquanto as artes figurativas (e a música) falam uma linguagem europeia e universal, a literatura tem seus limites nas fronteiras da língua nacional. Não me parece que a objeção se sustente: 1) porque houve um período histórico (o Renascimento) no qual, além das artes figurativas e mesmo com elas, também a literatura italiana foi popular: ou seja, toda a cultura italiana foi popular; 2) porque na Itália, além da literatura, tampouco são populares as artes figurativas (ao contrário, são populares Verdi, Puccini, Mascagni, etc.); 3) porque a popularidade das artes figurativas italianas na Europa é relativa: limita-se aos intelectuais e, em algumas outras zonas da população europeia, é popular porque ligada a recordações clássicas e românticas, não como arte; 4) a música italiana, ao contrário, é popular tanto na Europa como na Itália. O artigo de Reggio se mantém na bitola da costumeira retórica habitual, embora contenha, aqui e ali, observações inteligentes.

§ 153. *Caráter popular nacional da literatura italiana. Goldoni.* Por que Goldoni é popular ainda hoje? Goldoni é quase "único" na tradição literária italiana. Suas atitudes ideológicas: democrata antes de ter lido Rousseau e antes da Revolução Francesa. Conteúdo popular de suas comédias: linguagem popular no que se refere à expressão, crítica mordaz da aristocracia corrompida e apodrecida.

Conflito Goldoni-Carlo Gozzi. Gozzi reacionário. Suas *Fiabe* são escritas para demonstrar que o povo corre atrás das mais tolas extravagâncias; apesar disso, têm sucesso. Na verdade, também as *Fiabe* têm um conteúdo popular, são um aspecto da cultura popular ou folclore, do qual o maravilhoso e o inverossímil (apresentados como tais num mundo de fábula) são partes integrantes [59]. (Êxito até hoje de *As mil e uma noites*, etc.)

§ 168. *Literatura popular.* Cf. Alberto Consiglio, "Populismo e nuove tendenze della letteratura francese", *Nuova Antologia*, 1º de abril de 1931. Consiglio parte da pesquisa das *Nouvelles Littéraires* sobre o "romance operário e camponês" (nos meses de julho-agosto de 1930). Deve-se reler o artigo quando o tema for tratado de modo orgânico. A tese de Consiglio (mais ou menos explícita e consciente) é a seguinte: diante do crescimento do poder político e social do proletariado e de sua ideologia, alguns setores do intelectualismo francês reagem por meio destes movimentos de "ida ao povo". A aproximação ao povo, portanto, significaria uma retomada do pensamento burguês que não quer perder sua hegemonia sobre as classes populares e que, para melhor exercer esta hegemonia, assimila uma parte da ideologia proletária. Seria um retorno a formas "democráticas" mais substanciais do que o "democratismo" formal corrente.

Deve-se ver se até mesmo um fenômeno deste gênero não seja muito significativo e historicamente importante e se não represente uma fase necessária de transição e um episódio da "educação popular" indireta. Seria interessante uma lista das "tendências populistas" e uma análise de cada uma delas: seria possível "descobrir" uma das tais "astúcias da natureza" de Vico, ou seja, um impulso social, que visa a um determinado fim, e termina por realizar o seu contrário.

§ 172. *Literatura popular.* Cf. Antonio Baldini, "Stonature di cinquant'anni fa: la Farfalla petroliera", *Nuova Antologia*, 16 de junho de 1931. *La Farfalla*, fundada por Angelo Sommaruga em Cagliari e, dois anos depois, transferida para Milão (por volta de 1880). O periódico terminou por se tornar a revista de um grupo de "artistas... proletários". Nela escreveram Paolo Valera e Filippo Turati. Valera dirigia então *La Plebe* (Qual? Ver) e escrevia seus romances: *Milano sconosciuta* e *Gli scamiciati*, uma sequência de *Milano sconosciuta*. Nela escreviam Cesario Testa, que dirigia o *Anticristo*, e Ulisse Barbieri. A mesma editora da *Farfalla* publicava uma "Biblioteca naturalista" e uma "Biblioteca socialista". *Almanacco degli atei per il 1881*. Zola, Vallès, os Gouncourt, romances sobre o submundo, prisões, prostíbulos, hospitais, ruas (*Lumpenproletariat*), anticlericalismo, ateísmo, naturalismo (Stecchetti como "poeta cívico"). G. Aurelio Costanzo, *Gli eroi della soffita* (quando garotos, em casa, tendo visto o livro, pensávamos que se tratasse de lutas entre os ratos). Carducci do *Inno a Satana*, etc. Estilo barroco como o de Turati (recordar seus versos retomados por Schiavi na antologia *Fiorita di canti sociali*): "Buda, Sócrates, Cristo disseram a verdade:/ Por Satanás, um infiel é quem lhes jura./ Os mortos vivem e é inútil estrangulá-los [60]." (Este "episódio" de vida "artística" milanesa poderá ser estudado e reconstruído como curiosidade e também com um certo interesse crítico e educativo.) Sobre a *Farfalla* do período cagliaritano, escreveu Raffa Garzia, "Per la storia del nostro giornalismo letterario", na *Glossa Perenne*, fevereiro de 1929.

§ 201. *Os filhotes de padre Bresciani. Bruno Cicognani.* O romance *Villa Beatrice. Storia di una donna*, publicado no *Pègaso* de 1931. Cicognani pertence ao grupo de escritores católicos florentinos: Papini, Enrico Pea, Domenico Giuliotti.

Será que *Villa Beatrice* pode ser chamado de o romance da filosofia neoescolástica de padre Gemelli, o romance do "materialismo" católico, um romance da "psicologia experimental", tão cara aos neoescolásticos e aos jesuítas [61]? Comparação entre romances psicanalíticos e o romance de Cicognani. É difícil dizer em que consiste a contribuição da doutrina e da religiosidade do catolicismo para a construção do romance (dos personagens do drama): na conclusão, a intervenção do padre é algo que vem de fora, o despertar religioso de Beatrice é apenas afirmado, e as modificações na protagonista poderiam também ser justificadas somente a partir de razões fisiológicas. Toda a personalidade de Beatrice, se se pode falar de personalidade, é minuciosamente descrita como um fenômeno de história natural, não é representada artisticamente: Cicognani "escreve bem", no sentido vulgar da expressão, como "escreveria bem" um tratado sobre o jogo de xadrez. Beatrice é "descrita" como a frieza sentimental personificada e tipicizada. Por que ela é "incapaz" de amar e de relacionar-se afetivamente com quem quer que seja (até mesmo com a mãe e o pai), de um modo exasperado e estereotipado? Ela é fisiologicamente imperfeita nos órgãos genitais, sofre fisiologicamente na relação sexual e não poderia dar à luz? Mas esta imperfeição íntima (e por que a natureza não a construiu externamente feia, indesejável, etc.? Contradições da natureza!) deve-se ao fato de que ela sofre do coração. Cicognani crê que, desde o estágio de óvulo fecundado, o novo ser que herda uma doença orgânica prepara-se para a defesa contra o futuro ataque do mal: é por isso que o óvulo-Beatrice, nascida com um coração fraco, constrói um órgão sexual imperfeito que a fará repugnar o amor e qualquer emotividade, etc., etc. Toda esta teoria é de Cicognani, é o quadro geral do romance: Beatrice, naturalmente, não tem consciência desta determinação de sua existência psíquica; não age porque crê ser assim, mas age porque é assim independentemente de sua consciência: na realidade, sua consciência não é representada, não é um motor que explique o drama. Beatrice é um "fragmento anatômico", não uma mulher.

Cicognani não evita as contradições, já que, por vezes, Beatrice parece sofrer com o fato de ter que ser fria, como se este sofrimento não fosse também uma "paixão" que poderia precipitar a doença cardíaca; portanto, ao que parece, somente a união sexual e a concepção com o parto são perigosas "por natureza"; mas então a natureza deveria ter providenciado uma outra "salvaguarda" para o ovário de Beatrice: deveria tê-la construído "estéril", ou melhor, "fisiologicamente" incapaz de união sexual. Ugo Ojetti exaltou toda esta embrulhada como a obtenção, por parte de Cicognani, da "classicidade artística".

O modo de pensar de Cicognani poderia ser incoerente e, apesar disso, ele poderia ter escrito um belo romance: mas este não foi de modo algum o caso.

§ 207. *Literatura popular. Il Guerin Meschino.* No *Corriere della Sera* de 7 de janeiro de 1932 publica-se um artigo, assinado por Radius, com o seguinte título: "I classici del popolo. Guerino detto il Meschino." A parte inicial do título, "Os clássicos do povo", é vaga e incerta: Guerino, com toda uma série de livros similares (*Os reis da França*, *Bertoldo*, histórias de bandidos, histórias de cavaleiros, etc.), representa uma determinada literatura popular, a mais elementar e primitiva, difundida entre os estratos mais atrasados e "isolados" do povo: sobretudo no Sul, nas montanhas, etc. Os leitores de Guerino não leem Dumas ou *Os miseráveis*, e muito menos Sherlock Holmes. A tais estratos corresponde um determinado folclore e um determinado "senso comum".

Radius limitou-se a folhear o livro e não tem muita familiaridade com a filologia. Dá a *Meschino* um significado extravagante: "o apelido foi atribuído ao herói por causa de sua grande mesquinhez genealógica". Erro colossal, que altera toda a psicologia popular do livro e muda a relação psicológico-sentimental dos leitores populares com o mesmo. Imediatamente fica claro que Guerino é de estirpe régia, mas seu infortúnio o faz tornar-se "servo", ou seja, "mesquinho", como se dizia na Idade Média e como se encontra em Dante (na *Vita Nuova*, lembro-me perfeitamente). Trata-se, portanto, de um filho de rei, reduzido à escravidão, que reconquista, com seus próprios meios e sua vontade, sua condição natural: há no "povo" mais primitivo esta reverência tradicional ao nascimento, que se torna "afetuosa" quando o infortúnio atinge o herói e se torna entusiasmo quando o herói reconquista, contra o infortúnio, sua posição social.

O *Guerino* como poema popular "italiano": deve-se notar, deste ponto de vista, quão tosco e insípido é o livro, ou seja, como não sofreu nenhuma elaboração e aperfeiçoamento, dado o isolamento cultural do povo, deixado a si mesmo. Essa razão talvez explique a ausência de intrigas amorosas, a completa ausência de erotismo no *Guerino*.

O *Guerino* como "enciclopédia popular": cabe observar quão baixa deve ser a cultura dos estratos que leem o *Guerino* e como é escasso o interesse que têm, por exemplo, pela "geografia", para que se contentem e levem a sério o *Guerino*. Poder-se-ia analisar o *Guerino* como "enciclopédia" de onde extrair indicações sobre a rudeza mental e sobre a indiferença cultural do amplo estrato popular que ainda se encanta com ele.

§ 208. *Literatura popular. "Spartaco" de R. Giovagnoli.* No *Corriere della Sera* de 8 de janeiro de 1932 foi publicada a carta enviada por Garibaldi a Raffaele Giovagnoli em 25 de junho de 1874, de Caprera, logo após a leitura do romance *Spartaco*. A carta é muito interessante para esta rubrica sobre a "literatura popular", já que também Garibaldi escreveu "romances populares" e encontram-se na carta os principais temas de sua "poética" neste gênero. De resto, *Spartaco* de Giovagnoli é um dos pouquíssimos romances populares italianos que teve difusão também no exterior, num período em que o "romance" popular entre nós era "anticlerical" e "nacional", isto é, tinha características e limites estritamente locais. Pelo que me lembro, parece-me que *Spartaco* se prestaria sobretudo a uma tentativa que, dentro de certos limites, poderia se tornar um método: isto é, seria possível "traduzi-lo" em linguagem moderna, expurgá-lo das formas retóricas e barrocas como linguagem narrativa, despojá-lo de algumas idiossincrasias técnicas e estilísticas, tornando-o "atual". Tratar-se-ia de realizar, de modo consciente, aquele processo de adaptação à época e aos novos sentimentos e novos estilos que a literatura popular realizava tradicionalmente quando era transmitida por via oral e não era fixada e fossilizada pela escrita e pela imprensa. Se isto pode ser feito de uma língua para outra, com as obras-primas do mundo clássico, que cada época traduziu e imitou segundo as novas culturas, por que não se poderia e deveria fazer o mesmo para trabalhos como *Spartaco* e outros, que têm um valor mais "cultural-popular" do que "artístico"? (Um tema a desenvolver.) Este processo de adaptação se verifica ainda na música popular, para os temas musicais popularmente difundidos: quantas canções de amor não se tornaram políticas, passando por duas ou três elaborações? Isto ocorre em todos os países e seria possível citar casos bastante curiosos (por exemplo, o hino tirolês de Andreas Hofer, que deu a forma musical à *Molodaia Gvardia*) [62].

Para os romances, haveria o impedimento dos direitos autorais que, ao que me parece, duram hoje até oitenta anos depois da primeira publicação (seria impossível, porém, fazer a atualização de certas obras, como, por exemplo, *Os miseráveis*, *O judeu errante*, *O conde de Monte Cristo*, etc., que estão demasiadamente fixadas na forma original).

CADERNO 7 (1930-1931)

§ 15. *A questão do capitalismo antigo e Barbagallo.* A história de Barbagallo sobre o capitalismo antigo é uma história hipotética, conjectural, possível, um esboço histórico, um esquema sociológico, não uma história certa e determinada. Os historiadores como Barbagallo incidem, parece-me, num erro filológico-crítico muito curioso: o de que a história antiga deva ser feita com base nos documentos da época, a partir dos quais se formulam hipóteses, etc., sem levar em conta que todo o desenvolvimento histórico subsequente é um "documento" da história anterior, etc. Os emigrados ingleses na América do Norte levaram consigo a experiência técnico-econômica da Inglaterra. Como seria possível que se perdesse a experiência do capitalismo antigo se esse tivesse verdadeiramente existido na medida em que Barbagallo deixa supor ou quer que se suponha?

§ 31. *Sobre a crítica literária.* O modelo de crítica de De Sanctis. Ao tratar deste tema, recordar o ensaio de De Sanctis "Scienza e vita" (que, de resto, é um modo de pôr a questão da unidade de teoria e prática) e as discussões que provocou: por exemplo, o artigo de L. Russo no *Leonardo* de 1928 (ou 1929). De Russo, deve-se ver o estudo *Francesco De Sanctis e l'Università di Napoli*, Ed. "La Nuova Italia".

§ 49. *Literatura popular. Romances de folhetim.* Nas *Nouvelles Littéraires* do mês de julho de 1931 e seguintes, cf. a resenha dos modernos escritores franceses de romances de folhetim, "Les illustres inconnus", de G. Charensol. Até agora apareceram breves esboços sobre M. Leblanc (autor de *Arsène Lupin*), de Allain (autor de *Fantomas*) e de outros quatro ou cinco (o autor de *Zigomar*, etc.).

§ 50. *Literatura popular.* Sobre o caráter não popular-nacional da literatura italiana. Atitude em face do povo em *Os noivos*. O caráter "aristocrático" do catolicismo manzoniano revela-se na "compaixão" irônica diante das figuras de homens do povo (o que não se manifesta em Tolstoi), como frei Galdino (em contraste com frei Cristóvão), o alfaiate, Renzo, Inês, Perpétua, a própria Lúcia, etc. (Sobre este assunto, escrevi uma outra nota [63].) Ver se há observações interessantes no livro de A. A. Zottoli, *Umili e potenti nella poetica di A. Manzoni*, Ed. La Cultura, Roma-Milão, 1931.

Sobre o livro de Zottoli, cf. Filippo Crispolti, "Nuove indagini sul Manzoni", no *Pègaso* de agosto de 1931. Este artigo de Crispolti é interessante em si mesmo, para compreender a atitude do cristianismo jesuítico em face dos "humildes". Mas, na realidade, parece-me que Crispolti tem razão contra Zottoli, ainda que Crispolti raciocine "jesuiticamente". Crispolti diz de Manzoni: "*O povo* tem todo o coração de Manzoni a seu favor, mas ele jamais se dobra para adulá-lo; ao contrário, vê o povo com o mesmo olho severo com o qual vê *a maior parte* dos que não são povo." Mas não se trata de querer que Manzoni "adule o povo"; trata-se de sua atitude psicológica diante dos personagens "populares": esta atitude é nitidamente de casta, ainda que em sua forma religiosa católica. As pessoas do povo, para Manzoni, não têm "vida interior", não têm personalidade moral profunda; são "animais", e Manzoni é "benévolo" em face delas, com a benevolência própria de uma sociedade católica de proteção aos animais. Em certo sentido, Manzoni recorda o epigrama sobre Paul Bourget: para Bourget, é preciso que uma mulher tenha 100 mil francos de renda para ter uma psicologia [64]. Deste ponto de vista, Manzoni (e Bourget) são rigorosamente católicos; não há nada neles do espírito "popular" de Tolstoi, isto é, do espírito evangélico do cristianismo primitivo. A atitude de Manzoni diante de suas pessoas do povo é a atitude da Igreja Católica diante do povo: de condescendente benevolência, não de identificação humana. O próprio Crispolti, na frase citada, confessa inconscientemente esta "parcialidade" (ou "partidarismo") de Manzoni: Manzoni vê com "olho severo" *todo* o povo, enquanto vê com *olho severo* "a maior parte dos que não são povo": encontra "magnanimidade", "pensamentos elevados", "grandes sentimentos" somente em alguns da classe alta, mas em ninguém do povo, que é em sua totalidade baixamente animalesco.

É correto, como diz Crispolti, que não tem grande significado o fato de que os "humildes" desempenhem um papel de primeira ordem no romance manzoniano. Manzoni põe o "povo" em seu romance não só através dos personagens principais (Renzo, Lúcia, Perpétua, frei Galdino, etc.), mas no que se refere à massa (tumultos de Milão, populares do campo, o alfaiate, etc.): mas é precisamente sua atitude em face do povo que não é "popular-nacional" e, sim, aristocrática.

Ao estudar o livro de Zottoli, deve-se recordar este artigo de Crispolti. Pode-se mostrar que o "catolicismo", mesmo em homens superiores e não "jesuíticos", como Manzoni (Manzoni tinha certamente uma veia jansenista e antijesuítica), não contribuiu para criar na Itália o "povo-nação", nem mesmo no romantismo: ao contrário, foi um elemento antinacional-popular e somente áulico. Crispolti menciona apenas o fato de que Manzoni, durante um certo tempo, acolheu a concepção de Thierry (para a França) da luta de raças no seio do povo (longobardos e romanos, tal como, na França, francos e gauleses) como luta entre humildes e poderosos. (Sobre isso, é ainda mais estranha a afirmação de Croce, na *Storia della storiografia in Italia nel secolo XIX*, de que somente na Itália, e não na França, tenha ocorrido essa investigação da luta de raças na Idade Média como origem da divisão da sociedade em estamentos privilegiados e terceiro estado, quando, na verdade, é precisamente o oposto, etc. [65]). (Zottoli tenta responder a Crispolti, no *Pègaso* de setembro de 1931.)

§ 52. *Literatura popular. — Seção católica. O jesuíta Ugo Mioni.* Li nestes dias (agosto de 1931) um romance de Ugo Mioni, *La ridda dei milioni*, publicado pela Opera di S. Paolo di Alba. Além do caráter estritamente jesuítico (e antissemita) deste pífio romance, chocou-me a negligência estilística e mesmo gramatical da escrita de Mioni. A impressão é péssima, há inúmeros erros de revisão, o que já é grave em livrinhos dedicados a jovens do povo que, com frequência, neles aprendem a língua literária; mas, se o estilo e a gramática de Mioni podem ter sofrido por causa da má impressão, é indiscutível que o escritor é péssimo objetivamente, desconhece a gramática e comete reais despropósitos. Nisso Mioni se afasta da tradição de compostura e, até mesmo, de falsa elegância e "beleza" dos escritores jesuítas, como o padre Bresciani. Ao que parece, Ugo Mioni (atualmente monsenhor U. M.) não é mais jesuíta da Companhia de Jesus.

§ 58. *Romance popular*. Difusão do *Judeu errante* na Itália no período do *Risorgimento*. Ver o artigo de Baccio M. Bacci, "Diego Martelli, l'amico dei 'Macchiaoli'", no *Pègaso* de março de 1931. Bacci ora reproduz integralmente, ora resume parcialmente (p. 298-299) algumas páginas inéditas dos *Ricordi della mia prima età*, onde Martelli conta que frequentemente (entre 1849 e 1859) reuniam-se em sua casa os amigos do pai, todos patriotas e estudiosos como o próprio pai: Atto Vanucci, Giuseppe Arcangeli, professor de grego e de latim, Vincenzo Monteri, químico, pioneiro da iluminação a gás de Florença, Piero Thouar, Antonio Mordini, Giuseppe Mazzoni, triúnviro com Guerrazzi e Montanelli, Salvagnoli, Giusti, etc. Discutiam sobre arte e política e, de vez em quando, liam os livros que circulavam clandestinamente. Vieusseux introduzira *O judeu errante*: foi lido na casa de Martelli, diante dos amigos que vinham de Florença e de fora. Conta Diego Martelli: "Havia os que arrancavam os cabelos, os que batiam com os pés no chão, os que erguiam os punhos para o céu..."

§ 75. *Literatura popular*. Num artigo de Antonio Baldini (*Corriere della Sera*, 6 de dezembro de 1931) sobre Paolina Leopardi ("Tutta-di-tutti") e suas relações com Prospero Viani, recorda-se — a partir de um conjunto de cartas publicado por C. Antona-Traversi (*Civiltà moderna*, ano III, nº 5, Florença, Vallecchi) — que Viani costumava enviar a Paolina Leopardi os romances de Eugène Sue (*Os mistérios de Paris* e também *O judeu errante*), que Paolina achava "deliciosos". Recordar o caráter de P. Viani, erudito, correspondente da Academia da Crusca, e o ambiente em que vivia Paolina, ao lado do ultrarreacionário Monaldo, que dirigia a revista *Voce della Ragione* (da qual Paolina era redatora-chefe) e era contra as ferrovias, etc. [66].

§ 105. *Os filhotes de padre Bresciani. Ardengo Soffici.* Filiação do *Lemmonio Boreo* ao *Jean-Cristophe* de Romain Rolland [67]. Por que o *Lemmonio Boreo* foi interrompido? O gesto quixotesco do *Lemmonio Boreo* é exterior e fictício. Na realidade, falta-lhe substância épico-lírica: é um rosário de pequenos fatos, não um organismo.

Poderia existir na Itália um livro como o *Jean-Cristophe*? *Jean-Cristophe*, se examinarmos bem, conclui todo um período da literatura popular francesa (de *Os miseráveis* a *Jean-Cristophe*); seu conteúdo supera o do período anterior: da democracia ao sindicalismo. *Jean-Cristophe* é a tentativa de um romance "sindicalista", mas fracassada: Rolland não era de modo algum um antidemocrata, embora fosse fortemente marcado pelas influências morais e intelectuais do clima sindicalista.

Do ponto de vista nacional-popular, qual era a atitude de Soffici? Uma exterioridade quixotesca sem elementos reconstrutivos, uma crítica superficial e esteticista.

CADERNO 8 (1931-1932)

§ 9. *Ausência de um caráter nacional-popular na literatura italiana.* De um artigo de Paolo Milano, na *Italia Letteraria* de 27 de dezembro de 1931: "O valor que se atribui ao conteúdo de uma obra de arte jamais é excessivo — escreveu Goethe. Um tal aforismo pode vir à mente de quem reflete sobre o *esforço, há tantas gerações* (?) iniciado (*sic*) e que está ainda hoje se realizando, de *criar uma tradição* do moderno romance italiano. Que sociedade ou, melhor, que camada retratar? Será que as tentativas mais recentes não consistem no desejo de abandonar os personagens populares que dominavam a cena na obra de Manzoni e de Verga? E será que os êxitos apenas parciais não podem ser atribuídos às dificuldades e às incertezas na fixação de um ambiente (entre alta burguesia ociosa e gente miúda e *bohème* marginal)?"

O trecho é surpreendente pelo modo mecânico e exterior de pôr as questões. De fato, será possível que "gerações" de escritores *tentem* fixar a frio o ambiente a descrever sem, precisamente com isso, manifestarem seu caráter "a-histórico" e sua pobreza moral e sentimental? De resto, não basta entender por "conteúdo" a escolha de um determinado ambiente: o que é essencial para o conteúdo é a *atitude* do escritor e de uma geração em face deste ambiente. Somente a atitude é que determina o mundo cultural de uma geração e de uma época e, portanto, seu estilo. Também em Manzoni e em Verga não são os "personagens populares" o elemento determinante, mas sim a atitude dos dois escritores em face de tais personagens, e esta atitude é antitética nos dois. Em Manzoni, há um paternalismo católico, uma *ironia* subentendida, indício de ausência de profundo amor instintivo por aqueles personagens; trata-se de uma atitude ditada por um sentimento exterior de dever abstrato ditado pela moral católica, que é corrigido e vivificado precisamente pela ironia difusa. Em Verga, há uma atitude de fria impassibilidade científica e fotográfica, ditada pelos cânones do verismo, aplicado mais racionalmente do que por Zola. A atitude de Manzoni é a mais difundida na literatura que representa "personagens populares", e basta recordar Renato Fucini; aquela atitude ainda é de caráter superior, mas se move sobre um fio de navalha e, nos escritores menores, degenera de fato na atitude "bresciana", estúpida e jesuiticamente sarcástica [68].

§ 12. *Literatura popular. Bibliografia.* Réginald W. Hartland, *Walter Scott et le roman "frénetique"*, Ed. Honoré Champion. Romance "frenético" ou romance "de terror": as origens deveriam ser buscadas em Horace Walpole e em seu *Castelo de Otranto.* Do *Castelo de Otranto* teriam derivado os romances de Ann Radcliffe (1798-1831) e de Clara Reeve, de Lewis (*O frade*), etc. O *Castelo de Otranto* determinou uma corrente de imaginação que estava no ar, da qual ele foi a manifestação inicial. *Le Moine par M. G. Lewis*, raconté par Antonin Artaud, Ed. Denoël et Steele. Cf. Alice Killen, *Le roman terrifiant*, Champion, 1924.

§ 46. *Noções enciclopédicas. A concepção melodramática da vida.* Não é verdade que somente em alguns estratos mais baixos da intelectualidade seja possível encontrar um sentimento livresco e artificial da vida. Existe igualmente nas classes populares a degenerescência "livresca" da vida, que não é somente dada pelos livros, mas também por outros instrumentos de difusão da cultura e das ideias. A música verdiana ou, mais precisamente, o libreto e o enredo dos dramas musicados por Verdi são responsáveis por toda uma série de atitudes "artificiosas" de vida popular, de modos de pensar, de um "estilo". "Artificioso" talvez não seja a palavra adequada, já que, nos elementos populares, esta artificiosidade assume formas ingênuas e comoventes. O barroco, o melodramático aparecem a muitas pessoas do povo como um modo de sentir e de agir extraordinariamente fascinante, como um modo de evadir-se daquilo que elas consideram baixo, mesquinho, desprezível em sua vida e em sua educação, a fim de ingressarem numa esfera mais seleta, de altos sentimentos e nobres paixões. Os romances de folhetim e de alcova (toda a literatura edulcorada, melíflua, chorona) criam heróis e heroínas; mas o melodrama é mais daninho, já que as palavras musicadas são mais lembradas e formam matrizes que fixam o fluir do pensamento. Observar o modo de escrever de muitas pessoas do povo: tem como base um certo número de frases feitas.

De resto, o sarcasmo é excessivamente corrosivo. Deve-se lembrar que se trata não de um esnobismo diletante, mas de algo profundamente sentido e vivido.

§ 59. *Literatura popular.* Sobre as questões teóricas, cf. Croce, *Conversazioni critiche*, segunda série, p. 237 e ss., "I romanzi italiani del Settecento", no qual o pretexto é dado pelo livro de Giambattista Marchesi, *Studi e ricerche intorno ai nostri romanzieri e romanzi del Settecento*, que tem como apêndice uma bibliografia dos romances editados na Itália naquele século (Bérgamo, Istituto italiano d'arti grafiche, 1903) [69].

§ 75. *Os filhotes de padre Bresciani. Giulio Bechi.* Cf. o pequeno artigo de Croce ("*I seminatori* di G. Bechi"), reproduzido nas *Conversazioni critiche*, segunda série, p. 348 e ss. Croce formula um juízo favorável sobre este romance e, em geral, sobre a obra literária de Bechi, sobretudo *Caccia grossa*, embora distinga entre a parte "programática e apologética" do livro e a parte mais propriamente artística e dramática. Mas será que também *Caccia grossa* não é essencialmente um livro de politiqueiro e dos piores que se possam imaginar?

§ 82. *Os filhotes do padre Bresciani.* Ghita, "a criada ilustre" (novela de Cervantes) [70].

§ 98. *Os filhotes de padre Bresciani. G. Papini.* Em março de 1932, Papini escreveu um artigo na *Nuova Antologia* (contra Croce) e um no *Corriere della Sera* sobre o *Édipo* de André Gide [71]. Só li até agora o último: é remendado, prolixo, pomposo e vazio. Em março, devem ser nomeados os novos acadêmicos que preencherão as cadeiras da Academia da Itália: os dois artigos, evidentemente, são as "credenciais" de Giovanni Papini.

§ 100. *Passado e presente. O arroto do pároco e outros super-regionalismos.* Cesare De Lollis (*Reisebilder*, p. 8 e ss.) escreve algumas notas interessantes sobre as relações entre a "minoria" que fez a Itália e o povo: "[...] há não muitos dias ocorreu-me ler num diário que há muito a Itália tem se preocupado excessivamente com as escolas primárias e populares em geral (entre os principais responsáveis por isso era mencionado Credaro), quando o verdadeiro interesse da nação seria cuidar da educação das classes superiores [72]. Ora, com isso se retorna, ou se gostaria de retornar, ao conceito da educação como privilégio de classe; conceito inteiramente *ancien régime*, incluída a Contrarreforma, que também buscou evitar que a cultura se aproximasse da vida e, portanto, do povo. Contudo, para que a nação seja modelada numa verdadeira unidade, é preciso que os que a compõem se reencontrem, todos, num certo grau de educação. As classes inferiores devem perceber nas superiores os traços da perfeição alcançada; estas devem reconhecer naquelas a perfectibilidade [...]. Ora, que se tenha feito muito neste sentido é algo que poderão dizer somente os observadores superficiais ou os pedantes que enchem a própria boca e a cabeça dos outros de grandes palavras como 'estirpe' e 'linhagem', palavras que tendem, ao conferir títulos de nobreza hereditária, a abolir o sentido do esforço e do dever pessoal; do mesmo modo, a admiração agora em moda pelo costume e pelos costumes locais, inteiramente romântica, tende a imobilizar e a cristalizar, em vez de induzir ao caminho do progresso." (É aguda a aproximação implícita entre o super-regionalismo e a cultura como privilégio de classe.)

Um fato semelhante é o do nome das ruas (cf. Corrado Ricci, "I nomi delle strade", *Nuova Antologia* de 1º de março de 1932): Ricci, em junho de 1923, no senado, quando se discutia um decreto relativo às mudanças de nomes das ruas e das praças municipais, propôs que se fizesse uma revisão dos nomes velhos e novos para ver se não seria conveniente, em diversos casos, *voltar ao antigo*. (O que ocorreu em muitos casos; e o fato de que por vezes isso tenha sido oportuno em nada altera o significado da orientação.)

O mesmo vale para as "famílias" meneguina (de Milão), turinense, bolonhesa, etc., que prosperam neste mesmo período. Todas tentativas de imobilizar e cristalizar, etc.

§ 104. *Os filhotes de padre Bresciani. A. Luzio.* Artigo de A. Luzio no *Corriere della Sera* de 25 de março de 1932 ("La morte di Ugo Bassi e di Anita Garibaldi"), no qual se tenta uma reabilitação do padre Bresciani. As obras do padre Bresciani, "no final das contas, não podem, *quanto ao conteúdo*, ser liquidadas com condenações *sumárias*". Luzio junta o ensaio de De Sanctis com um epigrama de Manzoni (o qual, perguntado se conhecia o *Ebreo di Verona*, teria respondido, segundo o diário de Margherita di Collegno: "Li os dois primeiros períodos: parecem duas sentinelas que nos dizem *para não seguirmos em frente*") e depois chama de '*sumárias*' as condenações. Não haverá algo de jesuítico neste astucioso joguinho?

E mais: "*Certamente* não é simpático o tom com que ele, porta-voz da reação que se seguiu aos movimentos de 1848-1849, representava e julgava os defensores das aspirações nacionais: porém, em *mais de um* de seus contos, *sobretudo* em 'Don Giovanni ossia il Benefattore occulto' (números 26-27 da *Civiltà Cattolica*), não faltam traços de piedade humana e cristã em face das vítimas; episódios parciais são situados com equanimidade, como, por exemplo, a morte de Ugo Bassi e o doloroso fim de Anita Garibaldi." Mas será que Bresciani poderia fazer de outro modo? E, para julgar Luzio, é digno de nota, precisamente, que ele valorize como positivo em Bresciani justamente seu jesuitismo e sua demagogia de baixa extração [73].

§ 105. *Os filhotes de padre Bresciani. Papini como aprendiz de jesuíta.* O artigo de Papini na *Nuova Antologia* de 1º de março de 1932 ("Il Croce e la croce") parece-me demonstrar que, também como jesuíta, Papini não passará jamais de um modesto aprendiz [74]. Ele é um burro velho que quer continuar sendo um burrico, apesar do peso dos anos e dos achaques, e que dá coices e saltita de modo torpe. Parece-me que a característica deste artigo é a insinceridade. Ver como Papini o inicia, com suas habituais piadas estereotipadas e mecânicas contra Croce, e como, perto do final, bancando o cordeiro pascal, anuncia hipocritamente que, na coletânea de suas obras, os escritos sobre Croce serão expurgados de todas as "brincadeiras" e só aparecerá a discussão "teórica". O artigo foi escrito de uma só vez, como se pode ver; e, no curso da redação, Papini mudou de atitude, mas não se preocupou em afinar os latidos das primeiras páginas com os balidos das últimas: o literato satisfeito consigo mesmo e com as estocadas que crê desferir é sempre superior ao pseudocatólico, mas também ao jesuíta, e — pobre homem! — não quis sacrificar o que já havia escrito. Mas todo o escrito se mostra confuso, mecanicamente construído, de modo desconexo, sobretudo na segunda parte, na qual a hipocrisia transparece de modo repugnante. Parece-me, porém, que Papini é obcecado por Croce: Croce tem nele a função da consciência, das "mãos ensanguentadas" de Lady Macbeth. Ele reage a esta obsessão ora se fazendo de arrogante, buscando a burla e a ironia, ora lamentando-se miseravelmente: o espetáculo é sempre digno de piedade. O próprio título do artigo é sintomático: que Papini se sirva da "cruz" para fazer trocadilhos testemunha sobre a qualidade literária de seu catolicismo.

§ 115. *Os filhotes do padre Bresciani.* Segundo Luigi Tonelli (*L'Italia che scrive*, março de 1932, "Pietro Mignosi"), estaria contido, no volume *Epica e santità* de Mignosi (Palermo, Priulla, 1925), um "belíssimo 'Canto' um pouco à Rimbaud, em louvor dos 'pobres animais'"; e cita: "Vermes e ratos, moscas, piolhos e poetas, que todas as armas da terra não conseguem exterminar" [75].

§ 122. *Literatura popular.* Uma das atitudes mais características do público popular em face de sua literatura é a seguinte: não importa o nome e a personalidade do autor, mas a pessoa do protagonista. Os heróis da literatura popular, quando entram na esfera da vida intelectual popular, destacam-se de sua origem "literária" e adquirem a validade do personagem histórico. Toda a sua vida interessa, do nascimento à morte, o que explica o êxito das "continuações", ainda que artificiosas: isto é, pode ocorrer que o primeiro criador do tipo, em seu trabalho, faça o herói morrer e o "continuador" o faça reviver, para grande satisfação do público, que novamente se apaixona e renova a imagem, prolongando-a com o novo material que lhe foi oferecido. Não se deve entender "personagem histórico" em sentido literal, embora também isto ocorra, ou seja, que leitores populares já não mais saibam distinguir entre mundo efetivo da história passada e mundo da fantasia, e discutam sobre os personagens romanescos como discutiriam sobre os que viveram, mas através de uma transferência, para compreender que o mundo da fantasia adquire na vida intelectual popular uma específica concreticidade de fábula. Ocorrem assim, por exemplo, contaminações entre romances diversos, já que os personagens se assemelham: o narrador popular une em um só herói as aventuras de vários heróis e está convencido de que é preciso fazer assim para ser "inteligente".

§ 127. *História das classes subalternas. La Bohème. Charles Baudelaire.* Cf. C. Baudelaire, *Les Fleurs du Mal et autres poèmes*, texto integral precedido por um estudo inédito de Henri de Régnier ("La Renaissance du Livre", Paris, s.d.). No estudo de Henri de Régnier (p. 14-15, a contar da página de começo, porque no texto do prefácio não existe numeração), recorda-se que Baudelaire participou ativamente dos acontecimentos de fevereiro e junho de 1848. "Fenômeno estranho de contágio revolucionário, neste cérebro tão meticulosamente lúcido", escreve Régnier. Com Champfleury, Baudelaire fundou um jornal republicano em que escreveu artigos violentos. Depois, dirigiu um jornal local em Châteauroux. "Deve-se dizer que esta dupla campanha tipográfica (*sic*) e o papel que ele desempenhou no movimento popular bastaram para curar o que ele, mais tarde, chamaria de sua 'loucura' e que, em *Mon coeur mis à nu*, busca explicar a si mesmo, ao escrever: 'Minha embriaguês de 1848. Qual a natureza desta embriaguês? Gosto de vingança, prazer natural da demolição. Embriaguês literária. Lembranças de leituras.' Crise bizarra, que transforma este aristocrata de ideias e de gosto, que Baudelaire fundamentalmente era, num energúmeno, que seu camarada La Valvasseur descreve em suas notas e cujas mãos 'cheiravam a pólvora', proclamando 'a apoteose da bancarrota social'; crise bizarra, da qual ele extrai um horror sincero à democracia, mas que, talvez, também fosse uma primeira advertência fisiológica", etc. [76]. (É um primeiro sintoma da neurastenia de Baudelaire.) (Mas por que não o contrário? Isto é, por que, em sentido inverso, a doença de Baudelaire não teria determinado seu afastamento do movimento popular?, etc.)

Em todo caso, ver se estes escritos políticos de Baudelaire foram estudados e reunidos.

§ 135. *Literatura popular.* Cf. E. Brenna, *La letteratura educativa popolare italiana nel secolo XIX* (Milão, Filp, 1931, 246 p., 6 liras). Da resenha da profa. E. Formiggini-Santamaria (*Italia che scrive*, março de 1932), extraem-se as seguintes informações: o livro de Brenna ganhou um prêmio de incentivo no concurso Ravizza, que parece ter como tema precisamente a "literatura educativa popular". Brenna forneceu um quadro da evolução do romance, da novela, de escritos de divulgação moral e social, do drama, dos escritos vernáculos mais difundidos no século XIX, com referências ao século XVIII e em relação com a orientação literária em seu desenvolvimento global [77].

Brenna deu ao termo "popular" um sentido muito amplo, "ou seja, nele incluindo também a burguesia, aquela que não faz da cultura a finalidade de sua vida, mas que pode aproximar-se da arte"; assim, considerou como "literatura educativa do povo toda a literatura de estilo não áulico e não rebuscado, nela incluindo, por exemplo, *Os noivos*, os romances de D'Azeglio e outros do mesmo tipo, os versos de Giusti e os que tomam como tema as experiências superficiais e a serena natureza, como os versos de Pascoli e de Ada Negri". Formiggini-Santamaria faz algumas considerações interessantes: "Esta interpretação do tema se justifica quando se pensa como foi escassa, na primeira metade do século passado, a difusão do alfabeto entre os artesãos e os camponeses (mas a literatura popular não se difunde apenas por meio da leitura individual, mas também através de leituras coletivas; outras atividades, como os *Maggi* na Toscana e os cantadores ambulantes na Itália meridional, são próprias de ambientes atrasados, onde o anafalbetismo é difuso; também as competições poéticas na Sardenha e na Sicília), e como também foi escassa a impressão de livros adequados (o que significa 'adequados'? E a literatura não faz nascer novas necessidades?) à pobre mentalidade dos trabalhadores manuais [78]. A autora provavelmente pensou que, se tivesse evocado apenas estes, seu estudo teria ficado muito restrito. Contudo, parece-me que a intenção explícita no tema em questão tenha sido a de destacar, com a escassez de escritos de índole popular no século XIX, a necessidade de escrever para o povo livros adequados e de fazer com que se pesquisem — através da análise do passado — os critérios nos quais deve se inspirar uma literatura popular. Não digo que não se devesse dar atenção às publicações que, na intenção dos escritores, deveriam servir para educar o povo, mas sem ter êxito; dessa atenção, porém, deveria ter ficado mais explícito o motivo pelo qual a boa intenção não passou de intenção. Ao contrário, houve outras obras (em particular na segunda metade do século XIX) que se propuseram antes de mais nada o sucesso, e só secundariamente a educação, e que tiveram muito êxito entre as classes populares. É verdade que, se as examinasse, Brenna teria de se afastar com muita frequência do campo da arte; mas, na análise daqueles livros que se difundiram e até hoje se difundem entre o povo (por exemplo, os ilógicos, complicados e tenebrosos romances de Invernizio), no estudo daqueles dramalhões que arrancam lágrimas e aplausos do público dominical dos teatros de segunda classe (e que são sempre inspirados no amor à justiça e na coragem), poder-se-ia encontrar melhor o aspecto mais destacado da alma popular, o segredo daquilo que pode educá-la quando for levada a um terreno de ação menos unilateral e mais sereno."

Formiggini observa, ademais, que Brenna não se ocupou do estudo do folclore; e lembra que é preciso ocupar-se, pelo menos, das fábulas e das novelas do tipo daquelas dos irmãos Grimm.

Formiggini insiste na palavra "educativa", mas não indica o conteúdo que deveria ter tal conceito; contudo, toda a questão está aqui. A "tendenciosidade" da literatura intencionalmente popular (educativa) é tão insípida e falsa, corresponde tão pouco aos interesses mentais do povo, que a impopularidade é o castigo merecido.

§ 136. *Características da literatura italiana.* Cf. o artigo de Piero Rébora, "Libri italiani ed editori inglesi", na *Italia che scrive* de março de 1932. Por que a literatura italiana contemporânea quase não tem difusão na Inglaterra: "Escassa capacidade de narração objetiva e de observação, egocentrismo mórbido, antiquada obsessão erótica; e, ao mesmo tempo, caos linguístico e estilístico, pelo que muitos de nossos livros ainda são escritos com obscuro impressionismo lírico, que entedia o leitor italiano e aturde um estrangeiro. Centenas de vocábulos usados pelos escritores contemporâneos não se encontram nos dicionários e ninguém sabe o que significam exatamente." "Sobretudo, talvez, representação do amor e da mulher mais ou menos incompreensível para os anglo-saxões, verismo provinciano semidialetal, ausência de unidade linguística e estilística." "Fazem falta livros de tipo europeu, não de desgastado verismo provinciano." "A experiência me ensina que o leitor estrangeiro (e, provavelmente, também o italiano) encontra com frequência em nossos livros algo de caótico, de chocante, quase de repugnante, inserido aqui e ali, ninguém sabe como, em meio a páginas admiráveis, que revelam, ao contrário, um talento sólido e profundo." "Há romances, livros em prosa, comédias muito bem realizados, mas que são irremediavelmente destruídos por duas ou três páginas, por uma cena, até por uma frase de desconcertante vulgaridade, desmazelo, mau gosto, que arruína tudo." "[...] Resta o fato de que um professor italiano no exterior não consegue, mesmo que com a maior boa vontade, reunir uma dúzia de bons livros italianos contemporâneos, que não contenham alguma página de mau gosto, desqualificante, desastrosa para nossa elementar dignidade, penosamente trivial, que é melhor não pôr diante dos olhos de leitores estrangeiros inteligentes. Alguns têm o mau costume de chamar tais pudores e recriminações com o infamante nome de 'puritanismo', quando, ao contrário, trata-se apenas e unicamente de 'bom gosto'."

O editor, segundo Rébora, deveria intervir mais no fato literário, e não ser apenas um comerciante-industrial; deveria funcionar como primeira instância "crítica", sobretudo no que se refere à "socialidade" do trabalho, etc.

§ 137. *Literatura popular.* Cf. Ernesto Brunetto, "Romanzi e romanzieri d'appendice", no *Lavoro Fascista* de 19 de fevereiro de 1932.

§ 145. *Caráter não popular-nacional da literatura italiana.* Aprovação da nação ou dos "espíritos eleitos". O que deve interessar mais a um artista, a aprovação de sua obra pela "nação" ou pelos "espíritos eleitos"? Mas pode existir separação entre "espíritos eleitos" e "nação"?

O fato de que a questão tenha sido posta e continue a sê-lo nestes termos revela, por si só, uma situação historicamente determinada de separação entre intelectuais e nação. De resto, quem são os "espíritos" considerados "eleitos"? Cada escritor ou artista tem seus "espíritos eleitos", isto é, tem-se na realidade uma desagregação dos intelectuais em igrejinhas e seitas de "espíritos eleitos", desagregação que depende precisamente da não aderência à nação-povo, do fato de que o "conteúdo" sentimental da arte, o mundo cultural, é alheio às correntes profundas da vida popular-nacional, de que esta última também permanece desagregada e sem expressão. Todo movimento intelectual se torna ou volta a se tornar nacional se se verificou uma "ida ao povo", se ocorreu uma fase "Reforma" e não apenas uma fase "Renascimento"; e se as fases "Reforma-Renascimento" se sucedem organicamente e não coincidem com fases históricas distintas (como na Itália, onde entre o movimento comunal — reforma — e o do Renascimento ocorreu um hiato histórico do ponto de vista da participação popular na vida pública). Mesmo que se devesse começar escrevendo "romances de folhetim" e versos de melodrama, não há "Renascimento" e não há literatura nacional sem um período de ida ao povo.

§ 160. *Os filhotes de padre Bresciani. Papini.* O catolicismo condiciona o estilo de Papini. Não mais dirá "sete", mas "quantos são os pecados capitais": "Não que faltassem traduções italianas da obra-prima goethiana: Manacorda as levou em consideração, integrais ou não, tantas quantos são os pecados capitais" ("Il Faust svelato", no *Corriere della Sera* de 26 de abril de 1932).

§ 165. *A. Oriani.* É preciso estudá-lo como o representante mais honesto e apaixonado da grandeza nacional-popular italiana entre os intelectuais italianos da velha geração. Sua posição, porém, não é crítico-reconstrutiva: e disto decorrem todos os motivos de seu infortúnio e de seus fracassos. Na realidade, a quem se dirigia Oriani? Não às classes dominantes, das quais esperava, contudo, reconhecimentos e honras, apesar de suas diatribes corrosivas. Não aos republicanos, aos quais, todavia, se aparenta sua forma mental recriminatória. A *Lotta politica* parece o manifesto em favor de um grande movimento democrático nacional popular; mas Oriani está tão embebido de filosofia idealista, tal como esta se forjou na época da Restauração, que não sabe falar ao povo como líder e como igual ao mesmo tempo, para fazer com que o povo participe da crítica de si mesmo e de suas debilidades, mas sem perder a fé na própria força e no próprio futuro. A debilidade de Oriani reside neste caráter meramente intelectual de suas críticas, que criam uma nova forma de doutrinarismo e de abstração. Mas há nele um movimento de pensamento bastante sadio que deveria ser aprofundado. A fortuna de Oriani nestes últimos tempos é mais um embalsamamento funerário do que uma exaltação de nova vida de seu pensamento.

CADERNO 9 (1932)

§ 2. *Os filhotes de padre Bresciani. Uma esfinge sem enigmas.* No *Ambrosiano* de 8 de março de 1932, Marco Ramperti escreveu um artigo, "La Corte di Salomone", no qual, entre outras coisas, se lia: "Hoje, amanheci diante de um 'logogrifo' de quatro linhas, em torno do qual havia velado nas últimas sete horas de solidão, sem naturalmente compreender nada. Densa obscuridade! Mistério sem fim! Ao despertar, contudo, percebi que, na atonia febril, confundira a *Corte di Salomone* com a *Italia Letteraria*, o 'logogrifo' enigmático com uma estrofe do poeta Ungaretti..." A estas finas estocadas de Ramperti Ungaretti respondeu com uma carta publicada na *Italia Letteraria* de 10 de abril e que me parece um "sinal dos tempos". Pode-se deduzir da carta quais são as "reivindicações" que Ungaretti apresenta a "seu país" para ser recompensado por seus méritos nacionais e mundiais. (Ungaretti não passa de um tolo de medíocre inteligência.) "Caro Angioletti: De volta de uma cansativa viagem para ganhar o minguado pão de meus filhos, encontrei os números do *Ambrosiano* e da *Stampa* nos quais um certo Sr. Ramperti acreditou ofender-me. Poderia responder-lhe que minha poesia era compreendida pelos camponeses, meus irmãos, na trincheira; compreendeu-a meu *Duce*, que quis honrá-la com um prefácio; será sempre compreendida pelos simples e pelos doutos de boa-fé. Poderia dizer-lhe que, há quinze anos, tudo o que de novo se faz na Itália e no estrangeiro traz na poesia a marca de meus sonhos e de meu tormento expressivo; que os críticos honestos, italianos e estrangeiros, não se fazem de rogados para reconhecê-lo; e, de resto, jamais pedi louvores a ninguém. Poderia dizer-lhe que uma vida duríssima como a minha, fervorosamente italiana e fascista, sempre, diante de estrangeiros e de conterrâneos, mereceria pelo menos não ter suas dificuldades acrescidas por parte de jornais italianos e fascistas. Deveria dizer-lhe que, se há algo enigmático no ano X (vivo de artigos na absoluta incerteza do amanhã, já com 40 anos!), é somente esta obstinada maldade dirigida contra mim por parte de pessoas de... espírito. Com afeto, Giuseppe Ungaretti." A carta é uma obra-prima de hipocrisia literária e de presunçosa estupidez [79].

§ 15. *Folclore.* Raffaele Corso chama o conjunto dos fatos folclóricos de uma "pré-história contemporânea", o que é apenas um jogo de palavras para definir um fenômeno complexo, que não se deixa definir sumariamente. Pode-se recordar, sobre isso, a relação entre as chamadas "artes menores" e as chamadas "artes maiores", isto é, entre a atividade dos criadores de arte e a dos artesãos (das coisas de luxo ou, pelo menos, não imediatamente utilitárias). As artes menores foram sempre ligadas às artes maiores e dependeram delas. Do mesmo modo, o folclore sempre esteve ligado à cultura da classe dominante, da qual, a seu modo, recolheu motivos que terminaram por nele se inserir em combinação com as tradições precedentes. De resto, nada mais contraditório e fragmentário do que o folclore.

De qualquer modo, trata-se de uma "pré-história" muito relativa e muito discutível, e nada seria mais disparatado do que querer descobrir numa mesma área folclórica as diversas estratificações. Mas até mesmo a comparação entre áreas diversas, ainda que seja a única orientação metodológica racional, não pode permitir conclusões taxativas, e sim apenas conjecturas prováveis, já que é difícil fazer a história das influências que cada área acolheu e, com frequência, a comparação é feita entre entidades heterogêneas. O folclore, pelo menos em parte, é muito mais móvel e flutuante do que a língua e os dialetos, o que, de resto, pode ser dito também da relação entre cultura da classe culta e língua literária: a língua se modifica, em sua parte sensível, muito menos do que o conteúdo cultural; e somente na semântica é possível registrar naturalmente uma adesão entre forma sensível e conteúdo intelectual.

§ 37. *Literatura popular.* P. Ginisty, *Eugène Sue (Grandes vies aventureuses)*, Paris, Berger-Levrault, 1932, in-16º, 228 p., 10 francos.

§ 66. *Literatura popular.* Referi-me, em outra nota, ao fato de que, na Itália, a música substituiu em certa medida, na cultura popular, aquela expressão artística que, em outros países, é dada pelo romance popular, e de que os gênios musicais obtiveram uma popularidade que, ao contrário, faltou aos literatos [80]. Deve-se investigar: 1) se o florescimento da ópera na música coincide, em todas as suas fases de desenvolvimento (isto é, não como expressão individual de artistas geniais, mas como fato, manifestação histórico-cultural), com o florescimento da épica popular representada pelo romance. Parece-me que sim: o romance e o melodrama têm origem no século XVIII e florescem na primeira metade do século XIX, isto é, coincidem com a manifestação e a expansão das forças democráticas popular-nacionais em toda a Europa; 2) se coincidem a expansão europeia do romance popular anglo-francês e a do melodrama italiano.

Por que a "democracia" artística italiana teve uma expressão musical e não "literária"? O fato de que a linguagem não tenha sido nacional, mas cosmopolita, como é o caso da música, pode ser ligado à deficiência de caráter popular-nacional nos intelectuais italianos? No momento mesmo em que se verifica, em todos os países, uma intensa nacionalização dos intelectuais nativos — e este fenômeno se verifica também na Itália, embora em menor medida (também o século XVIII italiano, particularmente em sua segunda metade, é mais "nacional" do que cosmopolita) —, os intelectuais italianos continuam sua função europeia através da música. Talvez se possa observar que a trama dos libretos não é nunca "nacional", mas europeia, em dois sentidos: ou porque o "enredo" do drama se desenvolve em todos os países da Europa e mais raramente na Itália, partindo de lendas populares ou de romances populares; ou porque os sentimentos e as paixões do drama refletem a peculiar sensibilidade europeia setecentista e romântica, isto é, uma sensibilidade europeia, que coincide, não obstante, com fortes elementos da sensibilidade popular de todos os países, dos quais, de resto, havia partido a corrente romântica. (Deve-se relacionar este fato com a popularidade de Shakespeare e também dos trágicos gregos, cujos personagens, movidos por paixões elementares — ciúme, amor paterno, vingança, etc. —, são essencialmente populares em todos os países.) Por isso, pode-se dizer que a relação entre o melodrama italiano e a literatura popular anglo-francesa não é criticamente desfavorável ao melodrama, já que a relação é histórico-popular e não artístico-crítica. Verdi, como artista, não pode ser comparado, por assim dizer, com Eugène Sue, embora caiba dizer que o êxito popular de Verdi só pode ser comparado ao de Sue, ainda que, para os estetizantes (wagnerianos) aristocratas da música, Verdi ocupe, na história da música, o mesmo lugar que Sue ocupa na história da literatura. A literatura popular em sentido pejorativo (como a de Sue e epígonos) é uma degenerescência político-comercial da literatura nacional-popular, cujo modelo são precisamente os trágicos gregos e Shakespeare.

Este ponto de vista sobre o melodrama pode ser também um critério para compreender a popularidade de Metastasio, que foi popular sobretudo como escritor de libretos [81].

§ 82. *Passado e presente.* Luigi Orsini, *Casa paterna. Ricordi d'infanzia e di adolescenza*, Treves, 1931. Luigi Orsini é sobrinho de Felice. Recorda as descrições sobre a adolescência de Felice, narradas pelo irmão, pai de Luigi. Parece que o livro é interessante por traçar o quadro da vida das aldeias da Romanha de algumas décadas atrás [82].

§ 134. *Literatura italiana. Pirandello.* Observei em outro local que, num juízo crítico-histórico sobre Pirandello, o elemento "história da cultura" deve ser superior ao elemento "história da arte", ou seja, que na atividade literária pirandelliana predomina o valor cultural sobre o valor estético [83]. No quadro geral da literatura contemporânea, a eficácia de Pirandello foi maior como "inovador" do clima intelectual do que como criador de obras artísticas: ele contribuiu muito mais do que os futuristas para "desprovincianizar" o "homem italiano", para suscitar uma atitude "crítica" moderna em oposição à atitude "melodramática" tradicional e oitocentista.

A questão, porém, é ainda mais complexa do que o sugerido por estas indicações. E se põe assim: os valores poéticos do teatro pirandelliano (e o teatro é o terreno mais próprio de Pirandello, a expressão mais completa de sua personalidade poético-cultural) não só devem ser isolados de sua atividade preponderantemente cultural, intelectual-moral, mas devem sofrer uma ulterior limitação: a personalidade artística de Pirandello é múltipla e complexa. Quando Pirandello escreve um drama, expressa "literariamente", ou seja, com a palavra, apenas um aspecto parcial de sua personalidade artística. Ele "deve" complementar a "redação literária" com sua obra de encenador e de diretor. O drama de Pirandello adquire toda a sua expressividade somente na medida em que a "representação" for dirigida por Pirandello encenador, isto é, na medida em que Pirandello suscitar nos atores uma determinada expressão teatral e na medida em que Pirandello diretor criar uma determinada relação estética entre o complexo humano que representará e o aparato material do palco (luz, cores, montagem em sentido amplo, etc.). Ou seja, o teatro pirandelliano é estreitamente ligado à personalidade física do escritor e não apenas aos valores artístico-literários "escritos". Morto Pirandello (isto é, se Pirandello, além de escritor, deixar de operar como encenador e diretor), que restará de seu teatro? Um "roteiro" genérico que, em certo sentido, pode se aproximar dos cenários do teatro pré-goldoniano: "pretextos" teatrais, não "poesia" eterna. Dir-se-á que o mesmo ocorre com todas as obras de teatro e, em certo sentido, isso é verdade. Mas apenas em certo sentido. É verdade que uma tragédia de Shakespeare pode ter diversas interpretações teatrais conforme os encenadores e diretores, ou seja, é verdade que toda tragédia de Shakespeare pode se tornar "pretexto" para espetáculos teatrais de variada originalidade: mas resta o fato de que a tragédia "impressa" em livro e lida individualmente tem uma vida artística independente, que pode se abstrair da representação teatral: é poesia e arte mesmo fora do teatro e do espetáculo. Isto não ocorre com Pirandello: seu teatro vive esteticamente, na maior parte dos casos, apenas quando "representado" teatralmente — e representado teatralmente tendo Pirandello como encenador e diretor. (Tudo isso deve ser entendido com muitas cautelas.)

CADERNO 14 (1932-1935)

§ 1. *Literatura popular* (cf. o parágrafo seguinte). É certo que o estudo da função não é suficiente, ainda que seja necessário, para criar a beleza; de resto, sobre a própria "função" manifestam-se discordâncias, isto é, também a ideia e o fato de função são individuais, ou dão lugar a interpretações individuais. Nem está dito que a "decoração" não seja "funcional", e entende-se "decoração" em sentido amplo, como tudo o que não é estritamente "funcional", como a matemática. Mas a "racionalidade" leva à "simplificação", o que já é muito. (Luta contra o barroquismo estético, que se caracteriza precisamente pela preponderância do elemento exteriormente decorativo sobre o "funcional", ainda que em sentido amplo, ou seja, de função na qual esteja compreendida a "função estética".) Já é muito que se tenha chegado a admitir que "a arquitetura é a interpretação do que é prático" [84]. Talvez isso possa ser dito de todas as artes, ou seja, que elas são uma "determinada interpretação do que é prático", contanto que da expressão "prático" se retire qualquer significado "pejorativo, judaico" (ou vulgarmente burguês: deve-se notar que "burguês", em muitas línguas, tem o significado apenas de "vulgar, medíocre, interessado", ou seja, assumiu o significado que outrora pertencia à expressão "judaico": mas estes problemas de linguagem têm importância, já que linguagem = pensamento, modo de falar indica não apenas modo de pensar e de sentir, mas também de expressar-se, isto é, de se fazer compreender e sentir) [85]. Certamente, nas outras artes, as questões de "racionalismo" não se apresentam do mesmo modo que na arquitetura; contudo, o "modelo" da arquitetura é útil, já que *a priori* se deve admitir que o belo é sempre o belo e apresenta os mesmos problemas, qualquer que seja sua expressão formal particular. Poder-se-ia dizer que se trata de "técnica", mas técnica é apenas expressão e o problema volta a seu círculo inicial com palavras diferentes.

§ 2. *Literatura popular.* Questões de nomes. É evidente que, em arquitetura, "racionalismo" significa simplesmente "moderno"; é também evidente que "racional" é apenas um modo de expressar o belo segundo o gosto de uma determinada época. Compreende-se que isto tenha ocorrido na arquitetura antes que nas demais artes, dado que a arquitetura é "coletiva", não só como "utilização", mas como "juízo". Poder-se-ia dizer que o "racionalismo" sempre existiu, isto é, que sempre se buscou atingir um certo fim segundo um certo gosto e segundo os conhecimentos técnicos da resistência e da adaptabilidade do "material".

Saber quanto e como possa o "racionalismo" da arquitetura difundir-se nas demais artes é uma questão difícil e que será resolvida pela "crítica dos fatos" (o que não quer dizer que seja inútil a crítica intelectual e estética que prepara a crítica dos fatos). O certo é que a arquitetura parece ser, por si mesma e por suas conexões imediatas com o resto da vida, a mais reformável e "discutível" das artes. Um quadro, um livro ou uma estatueta podem ser conservados num local "pessoal" para o desfrute pessoal; não é o caso de uma construção arquitetônica. Deve-se também recordar indiretamente (naquilo que for válido neste caso) a observação de Tilgher de que a obra de arquitetura não pode ser comparada às demais obras de arte pelo "custo", pelo volume, etc. [86]. Destruir uma obra construtiva, isto é, fazer e refazer, experimentando e reexperimentando, não se adapta muito à arquitetura.

§ 5. *Critérios metodológicos.* Quando se examina criticamente uma "dissertação", pode estar em questão: 1) avaliar se o autor soube deduzir com rigor e coerência *todas* as consequências das premissas que asumiu como ponto de partida (ou de vista): pode ocorrer que falte rigor, que falte coerência, que existam omissões tendenciosas, que falte a "fantasia" científica (ou seja, que não se saiba ver toda a fecundidade do princípio adotado, etc.); 2) avaliar os pontos de partida (ou de vista), as premissas, que podem ser negadas liminarmente, ou limitadas, ou demonstradas não mais válidas historicamente; 3) investigar se as premissas são homogêneas entre si, ou se, por incapacidade ou insuficiência do autor (ou por ignorância do estado histórico da questão), ocorreu contaminação entre premissas ou princípios contraditórios, ou heterogêneos, ou historicamente não aproximáveis. Assim, a avaliação crítica pode ter diversas finalidades culturais (ou também polêmico-políticas): pode ter como objetivo demonstrar que Fulano, individualmente, é incapaz e nulo; que o grupo cultural ao qual Fulano pertence é cientificamente irrelevante; que Fulano, embora "creia" ou pretenda pertencer a um grupo cultural, engana-se ou quer enganar, que Fulano se serve das premissas teóricas de um grupo respeitável para extrair deduções tendenciosas ou particularistas, etc.

§ 7. *Passado e presente.* Quando se fala de "tipos nacionais", é preciso estabelecer e definir bem o que se pretende dizer. Preliminarmente, é preciso distinguir entre nacional e "folclórico". A que critérios recorrer para chegar a essa distinção? Um (e talvez o mais exato) pode ser o seguinte: o folclórico aproxima-se do "provinciano" em todos os sentidos, isto é, seja no sentido de "particularista", seja no sentido de anacrônico, seja no sentido próprio de uma classe privada de características universais (pelo menos europeias). Há na cultura um elemento folclórico ao qual não se costuma dar importância: é folclórica, por exemplo, a linguagem melodramática, assim como é folclórico o conjunto de sentimentos e de "poses" esnobes inspiradas nos romances de folhetim.

Por exemplo: Carolina Invernizio criou para Florença um ambiente romanesco copiado mecanicamente dos romances de folhetim franceses que têm Paris como ambiente; criou determinadas tendências de folclore. O que foi dito da relação Dumas-Nietzsche sobre as origens populares do "super-homem" dá lugar, precisamente, a temas de folclore [87]. Se Garibaldi revivesse hoje, com suas extravagâncias exteriores, etc., seria mais folclórico do que nacional; por isso, hoje, a figura de Garibaldi faz muitos sorrirem com ironia, mas erradamente, já que, em sua época, Garibaldi não era na Itália nem anacrônico nem provinciano porque toda a Itália era anacrônica e provinciana. Portanto, pode-se dizer que um tipo é "nacional" quando é contemporâneo de um determinado nível mundial (ou europeu) de cultura e, é evidente, alcançou este nível. Neste sentido, Cavour era nacional na política liberal; De Sanctis, na crítica literária (e também Carducci, mas menos do que De Sanctis); Mazzini, na política democrática. Tinham acentuados traços folclóricos Garibaldi, Vítor Emanuel II, os Bourbons de Nápoles, a massa dos revolucionários populares, etc. Na relação Nietzsche/super-homem, D'Annunzio tem acentuados traços folclóricos, bem como Gualino no terreno econômico-prático (e, mais ainda, Luca Cortese, que é a caricatura de D'Annunzio e Gualino), e também Scarfoglio, embora menos do que D'Annunzio. Mas D'Annunzio menos que outros, graças à sua cultura superior e não ligada de modo imediato à mentalidade do romance de folhetim. São muitos os individualistas-anarquistas populares que parecem, precisamente, ter saltado das páginas de romances de folhetim.

Esse provincianismo folclórico tem outras características na Itália; liga-se a ele o que aparece aos estrangeiros um histrionismo italiano, uma teatralidade italiana, algo de filodramático, aquela ênfase no dizer as coisas mais banais, aquela forma de chauvinismo cultural que Pascarella retrata na *Scoperta dell'America*, a admiração pela linguagem própria dos libretos de ópera, etc.

§ 15. *O teatro de Pirandello.* Pirandello talvez tenha razão quando é o primeiro a protestar contra o "pirandellismo", isto é, quando afirma que o chamado pirandellismo é uma construção abstrata de pretensos críticos, não autorizada por seu teatro concreto, uma fórmula cômoda, que esconde frequentemente interesses culturais e ideológicos tendenciosos, que não querem confessar-se explicitamente. É certo que Pirandello foi sempre combatido pelos católicos: lembrar o fato de que *Liolà* foi retirada do cartaz após as gritarias encenadas no Teatro Alfieri de Turim por jovens católicos, instigados pelo *Momento* e por seu mediocríssimo cronista teatral, Saverio Fino [88]. O pretexto usado contra *Liolà* foi uma pretensa obscuridade da comédia; mas, na verdade, todo o teatro de Pirandello é combatido pelos católicos por causa da concepção pirandelliana do mundo, a qual, qualquer que seja ela e sua coerência filosófica, é indubitavelmente anticatólica, ao contrário da concepção "humanitária" e positivista do verismo burguês e pequeno-burguês do teatro tradicional. Na realidade, não parece que se possa atribuir a Pirandello uma concepção coerente do mundo; não parece que se possa extrair de seu teatro uma filosofia e, portanto, não se pode dizer que o teatro pirandelliano seja "filosofia". É certo, porém, que existem em Pirandello pontos de vista que podem ser vinculados genericamente a uma concepção do mundo que, *grosso modo*, pode ser identificada com a concepção subjetivista. Mas o problema é o seguinte: 1) Estes pontos de vista são apresentados de maneira "filosófica", ou os personagens vivem tais pontos de vista como modo de pensar individual? Ou seja, a "filosofia" implícita é explicitamente apenas "cultura" e "eticidade" individuais, isto é, existe, pelo menos em certa medida, um processo de transfiguração artística no teatro pirandelliano? E mais: trata-se de um reflexo sempre igual, de caráter lógico, ou, ao contrário, as posições são sempre diversas, isto é, de caráter fantástico?; 2) Tais pontos de vista são necessariamente de origem livresca, erudita, tomados de sistemas filosóficos individuais, ou, ao contrário, existem na própria vida, na cultura da época e, até mesmo, na cultura popular de nível inferior, no folclore?

Este segundo ponto me parece fundamental e pode ser resolvido mediante um exame comparativo dos diversos dramas, os concebidos em dialeto e nos quais se representa uma vida local, "dialetal", e os concebidos em língua literária e onde se representa uma vida supradialetal, de intelectuais burgueses de tipo nacional e mesmo cosmopolita. Ora, parece que, no teatro dialetal, o pirandellismo é justificado por modos de pensar "historicamente" populares e popularescos, dialetais; ou seja, não se trata de "intelectuais" travestidos de pessoas do povo, de pessoas do povo que pensam como intelectuais, mas de reais (historicamente, regionalmente) pessoas do povo sicilianas, que pensam e agem assim precisamente porque são populares e sicilianos. O fato de não serem católicos, tomistas, aristotélicos não significa que não sejam populares e sicilianos; o fato de que não possam conhecer a filosofia subjetivista do idealismo moderno não quer dizer que não possam existir, na tradição popular, filões de caráter "dialético" e imanentista. Se isto fosse demonstrado, todo o castelo do pirandellismo — isto é, do intelectualismo abstrato do teatro pirandelliano — ruiria, como provavelmente acontecerá.

Mas não me parece que o problema cultural do teatro pirandelliano já esteja esgotado nestes termos. Temos em Pirandello um escritor "siciliano", que consegue conceber a vida local em termos "dialetais", folclóricos (ainda que seu folclorismo não seja aquele influenciado pelo catolicismo, mas aquele que se manteve "pagão", anticatólico sob a casca católica supersticiosa), e que, ao mesmo tempo, é um escritor "italiano" e um escritor "europeu". E temos ainda mais em Pirandello: a consciência crítica de ser, ao mesmo tempo, "siciliano", "italiano" e "europeu", e nisso reside tanto a debilidade artística de Pirandello quanto seu grande significado "cultural" (como observei em outras notas) [89]. Esta "contradição", que é íntima em Pirandello, ganhou expressão explícita em alguns de seus trabalhos narrativos (numa longa novela, parece-me que *Il turno*, é figurado o encontro entre uma mulher siciliana e um marinheiro escandinavo, entre duas "províncias" tão longínquas historicamente) [90]. Mas o que importa é o seguinte:

o sentido crítico-histórico de Pirandello, se o levou no campo cultural a superar e dissolver o velho teatro tradicional, convencional, de mentalidade católica ou positivista, apodrecido no mofo da vida regional ou de ambientes burgueses medíocres e abjetamente banais, terá conseguido gerar criações artísticas bem-sucedidas? Embora o intelectualismo de Pirandello não seja aquele identificado pela crítica vulgar (de origem católica tendenciosa ou tilgherianamente diletante), pode-se dizer que Pirandello está livre de qualquer intelectualismo? Não será ele mais um crítico do teatro do que um poeta, mais um crítico da cultura do que um poeta, mais um crítico do costume nacional-regional do que um poeta? Ou onde será que ele é realmente poeta, onde sua atitude crítica tornou-se conteúdo-forma de arte e não apenas "polêmica intelectual", logicismo, ainda que não de filósofo, mas de "moralista" em sentido superior? Parece-me que Pirandello é artista precisamente quando é "dialetal" e penso que *Liolà* seja sua obra-prima; mas, certamente, também no teatro "literário" podem ser identificados muitos "fragmentos" de grande beleza.

Literatura sobre Pirandello. No campo católico: Silvio D'Amico, *Il teatro italiano* (Treves, 1932) e algumas notas da *Civiltà Cattolica*. O capítulo de D'Amico sobre Pirandello foi publicado na *Italia Letteraria* de 30 de outubro de 1932 e provocou uma viva polêmica entre o próprio D'Amico e Italo Siciliano, na *Italia Letteraria* de 4 de dezembro de 1932. Italo Siciliano é autor de um ensaio, *Il teatro di L. Pirandello*, que parece ser muito interessante, já que trata precisamente da "ideologia" pirandelliana. Para Siciliano, não existe o Pirandello "filósofo", isto é, a chamada "filosofia pirandelliana" é "uma melancólica, variada e contraditória colcha de retalhos de lugares-comuns e de sofismas decrépitos"; "a famosa lógica pirandelliana é um vazio e defeituoso exercício dialético"; e "uma e outra (*a lógica e a filosofia*) constituem o peso morto, a âncora que puxa para baixo — e por vezes de modo fatal — uma obra de arte de inegável poder". Para Siciliano, "a penosa cavilação de P. não se transformou em lirismo ou poesia, mas se manteve em estado bruto; e, não sendo profundamente vivida, mas *plaquée*, inassimilada, por vezes incompatível, prejudicou, estorvou e sufocou a verdadeira poesia pirandelliana". Siciliano, ao que parece, reagiu à crítica de Adriano Tilgher, que fizera de Pirandello o "poeta do problema central", ou seja, considerara como "originalidade artística" de Pirandello o que era um simples elemento cultural, que devia manter-se subordinado e ser examinado no terreno cultural. Para Siciliano, a poesia de Pirandello não coincide com este conteúdo abstrato, de modo que esta ideologia é completamente parasitária: assim parece, pelo menos, e, se é assim, não parece correto [91]. Deve-se admitir que este elemento cultural não é o único de Pirandello e, de resto, trata-se de uma questão de verificação filológica; e deve-se também admitir que este elemento cultural nem sempre foi artisticamente transfigurado. Mas, de qualquer modo, resta a estudar: 1) se ele se tornou arte em algum momento; 2) se, como elemento cultural, teve uma função e um significado na modificação do gosto do público, desprovincianizando-o e modernizando-o, e se modificou as tendências psicológicas, os interesses morais dos demais escritores de teatro, confluindo com o melhor futurismo no trabalho de destruição do tardio oitocentismo pequeno-burguês e filisteu.

A posição ideológica de D'Amico em face do "pirandellismo" expressa-se nas seguintes palavras: "Com licença dos filósofos que, como Heráclito, pensam o contrário, é certíssimo que, em sentido absoluto, nossa personalidade é sempre idêntica e una, desde o nascimento até o além; se cada um de nós fosse 'vários', como diz o pai nos *Seis personagens*, cada um destes 'vários' não poderia nem desfrutar dos benefícios nem pagar as dívidas dos 'outros' que leva em si; ao contrário, a unidade da consciência nos diz que cada um de nós é sempre 'aquele' e que Paulo deve redimir as culpas de Saulo, já que, mesmo tendo se tornado um 'outro', trata-se sempre da mesma pessoa."

Este modo de colocar a questão é bastante tolo e ridículo; e, de resto, seria o caso de ver se na arte de Pirandello não predomina o humorismo, ou seja, se o autor não se diverte fazendo nascer certas dúvidas "filosóficas" em cérebros não filosóficos e mesquinhos, com o objetivo de "ridicularizar" o subjetivismo e o solipsismo filosófico. As tradições e a educação filosófica de Pirandello são sobretudo de origem "positivista" e cartesiana à francesa; ele estudou na Alemanha, mas na Alemanha da erudição filológica pedante, de origem não certamente hegeliana, mas precisamente positivista. Na Itália, foi professor de estilística e escreveu sobre a estilística e o humorismo, não certamente segundo as tendências idealistas neo-hegelianas, mas, ao contrário, em sentido positivista. Por isso, cabe precisamente confirmar e deixar claro que a "ideologia" pirandelliana não tem origens livrescas e filosóficas, mas está vinculada a experiências socioculturais vividas, com uma mínima contribuição de caráter livresco. Não se pode excluir que as ideias de Tilgher tenham reagido sobre Pirandello, isto é, que Pirandello, aceitando as argumentações críticas de Tilgher, tenha terminado por adequar-se a elas; e, por isso, será preciso distinguir entre o Pirandello anterior e aquele posterior à hermenêutica tilgheriana.

§ 17. *Literatura popular.* Se é verdade que, num certo sentido, a biografia romanceada prossegue o romance histórico popular do tipo Alexandre Dumas pai, pode-se então afirmar que, deste ponto de vista, neste setor específico, a Itália está "preenchendo uma lacuna". Deve-se ver o que a Editora Corbaccio e algumas outras têm publicado, e, sobretudo, os livros de Mazzucchelli. Deve-se notar, porém, que a biografia romanceada, se tem um público popular, não é popular em sentido completo, como é o caso do romance de folhetim: ela se dirige a um público que tem ou acredita ter pretensões de cultura superior, ou seja, à pequena burguesia rural e urbana, que acredita ter se tornado "classe dirigente" e árbitro do Estado. O tipo moderno do romance popular é o romance policial: e, neste terreno, estamos na estaca zero. Também estamos na estaca zero no caso do romance de aventuras em sentido amplo, seja do tipo Stevenson, Conrad, London, seja do tipo francês moderno (Mac-Orlan, Malraux, etc.) [92]. {C}

§ 19. *Literatura popular. O gosto melodramático.* Como combater o gosto melodramático do italiano comum quando se aproxima da literatura e, particularmente, da poesia? Ele crê que a poesia seja caracterizada por certos traços exteriores, entre os quais predomina a rima e o estrépito dos acentos prosódicos, mas sobretudo pela solenidade bombástica, retórica, e pelo sentimentalismo melodramático, isto é, pela expressão teatral, ligada a um vocabulário barroco. Uma das causas deste gosto deve ser buscada no fato de que ele se formou não na leitura e na meditação íntima e individual da poesia e da arte, mas nas manifestações coletivas, oratórias e teatrais. E, por "oratórias", não se deve entender apenas os comícios populares de famigerada memória, mas toda uma série de manifestações de tipo urbano e rural. Na província, por exemplo, dá-se muita atenção à oratória fúnebre e à das pretorias e tribunais (e também das juntas de conciliação): todas estas manifestações têm um público de "torcedores" de caráter popular, e um público constituído (no caso dos tribunais) pelos que esperam sua vez, testemunhas, etc. Em certas sedes de tribunais distritais, a corte está sempre cheia destes indivíduos, que decoram as frases torneadas e as palavras solenes, que as ruminam e recordam. O mesmo ocorre nos funerais de figurões, aos quais comparece uma grande multidão, muitas vezes apenas para ouvir os discursos.

As conferências nas cidades têm a mesma função, assim como os tribunais, etc. Os teatros populares, com os chamados espetáculos de arena (e hoje, talvez, o cinema falado, mas também os letreiros do velho cinema mudo, redigidos todos em estilo melodramático), são da máxima importância para criar este gosto e a linguagem a ele adequada.

Combate-se este gosto de dois modos principais: através de sua impiedosa crítica, mas também através da difusão de livros de poesia escritos ou traduzidos para língua não "áulica" e nos quais os sentimentos expressos não sejam nem retóricos nem melodramáticos.

Cf. a *Antologia* compilada por Schiavi; poesias de Gori. Tradução possível de M. Martinet e de outros escritores, mais numerosos hoje do que no passado: traduções sóbrias, como as que Togliatti fez de Whitman e Martinet [93].

§ 21. *O teatro de Pirandello.* Deve-se ver, na "ideologia" pirandelliana, o quanto exista, por assim dizer, da mesma origem daquilo que parece formar o núcleo dos escritos "teatrais" de Nicolau Evreinov [94]. Para Evreinov, a teatralidade não é apenas uma determinada forma de atividade artística, aquela que se expressa tecnicamente no teatro propriamente dito. Para Evreinov, a "teatralidade" está na própria vida, é uma atitude própria do homem, na medida em que o homem tende a crer e a se fazer crer diferente daquilo que é. É preciso conferir com atenção estas teorias de Evreinov, pois me parece que ele capta um traço psicológico exato, que deveria ser examinado e aprofundado. Ou seja, existem várias formas de "teatralidade" neste sentido: uma é aquela comumente conhecida e que se manifesta na forma caricatural que se chama "histrionismo"; mas existem também outras formas, que não são degradadas, ou que são menos degradadas, algumas das quais são normais e mesmo meritórias. Na realidade, cada um de nós tende, ainda que a seu modo, a criar um caráter, a dominar certos impulsos e instintos, a adquirir certas formas "sociais", que vão do esnobismo às conveniências, ao comportamento correto, etc. Ora, o que significa: "o que realmente somos", mas do que nos esforçamos por parecer "diferentes"? O "que realmente somos" seria o conjunto dos impulsos e instintos animalescos; e aquilo com que buscamos nos parecer é o "modelo" social e cultural de uma certa época histórica, ou seja, o que pretendemos chegar a ser. Parece-me que o "que realmente somos" é dado pela luta por nos tornarmos aquilo que queremos chegar a ser.

Como notei em outro local, Pirandello é criticamente um "aldeão" siciliano, que adquiriu certas características nacionais e certas características europeias, mas que sente em si mesmo estes três elementos de civilização como justapostos e contraditórios [95]. Desta experiência veio-lhe a atitude de observar as contradições nas personalidades dos outros e, ademais, até mesmo a de ver o drama da vida como o drama destas contradições.

De resto, um elemento não só do teatro dialetal siciliano (*L'aria del continente*), mas de todo teatro dialetal italiano e também do romance popular é a descrição, a sátira e a caricatura do provinciano que quer aparecer "transfigurado" num personagem "nacional" ou europeu-cosmopolita [96]. Tal elemento é somente um reflexo do fato de que ainda não existe uma unidade nacional-cultural no povo italiano, de que o "provincianismo" e o particularismo ainda estão enraizados no costume e nos modos de pensar e agir; e não só disso, mas também do fato de que não existe um "mecanismo" para elevar coletivamente a vida do nível provinciano ao nacional europeu, e, portanto, as "incursões", os *raids* individuais neste sentido assumem formas caricaturais, mesquinhas, "teatrais", ridículas, etc., etc.

§ 28. *Literatura popular.* Luigi Volpicelli, na *Italia Letteraria* de 1º de janeiro de 1933 (no artigo "Arte e Religione"), observa: "Este (o povo), pode-se observar entre parênteses, sempre amou a arte mais pelo que não é arte do que pelo que é essencial à arte; e, talvez precisamente por isto, desconfia tanto dos artistas de hoje, os quais, desejando na arte a pura e simples arte, terminam por se tornar enigmáticos, ininteligíveis, profetas de poucos iniciados."

Observação sem sentido nem base; é certo que o povo quer uma arte "histórica" (se não se quer empregar a palavra "social"), isto é, quer uma arte expressa em termos culturais "compreensíveis", ou seja, universais, "objetivos", "históricos" ou "sociais", o que é a mesma coisa. Não quer "neolalismos" artísticos, sobretudo se o "neolálico" for também um imbecil.

Parece-me que o problema deve ser sempre formulado a partir da seguinte pergunta: "Por que os poetas escrevem? Por que os pintores pintam?, etc." (Recordar o artigo de Adriano Tilgher na *Italia che scrive.*) Croce responde mais ou menos o seguinte: para se recordarem das próprias obras, já que, segundo a estética crociana, a obra de arte é "perfeita", já e apenas, no cérebro do artista. O que se poderia admitir aproximativamente e em certo sentido. Mas só aproximativamente e em certo sentido. Na realidade, volta-se à questão da "natureza do homem" e à questão do "que é o indivíduo?". Se o indivíduo não pode ser pensado fora da sociedade (e, portanto, se nenhum indivíduo pode ser pensado a não ser como historicamente determinado), é evidente que todo indivíduo e também o artista, e toda sua atividade, não podem ser pensados fora da sociedade, de uma determinada sociedade. O artista, portanto, não escreve ou pinta, etc., isto é, não "registra" externamente suas fantasias apenas para "sua recordação pessoal", para poder reviver o instante da criação, mas só é artista na medida em que "registra" externamente, em que objetiva, historiciza suas fantasias. Mas todo indivíduo-artista o é de modo mais ou menos amplo e abrangente, mais ou menos "histórico" ou "social". Existem os "neolálicos" e os "adeptos de jargão", isto é, os que são os únicos a poder reviver a recordação do instante criador (e trata-se frequentemente de uma ilusão, da recordação de um sonho ou de uma veleidade); há outros que pertencem a igrejinhas mais ou menos amplas (que têm um jargão corporativo); e, finalmente, há os que são universais, isto é, "nacional-populares". A estética de Croce provocou muitas degenerescências artísticas; e, de resto, não é verdade que isto tenha ocorrido sempre contra as intenções e o espírito da própria estética crociana; ocorreu isso no caso de muitas degenerescências, decerto, mas não no caso de todas, e, particularmente, não no desta degenerescência fundamental: a do "individualismo" artístico expressivo anti-histórico (ou antissocial, ou antinacional-popular).

§ 31. *Os filhotes do abade Bresciani.* A muitos pseudopoetas modernos se poderia aplicar o verso de Lasca contra Ruscelli: "ladrões de Febo e das Musas". E, mais do que de poesia, deve-se, de fato, falar de patifaria para obter prêmios literários e subvenções da Academia [97].

§ 35. *Os filhotes de padre Bresciani.* Multiplicam-se os escritos sobre a separação entre arte e vida. Artigo de Papini, na *Nuova Antologia* de 1º de janeiro de 1933; artigo de Luigi Chiarini na *Educazione Fascista* de dezembro de 1932. Ataques contra Papini na *Italia Letteraria*, etc. Polêmicas aborrecidas e bastante inconcludentes. Papini é católico e anticrociano; as contradições de seu escrito superficial resultam desta dupla qualidade. De qualquer modo, esta renovação das polêmicas (alguns artigos de *Critica Fascista*, os de Gherardo Casini e um de Bruno Spampanato contra os intelectuais, são os mais significativos e os que mais se aproximam do núcleo da questão) é sintomática e mostra como se sente o mal-estar decorrente do contraste entre as palavras e os fatos, entre as afirmações peremptórias e a realidade que as contradiz.

Ao que parece, contudo, tornou-se hoje mais possível reconhecer a realidade da situação: há indubitavelmente maior boa vontade para compreender, maior ausência de preconceitos, o que decorre do difuso espírito antiburguês, ainda que genérico e de origens espúrias. Pelo menos, há o desejo de criar uma efetiva unidade nacional-popular, ainda que com meios extrínsecos, pedagógicos, escolásticos, por meio do "voluntarismo". Pelo menos, sente-se que não existe esta unidade e que tal inexistência é uma debilidade nacional e estatal. Isto diferencia radicalmente a época atual daquela dos Ojetti, dos Panzini & Cia. Portanto, deve ser levado em conta no tratamento desta rubrica. De resto, as debilidades são evidentes: a primeira consiste na convicção de que ocorreu uma radical mudança popular-nacional; se ocorreu, isso quer dizer que já não se trata mais de fazer nada radical, mas apenas de "organizar", educar, etc.; quando muito, fala-se de "revolução permanente", mas com significado restrito, na costumeira acepção de que toda a vida é dialética, é militância e, portanto, é revolução. As outras debilidades são de compreensão mais difícil; com efeito, podem revelar-se apenas depois de uma análise exata da composição social italiana, da qual fica evidente que a grande massa dos intelectuais pertence àquela burguesia rural cuja posição econômica só pode ser mantida se as massas camponesas forem espremidas até a medula. Quando fosse necessário passar das palavras aos fatos concretos, isto significaria uma destruição radical da base econômica destes grupos intelectuais.

§ 37. *Literatura popular. Itália e França.* Pode-se talvez afirmar que toda a vida intelectual italiana até 1900 (e, mais precisamente, até a formação da corrente cultural idealista Croce-Gentile), na medida em que tem tendências democráticas, isto é, na medida em que pretende (mesmo se nem sempre o consegue) entrar em contato com as massas populares, é simplesmente um reflexo francês, da onda democrática francesa que teve origem na Revolução de 1789: a artificialidade desta vida reside no fato de que, na Itália, ela não teve as premissas históricas que, ao contrário, existiram na França. Nada ocorreu na Itália de similar à Revolução de 1789 e às lutas que a ela se seguiram; mas "se falava" na Itália como se tais premissas houvessem existido. Compreende-se, contudo, que um tal modo de falar só podia ser da boca para fora. Deste ponto de vista, entende-se o significado "nacional", ainda que pouco profundo, das correntes conservadoras e reacionárias em comparação com as democráticas; estas últimas eram grandes "fogos de palha", de grande extensão superficial, enquanto aquelas eram de pequena extensão, mas muito enraizadas e intensas. Se a cultura italiana até 1900 não for estudada como um fenômeno de provincianismo francês, será muito mal compreendida. Mas é preciso distinguir: na admiração pelas coisas da França, está mesclado um sentimento nacional antifrancês: vive-se de reflexo e, ao mesmo tempo, se odeia. Pelo menos entre os intelectuais. No povo, os sentimentos "franceses" não são deste tipo, mas aparecem como "senso comum", como coisas próprias do próprio povo; e o povo é francófilo ou francófobo, conforme seja ou não instigado pelas forças dominantes. Era cômodo fazer crer que a Revolução de 1789, porque ocorrera na França, era como se tivesse ocorrido na Itália, mas só na medida em que era cômodo servir-se das ideias francesas para guiar as massas; e era cômodo servir-se do antijacobinismo ultrarreacionário para investir contra a França, quando isto era útil.

§ 39. *Literatura popular. Manzoni e os "humildes"*. A atitude "democrática" de Manzoni diante dos "humildes" (em *Os noivos*) enquanto é de origem "cristã" e enquanto deve ser ligada aos interesses historiográficos que Manzoni recolhera de Thierry e de suas teorias sobre o conflito entre as raças (conquistadora e conquistada) convertido em conflito de classes. Estas teorias de Thierry devem ser examinadas enquanto são ligadas ao romantismo e a seu interesse histórico pela Idade Média e pelas origens das nações modernas, isto é, apontadas nas relações entre raças germânicas invasoras e raças neolatinas invadidas, etc. (Sobre este tema do "democratismo" ou "populismo" de Manzoni, cf. outras notas [98].) Ainda sobre este ponto das relações entre a atitude de Manzoni e as teorias de Thierry, deve-se consultar o livro de Zottoli, *Umili e potenti nella poetica di A. Manzoni.*

Em Manzoni, estas teorias de Thierry se complicam ou, pelo menos, ganham novos aspectos na discussão sobre o "romance histórico", na medida em que este representa pessoas das "classes subalternas" que não têm "história", isto é, cuja história não deixa marcas nos documentos históricos do passado. (Este ponto deve ser ligado à rubrica "História das classes subalternas", na qual se pode fazer referência às doutrinas de Thierry, que, de resto, tiveram grande importância para as origens da historiografia da filosofia da práxis [99].)

§ 41. *Balzac.* (Cf. outras notas: referências à admiração por Balzac dos fundadores da filosofia da práxis; carta inédita de Engels, onde esta admiração é justificada criticamente [100].) Cf. o artigo de Paul Bourget, "Les idées politiques et sociales de Balzac", nas *Nouvelles Littéraires* de 8 de agosto de 1931. Bourget começa observando como hoje se atribui cada vez mais importância às ideias de Balzac: "A escola tradicionalista (isto é, reacionária), que queremos fazer crescer a cada dia, inscreve o nome de Balzac ao lado do de Bonald, de Le Play, do próprio Taine." Mas não era assim no passado. Sainte-Beuve, no artigo dos *Lundis* consagrados a Balzac após sua morte, nem sequer se refere a suas ideias políticas e sociais. Taine, que admirava o romancista, negou-lhe qualquer importância doutrinária. O próprio crítico católico Caro, por volta do início do Segundo Império, considerava fúteis as ideias de Balzac. Flaubert escreve que não vale a pena discutir as ideias políticas e sociais de Balzac: "Ele era católico, legitimista, proprietário, um grande homem de bem, mas de segunda ordem." Zola escreve: "Nada mais estranho do que este defensor do poder absoluto, cujo talento é essencialmente democrático e que escreveu a obra mais revolucionária." Etc.

Compreende-se o artigo de Bourget. Trata-se de encontrar em Balzac a origem do romance positivista, mas reacionário, a ciência a serviço da reação (tipo Maurras), que, de resto, é o destino mais exato do positivismo estabelecido por Comte.

Balzac e a ciência. Cf. o "Prefácio geral" à *Comédia humana*, no qual Balzac afirma que o naturalista terá a eterna honra de haver demonstrado que "o animal é um princípio que toma sua forma exterior ou, para falar com mais rigor, as diferenças de sua forma, nos meios onde se desenvolve. As espécies zoológicas resultam dessas diferenças. [...] Compenetrado deste sistema [...], compreendi que a sociedade se assemelhava à natureza. Não transforma a sociedade o homem, segundo os meios em que se desenvolve sua ação, em outros tantos indivíduos diferentes, à semelhança das variedades em zoologia? [...] Existiram pois, e existirão sempre, espécies sociais, como há espécies zoológicas. [...] As diferenças entre um soldado, um operário, um administrador, um ocioso [!!], um sábio, um homem de Estado, um comerciante, um marujo, um poeta, um pobre [!!], um padre são tão consideráveis quanto as que distinguem o lobo, o leão, o asno, o corvo, o tubarão, o lobo-marinho, a ovelha, etc." [101].

O fato de que Balzac tenha escrito tais coisas e de que talvez as levasse a sério, imaginando construir todo um sistema social com base em tais metáforas, não surpreende e em nada diminui a grandeza de Balzac artista. O surpreendente é que, em nossos dias, Bourget e (como ele diz) a "escola tradicionalista" se baseiem nestas pobres fantasias "científicas" para construir sistemas político-sociais sem a justificação da atividade artística.

Partindo de tais premissas, Balzac põe o problema de "aperfeiçoar ao máximo estas espécies sociais" e de harmonizá-las entre si; mas, dado que as "espécies" são criadas pelo ambiente, será preciso "conservar" e organizar o ambiente dado, a fim de manter e aperfeiçoar a espécie dada. Parece que Flaubert não se equivocava quando escreveu que não vale a pena discutir as ideias sociais de Balzac. E o artigo de Bourget revela apenas quanto se fossilizou a escola tradicionalista francesa.

Mas se toda a construção de Balzac não tem importância como "programa prático", isto é, do ponto de vista adotado por Bourget para examiná-la, nela existem elementos que têm interesse para reconstruir o mundo poético de Balzac, sua concepção do mundo enquanto se realizou artisticamente, seu "realismo" que, mesmo tendo origens ideológicas reacionárias, restauradoras, monárquicas, etc., nem por isso é menos realismo em ato. E compreende-se a admiração que nutriram por Balzac os fundadores da filosofia da práxis: que o homem seja todo o conjunto das condições sociais nas quais se desenvolveu e vive, que para "mudar" o homem seja preciso modificar este conjunto de condições, é algo claramente intuído por Balzac. Que ele seja "política e socialmente" um reacionário só se revela na parte extra-artística de seus escritos (divagações, prefácios, etc.). É também verdade que este "conjunto de condições" ou "ambiente" foi compreendido de modo "naturalista"; com efeito, Balzac precede uma determinada corrente literária francesa, etc.

§ 45. *Literatura popular. Manzoni.* Adolfo Faggi, no *Marzocco* de 1º de novembro de 1931, escreve algumas observações sobre a sentença "Vox populi vox Dei" em *Os noivos.* A sentença é citada duas vezes (segundo Faggi) no romance: uma vez no último capítulo, onde é dita por dom Abbondio a respeito do marquês sucessor de dom Rodrigo: "E depois não querem que se diga que é um grande homem! Digo-o e quero dizê-lo. E, ainda que eu me calasse, de nada serviria, já que todos falam, e *vox populi, vox Dei.*" Faggi observa que este solene provérbio é empregado por dom Abbondio um pouco enfaticamente, quando ele se encontra naquela feliz disposição de ânimo por causa da morte de dom Rodrigo, etc.; não tem uma particular importância ou significado. Na outra vez, a sentença aparece no capítulo XXXI, onde se fala da peste: "Muitos médicos ainda, fazendo eco à voz do povo (*era, também neste caso, voz de Deus?*), ironizavam os augúrios sinistros, as advertências ameaçadoras de poucos, etc." O provérbio é aqui citado em italiano e entre parênteses, com entonação irônica. Em *Sposi promessi* (capítulo III do tomo IV, Ed. Lesca), Manzoni escreve longamente sobre as ideias consideradas geralmente como verdadeiras numa ou noutra época pelos homens e conclui que, se hoje podem ser consideradas ridículas as ideias divulgadas entre o povo na época da peste de Milão, não podemos saber se ideias de hoje não serão amanhã consideradas ridículas [102]. Este longo raciocínio contido na primeira redação do romance é resumido, no texto definitivo, na breve pergunta: "Era, também neste caso, voz de Deus?"

Faggi distingue entre *certos casos* nos quais, para Manzoni, a voz do povo não é a voz de Deus e aqueles nos quais pode ser tal. Não seria voz de Deus "quando se trata de ideias, ou melhor, de cognições específicas, que só podem ser determinadas pela ciência e por seus contínuos progressos; mas sim quando se trata daqueles princípios e sentimentos gerais, comuns por natureza a todos os homens, que os antigos compreendiam na bem conhecida expressão de *conscientia generis humani*". Mas Faggi não formula de modo muito exato a questão, que não pode ser resolvida sem uma referência à religião de Manzoni, a seu catolicismo. Assim, por exemplo, reproduz o famoso parecer de Perpétua a dom Abbondio, parecer que coincide com a opinião do cardeal Borromeo. No caso, porém, não se trata de uma questão moral ou religiosa, mas de um conselho de prudência prática, ditado pelo mais banal senso comum. O fato de que o cardeal Borromeo esteja de acordo com Perpétua não tem a importância que parece lhe atribuir Faggi. Ao que tudo indica, está ligado à época e ao fato de que a autoridade eclesiástica tinha poder político e influência; é muito natural que Perpétua pense que dom Abbondio deva recorrer ao arcebispo de Milão (serve apenas para mostrar como dom Abbondio tinha perdido a cabeça naquele momento e como Perpétua tinha mais "espírito de corpo" do que ele), assim como é natural que Federico Borromeo fale daquele modo. A voz de Deus nada tem a ver com este caso. Tampouco tem maior importância o outro caso: Renzo não crê na validade do voto de castidade feito por Lúcia e nisto está de acordo com o padre Cristóvão. Trata-se, também aqui, de "casuística" e não de moral. Faggi escreve que "Manzoni quis fazer um romance de humildes", mas isto tem um significado mais complexo do que Faggi parece supor. Entre Manzoni e os "humildes", há distanciamento sentimental; os humildes são para Manzoni um "problema de historiografia", um problema teórico que ele acredita poder resolver com o "romance histórico", com o "verossímil" do romance histórico. Por isso, os "humildes" são frequentemente apresentados como "caricaturas" populares, com benevolência irônica, mas irônica. E Manzoni é demasiadamente católico para pensar que a voz do povo seja a voz de Deus: entre o povo e Deus, está a Igreja, e Deus não se encarna no povo, mas na Igreja. A crença de que Deus se encarna no povo pode ser a de Tolstoi, não a de Manzoni.

Esta atitude de Manzoni é certamente sentida pelo povo e, por isso, *Os noivos* jamais foi uma obra popular: o povo sentia Manzoni sentimentalmente afastado de si e seu livro como um livro de devoção, não como uma epopeia popular.

§ 46. *Os filhotes de padre Bresciani.* Falando de Gioacchino Belli na primeira edição de *Ottocento* (Vallardi), Guido Mazzoni faz uma descoberta impagável e que pode servir para caracterizar os escritores desta rubrica, sobretudo Ugo Ojetti. Para Mazzoni, a debilidade de caráter de Belli "transformava-se numa ajuda de primeira ordem a suas faculdades artísticas, já que o fazia mais maleável às impressões" [103].

§ 61. *Crítica literária. Sinceridade (ou espontaneidade) e disciplina.* A sinceridade (ou espontaneidade) é sempre um mérito e um valor? É um mérito e um valor se disciplinada. Sinceridade (ou espontaneidade) significa máximo de individualismo, mas também no sentido de idiossincrasia (originalidade, neste caso, é igual a idiotismo). O indivíduo é original historicamente quando dá o máximo de relevo e de vida à "socialidade", sem a qual ele seria um "idiota" (no sentido etimológico, mas que não se afasta do sentido vulgar e comum). Existe um significado romântico da originalidade, da personalidade, da sinceridade, significado que é historicamente justificado na medida em que nasce em oposição a um certo conformismo essencialmente "jesuítico": ou seja, um conformismo artificial, fictício, criado superficialmente para os interesses de um pequeno grupo ou facção, não de uma vanguarda.

Há um conformismo "racional", isto é, correspondente à necessidade, ao mínimo esforço para obter um resultado útil; e a disciplina deste conformismo deve ser exaltada e promovida, deve ser transformada em "espontaneidade" ou "sinceridade". De resto, conformismo significa nada mais do que "socialidade", mas cabe usar a palavra "conformismo" precisamente para chocar os imbecis. Isto não retira a possibilidade de que se forme uma personalidade e se seja original, mas torna a coisa mais difícil. É demasiadamente fácil ser original fazendo o contrário do que todos fazem; é uma coisa mecânica. É demasiadamente fácil falar diferentemente dos outros, ser neolálico: o difícil é diferenciar-se dos outros sem para tanto fazer acrobacias. Ocorre que precisamente hoje se busque uma originalidade e personalidade a baixo preço. As prisões e os hospícios estão cheios de homens originais e de personalidade forte. Acentuar a disciplina, a socialidade, mas pretender sinceridade, espontaneidade, originalidade, personalidade: eis o que é verdadeiramente difícil e árduo. Nem se pode dizer que o conformismo seja muito fácil e reduza o mundo a um convento. O problema é este: qual é o "verdadeiro conformismo", isto é, qual é a conduta "racional" mais útil, mais livre, na medida em que obedece à "necessidade"? Ou seja: qual é a "necessidade"? Cada um é levado a fazer de si o arquétipo da "moda", da "socialidade", e a apresentar-se como "exemplar". Portanto, a socialidade, o conformismo é resultado de uma luta cultural (e não apenas cultural), é um dado "objetivo" ou universal, do mesmo modo como não pode deixar de ser objetiva e universal a "necessidade" sobre a qual se eleva o edifício da liberdade. Liberdade e arbítrio, etc.

Na literatura (arte), contra a sinceridade e a espontaneidade encontra-se o mecanismo ou cálculo, que pode ser um falso conformismo, uma falsa socialidade, isto é, uma acomodação às ideias feitas e costumeiras. Recordar o exemplo clássico de Nino Berrini, que "ficha" o passado e busca a originalidade fazendo o que não aparece nas fichas. Princípios de Berrini para o teatro: 1) extensão do trabalho: fixar a extensão média com base nos trabalhos que fizeram sucesso;

2) estudo dos finais: que finais fizeram sucesso e arrancaram aplausos?; 3) estudo das combinações: por exemplo, no drama sexual burguês, marido, mulher, amante; ver que combinações são mais exploradas e, por exclusão, "inventar" novas combinações, mecanicamente encontradas. Assim, Berrini descobrira que um drama não deve ter mais de 50 mil palavras, isto é, não deve durar mais do que um certo tempo. Cada ato ou cena principal deve culminar de determinado modo e este modo é experimentalmente estudado, segundo uma média daqueles sentimentos e estímulos que tradicionalmente fizeram sucesso, etc. Com tais critérios, certamente não ocorrerão catástrofes comerciais. Mas é este o "conformismo" ou "socialidade" a que aludimos? Certamente, não. É uma acomodação ao já existente.

A disciplina é também um estudo do passado, na medida em que o passado é elemento do presente e do futuro, mas não elemento "ocioso" e, sim, necessário, enquanto é linguagem, isto é, elemento de "uniformidade necessária", não de uniformidade "ociosa", preguiçosa.

§ 65. *Literatura popular.* O que corresponde, em literatura, ao "racionalismo" arquitetônico? Certamente a literatura "segundo um plano", isto é, a literatura "funcional", segundo uma orientação social preestabelecida. É estranho que o racionalismo seja aclamado e justificado na arquitetura, mas não nas demais artes. Nisto deve residir um equívoco. Será que só a arquitetura tem finalidades práticas? Decerto, na aparência parece ser assim, já que a arquitetura constrói as casas de moradia; mas não se trata disto: trata-se de "necessidade". Dir-se-á que as casas são mais necessárias do que as demais artes; com isso, quer-se dizer apenas que as casas são necessárias para todos, enquanto as demais artes só o são para os intelectuais, para os homens de cultura. Caberia concluir que precisamente os "práticos" se propõem tornar todas as artes necessárias a todos os homens, a tornar todos "artistas". E mais. A coerção social! Quanto se deblatera contra esta coerção, sem pensar que se trata de uma palavra! A coerção, a orientação, o plano são simplesmente um terreno de seleção dos artistas, nada mais; e que são selecionados para finalidades práticas, isto é, num campo em que a vontade e a coerção são perfeitamente justificáveis. Caberia examinar se a coerção não terá sempre existido! Se é exercida inconscientemente pelo ambiente e pelos indivíduos, e não por um poder central ou por uma força centralizadora, deixa por isso de ser coerção? Trata-se sempre, no fundo, de "racionalismo" contra o arbítrio individual. Então, a questão não diz respeito à coerção, mas ao fato de se tratar de racionalismo autêntico, de real funcionalidade, ou de um ato de arbítrio: eis tudo. A coerção só é tal para quem não a aceita, não para quem a aceita: se a coerção se desenvolve segundo o desenvolvimento das forças sociais não é coerção, mas "revelação" de verdade cultural obtida com um método acelerado. Pode-se dizer da coerção o que os religiosos dizem da determinação divina: para "os que a querem", ela não é determinação, mas vontade livre. Na realidade, a coerção em questão é combatida porque se trata de uma luta contra os intelectuais e contra certos intelectuais, os tradicionais e tradicionalistas, os quais, quando muito, admitem que as novidades abrem caminho pouco a pouco, gradualmente. É curioso que, em arquitetura, contraponha-se o racionalismo ao "decorativismo" e este seja chamado de "arte industrial". É curioso, mas correto. Com efeito, deveria sempre ser chamada de "industrial" qualquer manifestação artística dirigida para satisfazer o gosto de compradores individuais ricos, para "embelezar" a vida deles, como se costuma dizer. Quando a arte, particularmente em suas formas coletivas, dirige-se para a criação de um gosto de massa, para a elevação deste gosto, não é "industrial", mas desinteressada, ou seja, arte. Parece-me que o conceito de racionalismo em arquitetura, isto é, de "funcionalismo", é muito fecundo de consequências no plano dos princípios de política cultural; não é casual que ele tenha nascido precisamente nesta época de "socializações" (em sentido amplo) e de intervenções de forças centrais para organizar as grandes massas contra os resíduos de individualismos e de estéticas do individualismo na política cultural.

§ 72. *Literatura popular. Conteúdo e forma.* A aproximação destes dois termos pode assumir, na crítica de arte, muitos significados.

Mesmo que se admita que conteúdo e forma são a mesma coisa, etc., etc., isto não significa ainda que não se possa fazer a distinção entre conteúdo e forma. Pode-se dizer que quem insiste no "conteúdo" luta, na realidade, por uma determinada cultura, por uma determinada concepção do mundo, contra outras culturas e outras concepções do mundo; pode-se também dizer que historicamente, até agora, os chamados "conteudistas" foram "mais democráticos" do que, por exemplo, seus adversários parnasianos, isto é, pretendiam uma literatura que não fosse para os "intelectuais", etc. Pode-se falar de uma prioridade do conteúdo sobre a forma? Pode-se falar no seguinte sentido: de que a obra de arte é um processo e as modificações de conteúdo são também modificações de forma; mas é "mais fácil" falar de conteúdo do que de forma, já que o conteúdo pode ser "resumido" logicamente. Quando se diz que o conteúdo precede a forma, quer-se simplesmente dizer que, na elaboração, as sucessivas tentativas são apresentadas com o nome de conteúdo — e nada mais. O primeiro conteúdo que não satisfazia era também forma e, na realidade, quando se atinge a "forma" satisfatória, também o conteúdo se modificou. É verdade que, frequentemente, os que falam de forma, etc., contra o conteúdo são completamente vazios, amontoam palavras que nem sempre se sustentam sequer segundo a gramática (por exemplo: Ungaretti); por técnica, forma, etc., entendem jargões vazios próprios de igrejinhas de cabeças ocas.

Também esta questão deve ser posta entre as questões da história nacional italiana, registradas em outra nota, e assume várias formas: 1) há uma diferença de estilo entre os escritos dedicados ao público e os outros, como, por exemplo, entre as cartas e as obras literárias [104]. É frequente que pareça estarmos tratando de dois escritores diversos, tão grande é a diferença. Nas cartas (salvo exceções, como a de D'Annunzio, que representa até mesmo diante do espelho, para si mesmo), nas memórias e, em geral, em todos os escritos dedicados a um público pequeno ou a si mesmo, predomina a sobriedade, a simplicidade, o caráter imediato, enquanto nos demais escritos predomina a retórica, o estilo oratório, a hipocrisia estilística. Esta "doença" é tão difundida que atingiu também o povo, para o qual, de fato, "escrever" significa "subir à tribuna", festejar, "fingir" um estilo retumbante, etc., de qualquer modo expressar-se diferentemente da maneira habitual; e, dado que o povo não é literato e de literatura conhece apenas o libreto da ópera oitocentista, ocorre que os homens do povo "melodramatizam". Eis então que "conteúdo" e "forma", além de um significado "estético", possuem também um significado "histórico". Forma "histórica" significa uma determinada linguagem, assim como "conteúdo" indica um determinado modo de pensar não apenas histórico, mas "sóbrio", expressivo sem gesticulações excessivas, passional sem que as paixões sejam exacerbadas ao modo de Otelo ou do melodrama; em suma, sem a máscara teatral. Creio que este fenômeno, como fenômeno de massa (já que casos individuais ocorrem em toda parte), verifica-se apenas em nosso país. Mas é preciso estar atento, já que nosso país é aquele no qual o arcádico convencional sucedeu o barroco convencional: mas sempre teatro e convenção. Deve-se dizer que, nestes anos, as coisas melhoraram muito: D'Annunzio foi o último acesso de doença do povo italiano, e o jornal, em função de suas necessidades, teve o grande mérito de "racionalizar" a prosa. Mas a empobreceu e debilitou, o que também é um dano. Mas no povo, infelizmente, ao lado dos "futuristas antiacadêmicos", existem ainda os "barroquistas" convertidos. De resto, aqui se põe uma questão histórica, para explicar o passado, e não uma luta puramente atual, para combater males atuais, embora também estes não tenham desaparecido inteiramente e ainda se encontrem sobretudo em algumas manifestações (discursos solenes, notadamente fúnebres, patrióticos, inscrições idem, etc.). (Pode-se dizer que se trata de "gosto", e seria errado. O gosto é "individual" ou de pequenos grupos; aqui se trata de grandes massas e, portanto, só pode se tratar de cultura, fenômeno histórico, existência de duas culturas: individual é o gosto "sóbrio", não o outro; o melodrama é o gosto nacional, isto é, a cultura nacional.) Nem cabe dizer que não é preciso ocupar-se desta questão: ao contrário, a formação de uma prosa viva e expressiva e, ao mesmo tempo, sóbria e comedida deve ser uma das finalidades culturais a serem propostas. Também neste caso forma e expressão se identificam; e insistir sobre a "forma" é apenas um meio prático de trabalhar sobre o conteúdo, para obter uma deflação da retórica tradicional que deforma toda forma de cultura, até mesmo — e como! — a "antirretórica".

A questão sobre a existência ou não de um romantismo italiano pode ter diversas respostas, a depender do que se entenda por "romantismo". E, por certo, foram muitas as definições dadas para o termo "romantismo". Mas a nós importa uma destas definições e não, precisamente, o aspecto "literário" do problema. Romantismo assumiu, entre outros significados, o de uma específica relação ou ligação entre os intelectuais e o povo, a nação; isto é, trata-se de um particular reflexo da "democracia" (em sentido amplo) nas letras (em sentido amplo, pelo qual até mesmo o catolicismo pode ter sido "democrático", ao passo que o "liberalismo" pode não tê-lo sido). É neste sentido que nos interessa o problema no que se refere à Itália; e ele se liga aos problemas que elencamos em série: o da existência ou não de um teatro italiano, a questão da língua, a razão por que a literatura não foi popular, etc. É preciso, portanto, na imensa literatura sobre o romantismo, isolar este aspecto e por ele se interessar, teórica e praticamente, isto é, como fato histórico e como tendência geral que pode dar lugar a um movimento atual, a um problema atual que deve ser resolvido. Neste sentido, o romantismo precede, acompanha, sanciona e desenvolve todo o movimento europeu que ganhou nome a partir da Revolução Francesa; ele é seu aspecto sentimental-literário (mais sentimental do que literário, já que o aspecto literário foi apenas uma parte da expressão da corrente sentimental que invadiu toda a vida e uma parte muito importante da vida, e desta vida somente uma pequeníssima parte pôde encontrar expressão na literatura). Portanto, a pesquisa é de história da cultura e não de história literária, ou melhor, é de história literária enquanto parte e aspecto de uma mais ampla história da cultura. Pois bem: neste sentido preciso, o romantismo não existiu na Itália e, no melhor dos casos, suas manifestações foram mínimas, escassíssimas e, de qualquer modo, de aspecto puramente literário. (Sobre este ponto, é necessário recordar as teorias de Thierry e seu reflexo em Manzoni: teorias de Thierry que são, precisamente, um dos traços mais importantes deste aspecto do romantismo do qual se pretende tratar.) Deve-se observar como na Itália também estas discussões assumiram um aspecto intelectual e abstrato: os pelasgos de Gioberti, as populações "pré-romanas", etc., nada que estivesse realmente vinculado ao povo atualmente existente, o qual, ao contrário, interessava a Thierry e à historiografia política afim [105]. Afirmou-se que a palavra "democracia" não deve ser tomada neste sentido, apenas no significado, digamos, "laico" ou "laicista", mas também no significado "católico", até mesmo reacionário, se assim se quiser; o que importa é o fato de que se busque uma ligação com o povo, com a nação, que se considere necessária não uma unidade servil, devida a uma obediência passiva, mas uma unidade ativa, viva, qualquer que seja o conteúdo desta vida. Esta unidade viva, independentemente de qualquer conteúdo, não ocorreu na Itália ou, pelo menos, não ocorreu em medida suficiente para convertê-la num fato histórico; e, por isso, compreende-se o significado da pergunta: "existiu um romantismo italiano?"

§ 78. *Passado e presente.* Muitos dos temas recolhidos nesta rubrica "Passado e presente", na medida em que não tenham um alcance "histórico" concreto, isto é, que não sejam referidos a fatos particulares, podem ser agrupados em conjunto, segundo o modelo dos *Ricordi politici e civili* de Guicciardini. O importante é dar-lhes a mesma essencialidade e universalidade e clareza pedagógicas, o que, na verdade, não é pouca coisa; ao contrário, é tudo, tanto estilística quanto teoricamente, ou seja, como pesquisa da verdade.

CADERNO 15 (1933)

§ 14. *Características não popular-nacionais da literatura italiana.* Cf. um discurso sobre o tema "Gli italiani e il romanzo", pronunciado por Angelo Gatti e reproduzido parcialmente pela *Italia Letteraria* de 9 de abril de 1933. Uma observação interessante parece ser a que se refere às relações entre moralistas e romancistas na França e na Itália. Na França, o tipo de moralista é bem diferente do italiano, que é mais "político": o italiano estuda como "dominar", como ser mais forte, mais hábil, mais astucioso; o francês estuda como "dirigir" e, portanto, como "compreender" para influenciar e obter um "consenso espontâneo e ativo". Os *Ricordi politici e civili* de Guicciardini são deste tipo. Assim, na Itália, grande abundância de livros como o *Galateo*, no qual se dá atenção ao comportamento exterior das classes altas. Nenhum livro como os dos grandes moralistas franceses (ou de ordem inferior, como em Gasparo Gozzi), com suas análises refinadas e capilares. Esta diferença no "romance", que na Itália é mais exterior, tosco, sem conteúdo humano nacional-popular ou universal [106].

§ 20. *Características não nacional-populares da literatura italiana.* Polêmica travada na *Italia Letteraria*, no *Tevere*, no *Lavoro Fascista*, na *Critica Fascista*, entre "conteudistas" e "formalistas". Por algumas referências, parecia que Gherardo Casini (diretor do *Lavoro Fascista* e redator-chefe da *Critica Fascista*) tivesse formulado o problema de modo exato, pelo menos criticamente; mas seu artigo na *Critica* de 1º de maio é decepcionante. Ele não consegue definir as relações entre "política" e "literatura" nem no terreno da ciência e da arte política, nem no da crítica literária. Ele não sabe indicar praticamente como pode ser formulada e conduzida uma luta, ou ajudado um movimento, pelo triunfo de uma nova cultura ou civilização, nem se põe o problema de como pode ocorrer que uma nova civilização, afirmada como já existente, possa não ter uma expressão literária e artística própria, possa não se expandir na literatura, enquanto sempre ocorreu o contrário na história, ou seja, que toda nova civilização, na medida em que era tal, ainda que reprimida, combatida, obstaculizada de todos os modos, expressou-se precisamente antes na literatura do que na vida estatal, ou melhor, sua expressão literária foi o modo de criar as condições intelectuais e morais para a expressão legislativa e estatal.

Já que nenhuma obra de arte pode deixar de ter um conteúdo, isto é, de ser ligada a um mundo poético, e este, por sua vez, a um mundo intelectual e moral, é evidente que os "conteudistas" são simplesmente os portadores de uma nova cultura, de um novo conteúdo, ao passo que os "formalistas" são os portadores de um velho ou diverso conteúdo, de uma velha ou diversa cultura (independentemente de qualquer questão de valor sobre estes conteúdos ou "culturas", embora, na realidade, seja precisamente o valor das culturas em conflito e a superioridade de uma sobre a outra o que decide o conflito). O problema, portanto, é de "historicidade" da arte, de "historicidade e perpetuidade" no próprio tempo, é de investigação sobre o fato de se o dado bruto, econômico-político, de força, sofreu (e possa sofrer) a ulterior elaboração que se expressa na arte, ou se, ao contrário, trata-se de pura economicidade não elaborável artisticamente de um modo original, na medida em que a elaboração precedente já contém o novo conteúdo, que só é novo cronologicamente. Com efeito, dado que todo complexo nacional é uma combinação frequentemente heterogênea de elementos, pode ocorrer que os intelectuais de tal complexo, por causa de seu caráter cosmopolita, não coincidam com o conteúdo nacional, mas sim com um conteúdo tomado de empréstimo a outros complexos nacionais ou mesmo com um conteúdo abstratamente cosmopolita. Assim, pode-se dizer que Leopardi é o poeta do desespero trazido a certos espíritos pelo sensualismo setecentista, ao qual não correspondia na Itália o desenvolvimento de forças e de lutas materiais e políticas característico dos países nos quais o sensualismo era uma forma cultural orgânica. Quando, no país atrasado, as forças cívicas correspondentes à forma cultural se afirmam e expandem, é certo que não só elas não podem criar uma nova literatura original, mas é natural, ao contrário, que exista um "formalismo", isto é, na realidade, um ceticismo difuso e genérico em face de todo "conteúdo" passional sério e profundo. Portanto, o "formalismo" será a literatura orgânica daqueles complexos nacionais que, como Lao-Tse, já nascem velhos de oitenta anos, sem frescor e espontaneidade de sentimento, sem "romantismos" mas também sem "classicismos", ou com um romantismo maneirista, no qual a rusticidade inicial das paixões é a dos "verões de São Martinho", de um velho artificialmente energizado, não de uma virilidade e masculinidade impetuosas, assim como o classicismo será também maneirista, ou seja, precisamente "formalismo", mera forma, tal como uma libré de mordomo [107]. Teremos "super-regionalismo" e "supercosmopolitismo", e o "super" terá mais significado do que parece.

Deve-se notar, de resto, como falta a essa discussão qualquer seriedade de preparação: as teorias de Croce podem ser acolhidas ou rechaçadas, mas seria preciso conhecê-las com exatidão e citá-las com escrúpulo. Ao contrário, pode-se notar como, durante a discussão, elas são citadas de ouvido, "jornalisticamente". É evidente que o momento "artístico" como categoria, em Croce, ainda que seja apresentado como momento da pura forma, não é o pressuposto de nenhum formalismo nem a negação de qualquer conteudismo, ou seja, da viva irrupção de um novo motivo cultural. Tampouco conta, na realidade, a concreta atitude de Croce, como político, em face desta ou daquela corrente de paixões e sentimentos; como esteta, Croce reivindica o caráter de liricidade da arte, embora como político reivindique e lute pelo triunfo de um determinado programa e não de outro. Aliás, graças à sua teoria da circularidade das categorias espirituais, parece ser inegável que Croce pressupõe no artista uma forte "moralidade", ainda que não considere a obra de arte como fato moral, mas como fato estético, isto é, ainda que considere que o que está em jogo é um determinado momento e não outro do círculo. Assim, por exemplo, inclui no momento econômico tanto o *brigantaggio* como a especulação na bolsa, mas não parece que, como homem, trabalhe mais para o desenvolvimento do *brigantaggio* do que para a especulação na bolsa (e pode-se dizer que, em função de sua importância política, sua atitude não deixa de ter repercussão sobre a especulação na bolsa). Este fato mesmo, o da pouca seriedade da discussão e o do reduzido escrúpulo dos polemistas em assimilar os termos do problema e em buscar a exatidão, não é certamente uma prova de que o problema seja vital e de excepcional importância: é mais uma polêmica de pequenos e medíocres jornalistas do que as "dores do parto" de uma nova civilização literária.

§ 24. *Literatura italiana.* Deve-se levar em conta a grande *Storia della letteratura italiana* de Giuseppe Zonta, em quatro grossos volumes, com notas bibliográficas de Gustavo Balsamo-Crivelli, publicada pela Utet de Turim, por causa da atenção especial dada pelo autor à influência social no desenvolvimento da atividade literária. A obra, publicada em fascículos de 1928 a 1932, não deu lugar a grandes discussões, a julgar pelas publicações disponíveis (li apenas uma menção apressada na *Italia Letteraria*). De resto, Zonta não é um recém-chegado no campo da filologia (cf. seu *L'anima dell'Ottocento*, de 1924).

§ 37. *Literatura italiana.* No *Marzocco* de 18 de setembro de 1932, Tullia Franzi escreve sobre a questão surgida entre Manzoni e o tradutor inglês de *Os noivos*, o pastor anglicano Charles Swan, a propósito da expressão contida no fim do sétimo capítulo, empregada para indicar Shakespeare: "Entre a primeira concepção de um feito terrível e sua execução (como disse um bárbaro que não era privado de gênio), o intervalo é um sonho cheio de fantasmas e de medo." Swan escreveu a Manzoni: "'Um bárbaro que não era privado de gênio' é uma frase concebida para atrair sobre o senhor o anátema de todos os admiradores do nosso bardo [108]." Embora Swan conhecesse os escritos de Voltaire contra Shakespeare, não captou a ironia manzoniana, que se dirigia precisamente contra Voltaire (que havia definido Shakespeare como *un sauvage avec des étincelles de génie*). Swan publicou, como prefácio de sua tradução, a carta em que Manzoni lhe explica o significado de sua expressão irônica. Mas Franzi recorda que, nas outras traduções inglesas, a expressão manzoniana ou é silenciada ou tornada anódina ("escreve um escritor estrangeiro", etc.). O mesmo ocorre nas traduções para outras línguas, o que demonstra como esta ironia, que tem necessidade de ser explicada para ser compreendida e saboreada, é no fundo uma ironia em "jargão" de igrejinha literária.

Parece-me que o fato é muito mais generalizado do que parece, dificultando não somente traduzir do italiano, mas também, com frequência, compreender um italiano durante uma conversação. A "finura" que parece necessária em tais conversações não resulta da inteligência normal, mas do fato de que é preciso conhecer pequenos casos e atitudes intelectuais de "jargão", próprias de literatos e, até mesmo, de certos grupos de literatos. (No artigo de Franzi, deve-se notar uma metáfora "feminina" surpreendente: "Com o sentimento de um homem que, maltratado e esbofeteado por sua mulher por causa de uma suspeita ciumenta, alegra-se diante deste furor e bendiz as pancadas que lhe testemunham o amor da esposa, assim Manzoni acolhe esta carta." Um homem que se alegra por apanhar da mulher é certamente uma forma original de feminismo contemporâneo.)

§ 38. *Critérios de crítica literária.* O conceito de que a arte é arte, e não propaganda política "deliberada" e projetada, é em si mesmo um obstáculo à formação de determinadas correntes culturais que sejam o reflexo de seu tempo e que contribuam para reforçar determinadas correntes políticas? Não parece; parece, ao contrário, que este conceito põe o problema em termos mais radicais e de uma crítica mais eficiente e conclusiva. Admitido o princípio de que, na obra de arte, deva se buscar somente o caráter artístico, não se exclui de modo algum a investigação de qual seja a massa de sentimentos, de qual seja a atitude diante da vida que circula na própria obra de arte. De resto, que isto seja admitido pelas modernas correntes estéticas pode ser visto em De Sanctis e no próprio Croce. O que se exclui é que uma obra seja bela por seu conteúdo moral e político, mas não por sua forma, na qual o conteúdo abstrato se fundiu e identificou. Investiga-se ainda se uma obra de arte não terá fracassado pelo fato de o autor se ter deixado desviar por preocupações práticas exteriores, isto é, postiças e insinceras. Este parece ser o ponto crucial da polêmica: Fulano "quer" expressar artificialmente um determinado conteúdo e não cria obra de arte. O fracasso artístico da obra de arte em questão (pois Fulano demonstrou ser artista em outras obras que realmente sentiu e viveu) demonstra que aquele conteúdo é, em Fulano, matéria surda e rebelde, que o entusiasmo de Fulano é fictício e projetado a partir de fora, que Fulano não é realmente, naquele caso concreto, um artista, mas um servo que quer agradar aos patrões. Existem, portanto, duas séries de fatos: um de caráter estético, ou de arte pura, outro de política cultural (ou seja, de política pura e simplesmente). O fato de que se chegue a negar o caráter artístico de uma obra pode servir, ao crítico político como tal, para demonstrar que Fulano enquanto artista não pertence àquele determinado mundo político, e, já que sua personalidade é predominantemente artística, que, em sua vida mais íntima e mais pessoal, aquele determinado mundo não opera, não existe: Fulano, portanto, é um comediante da política, quer se fazer passar pelo que não é, etc. O crítico político, portanto, denuncia Fulano não como artista, mas como "oportunista político". Que um político faça uma pressão para que a arte de seu tempo expresse um determinado mundo cultural é uma atividade política, não de crítica artística: se o mundo cultural pelo qual se luta é um fato vivo e necessário, sua expansividade será irresistível, ele encontrará seus artistas. Mas se, apesar da pressão, esta irresistibilidade não se vê e não opera, isso significa que se tratava de um mundo fictício e postiço, elucubração retórica de medíocres que se lamentam de que os homens de maior envergadura não estejam de acordo com eles. O próprio modo de formular a questão pode ser um indício da solidez de um tal mundo moral e cultural: e, de fato, o chamado "formalismo" é apenas a defesa de pequenos artistas, que afirmam de modo oportunista certos princípios, mas se sentem incapazes de expressá-los artisticamente, isto é, em sua própria atividade, e vangloriam-se assim da pura forma que é seu próprio conteúdo, etc., etc. O princípio formal da distinção das categorias espirituais e de sua unidade de circulação, mesmo em sua abstração, permite captar a realidade efetiva e criticar a arbitrariedade e a pseudovida de quem não quer jogar limpo ou é simplesmente um medíocre que o acaso colocou num posto de comando.

§ 42. *Caráter não nacional-popular da literatura italiana*. Para esta rubrica, deve-se estudar o volume de B. Croce, *Poesia popolare e poesia d'arte: Studi sulla poesia italiana dal tre al cinquecento,* Laterza, Bari, 1933. O conceito de "popular" no livro de Croce não é o destas notas: para Croce, trata-se de uma atitude psicológica, pelo que a relação entre poesia popular e poesia artística é como aquela entre o bom senso e o pensamento crítico, entre a percepção natural e a percepção erudita, entre a cândida inocência e a perspicaz e acurada bondade. Contudo, da leitura de alguns ensaios desse livro publicados na *Critica,* parece possível deduzir que — enquanto do século XIV ao XVI a poesia popular, também neste sentido, tem uma importância notável, por ser ainda ligada a uma certa vivacidade de resistência das forças sociais surgidas com o movimento de renovação verificado depois do século XI e que culminou nas Comunas — depois do século XVI estas forças se embruteceram completamente e a poesia popular decaiu até as formas atuais, em que o interesse popular é satisfeito pelo *Guerin Meschino* e por uma literatura do gênero. Ou seja: depois do século XVI, torna-se radical aquela separação entre intelectuais e povo que está na base destas notas e que tanto significado teve para a moderna história política e cultural da Itália.

§ 54. *Ugo Bernasconi.* Escritor de máximas morais, novelista, crítico de arte e, creio, também pintor. Colaborador do *Viandante* de Monicelli e, portanto, de uma certa tendência [109].

Podem-se recolher algumas de suas melhores máximas: "Viver é sempre adaptar-se. Mas adaptar-se a algo para salvar outra coisa. Nesta alternativa, forma-se e evidencia-se todo o caráter de um homem."

"A verdadeira Babel não é tanto onde se falam línguas diferentes, mas onde todos acham que falam a mesma língua e cada qual dá às mesmas palavras um significado diferente."

"É tão grande o valor do pensamento teórico para uma ação profícua que, por vezes, pode dar bom fruto também a mais estúpida das teorias, que é a seguinte: não teorias, mas fatos." (*Pègaso* de junho de 1933.)

§ 58. *Crítica literária.* No número de março de 1933 da *Educazione Fascista,* cf. o artigo polêmico de Argo contra Paul Nizan ("Idee di oltre confine") sobre a concepção de uma nova literatura, que surja de uma integral renovação intelectual e moral [110]. Nizan, ao que parece, situa bem o problema quando começa definindo o que é uma renovação integral das premissas culturais e limita o campo da própria investigação. A única objeção fundada de Argo é a seguinte: a impossibilidade de saltar um estágio nacional, autóctone, da nova literatura, e os perigos "cosmopolitas" da concepção de Nizan. Deste ponto de vista, muitas críticas de Nizan a grupos de intelectuais franceses devem ser revistas: *Nouvelle Revue Française*, o "populismo", etc., até o grupo do *Monde*, não porque as críticas não atinjam o alvo (politicamente), mas precisamente porque é impossível que a nova literatura deixe de se manifestar "nacionalmente" em combinações e composições diversas, mais ou menos híbridas [111]. É toda a corrente que deve ser examinada e estudada, objetivamente. De resto, sobre a relação entre literatura e política, deve-se ter presente o seguinte critério: o literato deve ter perspectivas necessariamente menos precisas e definidas do que o político, deve ser menos "sectário", se assim se pode dizer, mas de um modo "contraditório". Para o político, toda imagem "fixada" *a priori* é reacionária: o político considera todo o movimento em seu devir. O artista, ao contrário, deve ter imagens "fixadas" e filtradas em sua forma definitiva. O político imagina o homem como ele é e, ao mesmo tempo, como deveria ser, para atingir um determinado objetivo; seu trabalho consiste precisamente em fazer com que os homens se movam, saiam de seu estado presente para se tornarem capazes coletivamente de alcançar o objetivo proposto, isto é, de se "conformarem" ao objetivo. O artista representa necessariamente "o que é" em certo momento (de pessoal, de não conformista, etc.), de modo realista. Por isso, do ponto de vista político, o político jamais estará contente com o artista e não poderá estar: sempre o julgará em atraso com relação ao tempo, sempre anacrônico, sempre superado pelo movimento real. Se a história é um contínuo processo de libertação e de autoconsciência, é evidente que cada estágio, como história, neste caso como cultura, será imediatamente superado e não mais interessará. Parece-me que isso deve ser levado em conta ao avaliar o juízo de Nizan sobre os diversos grupos.

Mas, de um ponto de vista objetivo, assim como Voltaire é ainda hoje "atual" para determinados estratos da população, também podem ser atuais, e efetivamente o são, estes grupos literários e as combinações que eles representam: "objetivo" quer dizer, neste caso, que o desenvolvimento da renovação intelectual e moral não é simultâneo em todos os estratos sociais; muito pelo contrário: cabe repetir que, ainda hoje, muitos são ptolomaicos e não copernicanos. (Existem muitos "conformismos", muitas lutas por novos conformismos, bem como diversas combinações entre o que é, com diferentes matizes, e aquilo por cujo advento se trabalha, e são muitos os que trabalham neste sentido.) Colocar-se do ponto de vista de uma "única" linha de movimento progressista, de modo que toda nova aquisição seja acumulada e se torne a premissa de novas aquisições, é um grave erro: não apenas as linhas são múltiplas, mas também ocorrem retrocessos na linha "mais" progressista. De resto, Nizan não sabe formular a questão da chamada "literatura popular", isto é, do êxito obtido, entre as massas nacionais, pela literatura de folhetim (de aventura, policial, de terror, etc.), êxito que é ajudado pelo cinema e pelo jornal. E, não obstante, é esta questão que representa a maior parte do problema de uma nova literatura enquanto expressão de uma renovação intelectual e moral: porque somente a partir dos leitores da literatura de folhetim é que será possível selecionar o público suficiente e necessário para criar a base cultural da nova literatura. Parece-me que o problema é este: como criar um corpo de literatos que esteja artisticamente para a literatura de folhetim como Dostoiévski estava para Sue e Soulié, ou como, no romance policial, Chesterton está para Conan Doyle e para Wallace, etc. Para isto, é preciso abandonar muitos preconceitos, mas sobretudo cabe pensar que não apenas é impossível ter o monopólio, como também se deve enfrentar uma formidável organização de interesses editoriais. O preconceito mais comum é o de que a nova literatura deva se identificar com uma escola artística de origem intelectual, como foi o caso do futurismo. A premissa da nova literatura não pode deixar de ser histórico-política, popular: deve ter como objetivo elaborar o que já existe, não importa se de modo polêmico ou de outro modo; o que importa é que aprofunde suas raízes no húmus da cultura popular tal como ela é, com seus gostos, suas tendências, etc., com seu mundo moral e intelectual, ainda que atrasado e convencional.

§ 75. *Temas de cultura*. O dicionário de Rezasco. É mencionado por Felice Bernabei, em "Memorie inedite di un archeologo" (primeira parte publicada em *Nuova Antologia* de 16 de julho de 1933). Rezasco (Giulio) foi várias vezes secretário-geral da Instrução Pública (ou seja, subsecretário). Bernabei fala dele, de passagem, como redator de um "Vocabolario della Burocrazia", e escreve: "Não sei se alguma parte desse 'Vocabolario' de Rezasco foi publicada." (A redação da *Nuova Antologia* não considerou oportuno fazer uma nota.) Ao que parece, Rezasco não se ocupava de seus deveres burocráticos e empregava o horário de trabalho para redigir o vocabulário.

CADERNO 17 (1933-1935)

§ 13. *Os filhotes do padre Bresciani. G. Papini*. Na *Italia Letteraria* de 20 de agosto de 1933, Luigi Volpicelli escreve o seguinte sobre Papini (incidentalmente, num ensaio sobre "Problemi della letteratura d'oggi", publicado em várias partes): "Não basta, aos 50 anos — queira Papini perdoar-me a franqueza —, não basta dizer: o escritor deve ser mestre. É preciso, pelo menos, poder dizer: eis aqui, ignorantes, a verdadeira arte, a arte mestra. Mas limitar-se a propor, aos 50 anos de idade, ou mesmo depois, que o escritor seja mestre, quando mestre jamais se foi, não vale sequer como *mea culpa*. E, com efeito, já vimos isso muitas vezes! Papini exerceu todos os ofícios, para depois emporcalhar todos eles: foi filósofo, para concluir que a filosofia é uma espécie de gangrena do cérebro; foi católico, para cobrir de cinzas o universo com um vocabulário apropriado; foi literato, para finalmente estabelecer que não sabemos o que fazer com a literatura. Isto não exclui que Papini tenha conquistado um lugarzinho na história da literatura, no capítulo 'os polemistas'. Mas a polêmica vale o mesmo que a oratória: é precisamente a forma pura e vazia, é mero amor pelas palavras e pelas técnicas, pelo gesto, um formalismo espiritual e congênito; em suma, a coisa mais distante possível do escritor como mestre."

Papini sempre foi um "polemista" no sentido indicado por Volpicelli, e o é ainda hoje, pois não se sabe se, na expressão "polemista católico", interessa mais a Papini o substantivo ou o adjetivo. Com seu "catolicismo", Papini gostaria de demonstrar que não é um puro "polemista", isto é, um "formalista", um equilibrista da palavra e da técnica, mas nem isto conseguiu! Volpicelli erra em não ser mais preciso: o polemista é polemista de uma concepção do mundo, ainda que seja o mundo de Polichinelo, mas Papini é o polemista "puro", o boxeador profissional de qualquer crença: Volpicelli deveria chegar explicitamente à afirmação de que o catolicismo é em Papini uma roupa de palhaço, não a "pele" formada pelo seu sangue "renovado", etc.

§ 16. *Os filhotes de padre Bresciani. G. Papini.* Deve-se examinar a conferência "Carducci, alma sdegnosa", pronunciada por Papini em Forlí, na inauguração da "Semana romanhola de poesia", e publicada na *Nuova Antologia* de 1º de setembro de 1933. A falsidade, a insinceridade histriônica desta conferência, é algo de arrepiar os cabelos.

Seria interessante, e não só em Papini, fazer uma pesquisa sobre a aversão contra Roma que esteve em moda na Itália até 1919, no movimento *vociano* e futurista. Discurso de Papini, "Contro Roma e B. Croce"; do binômio então odioso para o Papini de 1913, permaneceu odioso Benedetto Croce [112]. Em relação a Croce, comparar a atitude abertamente trivial deste discurso sobre Carducci e a atitude hipocritamente jesuítica e carola do ensaio "Il Croce e la Croce".

§ 17. *Temas de cultura.* Título exato do *Dizionario del linguaggio italiano storico ed amministrativo di Giulio Rezasco* (Florença, Le Monnier, 1881, 1.287 p.).

§ 24. *Os filhotes de padre Bresciani. G. Papini.* Em Papini, falta a retidão: diletantismo moral. No primeiro período de sua carreira literária, esta deficiência não impressionava, já que Papini baseava sua autoridade em si mesmo, era o "partido de si mesmo". Divertia, não podia ser levado a sério, a não ser por uns poucos filisteus (recordar a discussão com Annibale Pastore) [113]. Papini inseriu-se hoje num amplo movimento do qual retira autoridade: sua atividade, por isso, tornou-se acanalhada no mais desprezível sentido, no sentido do pistoleiro, do sicário mercenário. Se um menino quebra os vidros por divertimento ou por travessura, ainda que sem graça, é uma coisa; mas se quebra os vidros por conta dos vendedores de vidro é uma outra coisa.

§ 29. *Literatura popular.* Artigo de André Moufflet no *Mercure de France* de 1º de fevereiro de 1931 sobre o romance de folhetim. O romance de folhetim, segundo Moufflet, nasceu da necessidade de *ilusão*, experimentada (talvez ainda hoje) por infinitas existências mesquinhas, quase como para romper a triste monotonia à qual se viam condenadas.

Observação genérica: pode ser feita para todos os romances e não apenas os de folhetim: deve-se analisar que *particular ilusão* o romance de folhetim dá ao povo e como esta ilusão se modifica nos vários períodos histórico-políticos: há o esnobismo, mas há um fundo de aspirações democráticas que se refletem no romance de folhetim clássico. Romance "tenebroso" como o de Radcliffe, romance de intriga, de aventura, policial, de suspense, sobre a marginalidade, etc. O esnobe se vê no romance de folhetim que descreve a vida dos nobres ou das classes altas em geral, mas isto agrada às mulheres e sobretudo às moças, cada uma das quais, de resto, acredita que a beleza pode fazê-la ingressar na classe superior.

Existem para Moufflet os "clássicos" do romance de folhetim; mas isto é entendido num certo sentido: parece que o romance de folhetim clássico é o "democrático" com diversos matizes, de V. Hugo a Sue e a Dumas. O artigo de Moufflet deve ser lido, mas é preciso ter em mente que ele examina o romance de folhetim como "gênero literário", em função do estilo, etc., como expressão de uma "estética popular", o que é falso. O povo é "conteudista"; mas, se o conteúdo popular for expresso por grandes artistas, são estes os preferidos. Recordar o que escrevi sobre o amor do povo por Shakespeare, pelos clássicos gregos e, modernamente, pelos grandes romancistas russos (Tolstoi, Dostoiévski). O mesmo ocorre, na música, com Verdi.

No artigo "Le mercantilisme littéraire" de J. H. Rosny *aîné*, publicado nas *Nouvelles Littéraires* de 4 de outubro de 1930, afirma-se que V. Hugo escreveu *Os miseráveis* inspirado pelos *Mistérios de Paris* de Eugène Sue e pelo sucesso que este último obteve, tão grande que, quarenta anos depois, o editor Lacroix ainda se espantava com o fato. Escreve Rosny: "Os folhetins, tanto na intenção do diretor do jornal quanto na intenção do folhetinista, foram produtos inspirados pelo gosto do público e não pelo gosto dos autores." Esta definição é também unilateral. E, com efeito, Rosny só escreve uma série de observações sobre a literatura "comercial" em geral (e, portanto, também sobre a pornográfica) e sobre o lado comercial da literatura. Que o "comércio" e um determinado "gosto" do público se encontrem não é casual; tanto isto é verdade que os folhetins escritos por volta de 1848 tinham uma determinada orientação político-social, que, ainda hoje, faz com que sejam procurados e lidos por um público que vive os mesmos sentimentos de 1848.

§ 34. *Literatura popular. Il prigioniero che canta*, de Johan Bojer (traduzido por L. Gray e G. Dauli, Ed. Bietti, Milão, 1930) [114]. Dois aspectos culturais a observar: 1) a concepção "pirandelliana" do protagonista, que recria continuamente sua "personalidade" física e moral, que é sempre diferente e, não obstante, sempre igual. Pode interessar para estabelecer o êxito do pirandellismo na Europa; neste caso, deve-se ver quando Bojer escreveu seu livro; 2) aspecto mais estritamente popular, contido na última parte do romance. Para expressar-se em termos "religiosos", o autor defende, em forma pirandelliana, a velha concepção religiosa e reformista do "mal": o mal está no interior do homem (em sentido absoluto); existe em cada homem, por assim dizer, um Caim e um Abel, que lutam entre si: é preciso, se se quer eliminar o mal do mundo, que cada um vença o Caim que tem em si e faça com que triunfe o Abel: o problema do "mal", portanto, não é político, ou econômico-social, mas "moral" ou "moralista". De nada vale modificar o mundo exterior, o conjunto das relações: o que importa é o problema individual-moral. Em cada um há o "judeu" e o "cristão", o egoísta e o altruísta: cada um deve lutar em si mesmo, etc., matar o judaísmo que traz em si mesmo. É interessante que o pirandellismo tenha servido a Bojer para cozinhar este velho prato, que uma teoria que passa por antirreligiosa tenha servido para reapresentar a velha formulação cristã do problema do mal, etc.

§ 44. *Literatura popular.* Que uma parte da poesia atual seja "puro barroquismo" se manifesta através da confissão espontânea de alguns de seus críticos ortodoxos. Por exemplo: Aldo Capasso, num ensaio sobre Ungaretti (trecho citado no *Leonardo* de março de 1934), escreve: "A aura *atônita* não poderia se formar se o poeta fosse menos lacônico." A "aura atônita" relembra a famosa definição de que "a finalidade do poeta é a maravilha". Contudo, cabe notar que o barroquismo clássico, infelizmente, era popular e continua a sê-lo até hoje (sabe-se como o homem do povo gosta das acrobacias de imagens na poesia), ao passo que o barroquismo atual é popular entre os intelectuais puros.

Ungaretti escreveu que seus companheiros de trincheira oriundos "do povo" gostavam de suas poesias, e pode ser verdade: gosto de caráter particular, ligado ao sentimento de que a poesia "difícil" (incompreensível) deve ser bela e o autor deve ser um grande homem, precisamente porque destacado do povo e incompreensível: isto ocorre também em relação ao futurismo e é um aspecto do culto popular aos intelectuais (que, na verdade, são admirados e desprezados ao mesmo tempo).

NOTAS AO TEXTO

1. Do Caderno 4

1. O projeto de escrever um texto sobre o "canto décimo" do *Inferno* (o interesse de Gramsci por Dante, de resto, remonta à sua época universitária) já aparece no elenco dos 16 "temas principais" com que se abre o "Primeiro caderno", datado de 8 de fevereiro de 1929, onde se pode ler: "5) Cavalcante Cavalcanti: sua posição na estrutura e na arte da *Divina comédia*" (cf. vol. 1 da presente edição, p. 78). Numa carta a Tatiana, de 26 de agosto de 1929, Gramsci volta a falar desse projeto: "Sobre este canto de Dante, fiz uma pequena descoberta que creio interessante e que corrigiria uma tese formulada de modo excessivamente absoluto por B. Croce sobre a *Divina comédia*. [...] Escreverei depois minha 'nota dantesca' e talvez a mande para você como brinde, escrita numa belíssima caligrafia" (A. Gramsci, *Lettere dal carcere*, ed. por A. A. Santucci, Palermo, Sellerio, 1996, p. 280). A "tese" mencionada, como se verá em seguida, refere-se à distinção radical que Croce estabelece, em sua análise da *Comédia*, entre partes "estruturais" e partes "poéticas", distinção que Gramsci propõe relativizar. Numa outra carta a Tatiana, de 7 de setembro de 1931, ele volta ao tema, comunicando à cunhada que lhe enviará em breve um resumo do ensaio que pretende escrever sobre Dante para que ela o remeta (através de Piero Sraffa) a Umberto Cosmo, seu antigo professor na Universidade de Turim, para que este, "especialista em Dante, diga-me se fiz uma falsa descoberta ou se vale a pena redigir uma nova contribuição ao assunto, uma pequena migalha a acrescentar às milhões e milhões dessas notas que já foram escritas" (ibid., p. 459-460). Tendo recebido através de Sraffa o resumo anunciado por Gramsci, o professor Cosmo envia a nosso autor uma carta de incentivo (sempre por meio de Sraffa e, deste, de Tatiana), cuja parte principal Gramsci reproduz no § 86 deste caderno. (Sobre U. Cosmo, cf., também, n. 18 a este mesmo § 86.)

Para que o leitor possa acompanhar melhor o desenvolvimento da análise gramsciana de Dante, parece-nos útil recordar brevemente o conteúdo do "canto décimo". Conduzido por seu guia Virgílio, Dante ingressa no sexto círculo do inferno, onde estão os condenados por heresia, em particular os epicuristas. Dante revela interesse em dialogar com seu conterrâneo Farinata, um líder gibelino, que, ouvindo o poeta falar em florentino, dirige-se a ele, sendo logo informado de que Dante, um guelfo "branco" (moderado), é seu adversário político. (Sobre gibelinos e guelfos, cf. vol. 2, p. 292.) Durante este diálogo, ergue-se de sua tumba incandescente outro florentino, Cavalcante, cujo filho Guido, marido da filha de Farinata, é um talentoso poeta ateu, amigo íntimo de Dante. Surpreso por não ver Guido ao lado de Dante, o pai pergunta: "Meu filho onde está? Por que não está contigo?" E Dante responde: "Não venho por minha própria vontade. Sou conduzido por aquele que lá me espera [Virgílio], a quem talvez vosso Guido desdenhou." Diante desta resposta, Cavalcante retruca: "Por que disseste 'desdenhou'? Ele não vive mais? Já não lhe chega aos olhos a doce luz?" Tardando a resposta de Dante, Cavalcante "caiu de costas e não mais apareceu". Farinata, enquanto isso, "não muda o semblante, não abaixa a cabeça, não dobra a coluna". E informa a Dante não apenas sobre o futuro exílio político do poeta, mas também sobre a condição dos condenados: eles veem o passado e o futuro, mas não veem o presente. Isso explica o desespero de Cavalcante.

Também nos parece necessário, para um melhor entendimento da "nota dantesca" de Gramsci, recordar alguns trechos do "resumo" que ele envia ao professor Cosmo através de Tatiana (e de Sraffa), numa carta de 20 de setembro de 1931: "Buscarei resumir agora para você o célebre esquema. Cavalcante e Farinata. 1) [...] Sustento que, no décimo canto, são representados dois dramas, o de Farinata e o de Cavalcante, e não apenas o de Farinata; 2) É estranho que a hermenêutica dantesca, embora minuciosa e bizantina, jamais tenha notado que Cavalcante é o verdadeiro punido entre os epicuristas das tumbas incandescentes, aquele que é punido com uma punição imediata e pessoal [...]. A lei de talião aplicada a Cavalcante e Farinata é a seguinte: por terem querido ver o futuro, eles (teoricamente) são privados do conhecimento das coisas terrenas por um tempo determinado, ou seja, eles vivem num cone de sombra de cujo centro veem o passado, até um certo limite, e veem o futuro, também a partir de um certo limite. Quando Dante se aproxima dos dois, a posição de Cavalcante e de Farinata é a seguinte:

eles veem Guido vivo no passado, mas o veem morto no futuro. Mas, naquele momento, Guido está vivo ou morto? Compreende-se a diferença entre Cavalcante e Farinata. Farinata, ouvindo falar florentino, volta a ser um homem de partido, o herói gibelino; Cavalcante, ao contrário, só pensa em Guido e, escutando falar florentino, ergue-se para saber se Guido está vivo ou morto naquele momento (eles podem ser informados pelos recém-chegados). O drama direto de Cavalcante é rapidíssimo, mas de enorme intensidade. Ele imediatamente pergunta por Guido e espera que ele esteja com Dante; mas, quando o poeta, que não está informado exatamente sobre a pena, diz 'desdenhou', usando o verbo no passado, Cavalcante, depois de um lancinante grito, 'caiu de costas e não mais apareceu'. 3) Na primeira parte do episódio, o 'desdém de Guido' torna-se o centro de todos os fabricantes de hipóteses e de contribuições, enquanto, na segunda parte, a previsão de Farinata sobre o exílio de Dante absorveu a atenção. Parece-me que a importância da segunda parte consiste particularmente no fato de que ela ilumina o drama de Cavalcante, fornecendo todos os elementos essenciais para que o leitor o reviva. Seria por isso uma poesia do inefável, do inexpressado? Não creio. Dante não renuncia a uma representação direta do drama, já que este é precisamente seu modo de representá-lo. [...] 4) Parece-me que esta interpretação atinge de modo vital toda a tese de Croce sobre a estrutura e a poesia na *Divina comédia*. Sem a estrutura não haveria a poesia e, portanto, também a estrutura tem um valor de poesia [...]. O professor Cosmo poderia me dizer se se trata de uma nova descoberta da pólvora, ou se, em meu esquema, existe algum tema que possa ser desenvolvido numa pequena nota, para passar o tempo" (ibid., p. 466-469).

2. Para estas referências de Gramsci, cabe recordar um outro trecho da mencionada carta a Tatiana de 20 de setembro de 1931: "Possuo os ensaios de De Sanctis e o *Dante* de Croce. Li no *Leonardo* de 1928 uma parte do estudo de Luigi Russo [...] que se refere (na parte que li) à tese de Croce. Possuo o número da *Critica* com a resposta de Croce. Mas há muito não vejo este material, ou seja, desde antes de minha concepção do núcleo principal deste esquema" (*Lettere*, cit., p. 469). As referências bibliográficas são as seguintes: B. Croce, *La poesia di Dante*, Bari, Laterza, 1922; L. Russo, "Critica dantesca", *Leonardo*, 20 de dezembro de 1927; resposta de Croce a Russo, *Critica*, 20 de março de

1928. Gramsci possui todos estes textos no cárcere, mas tem dificuldade para consultá-los porque, como diz na carta, eles estavam no fundo de um baú guardado no almoxarifado da prisão. Além deles, Gramsci menciona aqui Vincenzo Morello, *Dante, Farinata, Cavalcante*, Milão, Mondadori, 1927; F. Romani, "Il canto X dell'Inferno", *Giornale dantesco*, ano III, caderno 1, Prato — Florença, 1906; F. De Sanctis, *Saggi critici*, Milão, Treves, 3 vols., 1924.

Sobre Luigi Russo, cf. vol. 3, p. 357.

Sobre Vincenzo Morello, cf. vol. 2, p. 302. Gramsci discute sua interpretação do Canto X nos §§ 83 e 87, neste mesmo caderno.

Fedele Romani (1855-1910), dialetólogo, poeta e narrador, também escreve ensaios críticos sobre autores como Dante, Petrarca, Manzoni, Homero e Virgílio.

Sobre Francesco De Sanctis (do qual Gramsci volta a falar, *inter alia*, no caderno 23, § 1, neste volume), cf. também vol. 5, p. 426.

3. Sobre essa questão, cabe recordar mais um trecho da carta de 20 de setembro de 1931: "Que importância artística têm as rubricas nas obras para o teatro? [...] Obra de teatro sem rubricas é mais lírica do que representação de pessoas vivas num choque dramático; a rubrica, em parte, incorporou os velhos monólogos, etc. Se, no teatro, a obra de arte resulta da colaboração do escritor e dos atores unificados esteticamente pelo diretor do espetáculo, a rubrica tem no processo criativo uma importância essencial, na medida em que limita o arbítrio do ator e do diretor. Toda a estrutura da *Divina comédia* tem esta altíssima função [...]" (*Lettere*, cit., p. 469).

Traduzimos por "rubrica" a expressão *didascalia*, usada por Gramsci, que — embora registrada no Dicionário Aurélio (*Didascália*: "Na Grécia antiga, conjunto ordenado de preceitos e instruções relativos à interpretação teatral, de ordinário elaborados pelo autor dramático e dados aos atores que lhes representavam as obras") — não é utilizada na linguagem teatral brasileira. Como é fácil perceber, Gramsci aproxima aqui a relação entre rubricas e falas numa peça de teatro, por um lado, e, por outro, a relação entre o que Croce chama de "estrutura" e de "poesia" em sua análise da obra de Dante.

John Tanner é o protagonista da obra *Man and superman* (1906), do dramaturgo irlandês George Bernard Shaw (1856-1950), Prêmio Nobel em 1925. A peça foi traduzida para o italiano com o título *Don*

Giovanni, que é o referido por Gramsci tanto em sua carta quanto no texto dos cadernos.

4. Sempre na carta a Tatiana de 20 de setembro de 1931, Gramsci observa: "Lembro-me de que, em 1912, assistindo ao curso de história da arte do professor Toesca, conheci a reprodução do quadro de Medeia existente em Pompeia, no qual Medeia assiste à morte dos filhos que tivera com Jasão; assiste com os olhos vendados e creio recordar que Toesca dizia que este era um modo de expressão dos antigos e que Lessing, no *Laocoonte* (cito de memória a partir daquelas aulas), não considerava isso um artifício de impotentes, mas, ao contrário, o melhor modo de dar a impressão da infinita dor de um genitor, que, se representada materialmente, teria se cristalizado num esgar" (*Lettere*, cit., 467-468).

   Gothold Ephraim Lessing (1729-1781), importante dramaturgo e filósofo do Iluminismo alemão, discute em seu *Laocoonte* as relações entre a poesia e a pintura.

5. Lendária rainha frígia, Níobe zomba de Leto, que tem apenas dois filhos, Apolo e Diana. Estes vingam o ultraje sofrido pela mãe e matam os catorze filhos de Níobe, a quem Zeus transforma numa estátua chorosa.

6. Ou seja, no sexto círculo do inferno, onde tem lugar o episódio.

7. Isidoro Del Lungo, *Dino Compagni e la sua Cronaca*, Florença, Le Monnier, 3 vols., 1879-1887. Em carta a Tatiana de 22 de fevereiro de 1932, Gramsci escreve: "Lembro-me agora de que pensei pela primeira vez nessa interpretação [do Canto X] lendo o substancioso trabalho de Isidoro Del Lungo sobre a *Cronaca fiorentina* de Dino Compagni, onde Del Lungo fixou pela primeira vez a data da morte de Guido Cavalcanti" (*Lettere*, cit., p. 537).

   Isidoro Del Lungo (1841-1927), acadêmico e historiador de Literatura, é um dos fundadores, em 1888, com Giosuè Carducci, Pasquale Villari e outros, da *Società Dantesca Italiana*, além de membro da respeitada *Accademia della Crusca*, instituição florentina fundada no século XVI para o estudo e a difusão da língua italiana.

   Gramsci refere-se, em particular, a um livro de Del Lungo sobre Dino Compagni (1255-1324), político e escritor florentino, cuja *Cronica delle cose occorrenti nei tempi suoi* descreve a rivalidade entre guelfos e gibelinos, bem como entre as facções guelfas (os brancos e os negros) na Florença de Dante. Sobre outros trabalhos de I. Del Lungo, cf. § 81, neste mesmo caderno.

8. Sobre Ugolino della Gherardesca, tirano gibelino de Pisa, preso numa torre com os filhos até morrerem de fome, cf. o Canto XXXIII; sobre Mirra, personagem mitológica culpada de amor incestuoso com o pai, rei de Chipre, cf. o Canto XXX do *Inferno*.

9. Gramsci menciona, respectivamente, o livro de B. Croce, *Alessandro Manzoni: Saggi e discussioni* (Bári, 1930, p. 24-25), e o ensaio de Giuseppe Citanna, "*I Promessi Sposi* sono un'opera di poesia?", publicado na edição citada da *Nuova Italia*.
   Sobre o significado específico do conceito de (neo)malthusianismo, cf. vol. 1, p. 472-473, e vol. 3, p. 357-358.

10. Timantes, pintor grego do século IV a.C., é o autor de "O sacrifício de Ifigênia". Figura da mitologia, Ifigênia teria sido sacrificada pelo pai, Agamenon, para aplacar a ira dos deuses, que faziam soprar ventos contrários à frota grega em Áulida. O tema de Ifigênia é tratado, entre outros, por Eurípedes, Racine e Goethe.

11. Publicado em 1829 e várias vezes reeditado, o romance *La monaca di Monza*, de Giovanni Rosini (1776-1855), é uma continuação da história de Gertrudes, personagem de *Os noivos* de Manzoni. Sobre este romance e o tema das "continuações", cf., neste volume, p. 24.

12. Gramsci comenta as posições políticas de Dante no vol. 5, p. 249-251.

13. Augusto Guzzo (1894-1987), filósofo que relaciona o neo-espiritualismo cristão com o idealismo, é autor de uma imponente bibliografia, em que se destaca, entre outros títulos, uma *Storia della filosofia e della civiltà per saggi*, em 10 volumes, publicada na década de 1970.

14. Cf. *Paraíso*, respectivamente, Canto XIV, verso 103, e Canto XXIII, verso 55.

15. Karl Vossler (1872-1949), linguista, é autor, em particular, de estudos de estilística literária. Sua vasta obra, influenciada pelo idealismo crociano, inclui estudos sobre Dante (1907), Leopardi (1923) e Lope de Vega (1932).

16. Sempre citado em conexão com os estudos sobre Dante (cf. os §§ 86 e 87 deste caderno e o vol. 2, p. 298), Michele Barbi funda e dirige, a partir de 1920, a revista *Studi Danteschi*. Membro das Academias da *Crusca* e dos *Lincei*, M. Barbi desenvolve um trabalho filológico com base num aparato histórico-erudito de matriz positivista.

17. Gramsci refere-se a um artigo de sua autoria, "Il cieco Tiresia", publicado na coluna *Sotto la Mole*, na edição piemontesa do *Avanti!* de 18 de abril de 1918. No artigo, depois de relatar o fato resumido neste parágrafo, Gramsci observa: "[No Canto X do *Inferno*], Farinata e Cavalcante são punidos por terem querido ver demais no além, escapando da disciplina católica: são punidos com o não conhecimento do presente. O drama desta punição, contudo, escapou à crítica. Farinata é admirado por sua plástica altivez, por sua capacidade de agigantar-se em meio ao infernal horror. Cavalcante é esquecido; contudo, ele é mortalmente atingido por uma palavra, 'desdenhou', que lhe faz crer que seu filho está morto. Ele não conhece o presente; vê o futuro e, no futuro, o filho está morto. Mas e no presente? Dúvida torturante, tremenda punição nesta dúvida, elevadíssimo drama que se consuma em poucas palavras. Mas drama *difícil*, complexo, que, para ser compreendido, exige reflexão e raciocínio; que gela de horror por sua rapidez e intensidade, mas depois de um exame crítico. Cavalcante não vê, mas não é cego, não tem uma evidência corporal plástica de sua desventura. Dante, neste caso, é um poeta culto. A tradição popular quer a plasticidade, tem uma poesia mais ingênua e imediata" (A. Gramsci, *La città futura 1917-1918*, Turim, Einaudi, 1982, p. 834).

18. Gramsci comenta esta resposta de U. Cosmo numa carta a Tatiana, de 21 de março de 1932. Entre outras coisas, ele diz: "Li as observações do professor Cosmo a respeito do Canto do *Inferno* de Dante. Agradeço-lhe as sugestões e as indicações bibliográficas. Não creio, porém, que valha a pena adquirir os números de revista que ele indica [...]. Fico satisfeito em saber que a interpretação do Canto que esbocei é relativamente nova e digna de ser tratada; para minha humanidade de preso, isso é suficiente para me fazer destilar algumas páginas de apontamentos que, *a priori*, não me pareçam ser algo supérfluo" (*Lettere*, cit., p. 549-550).

    Umberto Cosmo (1868-1944), professor de literatura na Universidade de Turim, é um conhecido e respeitado estudioso de Dante. Em 1917, como editor de *La Stampa*, passa também a escrever sobre política. Opositor do fascismo, é afastado da cátedra em 1926 e preso por pouco tempo em 1929. Gramsci, seu aluno dos tempos de universidade, estabelece com ele uma intensa interlocução, que oscila entre momentos de aguda polêmica político-ideológica e outros de reaproximação pessoal. Sobre suas relações com U. Cosmo, cf. a carta de Gramsci a Tatiana de 23 de fevereiro de 1931, in *Lettere*, cit., p. 398-400.

19. Rastignac é o pseudônimo de Vincenzo Morello, cuja interpretação do Canto X é criticada no § 83, supra.

20. Edward Gordon Craig (1872-1966), ator, cenógrafo, diretor e teórico de teatro inglês, é um dos maiores representantes das tendências simbolistas e antinaturalistas da primeira metade do século XX. Sua concepção da arte dramática enfatiza, particularmente, o movimento dos atores e a função da luz na evocação de uma "atmosfera", para além dos recursos tradicionais da representação.

21. Gramsci conclui esta nota na segunda linha de uma página do caderno 4. O restante da página é deixado em branco, para indicar a conclusão do bloco de notas intitulado "O canto décimo do *Inferno*".

2. Caderno 21

1. Na primeira desta série de perguntas, Gramsci se refere, como em outros locais, ao conhecido livro de Ruggero Bonghi, *Perché la letteratura italiana non sia popolare* (Milão, 1859). Ruggero Bonghi, em 1869, faz parte da comissão governamental dirigida por Alessando Manzoni com o objetivo de estabelecer o uso correto da língua italiana. Sobre R. Bonghi, cf., também, vol. 4, p. 363.

   Mencionado na segunda questão, Ferdinando Martini escreve, em 1888, "La fisima del teatro nazionale" (1888), incluído em seu livro *Al teatro*, Florença, 1895. Sobre F. Martini, cf. vol. 5, p. 401.

   Sobre Manzoni e a questão da língua italiana, Gramsci já escrevera em 1918, no artigo "La lingua unica e l'esperanto" publicado em *Il grido del popolo*: "Manzoni põe a questão: como se pode criar a língua italiana, agora que a Itália foi feita? E responde: é necessário que todos os italianos falem toscano, é necessário que o Estado italiano recrute os professores primários na Toscana: o toscano substituirá os numerosos dialetos falados pelas várias regiões e, feita a Itália, também se fará a língua italiana. Manzoni obteve o apoio do governo [...]" (A. Gramsci, *La città futura 1917-1918*, cit., p. 668-674). Sobre o mesmo tema, cf., neste volume, p. 112-113.

2. Sobre as revistas *Lacerba* e *La Voce*, cf. vol. 2, p. 285-286 e 290. Sobre o movimento *Sturm und Drang*, cf., ibid., p. 284. Sobre o "super-regionalismo", cf., ibid., p. 294.

3. Sobre E. Corradini e G. Pascoli, cf. vol. 5, p. 358.

4. Gramsci, provavelmente, pretendia retomar como texto C o breve § 49 do caderno 7, contido neste volume, p. 207-208, mas tal parágrafo permaneceu como texto B.

5. Francesco Mastriani (1819-1891) escreve mais de cem romances, muitos dos quais retratam a vida miserável dos pobres de Nápoles. Imita abertamente o romancista francês Eugène Sue.

   Carolina Invernizio (1858-1916) publica vários romances sentimentais de extraordinário sucesso, influenciados diretamente pela ficção popular francesa da época, representada sobretudo por Xavier Aymonde de Montépin (1823-1898) e por Ponson du Terrail (1829-1871), criador do famoso personagem Rocambole.

6. Leo Ferrero (1903-1933), filho do historiador Guglielmo Ferrero, escreve poesias, dramas, novelas e textos de crítica literária. Antifascista, deixa a Itália em 1928 e, depois de passar pela França e pela Inglaterra, estabelece-se nos Estados Unidos, onde falece num desastre automobilístico.

7. Alexandre Dumas (1802-1870), além dos livros mencionados por Gramsci, é autor de mais de trezentos títulos, muitas vezes escritos com a ajuda de colaboradores. A imensa produção de A. Dumas torna-o o escritor mais popular da época romântica. *Joseph Balsamo* (personagem-título reconstruído a partir de uma figura histórica real, Giuseppe Balsamo, dito Cagliostro, sobre o qual cf. vol. 2, p. 292) pertence ao ciclo dumasiano "Maria Antonieta": aqui, o mago e aventureiro italiano aparece envolvido no processo de declínio e destruição da monarquia francesa e termina preso na Bastilha. (Posteriormente, cairia como herético nas garras da Inquisição italiana.) A narrativa também transforma em personagens Jean-Jacques Rousseau e, de passagem, Jean-Paul Marat.

8. Sobre Giovanni Ansaldo, cf., *inter alia*, vol. 2, p. 183-184, e vol. 5, p. 368.

9. Sobre Gabriele D'Annunzio, várias vezes citado nos *Cadernos*, cf. vol. 2, p. 297.

   Luigi Pirandello (1867-1936), dramaturgo e romancista italiano, Prêmio Nobel de Literatura em 1934, desperta muito cedo o interesse de Gramsci: além de fazê-lo tema de algumas "crônicas teatrais" escritas entre 1916 e 1920, Gramsci dedica-lhe várias notas dos *Cadernos*, incluídas neste volume. Uma seleção das "crônicas teatrais" gramscianas, muitas dedicadas a Pirandello, pode ser encontrada em A. Gramsci, *Literatura e vida nacional*, Rio de Janeiro, Civilização Brasileira, 1968, p. 191-265.

10. Annibal Caro (1507-1566) é conhecido, sobretudo, por sua tradução em versos livres da *Eneida* de Virgílio. Ippolito Pindemonte (1753-1828), poeta pré-romântico, é conhecido por suas *Poesias campestres*.

11. Em 22 de junho de 1932, na *Italia letteraria*, Umberto Fracchia escreve uma carta aberta ao historiador Gioacchino Volpe, por ocasião de um discurso pronunciado por este último, como secretário da Academia da Itália. Esta "carta" produz uma longa polêmica, na qual se insere a intervenção mencionada de Ugo Ojetti. Gramsci também trata extensamente desta questão, neste volume, p. 125-129.

    Sobre Gioacchino Volpe, cf. vol. 2, p. 296.

    Umberto Fracchia (1889-1930), jornalista, romancista e crítico literário, funda *La Fiera Letteraria* (depois *L'Italia Letteraria*) em 1925, editando-a até 1927.

    Sobre Ugo Ojetti, a quem Gramsci retorna em várias notas contidas neste volume, cf. vol. 2, p. 298.

12. Sobre Michele Bianchi, cf. vol. 5, p. 404. Nova referência a Michele Bianchi, neste mesmo contexto, encontra-se neste volume, p. 126.

13. Camille Flammarion (1842-1925), astrônomo, publica várias obras de divulgação científica, que desfrutam de certa popularidade também na Itália. Em 1887, funda a Sociedade Astronômica da França.

14. Pierre-Jean de Béranger (1780-1857), poeta e *chansonier* francês, publica sátiras político-patrióticas de grande popularidade, como "Parlez-nous de lui" (sobre a epopeia napoleônica) e "Le Dieu des bonnes gens" (sobre as condições de vida do povo comum).

15. Francesco Domenico Guerrazzi (1804-1873) escreve romances melodramáticos de temas revolucionários e patrióticos. Republicano, participa ativamente da revolução de 1848-1849 na Toscana, exilando-se depois na Córsega; eleito para o Parlamento do Piemonte em 1860, faz oposição a Cavour. Sobre sua participação nos acontecimentos de 1848-1849, cf., por exemplo, vol. 5, p. 55-56.

16. No *Resto del Carlino* de 4 de dezembro de 1916, G. Papini escreve sobre C. Invernizio um artigo, depois recolhido em *Testimonianze. Saggi non critici*, Milão, 1918. Há também, no original gramsciano, uma referência ao trabalho de Enzo Palmieri, *Interpretazioni del mio tempo, I: Giovanni Papini, Bibliografia (1902-1927)*, Florença, 1927. Sobre Giovanni Papini, cf. vol. 2, p. 285-286.

17. *Reali di Francia* e *Guerino detto il Meschino* são obras de grande difusão popular, escritas por Andrea da Barberino (1370-1432), cantor de baladas e narrador que busca no folclore sua fonte de inspiração. Em *Reali di Francia*, abordam-se de modo fantástico as ações dos reis franceses até Carlos Magno. Sobre o *Guerino*, narrativa que seria sucessivamente refeita e recontada em várias línguas, cf., neste volume, p. 205-206.

    Os *maggi*, difundidos especialmente nas zonas montanhosas da Emília e da Toscana, são representações teatrais populares realizadas ao ar livre, baseadas em motivos medievais, por ocasião das festas de primavera, em maio. Pia dei Tolomei é protagonista do Canto V do *Purgatório* de Dante; assassinada, ela não revela ao poeta nem o motivo nem o responsável por sua morte.

18. O padre Guglielmo Massaja (1809-1886), missionário e explorador, viaja várias vezes para a África, sobretudo a Etiópia, tendo escrito sobre estas experiências um trabalho em 12 volumes, intitulado *I miei trentacinque anni di missione nell'Alta Etiopia*.

    Sobre Ugo Mioni (1870-1935), sacerdote católico e prolífico escritor de romances populares, cf., neste volume, p. 51 e 209-210.

    O padre Angelo Secchi (1818-1878), importante astrônomo, redige obras sobre o Sol e descobre os canais de Marte, além de estabelecer uma pioneira classificação das estrelas.

19. Sobre Eugène Sue, várias vezes mencionado por Gramsci, cf. vol. 4, p. 364.

    Os franceses Émile-Jules Richebourg (1833-1898) e Pierre Decourcelle (1856-1926) têm um relativo êxito como escritores de romances de folhetim. Decourcelle escreve também peças de teatro.

    Monsieur Lecocq, Rocambole, Sherlock Holmes e Arsène Lupin são personagens de romances policiais, escritos, respectivamente, por Émile Gaboriau (1832-1873), Ponson du Terrail (1829-1871), Conan Doyle (1859-1930) e Maurice Leblanc (1864-1941).

Ann Ward Radcliffe (1764-1823), autora de romances famosos como *Os mistérios de Udolfo* e *Os italianos*, é a principal expoente do chamado "romance gótico" inglês.

Jules Verne (1828-1905), romancista francês, é um dos precursores do gênero ficção científica, em romances como *Vinte mil léguas submarinas* (1870) e *A volta ao mundo em 80 dias* (1873).

Menos conhecido, Louis-Henri Boussenard (1847-1910) escreve vários romances "de aventura", como *Os Crusoes da Guiana* e *De Paris ao Brasil, por terra* (1885).

20. George Sand, pseudônimo de Aurore Dupin, Baronesa de Dudevant (1804-1876), romancista e jornalista francesa, protesta contra as convenções sociais não só em romances como *Consuelo* e *Ela e ele*, mas também através de seu comportamento pessoal: foi amante do escritor Alfred de Musset e do compositor Frédéric Chopin.

21. Sobre o conceito de *brigantaggio* (e *brigante*), cf. vol. 5, p. 374.

22. Mario Mazzucchelli (nascido em 1896) escreve várias biografias, muitas das quais sobre personagens históricos franceses, como Saint-Just, Robespierre e Napoleão III.

Cesare Giardini, tradutor, entre muitos outros, de Stendhal e Saint-Exupéry, inspira-se na história francesa para escrever livros como *I processi di Luigi 16 e di Maria Antonietta* (1932) e *Varennes: la fuga di Luigi 16* (1935).

Eucardio Momigliano busca na história inglesa a inspiração para *Cromwell* (1929), *Elisabetta d'Inghilterra* (1931) e *Anna Bolena* (1933).

23. Tommaso Aniello (1620?-1647), nome original de Masaniello, é um napolitano que lidera uma revolta das classes populares contra os governantes espanhóis. Masaniello é assassinado e a rebelião termina esmagada, depois do breve êxito inicial. Em 1828, Esprit Aubet e Eugène Scribe escrevem a ópera *La Muette de Portici*, baseada na fulminante carreira revolucionária de Masaniello.

Michele di Lando (1343-1401), de origem plebeia, chega ao posto de "gonfaloneiro" da Justiça, em Florença, durante a revolta de 1378, dita dos *ciompi* ou cardadores de lã, o setor popular mais radicalizado. Sobre este movimento, cf. vol. 5, p. 382.

Sobre Cola di Rienzo, cf. vol. 5, p. 397-398.

24. Dario Niccodemi (1874-1934) e Giovacchino Forzano (1884-1970) são dramaturgos italianos de relativo êxito popular no ínicio do século XX. Gramsci comenta obras de D. Niccodemi (*Il titano*, *Acidalia*, *La maestrina*, além das citadas no próprio parágrafo) e de G. Forzano (*Madona Oretta*) em suas "crônicas teatrais", entre 1916 e 1920. Paolo Giacometti (1816-1882), dramaturgo lígure, é um dos representantes clássicos do verismo italiano, cujo marco é, exatamente, a peça *La morte civile*, encenada em 1861.

25. Henrik Ibsen (1828-1906), dramaturgo norueguês, é considerado o criador do teatro realista moderno. Entre suas inúmeras peças, destaca-se precisamente *Casa de bonecas*, mencionada por Gramsci, que figura o rompimento da personagem com um casamento convencional.

26. Edoardo Boutet (1856-1915), crítico teatral e professor, dirige o Teatro Argentina, de Roma, entre 1905 e 1908.
Sobre Tomaso Monicelli, cf. vol. 5, p. 390.

27. Adolfo Orvieto (1871-1952) é um dos fundadores, em 1896, em Florença, da revista *Il Marzocco* e também seu editor-chefe de 1901 até 1932, quando a revista é fechada pelo fascismo.
O melodrama *Les deux orphelines*, escrito em 1874 por Eugène Cormon (1810-1903) e Adolphe Dennery (1811-1899), desfruta de grande popularidade por muitos anos.
O autor da peça húngara a que Gramsci se refere chama-se, na verdade, Gyula Pekár (1867-1937). *Danton*, escrita originalmente em húngaro, aparece em 1921.

28. O príncipe Valerio Pignatelli (1886-1965), personagem de vida aventurosa, com passagem na luta contra os bolcheviques, ao lado dos russos "brancos", é um fascista de primeira hora. Nos anos 1930, publica algumas narrativas de "capa e espada", como *L'ultimo dei moschettieri*, *Sua maestà Don Chischiotte* e *Ventesimo dragoni*.

29. A Baronesa Emmuska Orczy (1865-1947) nasce na Hungria, mas passa a maior parte da vida na Inglaterra. Fica famosa com a publicação, em 1905, de *Pimpinela escarlate*, onde narra as aventuras de um aristocrata inglês que promove a fuga de aristocratas franceses para a Inglaterra durante a Revolução de 1789.
Guy Newell Boothby (1867-1905), australiano estabelecido na Inglaterra, escreve inúmeros contos e romances, muitos dos quais am-

bientados em lugares exóticos, como os Mares do Sul e as Índias Orientais.

30. Emile-Jules Richebourg (1833-1898) é autor de folhetins popularíssimos em seu tempo, publicados na *Revue Française* e no *Petit Journal*.

Charles-Paul de Kock (1793-1871) é autor de inúmeros dramas, óperas-cômicas, *vaudevilles* e folhetins. Seus romances "picantes", que giram sobre a vida parisiense do tempo, trazem-lhe imensa notoriedade por toda a Europa. Entre eles, destacam-se *Georgette* (1820), *La Femme, le mari et l'amant* (1829) e *Moeurs parisiennes* (1837).

31. H. G. Wells (1866-1946), romancista e historiador inglês, torna-se conhecido por sua defesa do socialismo e do feminismo e por suas obras de "ficção científica", a mais conhecida das quais é *A guerra dos mundos*.

Edgard Allan Poe (1809-1849), ficcionista e poeta norte-americano, escreve vários contos de horror, como *A queda da casa de Usher*, e é considerado um dos principais precursores da ficção policial, sobretudo com sua obra *Assassinatos da rua Morgue*.

32. G. K. Chesterton (1874-1936), romancista inglês, escreve várias obras de ficção cujo protagonista é o padre Brown, famoso pelo uso de métodos indutivos na investigação.

33. Sobre o episódio de Fachoda, que opõe, na África, o expansionismo colonial inglês e o francês, cf. vol. 3, p. 380.

34. Emilio De Marchi (1851-1901), jornalista de posições conservadoras, escreve não só livros infantis, nos quais apresenta a religião e a família como valores supremos, mas também alguns romances "adultos" (*Arabella, Giacomo l'idealista*), nos quais, ao contrário, figura amores fracassados, sem buscar consolo na religião.

Gramsci menciona o ensaio de A. Pompeati, "Emilio De Marchi romanziere d'appendice", *Cultura*, outubro-dezembro de 1932. Arturo Pompeati (1880-1961), crítico literário conhecido por seus ensaios sobre Dante e Ariosto, destaca-se também como autor de uma história da literatura italiana em vários volumes.

35. Rodolfo e Rodin são personagens de romances de Eugène Sue, respectivamente *Os mistérios de Paris* (1842-1843) e *O judeu errante* (1844-1845). Rodin é um agente jesuíta, cuja missão é impedir que a herança de um

protestante, vítima de perseguição, vá para os herdeiros legítimos. Sobre a extraordinária recepção de *O judeu errante* nos círculos patriotas de Florença, depois da derrota de 1848, cf., neste volume, p. 210.

36. Joseph-Bernardin Fualdès (1761-1817) é um velho promotor público, cujo assassinato, em Rodez, no departamento de Aveyron, ocasiona um processo de ampla repercussão na França e em toda a Europa. Fualdès, promotor na época revolucionária e sob Napoleão, era visto, numa época de Restauração e de "terror branco", como um "jacobino" ou "bonapartista", enquanto os réus tinham a simpatia dos setores ultrarreacionários.

37. Javert é o oficial de polícia em *Os miseráveis* (1862), de Victor Hugo.

38. Na citação do texto de F. Burzio, os trechos entre colchetes são de Gramsci. Sobre Filippo Burzio, cf. vol. 3, p. 378-379.

39. Cf. vol. 4, p. 17-20.

40. Sobre a origem popular do super-homem, cf. vol. 4, p. 61-64 e 66.

41. Cf., neste volume, p. 168-169 e 200-201.

42. Sobre este artigo de André Moufflet, cf., neste volume, p. 266-267.

3. Caderno 23

1. Sobre os conceitos de "direita histórica" (de filiação cavouriana) e "esquerda histórica" (que ascende ao poder em 1876, com Agostino Depretis), cf., *inter alia*, vol. 3, p. 388-389. Trata-se de designações recorrentes em todo o caderno 19, no vol. 5.

2. Sobre as categorias e a influência político-cultural de Croce, cf. caderno 10, no vol. 1, p. 279-432.

3. O padre jesuíta Antonio Bresciani (1798-1862), ensaísta e escritor, ataca em suas obras todas as formas de liberalismo, de democracia e, em geral, de cultura moderna. Em numerosos ensaios e livros didáticos e moralistas, defende enfaticamente a autoridade da Igreja e a ortodoxia religiosa como as únicas barreiras contra o que ele considerava uma ameaçadora cultura laica corrompida. Escreve vários romances históricos, em que expressa pontos de vista extremamente reacionários. É

um dos criadores, em 1850, da revista *Civiltà Cattolica*, então ultraconservadora, na qual publicava seus romances em capítulos.

Com as expressões "bresciano", "brescianismo" e "os filhotes do padre Bresciani", título de muitos parágrafos contidos neste volume, Gramsci caracteriza escritores e grupos intelectuais marcados pelo reacionarismo político e religioso. O "brescianismo", como manifestação cultural degradada, pode ser relacionado ao conceito gramsciano de "lorianismo", este último de marca cientificista e positivista. Sobre o "lorianismo", cf., em particular, vol. 2, p. 249-282.

Sobre o papel renovador de Giuseppe Prezzolini e da revista *La Voce*, no início do século XX, cf. vol. 2, p. 285-286.

4. Citada expressamente por Gramsci neste parágrafo, a revista semanal *La Fiera Letteraria*, fundada em 1925 por Umberto Fracchia, torna-se *L'Italia Letteraria* em abril de 1929, passando a ter como editor Giovanni Battista Angioletti e como coeditor, entre 1928 e 1931, Curzio Malaparte. A revista interrompe sua publicação em 1936 e só reaparece no segundo pós-guerra, sempre com G.B. Angioletti.

Sobre G.B. Angioletti, cf. vol. 2, p. 288-289.

Enrico Falqui (1901-1974), jornalista e crítico literário, é autor de inúmeros ensaios sobre a moderna literatura italiana.

Elio Vittorini (1907-1966) escreve vários romances que, além do valor sociológico, dramatizam a vida das camadas deserdadas da Sicília, inclusive por ocasião da Segunda Guerra e da Resistência. Entre suas obras, destacam-se *Uomini e no* (1945) e *Le donne di Messina* (1949).

O poeta Giuseppe Ungaretti (1888-1970) estuda na França e é atraído pelo simbolismo e por outros movimentos de vanguarda. Na Itália, liga-se aos futuristas e publica poemas obscuros, que lhe valem, na época, o rótulo de "hermético". Entre 1937 e 1943, leciona literatura italiana na Universidade de São Paulo.

5. Antoine Rivarol (1753-1801), escritor e jornalista famoso por seus epigramas, publica, em 1784, um *Discours sur l'universalité de la langue française.* Em suas obras, Rivarol defende a monarquia e o tradicionalismo.

6. Benedetto Croce, "Le teorie storiche del prof. Loria", in *Materialismo storico ed economia marxistica* (1900), 4ª ed., Bari, 1921.

7. Oronzo E. Marginati, o "cidadão que protesta", é um personagem criado pelo humorista Luigi Lucatelli (1877-1915), para a revista *Il Travaso delle Idee.*

8. Giovanni Verga (1840-1922), romancista siciliano, é o principal expoente do verismo, movimento literário inspirado no naturalismo francês. Verga escreve romances e novelas que figuram a vida popular siciliana, entre os quais *I malavoglia*. Sobre a posição unitária de Verga, cf. vol. 5, p. 239.

9. Sobre Giuseppe Cesare Abba, cf. vol. 5, p. 363.

10. Giovanni Papini, "I fatti di giugno", *Lacerba*, 15 de junho de 1914. Este artigo de G. Papini também é mencionado no vol. 5, p. 208. Sobre a "Semana Vermelha" de junho de 1914, de inspiração anarquista, cf. vol. 3, p. 369.

    Sobre Alfredo Oriani, cf. vol. 5, p. 354-355, e, neste volume, *inter alia*, p. 164, 195-196 e 222-223.

    Piero Jahier (1884-1966), romancista e tradutor, é mais conhecido por dois livros autobiográficos, *Ragazzo* e *Con me e gli alpini*, ambos publicados em 1919. Embora se considere socialista, P. Jahier, em sua obra, idealiza o mundo camponês e revela pouca simpatia pela classe operária.

11. Leo Longanesi (1905-1957), jornalista, pintor, editor e escritor, participa do movimento "super-regionalista", com Mino Maccari. Adepto intransigente do fascismo — e até conhecido pela frase "Mussolini tem sempre razão" —, participa, nos anos 1920, dos debates mais vivos sobre a relação entre a arte e o regime, e, paradoxalmente, defende uma certa autonomia para as questões artísticas. Dirige, entre 1926 e 1942, a revista *L'Italiano*.

12. Salvatore Di Giacomo (1860-1934), prolífico escritor napolitano, publica poesias, dramas e romances em dialeto, sendo um dos mais importantes representantes do verismo.

13. Antonio Beltramelli (1879-1930), romancista influenciado por G. D'Annunzio, passa do nacionalismo para a defesa fervorosa do fascismo. Em seus romances, apresenta republicanos e socialistas como vilões. Em 1923, publica uma biografia de Mussolini (*L'uomo nuovo. Benito Mussolini*), de grande sucesso, e se torna um dos principais expoentes da cultura fascista oficial.

    Sobre Luca Beltrami, cf. vol. 2, p. 289. Além de arquiteto do Vaticano, L. Beltrami, sob o pseudônimo de "Polifilo", escreve narrativas satíricas ambientadas numa cidade imaginária, "Casate Olona". É deputado, entre 1890 e 1896, e senador, a partir de 1905.

Sobre os escandalosos eventos que, em 1908, envolvem o padre Riva e a Irmã Fumagalli, cf. vol. 5, p. 394. O romance onde Giuseppe Molteni tenta justificar o escândalo chama-se, precisamente, *Gli atei*, publicado em 1910.

14. Em *Mio figlio ferroviere*, de 1922, Ugo Ojetti realiza uma crítica conservadora da inquietude moral e do idealismo político (especialmente socialista), característicos do primeiro pós-guerra. O episódio entre Ugo Ojetti e o padre Rosa também reaparece, neste volume, na p. 171-174.

    Sobre o padre Enrico Rosa, cf. vol. 4, p. 379.

15. Gramsci refere-se, de passagem, ao discurso de Mussolini de 13 de maio de 1929, no qual assegura aos deputados que a Concordata assinada com o Vaticano não concederia nenhum poder temporal à Igreja. Sobre a Concordata, cf. vol. 4, p. 353-354.

16. Em *La lanterna di Diogene*, romance de A. Panzini publicado em 1918, surge o episódio da "lívida lâmina", uma tragicômica digressão em torno de uma faca usada para cortar um charuto.

    Em uma nova edição de seu *Dizionario Moderno. Supplemento ai dizionari italiani*, Alfredo Panzini censura levianamente Croce o uso de termos obscuros, o que faz o filósofo idealista retrucar, considerando Panzini como destituído de inteligência. Cf. a resenha de B. Croce sobre o *Dizionario Moderno*, na *Critica* de 20 de novembro de 1925.

    Sobre Alfredo Panzini, cf. vol. 5, p. 370.

17. No vol. 4 de suas *Opere*, publicado em 1890, Giosuè Carducci afirma sobre o escritor siciliano Mario Rapisardi: "[...] conclui o *Kyrie* do altar-mor com flatulências no coro." Outra alusão às divergentes posições político-culturais de Mario Rapisardi e de Giosuè Carducci se encontra no vol. 2, p. 60-61.

18. Margherita Sarfatti (1883-1961) é a editora do jornal fascista *Il popolo d'Italia* e, mais tarde, da revista *Gerarchia*, fundada com a ajuda de Mussolini. Amante do líder fascista, escreve uma biografia de grande sucesso, publicada em 1925 em inglês (*The Life of Mussolini*) e, em 1926, numa versão italiana (*Dux*). Embora defensora do fascismo desde suas origens, Sarfatti exila-se em 1938 por causa das leis raciais antissemitas. Sua obra ficcional resume-se ao romance *Il Palazzone*.

Goffredo Bellonci (1882-1964), jornalista e crítico, escreve sobre política, arte e literatura para vários jornais e periódicos. Gramsci também polemiza com G. Bellonci sobre a questão da língua italiana neste volume, p. 112-113.

19. Sobre o episódio entre Dante e a prostituta de Ravena, cf. *La Leggenda di Dante. Motti, Facezie e Tradizioni dei secoli XIV-XV*, com introdução de Giovanni Papini, Ed. Carabba, 1911. Gramsci refere-se a este livro porque, nele, a relação sexual transfigura-se metaforicamente numa cavalgada, de modo aproximado ao que ocorre em *Il Palazzone*.

20. Publicado em 1924, este obscuro romance de Mario Sobrero, nascido em 1883, traz uma curiosidade: um dos personagens, Raimondo Rocchi, editor do jornal *L'Età Nuova*, é uma caricatura de Gramsci durante o período de *L'Ordine Nuovo*.

21. Com efeito, Paolo Albatrelli é o pseudônimo com o qual Francesco Perri assina o romance *I Conquistatori*, publicado numa primeira versão, em 1924, por *La Voce Repubblicana*. Francesco Perri (1885-1975) tem o mérito de escrever o primeiro romance sobre a "grande emigração", que se dá entre 1880 e 1924, quando o fascismo a proíbe. *Gli emigranti* narra a frustrada saga americana dos irmãos Gèsu e Geno Blèfari, bem como da família Blèfari, que permanece em Pandore, uma pequena vila da Calábria. Na intenção do autor, o romance deveria ser um balanço histórico do "sonho americano" dos emigrantes de sua região.

22. Sobre Joachim Murat, governante do Reino de Nápoles no período napoleônico, cf. vol. 5, p. 365.

23. Leonida Rèpaci (1898-1985), romancista e dramaturgo calabrês, estuda direito em Turim e, depois da guerra, ingressa sucessivamente no PSI e no PCI. Colabora com Gramsci em *L'Ordine Nuovo* e, mais tarde, escreve artigos literários para *L'Unità*. Em 1926, é preso por atividades antifascistas; libertado, afasta-se do PCI. Em meados dos anos 1930, publica uma série de romances sobre "os irmãos Rupe", que lhe dão considerável fama.

Em alguns pontos dos *Cadernos*, Gramsci menciona Francesco Antonio Rèpaci, irmão de Leonida, ora negativa, ora positivamente: cf., respectivamente, vol. 3, p. 190, e vol. 4, p. 340. A aproximação entre os irmãos Rèpaci e os irmãos Cairoli é uma ironia: estes últimos,

Enrico e Giovanni, são heróis garibaldinos mortos durante as lutas do *Risorgimento.*

24. Ardengo Soffici (1879-1964), escritor e pintor, participa do movimento de renovação protagonizado pelas revistas do início do século XX, entre as quais *La Voce*, de G. Prezzolini, e *Lacerba*, de G. Papini. Como crítico, A. Soffici defende inicialmente as vanguardas, do cubismo ao futurismo, contra a tradição do século XIX, mas, tal como Papini, torna-se gradualmente adepto de um ruralismo nostálgico e nacionalista. A favor da intervenção na Primeira Guerra, A. Soffici adere ao fascismo e está entre os fundadores de *Il Popolo d'Italia*, o jornal de Mussolini.

    Giovanni Titta Rosa (1891-1972), escritor e crítico, participa da revista vanguardista *Lacerba*. Mais tarde, torna-se editor ou colaborador de inúmeras revistas e jornais, como a *Fiera Letteraria*.

    Sobre Curzio Malaparte, cf., *inter alia*, vol. 2, p. 294.

25. Este juízo de Gramsci tem como provável ponto de partida a resenha do padre Enrico Rosa, na *Civiltà Cattolica* de 20 de julho de 1929, sobre o livro de G. Papini, *Gli operai della vigna*, uma coletânea de ensaios sobre santos e artistas publicada em 1928. Segundo o padre Rosa, "Papini possibilita que leitores pios se familiarizem com matérias seculares e leitores seculares se familiarizem com a vida dos santos".

26. Esta revista, dirigida por Curzio Malaparte, aparece em 1924. O jornal comunista *L'Unità* noticia brevemente o primeiro número de *La Conquista dello Stato*, com um título sugestivo: "Eroismo e cavalleria fascista!"

27. A organização de Guglielmo Lucidi a que Gramsci se refere é a *Associazione del Controllo Popolare*, fundada em Milão em 1916. Em 1919, Lucidi é nomeado membro correspondente da *Union of Democratic Control*, de Londres. Essas duas entidades associam-se depois ao grupo francês *Clarté* e a um Comitê Central genebrino, "para a restauração das relações internacionais". *La rassegna internazionale*, mencionada em seguida, é o órgão central deste movimento.

    Henri Barbusse (1873-1935), além de principal animador da revista *Clartè*, publica *Le feu*, em 1916, um romance sobre os horrores da vida dos soldados franceses nas trincheiras, agraciado com o Prêmio Goncourt. Barbusse torna-se pacifista e, em seguida, comunista.

28. Curzio Suckert, *Italia Barbara*, Turim, 1925, e *L'Arcitaliano. Cantate di Malaparte*, Roma, 1928.

29. Sobre Antonio Graziadei, cf. vol. 1, p. 480. Também no vol. 1, p. 442-445, Gramsci critica a atitude de A. Graziadei em face da Itália e dos italianos.

Não há outros testemunhos da conversa entre Gramsci e Prezzolini em 1924. Mas, numa carta de Prezzolini a Gobetti, em dezembro de 1923, pode-se ler a propósito da agressão sofrida pelo escritor e político antifascista Giovanni Amendola (1886-1926): "O episódio é algo que faz desejar que nossos filhos nasçam ingleses" (*Gobetti e "La Voce"*, org. por G. Prezzolini, Florença, 1971).

Sobre Piero Gobetti, cf. vol. 2, p. 285.

30. Gramsci refere-se provavelmente à observação que *La Fiera Letteraria* de 19 de fevereiro de 1928 atribui a U. Ojetti: "Não me tornei parte da história literária pelo que eu mesmo escrevi, mas certamente pelo que Giosuè Carducci disse sobre mim."

31. Sobre Achille Loria, cf. vol. 2, p. 304.

32. Giosuè Carducci, antes de se tornar o poeta nacional e de se reconciliar com a Casa de Savoia, aparece, por vezes, como republicano jacobino e anticlerical. Em 1863, por exemplo, escreve um "Inno a Satana", em que Satanás simboliza o progressso, a razão e a ciência, e se evidencia a influência, entre outros, de Heine e de Proudhon.

Sobre Filippo Crispolti, cf. vol. 4, p. 382.

33. Todos os parênteses inseridos no trecho são de Gramsci.

Sobre Domenico Giuliotti, cf. vol. 2, p. 262.

Guido Manacorda (1879-1965), germanista e tradutor de Wagner e Goethe, também escreve ensaios políticos e sociais marcados por um catolicismo extremamente intolerante. Ao lado de outros intelectuais católicos, como Papini e Giuliotti, associa-se à revista florentina *Frontespizio*, fundada em 1929 e dedicada à literatura e às artes.

34. Como São Francisco de Assis (1182-1226), autor do "Cântico ao sol" e cuja lenda revive nos *Fioretti* e nos afrescos de Giotto, e Thomas de Kempis (1379-1471), autor do clássico *Imitação de Cristo*, Iacopo Passavanti (1302-1357) escreve uma famosa obra de devoção, *O espelho da verdadeira penitência*.

O catolicismo de Alessandro Manzoni (1785-1873) tem algumas particularidades: antes mesmo da conversão, em 1810, o romancista entra em contato, em Paris, com o pensamento jansenista e suas exigências de rigor moral. Lê, ainda, filósofos e moralistas do século XVII, como Bossuet e Pascal. Este "viés" jansenista, na visão de Gramsci, torna difícil a assimilação de Manzoni pelos jesuítas da *Civiltà Cattolica*.

35. Tommaso Gallarati Scotti (1878-1966), romancista e ensaísta, liga-se, no início do século XX, ao movimento modernista católico e mantém estreitos contatos com muitos expoentes da cultura religiosa de seu tempo. Edita o jornal *Il Rinnovamento*, condenado pela Igreja em 1908. Mais tarde, opõe-se ao fascismo.

36. Na décima novela da sexta jornada, no *Decamerão*, Frade Cipolla promete mostrar a alguns pobres camponeses da Toscana uma pena do anjo Gabriel — na verdade, uma pena de papagaio, ave ainda inteiramente desconhecida na região. Frade Cipolla, também vítima de uma trapaça, no lugar da pena encontra carvão, mas declara astutamente que esses pedaços de carvão foram os que assaram São Lourenço. Menos sorte tem Teodorico Raposo, personagem de *A relíquia*, que, desgraçadamente, na volta de uma hipócrita peregrinação à Terra Santa, troca o embrulho da suposta coroa de espinhos de Cristo pelo da camisola de uma prostituta, o que lhe arruína as pretensões de herdeiro de uma tia riquíssima e patologicamente beata. Em suas reflexões posteriores, Raposo identifica como grande erro a falta de audácia para declarar ter pertencido a Maria Madalena a comprometedora camisola.

37. Os "bollandistas" são um grupo de jesuítas belgas, que editam os *Acta Sanctorum*, uma ampla coleção de biografias de santos. O grupo, organizado no século XVII por Jean Bolland (1596-1665), propõe-se escrever as biografias dos santos segundo os princípios da crítica histórica.

38. Há algumas imprecisões no comentário de Gramsci sobre as memórias do jornalista e escritor inglês Henry Wickham Steed (1871-1956). Em *Through Thirty Years: 1892-1922. A Personal Narrative* — publicado em 1924 e lido por Gramsci, na edição francesa, no cárcere de Milão e no de Túri —, H. W. Steed não se refere especificamente ao milagre de São Genaro nem descreve um diálogo entre um jovem protestante e um cardeal. Na verdade, H. W. Steed narra ter ouvido pessoalmente, em Roma, a conversa entre um prelado da Cúria e um nobre italiano

católico, conversa na qual, efetivamente, o dignitário religioso sublinha a distância necessária entre a ingenuidade da religiosidade popular e a atitude propriamente política da oligarquia vaticana. O episódio também é contado por Gramsci no vol. 1, p. 133-134.

G. Sorel, em carta enviada a Croce em dezembro de 1906 e publicada apenas em 1928, pergunta-lhe sobre a existência, na Itália, de fenômenos semelhantes ao de São Genaro que teriam sido deliberadamente postos no esquecimento e que, talvez, estivessem ligados a alguma crença de ordem geral. Em nota à carta de Sorel, Croce escreve: "Os outros sangues milagrosos, que estavam nos monastérios de Nápoles, agora se encontram no sangue remanescente de São Gregório Ameno. Foi o que me confirmou o padre Sperindeo, a quem perguntei, durante uma visita que me fez, por que ele não mencionou este fato em seu estudo. E ele respondeu: 'Deixemos isto de lado, senão as coisas ficam confusas'" ("Lettere di Georges Sorel a B. Croce", *Critica*, 20 de março de 1928).

39. Adelchi Baratono (1875-1947), filósofo que, entre outros temas, escreve sobre estética e pedagogia, foi também deputado socialista. Gramsci critica-o duramente no artigo "Classicismo, romanticismo, Baratono...", publicado em *L'Ordine Nuovo* de 17 de janeiro de 1922: "A verborragia revolucionária do deputado Adelchi Baratono só é comparável à verborragia filosófica do professor Adelchi Baratono" (A. Gramsci, *Socialismo e fascismo. L'Ordine Nuovo 1921-1922*, Turim, Einaudi, 1966, p. 445).

40. O milanês Giovanni Berchet (1783-1851), poeta e crítico, é um dos expoentes do movimento romântico. Sua oposição à dominação austríaca leva-o a passar vários anos no exílio. Volta à Itália em 1845 e, três anos depois, faz parte do governo provisório de Milão. Restabelecida a dominação austríaca, muda-se para Turim, onde se elege deputado e alia-se aos moderados.

41. Sobre Edouard Herriot, cf. vol. 3, p. 376.

42. Sobre Franz Weiss (em geral, relacionado a Giovanni Ansaldo), cf. vol. 4, p. 125-126 e 127-128.

43. Trata-se de uma referência a Silvio Pellico (1789-1854), cuja obra mais conhecida, *Le mie prigioni*, de 1832, narra a experiência carcerária em tom romântico, acentuando a redescoberta da fé e demonstrando uma visão resignada do mundo.

44. Sobre Adolfo Omodeo, cf. vol. 2, p. 297. Sobre os *Momenti della vita di guerra*, cf. vol. 5, p. 357.

45. O texto de Benito Mussolini, *Il mio diario di guerra (1915-1917)*, aparece originalmente em quinze artigos, não consecutivos, no *Popolo d'Italia*, entre 30 de dezembro de 1915 e 13 de fevereiro de 1917. A primeira edição em livro data de 1923. Sobre o massacre de Roccagorga, cf. vol. 5, p. 408-409. Por "eventos de junho de 1914", deve-se entender a "semana vermelha", várias vezes mencionada nos *Cadernos*.

46. Erich-Marie Remarque (1898-1972), escritor alemão, escreve um famoso romance pacifista sobre a Guerra de 1914, *Nada de novo na Frente Ocidental*. O sucesso internacional do livro, despertando a hostilidade dos nazistas, levaria o autor para a esquerda e, depois, para o exílio.

47. Giani Stuparich (1891-1961), nascido em Trieste, estuda em Praga e em Florença. Em 1915, no mesmo ano em que publica seu primeiro livro, um estudo sobre o povo tcheco, alista-se como voluntário na Primeira Guerra. A partir de 1930, publica vários romances. Sobre o grupo *vociano*, com explícita referência a G. Stuparich, cf. vol. 2, p. 111.

48. Em português, perde-se o jogo de significação existente no italiano, em que *rupe* quer dizer "rocha", "rochedo", "penedo".

49. Arnaldo Frateili, nascido em 1888, é um jornalista e escritor de destaque sob o fascismo. Em 1924, por exemplo, aparece à frente de uma ambiciosa revista, *Lo Spettatore italiano*, ao lado de Giuseppe Bottai, um expoente do regime particularmente preocupado com questões culturais. Com o romance *Clara fra i lupi*, A. Frateili ganharia, em 1939, o conhecido Prêmio Viareggio.

Roberto Forges Davanzati, mencionado de passagem, é o editor de *La Tribuna*, jornal originalmente liberal-giolittiano, cuja fusão com *L'Idea Nazionale*, órgão da antiga Associação Nacionalista Italiana, ele próprio promove em 1925. Sobre Forges Davanzati, cf. vol. 1, p. 409-410.

50. Gramsci possui, no cárcere, o *Panorama de la littérature italienne contemporaine* (Paris, 1928) de B. Crémieux, usado, por exemplo, no § 40 deste caderno, p. 112-113. Benjamin Crémieux (1888-1944), crítico francês, interessa-se em particular pela literatura italiana. Traduz para o francês as peças de Pirandello. Durante a Segunda Guerra, adere à

Resistência francesa, é preso e morre no campo de concentração de Buchenwald.

51. Massimo Bontempelli (1878-1960), romancista e dramaturgo, adere a um "realismo mágico" que lhe permite incorporar elementos do futurismo e do surrealismo. Em 1926, com C. Malaparte, funda a revista *900*, com o objetivo de abrir a cultura italiana aos movimentos europeus contemporâneos. A revista, que dura até 1929 e participa da celebração do fascismo, insere-se na corrente "supercosmopolita". O "manifesto" a que Gramsci se refere aparece nos primeiros quatro números de 1926.

    Sobre a contraposição entre "supercosmopolitismo" e "super-regionalismo", cf. vol. 2, p. 294.

52. Na verdade, a carta de G. Prezzolini aparece, pela primeira vez, na revista de Piero Gobetti, *Rivoluzione Liberale*, em 28 de setembro de 1922. P. Gobetti comenta-a criticamente não só nesta edição como também na de 25 de outubro de 1922. Gramsci encontra-se em Moscou neste período e não conhece as réplicas de P. Gobetti, não mencionadas por G. Prezzolini em *Mi pare...*

53. A primeira edição em livro aparece em 1931: Alfredo Panzini, *Il conte di Cavour*, Milão, na coleção "Le Scie" da Ed. Mondadori, dedicada a "correspondências, memórias, biografias e curiosidades".

54. Em certas expressões usadas por Panzini sobre a "ditadura" de Cavour, o articulista do *Resto del Carlino* sugere, maliciosamente, a possibilidade de uma polêmica indireta contra Mussolini.

55. Bertoldo é um personagem do poeta popular bolonhês Giulio Cesare Croce (1550-1609), livremente reconstituído a partir de uma velha fábula medieval: representa o plebeu astuto, que consegue enganar os poderosos.

    Sobre Stenterello, personagem recorrente nos *Cadernos*, cf. vol. 1, p. 468-469.

56. O diálogo entre Quintino Sella e Vítor Emanuel, contado por Ferdinando Martini em *Confessioni e ricordi (1859-1892)*, aparece também no vol. 5, p. 259. Sobre Quintino Sella, cf. vol. 5, p. 357-358.

57. Gramsci refere-se a cinquenta e seis cartas de Massimo D'Azeglio, que fazem parte de uma coleção de documentos mais ampla sobre o

Risorgimento, relativos à aliança entre a França e a Itália, à guerra de 1859 contra a Áustria e à expedição garibaldina dos Mil, episódios amplamente tratados no vol. 5. A conturbada publicação destes documentos — "o episódio Bollea" — aparece comentada no vol. 3, p. 229 e 392, e no vol. 5, p. 195. Gramsci, no entanto, comete uma imprecisão: em 1912, no *Bollettino Storico-Bibliografico Subalpino*, o professor Luigi Cesare Bollea não publica as cartas de Massimo D'Azeglio, mas apenas comenta os obstáculos legais enfrentados. Sobre Massimo D'Azeglio, cf. vol. 5, p. 375.

Sobre o conflito entre Quintino Sella e Vítor Emanuel, cf. vol. 5, p. 175-176.

58. Maurice Paléologue (1859-1944), diplomata e historiador francês, é o autor de *Un grand réaliste: Cavour* (Paris, 1926), do qual Gramsci possui na prisão um exemplar da 4ª edição. Embaixador na Rússia pré-revolucionária, M. Paléologue também deixa um testemunho importante sobre a queda do absolutismo russo.

59. A suposição de Gramsci se confirma. No livro *Il conte di Cavour*, cit., p. 48, o polêmico trecho ganha nova redação: "Já se disse que o realismo cavouriano era uma ditadura disfarçada: mas nem a ditadura nem o justo meio teriam sido suficientes para torná-lo dominador, sem aquele algo inapreensível que é o gênio."

60. A estratégia de Cavour — a unificação italiana sob o domínio da Casa piemontesa de Savoia — leva-o a buscar o apoio de Napoleão III, contra a Áustria. Já na Guerra da Crimeia, em 1854-1855, o Reino do Piemonte-Sardenha alia-se à França, à Inglaterra e à Turquia, participando da vitória sobre a Rússia. Garantido o apoio de Napoleão III, a quem também se entregam as regiões de Savoia e Nice, inicia-se em 1859 nova guerra contra a Áustria. Napoleão III, temeroso de desdobramentos revolucionários incontroláveis, assina uma paz em separado com o imperador austríaco Francisco José em Villafranca, em julho de 1859. Como decorrência, Veneza continua austríaca e o processo de unificação ainda ficaria como questão aberta.

61. Cf., supra, n. 16, p. 286.

62. O comentário gramsciano, entre parênteses, sublinha o fato de que, já no século XIX, Francesco De Sanctis — e não apenas os "modernos"

do tempo de Panzini e do próprio Gramsci — critica asperamente o reacionarismo de estilo e conteúdo do escritor jesuíta Antonio Bresciani.

63. Antoine-Nicolas de Condorcet (1743-1794), filósofo iluminista e político, foi preso como girondino durante o período jacobino da Revolução Francesa. Entre outras obras, escreve o *Esboço de um quadro histórico dos progressos do espírito humano.* Condorcet suicida-se no cárcere.

Jacques-Henri Bernardin de Saint-Pierre (1737-1814), amigo de Rousseau, publica em 1788 *Paul et Virginie*, narrativa pastoral de um amor inocente, que termina em tragédia por causa dos "vícios da civilização".

64. Alfonso Ferrero de La Marmora (1804-1878) participa ativamente da campanha militar de 1848 contra a Áustria. Primeiro-ministro em 1859-1860 e 1864-1866, chefia o Exército italiano em 1866, gravemente derrotado pelos austríacos em Custoza. A Áustria, no entanto, termina vencida pela Prússia e, pelos termos do tratado de paz, deve ceder Veneza ao Reino da Itália.

Enrico Morozzo della Rocca (1807-1897), ajudante de ordens do rei Vítor Emanuel, participa das negociações diplomáticas com Napoleão III e chega a chefe do Estado-Maior e ministro da Guerra. Participa também do conflito de 1866.

Sobre Enrico Cialdini, cf. vol. 5, p. 388.

Carlo Pellion di Persano (1806-1883), almirante e, por algum tempo, ministro da Marinha, comanda a frota italiana no bloqueio da Ilha de Vis, no Mar Adriático, em 1866. A força naval austríaca, inferior em número e qualidade de navios, derrota os italianos. Persano, julgado em corte marcial, perde sua patente.

65. *Gianduia* é uma máscara do teatro popular do Piemonte: trata-se de um cavalheiro de tricórnio e rabicho, dado aos prazeres do vinho e da vida no campo.

66. Num primeiro momento, o atentado de Felice Orsini e alguns outros patriotas italianos contra Napoleão III parece ameaçar a aliança franco-piemontesa contra a Áustria. No entanto, logo em seguida, em julho de 1858, Cavour e Napoleão III encontram-se secretamente no balneário de Plombières e consolidam a aliança.

Sobre Felice Orsini, cf. vol. 5, p. 364.

67. Riccardo Bacchelli (1891-1985) escreve inúmeras poesias, peças, romances e ensaios. Colabora em várias revistas importantes da época,

a partir da *Voce* prezzoliniana, e está entre os fundadores da *Ronda*, em 1919, publicação romana que defende a retomada do estilo clássico, contra as vanguardas literárias. Sua obra principal seria escrita em 1938-1940: *Il mulino del Po*, amplo painel da história italiana, desde o período napoleônico até a Primeira Guerra, no qual se insere a vida de várias gerações de uma família comum de moleiros.

68. O russo Mikhail Bakunin (1814-1876) e os italianos Carlo Cafiero (1846-1892) e Andrea Costa (1851-1910) são conhecidos dirigentes anarquistas. Carlo Cafiero conhece Marx e Engels, na época da Primeira Internacional, e publica uma versão resumida de *O Capital*, antes de se tornar colaborador de Bakunin. Andrea Costa, a partir de 1880, deixa o anarquismo e, em 1881, funda o semanário *Avanti!*, pouco antes de se tornar o primeiro representante socialista no Parlamento italiano. Em 1874, Bakunin, Cafiero e Costa participam de um frustrado levante anarquista em Bolonha, tema do romance de Riccardo Bacchelli.

69. Neste parágrafo, os trechos sublinhados e entre parênteses são comentários de Gramsci. Sobre o "homem de Guicciardini", de De Sanctis, cf. vol. 1, p. 472-473.

70. Cf., respectivamente, Ettore Zoccoli, *L'anarchia: Gli agitatori, le idee, i fatti*, Turim, 1907; Max Nettlau, *Mikhail Bakunin, eine Biographie*, Londres, 1896-1900; e James Guilhaume, *L'Internationale: Documents et souvenirs (1860-1878)*, Paris, 1905-1910. A propósito de James Guilhaume, Gramsci corrige, entre parênteses, a indicação de nacionalidade: de fato, Guilhaume pertence à área francófona do Jura, na Suíça.

71. Sobre a "Baronata", em Lucarno, cf. vol. 2, p. 307.

72. O mote de Proudhon usado por G. Raimondi está em francês, no original. Giuseppe Raimondi (1898-1985), escritor autodidata com inclinações de esquerda, escreve em *La Ronda*, da qual é também secretário de redação. Além de seu interesse pela literatura francesa moderna, escreve obras com forte componente autobiográfico, entre as quais *Galileo ovvero dell'aria* (1926) e *Domenico Giordani. Avventure di un uomo casalingo* (1928). Em 1954, ganharia o Prêmio Viareggio, com *Notizie dall'Emilia*.

73. Cf., neste volume, p. 85.

74. Paolo Arcari (1879-1955), autor de vários livros sobre literatura italiana e de alguns romances menores (*Il cielo senza Dio*, 1922, *Altrove*, 1926, entre outros), também participa do comitê central do Partido Nacionalista. A revista milanesa que dirige, fundada em 1914, chama-se, na verdade, *L'Azione*.

    Luciano Gennari (1892-1979), dramaturgo, crítico e ensaísta, escreve em francês, em 1926, um de seus romances, *L'Italie qui vient*, premiado pela Academia Francesa.

    Em *Date a Cesare (La politica religiosa di Mussolini con documenti inediti)*, de 1929, Mario Missiroli refere-se, em particular, à pobreza dos estudos religiosos na Itália, mas seu juízo abrange outros campos da cultura católica. Sobre Mario Missiroli, cf. vol. 1, p. 475-476.

    Maria Di Borio, pseudônimo da condessa Maria Gauthier Panzoia, "entediante romancista" e "pregadora carola de virtude" (A. Gramsci, *Cronache torinesi 1913-1917*, Turim, Einaudi, 1980, p. 408), escreve narrativas inteiramente esquecidas, como *L'amica*, *Alcune donne* e *Gioventù, primavera della vita*, além de um ensaio francófilo sobre a Primeira Guerra Mundial, *La fede e la vittoria* (1916). O episódio aqui aludido (e sobre o qual não foi possível obter maiores informações) deve estar ligado à experiência turinense de Gramsci.

    A revista *Frontespizio* (que tem como colaboradores, entre outros, Giovanni Papini e Ardengo Soffici), é publicada entre 1929 e 1940.

75. A primeira edição do romance histórico *Os noivos*, de Alessandro Manzoni, é de 1827, mas a edição definitiva data de 1840. O poema *Os sepulcros*, de Ugo Foscolo, aparece em 1807. Sobre Foscolo, cf. vol. 2, p. 290-291.

76. Victor Cambon, no "Prefácio" a H. Ford, *Ma vie et mon ouvre* (Paris, 1926), afirma: "A atividade mais valorizada em cada época sempre atraiu as inteligências mais altas desta mesma época. No tempo dos Médici, era a pintura e a escultura, e os cérebros mais capazes se entregaram a elas. Leonardo da Vinci e Michelangelo dominavam todos os conhecimentos de seu tempo, até mesmo os técnicos, mas eles eram acima de tudo pintores e escultores. Os grandes navegadores do Reino de Isabel, os pioneiros ousados como Français Lassalle seriam, hoje, os homens dos caminhos de ferro." Gramsci também menciona esta ideia de V. Cambon no vol. 2, p. 185-186.

77. *L'Ebreo di Verona*, o mais difundido romance do padre Bresciani, aparece em 1851. O antiliberalismo radical do padre Bresciani tem o

aval do catolicismo de seu tempo: Pio IX, leitor assíduo dos romances de Bresciani, lê os originais de *L'Ebreo di Verona* e até sugere algumas correções.

78. Gramsci parte, aqui, da resenha não assinada, "Intorno alla vita e agli scritti di S. Agostino", *Civiltà Cattolica*, 19 de julho de 1930. Entre os livros examinados nesta resenha, está o de Giovanni Papini, *Sant'Agostino*, 2ª ed., Florença, 1930. A este propósito, cf., também, vol. 4, p. 230-231.

79. Mario Puccini (1887-1957), romancista influenciado pelo verismo de fins do século XIX, escreve numerosos livros figurando a vida e os sentimentos das pessoas de nascimento humilde, num estilo claramente oposto ao de Gabrielle D'Annunzio. Publica também livros de viagem sobre a América do Sul.

80. Luigi Capuana (1839-1915) escreve contos, novelas e peças em dialeto siciliano. Conhecedor das correntes literárias de seu tempo, sobretudo do naturalismo francês, é um dos principais teóricos do movimento verista, exercendo forte influência em Giovanni Verga e outros escritores da mesma geração.

    Luigi Tonelli (1890-1939), crítico literário e professor na Universidade Católica de Milão, escreve livros sobre a história do drama italiano, sobre Manzoni e sobre Torquato Tasso.

    Sobre Francesco Crispi, cf. vol. 5, p. 359.

81. O semanário literário lido por Gramsci publica uma carta de L. Capuana à amante, escrita em dialeto: cf. Gino Raya, "Una lettera d'amore inedita di Luigi Capuana a Bepa", *L'Italia Letteraria*, 28 de julho de 1929.

82. Sobre o tema da língua italiana e as respectivas posições de Manzoni e de Ascoli, cf., em especial, o artigo pré-carcerário "La lingua unica e l'esperanto", cit. Como revela o item 12 do programa de trabalho no início do caderno 1 (cf. vol. 1, p. 79), trata-se de um tema ao qual Gramsci dedica especial atenção, embora não o tenha desenvolvido diretamente nos *Cadernos*.

    Graziadio Isaia Ascoli (1829-1907), professor na Universidade de Milão, dedicou-se ao estudo das línguas orientais e, particularmente, à linguística comparativa e à dialetologia. Deve-se a ele um pioneiro modelo de classificação dos dialetos italianos. Como senador, Ascoli dedica especial interesse à educação pública.

83. A cidade de Pontremoli, na Lunigiana (Toscana), torna-se conhecida pela atividade de seus vendedores ambulantes. Já no século XVIII, "pontremolês" é sinônimo de mercador dos mais diversos produtos, particularmente, porém, de almanaques populares, livros devocionais e imagens sacras, muitas vezes expostos em "bancas" nas ruas, imediatamente acessíveis à gente comum.

84. Giovanni Cena (1870-1917), poeta e romancista, ajuda a criar setenta escolas rurais, com o objetivo de pôr fim ao atraso cultural da população do campo. Sua simpatia pelas classes subalternas é evidente no romance *Gli ammonitori*, publicado em 1904.

Alessandro Marcucci escreve um folheto, "G. Cena e le scuole per i contadini" (1919), e um ensaio, "La scuola in gloria de Giovanni Cenna" (1921), publicado na revista *I Diritti della Scuola*.

85. Sobre Giuseppe Parini, cf. vol. 2, p. 292. Parini, um religioso de origem popular, simpatiza com o Iluminismo e a Revolução Francesa, chegando a ser considerado jacobino pelos contemporâneos.

86. Em 1934, Gino Saviotti é um dos vencedores em Viareggio, com o romance *Mezzo Matto*. Gramsci, provavelmente, lê a notícia no *Corriere della Sera* de 13 de agosto de 1934. Gino Saviotti (1893-1980), escritor de formação crociana, combate a poesia e o romance moderno, o que não impede sua participação, entre 1932 e 1933, ao lado do vanguardista Ezra Pound, no suplemento literário do jornal *Il Mare*, publicado na Ligúria. Em 1939, parte para Portugal, onde se enraíza, dedicando-se particularmente ao teatro.

87. James Joyce (1882-1941), o famoso escritor irlandês, residiu em 1907 em Trieste, onde ensina inglês; é quando conhece Italo Svevo, que precisa de aulas particulares: daí nasce a amizade entre os dois e a admiração de Joyce, que falaria com entusiasmo de Svevo a seus amigos parisienses, entre os quais Benjamin Crémieux. Na época, Svevo (1861-1928) já havia publicado dois livros por conta própria, *Uma vida* (1892) e *Senilidade* (1898), sem chamar a atenção da crítica. Em 1923, em edição também custeada pelo autor, aparece *A consciência de Zeno*, igualmente ignorada pela crítica. O reconhecimento começa a aparecer quando, em 1925, Eugenio Montale — poeta, crítico e futuro Prêmio Nobel — publica um artigo sobre Svevo na revista *Esame*, mencionado por Gramsci neste mesmo parágrafo. Svevo, na verdade, só publica na

Critica sociale (revista socialista dirigida por Filippo Turati), um conto, "La Tribù", em 1897.

88. Alberto Moravia (1907-1990), um dos maiores escritores italianos do século XX, estreia em 1929 com o romance *Os indiferentes*, no qual retrata uma classe média cuja inércia moral favorece a ascensão do fascismo. Na cultura italiana dos anos 1930, o sucesso deste romance seria um argumento favorável à posição dos "conteudistas", contra os defensores "formalistas" da prosa de arte, liderados por Alfredo Gargiulo (sobre o qual, cf., infra, n. 96).

    Nino Savarese (1882-1945), romancista e dramaturgo siciliano, publica *I Malagigi* por partes, entre agosto e setembro de 1928, na *Nuova Antologia*. A primeira edição em livro é de 1929, e só em dezembro desse ano, depois de ser indicado para o prêmio literário *Trinta*, é que a *Italia Letteraria* (desde abril de 1929, o novo nome da antiga *Fiera Letteraria*) lhe dedicaria uma resenha.

89. Luigi Bertelli, ou Vamba (1858-1920), funda em 1906 *Il Giornalino della Domenica*, de extraordinário sucesso entre os jovens; a publicação continua até 1924, depois da morte de Bertelli, que é, também, autor de várias obras para a juventude. Assíduo colaborador deste suplemento é o padre e filólogo Ermenegildo Pistelli (1862-1927), que escreve uma coluna regular de nome "Pistole", atribuindo-a a Omero Redi, um fictício garoto florentino através do qual se criticam os limites do sistema educacional.

90. Sobre Arturo Calza, cf., em particular, vol. 2, p. 139.

91. Antonio Fradeletto (1858-1930), orador e deputado do Partido Radical, participa do ministério logo após a Primeira Guerra. Em 20 de dezembro de 1915, após a entrada da Itália na guerra, Fradeletto pronuncia em Turim um discurso repleto de sentimentos patrióticos. O jovem Gramsci dedica-lhe dois artigos, nos quais busca mostrar que seus mitos nacionalistas o levam a deformar a história da Itália (A. Gramsci, *Cronache torinesi 1913-1917*, cit., p. 40-42 e 43-46).

    Sobre Vittorio Cian, cf. vol. 3, p. 115-116 e 377. Professor de literatura na Universidade de Turim (inclusive no período em que Gramsci a frequenta), Cian é um nacionalista fanático, que se empenha por impedir que professores não alinhados com suas ideias tivessem acesso à Universidade. Gramsci denuncia sua posição reacionária e intolerante em muitos de seus artigos juvenis.

92. Sobre Francesco Coppola, cf. vol. 1, p. 478-479. Sobre Luigi Federzoni, cf. vol. 4, p. 370.

Maurice Barrès (1862-1923), escritor e dirigente intelectual do nacionalismo francês, busca conciliar, em sua obra ficcional, o subjetivismo romântico e a exigência de disciplina e tradição. Colabora com Charles Maurras no estabelecimento das bases doutrinárias do Partido Nacionalista.

Charles Péguy (1873-1914), *dreyfusard* militante e adepto de um socialismo bastante peculiar, retorna à fé católica e deixa uma obra de poeta, polemista e ensaísta, a que não falta, em alguns casos, uma inspiração profética e épica, como no *Mystère de la charité de Jeanne d'Arc* (1910).

93. Sobre monsenhor Giovanni Casati e seu dicionário, cf., neste volume, p. 169-171.

94. Cf., neste volume, p. 80.

95. Ernest Crosby (1856-1907), juiz de um Tribunal Internacional no Egito sob domínio britânico, renuncia ao posto em 1894, sob o impacto da leitura de Tolstoi. Depois de ir ao encontro do grande escritor na Rússia, torna-se adepto da reforma social não violenta nos Estados Unidos e destacado militante anti-imperialista até a morte.

96. Bruno Cicognani (1879-1971), ficcionista e memorialista, adota em seus primeiros escritos o estilo de D'Annunzio, mas em seguida adere à tradição do realismo, inspirando-se em personagens comuns do ambiente de Florença.

Alfredo Gargiulo (1876-1949) publica seus primeiros artigos na revista *La Critica*, dirigida por Croce, embora nunca tenha aceito a tese crociana da arte como intuição pura. Escreve importantes ensaios sobre D'Annunzio e Ungaretti. O artigo mencionado por Gramsci faz parte de uma série publicada na *Italia Letteraria* sob o mesmo título geral, "1900-1930", a partir de janeiro de 1930.

97. Giulio Bechi (1870-1917), militar de carreira, participa da guerra da Eritreia, da violenta supressão do *brigantaggio* na Sardenha (em 1897-1900) e das ações militares na Líbia. *Caccia grossa. Scene e figure del banditismo sardo* (figuradamente, *caccia grossa* significa "caça aos homens"), livro publicado em várias edições a partir de 1900, pretende ser um "libelo político" contra o sistema social que produz o *brigantaggio*. Sobre G. Bechi, cf., também, vol. 5, p. 149-150.

98. Oskar Maria Graf (1894-1967), romancista e poeta de origem popular, insere-se na tradição do realismo de tendência socialista. Participa da curta República Socialista da Baviera, no primeiro pós-guerra. Exila-se em 1933. Sem abandonar o protesto social, as histórias de Graf também figuram o impacto da modernidade sobre a vida popular bávara.

99. Lina Pietravalle (1887-1956), entre os anos 1920 e 1930, escreve uma série de novelas e um único romance, *Le catene*, com os quais o Molise centro-meridional, uma das regiões mais rurais da península, entra na literatura italiana, sob uma perspectiva próxima do verismo de Giovanni Verga.

De Giulio Marzot, Gramsci tem em mente o livro *L'arte di Verga. Note ed analisi*, Vicenza, 1930.

100. O alemão Karl Hagenbeck (1844-1913), comerciante e amestrador de animais internacionalmente famoso, também promove "espetáculos etnográficos" itinerantes, apresentando ao público europeu, como "atrações" de grande sucesso, indivíduos de etnias não brancas. K. Hagenbeck está ainda ligado à fundação dos modernos zoológicos ao ar livre. O título exato de seu livro é *Le mie memorie di domatore e mercante*, Roma, 1910.

101. Tommaso Grossi (1790-1853), pertencente ao círculo mais próximo de Alessandro Manzoni, é autor do poema histórico-sentimental "I Lombardi alla prima crociata" (1826), musicado por Giuseppe Verdi, e do romance histórico *Marco Visconti* (1834).

Gramsci possui, no cárcere, a edição de 1914 de *I miei ricordi*, de Massimo D'Azeglio: sobre esta referência gramsciana, deve-se ver em particular os capítulos XXIV e XXV do livro, em que M. D'Azeglio relembra sua estada em Marino.

102. Sobre a polêmica entre Ugo Ojetti e Umberto Fracchia, cf., neste volume, p. 42.

Albert Thibaudet (1874-1936), crítico literário, é autor de estudos sobre o estilo e a ideologia de Charles Maurras e Maurice Barrès, assim como de uma história da literatura francesa moderna.

103. O discurso de Gioacchino Volpe, "Il primo anno dell'Accademia d'Italia", também é mencionado no vol. 2, p. 150.

104. Sobre Giuseppe Giusti, cf. vol. 2, p. 290-291.

105. No artigo "Trop de zèle", na *Italia Letteraria* de 25 de agosto de 1929, informa-se sobre uma nova diretriz dada por Michele Bianchi, subsecretário do Interior, que se propunha "anular, *até onde for lícito*, certos obstáculos excessivos interpostos a alguns editores e livreiros pelas autoridades de Segurança Pública, contra a venda das obras de autores russos, como Gorki, Gogol, Dostoiévski, Tolstoi, Turgueniev, e até de Jack London, como *Tacão de ferro*".

4. Caderno 27

1. Giovanni Crocioni (1870-1954), estudioso de folclore, tradições populares e dialetos, especialmente da região das Marcas, tem uma extensa bibliografia em que se destacam *Le regioni e la cultura regionale*, de 1914, e *Tradizioni popolari nella letteratura italiana*, publicado postumamente. Suas posições são reconstruídas por Gramsci com base na mencionada resenha de Raffaele Ciampini.

   O siciliano Giuseppe Pitré (1841-1916) também dedica a vida ao estudo do folclore. Sua *Bibliografia delle tradizioni popolari d'Italia* surge pela primeira vez em 1894: trata-se de uma enciclopédica coleção em 25 volumes, com canções populares, lendas, narrativas, provérbios e festas sicilianas.

2. Sobre Cesare Pascarella, cf. vol. 2, p. 297.

3. Sobre Maurizio Maraviglia e a discussão sobre o direito natural, cf. vol. 3, p. 330.

4. Provável referência ao capítulo "Rousseau. Il diritto naturale", publicado inicialmente no livro de Croce *Elementi di politica*, de 1925, e republicado em *Etica e politica*, de 1931.

5. Caderno 29

1. B. Croce, "Questa tavola rotonda è quadrata", ensaio originalmente publicado em 1905 e recolhido em *Problemi di estetica e contributi alla storia della estetica italiana*, Bári, Laterza, 1923, p. 169-173. Em carta a Tatiana de 12 de dezembro de 1927, Gramsci declara sua intenção de escrever "uma dissertação sobre o tema, com o título 'Esta mesa redonda é quadrada'" (A. Gramsci, *Lettere*, cit., p. 140). O tema reaparece no

programa de trabalho que abre o Caderno 1 (cf. vol. 1, p. 79) e neste volume, p. 159-160.

2. Em sua *Guida alla Grammatica italiana com un Prontuario delle incertezze* (Florença, 1934), A. Panzini afirma: "Percebemos o quente e o frio sem termômetro; mas é bom ter um termômetro em casa. Do mesmo modo, podemos escrever e falar mesmo sem gramática; mas é bom ter uma."

3. Ciro Trabalza e Ettore Allodoli, *La grammatica degl'italiani*, 4ª ed., Florença, 1935.

   Paolo Monelli (1891-1984), conhecido jornalista e escritor, publica em 1933 um livro sobre barbarismos linguísticos, história e etimologia das palavras, com o intuito de ensinar o leitor e também "distraí-lo".

4. Cf. Alfredo Schiaffini, "La grammatica degl'italiani?", *Nuova Antologia*, 16 de setembro de 1934, p. 288-294. Curiosamente, Gramsci também guarda um artigo elogioso sobre a gramática de Trabalza-Allodoli, publicado no *Corriere della Sera* em 15 de junho de 1934 e assinado por Giovanni Papini.

   Matteo Giulio Bartoli (1873-1946), professor de Linguística na Universidade de Turim desde 1907, tem Gramsci como aluno. Interessa-se pelos processos de mudança linguística e pelas relações da língua com a geografia, a história e a cultura. Opositor do positivismo dos chamados "neogramáticos", Bartoli se considera um "neolinguista". Em 1925, com efeito, publica uma *Introduzione alla neolinguistica*. M. Bartoli contribui, especificamente, para os estudos sobre a distribuição geográfica das línguas.

   Giulio Bertoni (1878-1942), também professor de Linguística na Universidade de Turim, de 1921 a 1928, transfere-se em seguida para Roma. Em seus estudos de língua e de literatura, revela uma posição eclética: embora mantenha certas premissas positivistas, também se vale de concepções do idealismo de Croce e, principalmente, de Gentile. A Academia da Itália encarrega-o de uma de suas iniciativas mais importantes, a elaboração de um dicionário da língua italiana.

5. Ciro Trabalza, *Storia della grammatica italiana*, Milão, 1908. Este livro é citado não só no prefácio à gramática Trabalza-Allodoli, mas também nas resenhas mencionadas sobre esta gramática.

6. Cf. vol. 2, p. 43-53.

7. Sobre a impossibilidade de excluir a gramática da vida real, cf., neste volume, p. 142-145.

8. Enquanto escreve o *Inferno*, nos primeiros anos do século XIV e já exilado de Florença, Dante redige em latim uma defesa do vernáculo, o *De vulgari eloquentia*: trata-se do primeiro texto em que se examinam, segundo os princípios do tempo, os vários dialetos italianos e a questão de uma língua unitária.

6. Dos cadernos miscelâneos

1. Sobre Antonio Bruers, cf. vol. 5, p. 395.

2. Sobre a conexão entre Alfredo Oriani e Mario Missiroli, na questão específica das "interpretações do *Risorgimento*", cf. vol. 5, p. 28-42.

3. Piedigrotta é um distrito de Nápoles: "canções de Piedigrotta" são canções populares em dialeto napolitano. Libero Bovio (1883-1942), poeta dialetal napolitano, escreve muitas destas canções populares. Não foi possível apurar o que Gramsci pretende indicar com o "apólogo do funcionário corno".

   Sobre Adriano Tilgher, cf. vol. 4, p. 360.

4. Com Bandar Log, Gramsci refere-se ao povo dos macacos retratado no romance *O livro da selva*, de Rudyard Kipling (1865-1936), escritor inglês nascido na Índia, agraciado com o Prêmio Nobel de Literatura em 1907. Gramsci também menciona muitas vezes Kipling em sua obra pré-carcerária e em sua correspondência com os filhos.

5. Ada Negri (1870-1945), em suas primeiras poesias, trata de temas até então quase totalmente ignorados pelos principais poetas italianos: conflitos sociais, efeitos da industrialização, dificuldades e sofrimentos da classe operária, etc. A. Negri abandonaria este socialismo humanitário e sentimental, abraçando depois o decadentismo literário. *Stella mattutina* é o "romance de formação" de A. Negri, do qual Gramsci toma conhecimento através da resenha mencionada de M. Scherillo.

6. Arturo Graf (1848-1913), professor de literatura italiana na Universidade de Turim, exerce considerável influência na cultura piemontesa

de seu tempo. Durante muitos anos, Graf edita o *Giornale Storico della Letteratura Italiana.*

Candidati all'Imortalità, de 1904, é um livro de perfis biográficos escrito por Giulio de Frenzi (pseudônimo de Luigi Federzoni).

7. De acordo com a lei eleitoral aprovada em 1923, o partido que conseguisse o maior número de votos nas eleições nacionais, desde que acima de 25%, receberia dois terços das cadeiras na Câmara de Deputados. Nas eleições de abril de 1924, sob esta lei, os fascistas conseguem 374 dos 534 mandatos em disputa. Em maio de 1928, há uma nova modificação: uma lista única de candidatos, aprovados pelo Grande Conselho Fascista com base nas indicações das confederações de trabalhadores e empresários, passaria a ser submetida ao eleitorado. Este último, por seu turno, é drasticamente reduzido num total de quase três milhões de eleitores.

8. *Il Popolo d'Italia* é, por certo, um dos alvos da crítica de Gramsci. Fundado por Mussolini em 1914 para defender a intervenção italiana na guerra, este jornal torna-se depois o principal órgão do Partido Fascista e passa a ter, com a chegada do fascismo ao poder, um estatuto semioficial, até seu fechamento em 1943.

9. Sobre a questão Salgari, cf. vol. 2, p. 77. Sobre o poeta Vincenzo Monti, cf. vol. 4, p. 363.

10. Como "o homem dos mictórios ingleses e das tampas de privada automáticas", Gramsci se refere a Mario Gioda (1883-1924), um anarquista posteriormente convertido ao fascismo, com quem ele polemiza diretamente em vários artigos anteriores à prisão. No artigo aqui recordado, "Caratteri italiani: Gioda o del Romanticismo", publicado em 28 de fevereiro de 1924, Gramsci sublinha a influência do folhetim sobre certos aspectos da mentalidade fascista: "É este o lado romântico do movimento fascista, de fascistas como Mario Gioda [...], etc., etc.; uma fantasia desequilibrada, um frenesi de heroicos furores, uma inquietação psicológica cujo único conteúdo ideal são os sentimentos difundidos nos romances de folhetim do romantismo francês de 1848. [...] A conjuntura histórica permitiu que este romantismo se tornasse 'classe dirigente', que toda a Itália se tornasse um romance de folhetim" (A. Gramsci, *La costruzione del Partito comunista 1923-1926*, Turim, Einaudi, 1974, p. 369). Sobre M. Gioda, cf. também vol. 2., p. 299-300.

11. Louis Blanc (1811-1882), socialista francês, propõe a garantia estatal do emprego através do estabelecimento de fábricas controladas pelos próprios operários. A proposta de L. Blanc é influenciada pelo socialismo utópico de Saint-Simon (1760-1825).

12. A referência é ao capítulo do livro de Marx e Engels no qual se comentam, de modo caricatural, as concepções de justiça do personagem de Eugène Sue (Marx e Engels, *A sagrada família*, Lisboa, Presença-Martins Fontes, s.d., p. 300-304).

13. O primeiro livro mencionado chama-se, na verdade, *Breviario di neolinguistica* (Módena, 1925): nele Giulio Bertoni assina a primeira parte, "Principi generali", e Matteo Bartoli assina a segunda, "Criteri tecnici". Logo em seguida, Gramsci refere-se ao livro de G. Bertoni, *Linguaggio e poesia* (Rieti, 1930), publicado numa coleção dirigida por Domenico Petrini. Gramsci, antes da prisão, possui uma cópia do primeiro volume; do segundo, tem apenas informação indireta.

14. Cf., respectivamente, Giulio Bertoni, "Nuovi orientamenti linguistici", *Il Leonardo*, fevereiro de 1926; e Mario Casella, "L'eredità dell'Ascoli e l'odierna glottologia italiana", *Il Marzocco*, julho de 1930.

15. Giovanni Campus (1875-1919), linguista sardo, escreve sua primeira obra significativa sobre um importante dialeto da Sardenha (*Fonetica del dialetto logudurese*, Turim, 1901), obra que recebe uma resenha elogiosa de M. Bartoli. Como foneticista, G. Campus produz estudos sobre as consoantes velares latinas e ário-europeias.

16. Sobre Charles Maurras e *L'Action Française*, cf. vol. 2, p. 303. Sobre Jacques Bainville, cf. vol. 3, p. 377. Frequentemente citado nos *Cadernos*, J. Bainville reúne alguns de seus trabalhos no volume *Heur et malheur des Français*, de 1924. Gramsci menciona explicitamente, em outros pontos, a crítica de Bainville aos "princípios nacionalistas" dos dois Napoleões, que teriam possibilitado a unidade alemã e italiana e diminuído a importância relativa da França. A este respeito, cf. vol. 5, p. 18, 79 e 128.

17. Sobre Francesco Ferrucci e Fabrizio Maramaldo, cf. vol. 5, p. 400.

A cidade-Estado de Como coloca-se ao lado do imperador Frederico I, o Barba-Roxa, em sua luta contra as cidades (Milão, Veneza, Mântua,

Pádua) que, em 1167, criam a primeira Liga Lombarda precisamente para defender sua autonomia contra a autoridade imperial. Sobre Frederico I, cf. vol. 2, p. 289-290.

Sobre Júlio II e Veneza, cf. vol. 5, p. 394-395.

18. Sobre Caporetto, cf. vol. 3, p. 370.

19. Cf., respectivamente, Gioacchino Volpe, *L'Italia in cammino: L'ultimo cinquantennio*, Milão, 1927, livro no qual a história italiana aparece como uma marcha triunfal a partir da unidade; Benedetto Croce, *Storia d'Italia dal 1871 al 1915*, Bári, 1928; e Giuseppe Prezzolini, *La cultura italiana*, Florença, 1923, e Milão, 1930. Gramsci alude às cautelosas alterações introduzidas por G. Prezzolini, entre essas duas edições, no vol. 5, p. 367-368.

20. No manuscrito, logo após *Il libro di don Chisciotte*, Gramsci escreve "(Alfredo Oriani)", provavelmente um outro título possível para o parágrafo.

    Edoardo Scarfoglio (1860-1917) inicia sua carreira como crítico literário. Participa do grupo conhecido como "os bizantinos", grandes admiradores de Carducci, que combatem as convenções românticas dominantes. Escreve sobre autores veristas, como Giovanni Verga e Luigi Capuana. *Il libro di don Chisciotte* (1884) reúne seus melhores trabalhos críticos. Muito cedo, Scarfoglio muda para o jornalismo político, fundando em Nápoles, em 1892, o influente jornal conservador, *Il Mattino*, repetidas vezes citado no vol. 5.

21. Esta "campanha demográfica" refere-se ao fato de que, já nos anos 1920, o governo fascista toma várias medidas para estancar o êxodo rural, recuperando terras, promovendo a produtividade e, sobretudo, lançando-se numa intensa propaganda de idealização da vida no campo.

22. Numa carta ao crítico francês Sylvestre Guillon, Ugo Foscolo declara que em *Os sepulcros*, ao evocar poeticamente os túmulos dos grandes do passado, pretende, de fato, "inspirar a emulação política nos italianos" de seu tempo, promovendo "a ressurreição não dos corpos, mas das virtudes". (U. Foscolo, *Opere*, Florença, vol. 6, p. 518.)

23. Reagindo contra o sentimentalismo dos românticos e sua métrica, considerada fácil, Giosuè Carducci propõe um retorno às formas e aos motivos clássicos em três coleções de poemas: *Odi barbare* (1877), *Nuove*

odi barbare (1882) e *Terze odi barbare* (1889). Segundo Carducci, haveria um forte elemento de inovação em sua tentativa de trazer as medidas clássicas ao italiano moderno, elemento que soaria como "bárbaro" aos ouvidos tradicionais.

24. Gaetano De Sanctis (1880-1944), professor de História Antiga em Turim e em Roma, de sólida formação clássica e antipositivista, perde seu posto acadêmico em 1931, ao recusar-se a prestar o juramento de fidelidade ao regime fascista.
    Sobre Pietro Fedele, cf. vol. 2, p. 287.

25. A "Lettera al reverendo padre Rosa, S.J.", de Ugo Ojetti, publicada inicialmente em sua revista *Pègaso*, é republicada e comentada pelo padre Rosa na *Civiltà Cattolica*, num artigo intitulado "Intorno alla Conciliazione". A Concordata entre a Igreja e o Estado italiano (ou, mais apropriadamente, os Pactos Lateranenses), assinada em 11 de fevereiro de 1929, é o contexto que explica esta correspondência pública entre U. Ojetti e o padre Rosa.

26. Neste parágrafo, todos os pontos de interrogação, de exclamação e demais observações entre parênteses são de Gramsci, com exceção da frase: "(e, se é eterno, como pode ser conciliado?)", que aparece algumas linhas acima e pertence ao original de U. Ojetti.

27. Enrico Thovez (1869-1925), poeta, crítico literário e pintor, é diretor do Museu de Arte Moderna de Turim. Como crítico literário, combate duramente a literatice e a insinceridade da tradição poética italiana, tomando D'Annunzio e Carducci como principais alvos e Leopardi como modelo positivo.

28. Giovanni Ferretti (1885-1952), historiador literário, além de estudos sobre Dante, escreve uma *Vita di Giacomo Leopardi* e prepara uma edição de suas obras completas.

29. O poeta e filósofo Giacomo Leopardi (1798-1837) nasce na pequena cidade de Recanati, nas Marcas, de pais aristocratas empobrecidos e católicos ultraconservadores. A mãe, Adelaide Antici, marca-o com sua indiferença e insensibilidade. Leopardi sofre, ainda, por causa de uma deformação de nascença e da saúde precária. Sobre Paolina Leopardi, irmã de Giacomo, cf., neste volume, p. 210-211.

30. Cf., neste volume, p. 167.

31. O dramaturgo francês Jean Henri Lamartelière (1761-1830) obtém grande sucesso popular com a peça *Robert chefs de brigands*, inspirada em *Os bandoleiros*, do alemão Friedrich Schiller (1759-1805). Em consequência do sucesso, publica uma continuação: *Le tribunal redoutable, ou: La suite de Robert chef de brigands.*

32. A *Venexiana*, parcialmente escrita em dialeto, é considerada uma das maiores obras do teatro italiano do século XVI, tendo sido provavelmente escrita por Girolamo Zanetti entre 1535 e 1537. O editor da peça, Emilio Lovarini (1866-1955), filólogo e historiador da literatura, realiza várias pesquisas sobre a literatura dialetal paduana e sobre o drama renascentista veneziano.

    Ireneo Sanesi (1868-1964), crítico literário, historiador e professor na Universidade de Pavia, escreve uma história da comédia italiana e edita as obras poéticas e teatrais de Alessandro Manzoni.

33. Ruzzante (ou Ruzante), pseudônimo de Angelo Beolco (1496?-1542), escreve uma dúzia de comédias, numa mistura de dialeto rústico (em sua maior parte paduano) e italiano padrão; por ocasião das montagens, ele frequentemente representa o papel do camponês Ruzzante, o que explica seu pseudônimo. Embora representadas para seu círculo de amigos aristocratas, as peças criticam o artificialismo da linguagem culta e os hábitos da sociedade refinada.

    Ludovico Ariosto (1474-1533), escritor do Renascimento italiano, é conhecido sobretudo por seu *Orlando Furioso*; também escreve peças, algumas das quais em versos.

    Bibbiena, pseudônimo de Bernardo Dovizi (1470-1520), é um diplomata ligado aos Médici, que o papa Leão X nomeia cardeal em 1513. Escreve uma famosa peça, *La candria*, representada pela primeira vez em Urbino, em 1531.

    O francês Henri Becque (1837-1899), autor de *Les corbeaux* e de *La parisienne*, é considerado um dos mais importantes dramaturgos naturalistas.

34. Sobre Sun Yat-Sen (Sun Wen), cf. vol. 2, p. 118-120.

35. Em seu livro *Positivismo e idealismo nella scienza del linguaggio* (Bári, 1908, p. 224-237), no qual analisa esteticamente a fábula de La Fontaine *O corvo e a raposa*, Vossler escreve: "*Tenait en son bec un fromage* [tinha

em seu bico um queijo] — outros diriam: *un morceau de fromage* [um pedaço de queijo]. Mas aqui importa apenas a qualidade. A raposa o deseja precisamente porque é queijo. E mais: outros, em vez de *son bec*, diriam *dans le bec* [no bico]. Mas, atribuindo a *bec* o pronome possessivo (o que não é de modo algum frequente em francês), o autor cria a impressão de uma posse tranquila e plena, de modo que a perda do queijo aparecerá depois ainda mais dolorosa." Gramsci sugere que Vossler erra ao considerar que, no francês do século XVIII, o uso do pronome possessivo não fosse "de modo algum frequente".

36. Ferdinando Russo (1866-1927), jornalista, dramaturgo e ficcionista napolitano, é ainda lembrado pelas poesias escritas no dialeto de sua cidade.

37. O poeta Vincenzo Cardarelli (1887-1959) é um dos fundadores da revista literária *La Ronda*, em 1919, que defende a sobriedade da tradição clássica e combate duramente autores que considera "sentimentais", como D'Annunzio, Ungaretti e os futuristas. Cardarelli e a *Ronda* também combatem os pontos de vista de De Sanctis e de seus seguidores, como os membros do grupo de *La Voce*, de G. Prezzolini.

    Vito Fornari (1821-1900), padre e escritor, adepto do purismo clássico, defende posições rigidamente conservadoras; em seu livro *Della vita di Gesù Cristo*, expõe o significado transistórico e universal da presença de Cristo no mundo.

    Sobre o *Dicionário* da Crusca e a Academia, cf. vol. 2, respectivamente, p. 288 e 290.

    Lorenzo Montano, pseudônimo de Danilo Lebrecht (1893-1958), poeta, prosador e especialista na cultura dos séculos XVII e XVIII, colabora frequentemente em *La Ronda*.

38. Ermolao Rubieri (1818-1879), depois de participar ativamente nos eventos da época do *Risorgimento*, afasta-se da política e passa a dedicar-se a trabalhos de pesquisa; além de dramas históricos, escreve uma *Storia della poesia popolare italiana*.

39. Natalino Sapegno (1901-1990), importante crítico e historiador da literatura, torna-se marxista e comunista durante a Resistência antifascista. Fiel à linhagem historicista de Francesco De Sanctis e conservando elementos do período crociano, Sapegno — entre muitas outras obras —

escreve um comentário sobre a *Divina comédia* nos anos 1950. Em 1961, publica *Il Ritratto di Manzoni*, livro no qual utiliza várias sugestões gramscianas sobre o romance manzoniano.

40. Carlo Dossi (1849-1910), jornalista, escritor e diplomata, realiza uma curiosa mistura dos recursos da língua literária e do dialeto lombardo, tal como nas narrativas autobiográficas *L'Altrieri*, cuja primeira redação data de 1868, e *La vita di Alberto Pisani.*

41. Nas crônicas teatrais escritas para o *Avanti!*, Gramsci se refere várias vezes não só a Pirandello, mas também a Nino Berrini (1880-1960), um autor dramático muito popular em seu tempo (cf., por exemplo, *Literatura e vida nacional*, cit., p. 194-195). Sobre as "ofertas de aliança" de Berrini, um biógrafo de Gramsci comenta: "Suas [de Gramsci] críticas teatrais eram ansiosamente aguardadas por comediógrafos e diretores. E quando, certa vez, Nino Berrini passou uma semana a cercá-lo com a intenção de obter, em troca de bajulação, um comentário favorável, recebeu igualmente uma crítica violenta e demolidora. A *flatterie* de escritores e autores o aborrecia" (Giuseppe Fiori, *A vida de Antonio Gramsci*, Rio de Janeiro, Paz e Terra, 1979, p. 147).

No mencionado artigo da *Civiltà Cattolica*, Pirandello é definido "mestre da imoralidade e da incredulidade, pernicioso à juventude já desencaminhada pela avalancha, materialista ou idealista, da arte e da filosofia moderna".

42. Ugo Ojetti escreve a coluna denominada "Cose viste", no *Corriere della Sera*, entre 1921 e 1943. Esta coluna fornece o material para várias coletâneas de mesmo título, a primeira das quais em 1923.

43. Gramsci confunde inteiramente Enrico Cajumi, seu contemporâneo de universidade, com Arrigo Cajumi (1899-1955), intelectual piemontês ligado à herança iluminista e autor de muitos artigos nas revistas da época. Esta mesma confusão acontece no vol. 1, p. 402-403.

Sobre R. Gualino, cf. vol. 5, p. 384.

Aristide Briand (1862-1930), estadista francês de origem socialista, participa amplamente da vida política de seu país a partir de 1906, como deputado, ministro e primeiro-ministro inúmeras vezes. Após a Primeira Guerra, Briand é um defensor da Liga das Nações e da cooperação internacional, posição que lhe vale o Nobel da Paz de 1926.

Camillo Berra é um amigo e colega de universidade de Gramsci. Quando vive em Turim, entre 1913 e 1922, Gramsci mora como pensionista na casa da mãe de Camillo.

Cesare De Lollis (1863-1928), filólogo e crítico de formação carducciana, é um dos precursores da moderna crítica estilística. De 1907 até a morte, dirige a revista *La Cultura*. Gramsci também se refere a *Reisebilder* [*Cenas de viagem*], livro em que C. De Lollis escreve suas memórias sobre a região de Abruzos: cf., neste volume, p. 214.

44. Jules Vallès (1832-1885), jornalista e escritor, participa da Comuna de Paris, depois da qual passa nove anos exilado em Londres. Sua obra, amplamente autobiográfica, narra as vicissitudes de Jacques Vingtras na trilogia *L'enfant*, *Le bachelier*, *L'insurgé*.

Émile Zola (1840-1904) realiza, nos *Quatre Évangiles*, seu terceiro grande ciclo romanesco, depois dos *Rougon-Macquart* e das *Trois Villes*. Fazem parte deste terceiro ciclo *Fécondité* (1899), *Travail* (1901), *La Vérité* (1903, inspirado no caso Dreyfus) e *La Justice* (inacabado).

Sobre Daniel Halévy, cf. vol. 3, p. 395.

Jean Guéhenno (1890-1978), jornalista e escritor de origem proletária, chega como escritor consagrado à Academia Francesa, em 1962. Em *Caliban parle* (1929), combate vivamente as desigualdades culturais. Adepto da Frente Popular nos anos 1930, participa da Resistência durante a Segunda Guerra.

Pierre Dominique (1889-1973) apresenta as marcas do engajamento radical-socialista em romances como *Colère sur Paris* e *Les Mercenaires*, além de escrever biografias e estudos históricos, como os dedicados a Mirabeau, à Comuna de Paris e à batalha do Marne, na Primeira Guerra.

45. Sobre Camillo Prampolini, cf. vol. 1, p. 481.

No artigo de Arrigo Cajumi sobre Cena, os trechos entre parênteses são comentários de Gramsci, com exceção da referência a Augusto Monti (1881-1966), que, em 1929, publica o romance *I sansossî* e, mais tarde, se torna militante do Partido Comunista.

46. Giuseppe Antonio Borgese (1882-1952), escritor, crítico e professor de estética e de literatura alemã, emigra para os Estados Unidos em 1931, por causa de suas convicções antifascistas. Os trechos entre parênteses, na citação de Borgese, são de Gramsci.

47. Cf., neste volume, p. 34.

48. Cf., neste volume, p. 175-176.

49. Sobre a Lei das Garantias, cf. vol. 4, p. 378.

50. Mario Rapisardi (1844-1912), poeta e professor universitário, nasce e morre em Catânia, na Sicília. Admirador de Goethe, Byron e Hugo, escreve poemas retóricos, muitos de cunho anticlerical (como *Lucifero*), onde busca dar expressão às correntes positivistas, ateias e socialistas da época.

51. Mario Giampaoli, de origem anarcossindicalista, reúne no volume mencionado os artigos publicados na revista milanesa *1919*, que, fundada em 1924, se autodenomina "resenha mensal da velha guarda fascista". Trata-se de texto importante para conhecer os momentos iniciais do fascismo.

52. Antonio Pagliaro (1898-1973), linguista e crítico literário, publica obras sobre as línguas ário-europeias e sobre a literatura persa; vale-se de seus conhecimentos de semântica para analisar textos literários, entre os quais a *Divina comédia*.

53. Carlo Linati (1878-1949), romancista e crítico literário, interessa-se sobretudo pelas modernas literaturas britânica, irlandesa e norte-americana. Além de traduzir autores como Henry James, D. H. Lawrence e James Joyce, é o primeiro tradutor italiano de Ezra Pound.

A *Critica Fascista* de dezembro de 1930 registra a furiosa polêmica entre Massimo Bontempelli e Filippo Tommaso Marinetti a respeito da macarronada, que Gramsci também anota, de passagem, no vol. 1, p. 245.

Filippo Tommaso Marinetti (1876-1944), poeta e romancista, é o fundador do futurismo, cujo manifesto aparece em 1909, no *Figaro* francês. Os temas da nova escola são a velocidade, a máquina, a cidade, a mística do super-homem. Politicamente, Marinetti apoia entusiasmadamente a intervenção italiana na Primeira Guerra com um livro de poesias, *Guerra sola igiene del mundo*, e depois adere ao fascismo, considerado como extensão política do futurismo.

54. Angelo Gatti (1875-1948), poeta, romancista e historiador militar, é escolhido pelo general Luigi Cadorna para recolher documentos e escrever uma história da participação italiana na Primeira Guerra. Por interferência de Mussolini, não chega a escrever essa história, mas seu

Diario di Caporetto, publicado em 1964, é um documento importante e polêmico para reconstituir o período.

55. Com toda a probabilidade, a informação sobre o verbete de Croce na *Enciclopédia Britânica* chega a Gramsci através de uma resenha de Natalino Sapegno, no *Pègaso* de dezembro de 1930.

56. Gramsci refere-se ao capítulo "A mecanização da poesia", contido no livro de René Fülöp-Miller, *Il volto del bolscevismo,* Milão, 1930, com prefácio de Curzio Malaparte. Depois de muito empenho contra a censura carcerária, Gramsci termina por obter autorização para receber este livro "suspeito" de Fülöp-Miller.

57. Cf., neste volume, p. 169.

58. Sobre a concepção que Gramsci tinha da "literatura psicanalítica", inspirada em Freud, cf. vol. 1, p. 231.

59. Carlo Goldoni (1707-1793), prolífico comediógrafo italiano (escreve 149 peças), se propõe restituir dignidade literária ao teatro, opondo a representação dos costumes às improvisações e às bufonarias da *commedia dell'arte.* Seus personagens — não mais máscaras — vivem situações realistas, extraídas do cotidiano. Muda-se para Paris em 1762, trabalhando como dramaturgo e tutor das filhas de Luís XV.

    Carlo Gozzi (1720-1806) orienta-se, conservadoramente, contra a reforma proposta por Goldoni, em defesa do drama popular veneziano. Em suas *Fiabe*, de enorme sucesso, inspira-se livremente em narrativas fantásticas da mais variada origem. Embora empregue o dialeto veneziano e as máscaras tradicionais, também termina por se afastar da *commedia dell'arte*, ao produzir peças completas e não meros esboços cênicos.

60. Estes versos juvenis de Filippo Turati, líder socialista reformista, aparecem pela primeira vez na revista *Farfalla*, em abril de 1881. Como Gramsci menciona, Alessandro Schiavi publica estes e outros poemas na antologia *Labor. Fiorita de canti sociali*, Milão, 1924. Sobre Filippo Turati, cf. vol. 2, p. 301.

61. Sobre o padre Edoardo Agostino Gemelli, cf. vol. 2, p. 298.

62. Em sua luta contra franceses e bávaros, Andreas Hofer (1767-1810) defende o Tirol como parte da Áustria, não da Baviera, a quem Napoleão

havia cedido o território. Hofer morre fuzilado por ordem expressa de Napoleão. A melodia do hino tirolês composto em sua homenagem transforma-se, na ex-União Soviética, no hino da Liga Comunista da Juventude.

63. Cf., neste volume, p. 119-122.

64. Sobre Paul Bourget, cf. vol. 3, p. 392.

65. No manuscrito, Gramsci cancela, com leves riscos, o trecho entre parênteses, provavelmente porque a referência, feita de memória e depois cotejada com o texto de Croce, não reproduz com fidelidade o que este último afirma sobre Manzoni, Thierry e Guizot. Sobre Augustin Thierry, cf. vol. 5, p. 403.

66. Paolina Leopardi sobrevive ao irmão célebre, Giacomo, com quem mantém relações de afinidade espiritual e compartilha alguns motivos de infelicidade: o ódio à pequena cidade de Recanati, as dificuldades materiais, a relação difícil com o pai, o conde Monaldo. Solitária, de temperamento romântico, atribui-se a Paolina Leopardi uma pequena biografia de Mozart, em que busca sublinhar a similitude entre a vida do irmão, recém-morto, e a do grande compositor.

67. Em 1912, Ardengo Soffici publica um romance — *Lemmonio Boreo* — com base em fragmentos autobiográficos, numa tentativa de dar forma à crise dos intelectuais. O resultado, contudo, apenas prefigura o grosseiro vitalismo do primeiro fascismo "esquadrista".

Romain Rolland (1866-1944), romancista e ensaísta francês, autor de *Jean-Christophe*, ganha o Prêmio Nobel de Literatura em 1916. Firme pacifista durante a Primeira Guerra, quando se exila na Suíça, aproxima-se depois da esquerda, merecendo muitos elogios do jovem Gramsci, que dele recolhe um de seus mais recorrentes motes: "pessimismo da inteligência, otimismo da vontade". Esse mote aparece numa resenha de Rolland a um livro de Raymond Lefebvre, publicada em *L'Humanité* de 19 de março de 1920, resenha mencionada pela primeira vez por A. A. Santucci, em sua edição das *Lettere*, cit., p. 299. Nela, diz Rolland: "O que mais me agrada em Lefebvre é esta íntima fusão, que para mim faz o verdadeiro homem, entre pessimismo da inteligência, que penetra toda ilusão, e otimismo da vontade." Gramsci cita pela primeira vez a frase de Rolland num artigo publicado em

L'Ordine Nuovo de 3-10 de abril de 1920. (Sobre isso, cf. vol. 2, p. 307-308, onde ainda se afirma, com base na edição Gerratana, que a origem da frase de Rolland não era conhecida.)

Em 1934, Romain Rolland publica um folheto, *Antonio Gramsci. Ceux qui meurent dans les prisons de Mussolini* (Paris, Édition du Secours Rouge International), no qual denuncia os maus-tratos sofridos por Gramsci no cárcere e exige sua libertação. Este opúsculo foi traduzido e publicado no Brasil: R. Rolland, *Os que morrem nas prisões de Mussolini (Antonio Gramsci)*, São Paulo, Udar, 1935, 15 p. Na "Nota Explicativa" que abre o folheto, assinada por "O editor", com data de janeiro de 1935, dois anos antes da morte de Gramsci, pode-se ler: "Romain Rolland traça no presente trabalho o perfil de Antonio Gramsci, o maior dos revolucionários italianos pela causa do proletariado. Este seu trabalho foi escrito em setembro do ano passado, traduzido para o português por Colbert Malheiros e publicado, agora, pela primeira vez no Brasil." Trata-se de uma das primeiras referências a Gramsci feitas em nosso País.

68. Renato Fucini (1843-1921), poeta e narrador, costuma atribuir seus textos a um hipotético pedreiro, Neri Tanfucio, observador realista das cenas e dos indivíduos do campo toscano e um tanto pessimista acerca das promessas da nova vida nacional unitária. Entre seus livros, de grande sucesso, destacam-se os *Cento sonetti in vernacolo pisano* (1872) e os contos de *Le veglie di Neri* (1882).

69. Com base no livro citado de Giambattista Marchesi, Croce desenvolve considerações gerais, que atraem a atenção de Gramsci, sobre a importância da literatura "menor": além da necessidade de rever injustiças implícitas em todo juízo sumário sobre o passado, diz Croce, "aquela produção tosca e incoerente é também um documento da história, mostrando-nos tendências, preferências, condições de espírito das gerações passadas, e informando-nos sobre fatos e costumes; e serve para iluminar a história da civilização ou, antes, oferece deste modo indicações que servem para explicar os antecedentes das grandes obras literárias" (B. Croce, *Conversazioni critiche*, segunda série, Bári, Laterza, 1918, p. 238).

70. Na verdade, "La ilustre fregona" — a ilustre criada ou ajudante de cozinha — é uma das *Novelas exemplares*, de Miguel de Cervantes, na qual se destaca a personagem de Costanza, a criada ilustre de origem

misteriosa e rara beleza, perdida, como uma joia, numa hospedaria de Toledo. Por um lapso, Gramsci cita erradamente o nome da protagonista; mas, de qualquer modo, não foi possível estabelecer o nexo entre o conto cervantino e o tema do brescianismo.

71. Gramsci volta a mencionar o artigo de G. Papini sobre Croce neste volume, p. 216-217.

72. Sobre o "arroto do pároco", expressão de Mino Maccari, líder super-regionalista, cf. vol. 4, p. 281-282. Sobre Luigi Credaro, cf. vol. 4, p. 355.

73. Sobre Alessandro Luzio, cf. vol. 3, p. 392. Gramsci polemiza com Luzio em vários de seus parágrafos sobre o *Risorgimento*, recolhidos no vol. 5. Nas citações deste parágrafo, os destaques são de Gramsci.

Ugo Bassi (1801-1849), garibaldino e frei barnabita, é fuzilado pelas tropas austríacas em Bolonha, depois do fracasso da República Romana. Anita Garibaldi, que, grávida do quinto filho, luta em Roma ao lado do marido, morre aos vinte e oito anos durante a fuga, sob duríssima perseguição de tropas austríacas.

74. Trata-se de um jogo de palavras: o sobrenome do filósofo, em italiano, também significa "cruz".

75. Pietro Mignosi (1895-1937), filósofo, romancista e poeta siciliano, aproxima-se do liberal revolucionário Piero Gobetti no início da carreira (cf., por exemplo, vol. 2, p. 61), mas se torna em seguida um neotomista intransigente. Mignosi funda e edita as revistas *La Tradizione* e *Nuovo Romanticismo*, que refletem seu catolicismo ortodoxo militante.

76. Em francês no original.

Henri de Régnier (1864-1936), poeta e romancista francês, goza de grande prestígio intelectual na passagem dos séculos XIX e XX. Sua poesia tem, inicialmente, a marca do simbolismo, mas adquire com o tempo aspectos clássicos. Sua ficção evoca temas históricos da França e da Itália.

Sobre Baudelaire e 1848, cf. o breve comentário de Gramsci no vol. 4, p. 20.

77. Tanto Ernestina Brenna quanto, em especial, Emilia Formiggini-Santamaria ocupam um posto de relevo na história cultural italiana da primeira parte do século XX, como mulheres pioneiras que — além do

tradicional memorialismo "feminino" — participam do debate público na condição de especialistas em pedagogia e historiadoras da questão educacional, inclusive no período do *Risorgimento*.

78. As duas últimas observações entre parênteses são de Gramsci.

79. Marco Ramperti, crítico de teatro e de cinema, evoca ironicamente uma conhecida revista de enigmas, *La Corte di Salomone*, a propósito da poesia "hermética" de G. Ungaretti. A resposta de Ungaretti faz referência ao "ano X": trata-se, precisamente, dos dez anos de regime fascista, a contar da Marcha sobre Roma, em outubro de 1922.

80. Cf., neste volume, p. 202-203 e 213-214.

81. Pietro Metastasio (1698-1782), poeta arcádico e libretista, torna-se o poeta oficial na Corte de Viena em 1730, celebrizando-se como autor de dezenas de melodramas, oratórios e cantatas. Seus melodramas, extremamente populares, existem não só como obras dramáticas em si, mas foram musicados por inúmeros compositores, inclusive Mozart. Destacam-se, entre eles, *Galatea*, *Adriano* e *Attilio Regolo*, considerado sua obra-prima.

82. Luigi Orsini (1873-1954), jornalista e escritor bolonhês, colabora com o regime fascista, como o demonstra, entre outros, seu livro *Itala gente*, de 1925.

83. Cf., neste volume, p. 182-183.

84. Gramsci, aqui e em outros parágrafos deste caderno, parte dos debates sobre arquitetura que eram frequentes no período (1933). Não se sabe, porém, se a expressão entre aspas é uma citação (não encontrada) ou uma fórmula pessoal.

85. Sobre a expressão "judaica", cf. vol. 1, p. 467, e vol. 3, p. 359.

86. Em "Perché l'artista scrive, o dipinge, o scolpisce, ecc.?", cit., Adriano Tilgher afirma: "[...] Se passarmos finalmente à arquitetura — esta pedra de toque de todas as estéticas, segundo a frase muito feliz de Giuseppe Rensi —, a teoria de Croce nos parece definitivamente entrar em colapso: quem acreditará que a construção de edifícios imponentes e custosos só tenha como objetivo remediar as deficiências de nossa memória?"

87. Cf. vol 4, p. 61-64.

88. Cf., neste volume, p. 182-183.

89. Cf., em particular, neste volume, p. 182-183 e 227-228.

90. Na realidade, trata-se da novela "Lontano", publicada, com "Il turno", num mesmo volume, de 1915, encontrado entre os livros de Gramsci no cárcere.

91. Gramsci faz aqui um trocadilho com o título de Pirandello, *Assim é (se lhe parece)*.

92. Robert Louis Stevenson (1850-1894), famoso autor de *O estranho caso do Dr. Jekyll e Mr. Hyde*, ou *O médico e o monstro*, escreve também livros de aventuras, como *A ilha do tesouro* (1882).

Joseph Conrad (1854-1924), novelista inglês nascido na Polônia, vale-se da experiência como marinheiro em muitas de suas obras, como *Lorde Jim* (1900), *Tufão* (1902) e *O coração das trevas* (1902).

Jack London (1876-1916), escritor norte-americano de grande popularidade e de orientação socialista, publicou vários romances, entre os quais *O chamado da floresta* (1903) e *O lobo do mar* (1904).

Mac-Orlan (1882-1970) recolhe de suas muitas viagens o material para compor romances humorísticos, fantásticos e aventurosos, como *Le Nègre Léonard et son maître* (1920). Mac-Orlan é mais lembrado como compositor de canções populares, muito divulgadas nos anos 1950 do século XX.

André Malraux (1901-1976), romancista e ensaísta francês, escreve romances sobre a revolução chinesa (*A condição humana*, 1933) e a guerra civil espanhola (*A esperança*, 1937). Depois da Segunda Guerra, afasta-se da esquerda e adere às propostas nacionalistas de Charles de Gaulle, de quem é por muitos anos ministro da Cultura.

93. Sobre a antologia de Aldo Schiavi, cf., supra, p. 315. Sobre a produção poética de Pietro Gori, cf. vol. 2, p. 230.

Pietro Gori (1865-1911), advogado de profissão e líder anarquista histórico, também promove o anarcossindicalismo no Paraguai, na Argentina e nos Estados Unidos. É autor de volumes de versos de grande difusão, tais como *Alla conquista dell'Avvenire* e *Prigione e Battaglie*.

O dirigente comunista Palmiro Togliatti (1893-1964) publica traduções de poesias do norte-americano Walt Whitman e do francês Marcel Martinet em vários números de *L'Ordine Nuovo*, entre 1919 e 1920.

94. Nikolai Evreinov (1879-1953), dramaturgo e diretor de teatro, tenta, no início do século XX, incorporar a *commedia dell'arte* à tradição russa, argumentando em favor da farsa como meio de "teatralização da vida". Depois de 1917, Evreinov emigra para Paris. A *Italia Letteraria* de julho de 1932, que comenta um de seus livros (*Il teatro della guerra eterna*, Florença, 1932), é a provável fonte deste parágrafo.

95. Cf., neste volume, p. 232-236.

96. Gramsci se ocupa de *L'aria del continente*, de Nino Martoglio, em crítica publicada no *Avanti!*, em abril de 1916. Nino Martoglio (1870-1921), autor dialetal de grande sucesso, é contemporâneo e parceiro de Pirandello, a quem, inclusive, teria sugerido a composição de *Liolà*, em 1916. Em *L'aria del Continente* (1910), satiriza um pequeno-burguês siciliano que afeta desprezo e superioridade em relação aos costumes da própria ilha.

97. Anton Francesco Grazzini (1503-1584), chamado "Lasca", poeta, dramaturgo e narrador à moda de Boccaccio, participa vivamente das polêmicas literárias e linguísticas do tempo. Em versos burlescos, combate o petrarquismo e o humanismo e defende o toscano puro como língua literária. Contra o erudito Girolamo Ruscelli (1504-1569), cujas obras cobrem um amplo espectro, desde a cartografia até a história e a poesia antiga e moderna, Lasca escreve os seguintes versos: "Não te bastava, árido pedante,/ Ladrão de Febo e das sublimes Musas,/ Ter posto meio Dante sob saque;/ A arte fértil deste mesmo Dante/ Tu ressecaste, e de tal sorte abusas,/ Que virou lança sem poder de ataque."

98. Cf., por exemplo, neste volume, p. 119-122, 125, 208-209 e 211-212.

99. Com efeito, alguns parágrafos gramscianos são recolhidos sob o título geral de *Às margem da história (História dos grupos sociais subalternos)*, no caderno 25, vol. 5, p. 129-145.

Sobre A. Thierry e as origens da filosofia da práxis, é provável que Gramsci tenha em mente algumas indicações de Engels, como, por exemplo, no ensaio *Ludwig Feuerbach e o fim da filosofia clássica alemã*: "Desde a implantação da grande indústria [...], já não era segredo para ninguém, na Inglaterra, que a luta política girava em torno das pretensões de domínio de duas classes: a aristocracia latifundiária e a burguesia. Na França, o mesmo fato tornou-se evidente com a volta dos Bourbons; os historiadores do período da Restauração, de Thierry a Guizot, Mignet e Thiers, o proclamaram constantemente como o fato que dá a chave para compreender-se a história da França, desde a Idade Média" (Marx-Engels, *Obras escolhidas*, Rio de Janeiro, Vitória, vol. 3, 1963, p. 200). Também Marx afirma, incisivamente, ter sido Thierry "o *père* da 'luta de classes' na historiografia francesa" (*Carteggio Marx-Engels*, Roma, vol. 2, 1950, p. 315).

100. Gramsci se refere a dois parágrafos de tipo A (caderno 8, §§ 209 e 230), posteriormente agrupados no caderno 16, § 1, vol. 4, p. 17-20.
Marx e Engels, em vários momentos, elogiam o realismo de Balzac. Gramsci menciona aqui, provavelmente, a carta de Engels a Margaret Harkness, de abril de 1888. Sobre esta carta, cf. vol. 4, p. 349.

101. Todas as citações deste parágrafo, retiradas do artigo de Paul Bourget, estão em francês no original.

102. Sobre a peste de Milão e as crendices populares em *Os noivos*, cf. vol. 1, p. 201.

103. Guido Mazzoni, *Storia letteraria d'Italia. L'Ottocento*, Milão, 1913, p. 650. Sobre Guido Mazzoni, historiador de formação carducciana, cf. vol. 3, p. 377.
Em mais de dois mil sonetos escritos em dialeto romanesco, Gioacchino Belli (1791-1863) retrata a Roma plebeia da primeira metade do século XIX, submetida ao poder temporal do papa. Nos últimos anos de vida, G. Belli renega sua obra como repositório de "ideias reprováveis" e digna de ser queimada. Uma edição completa dos *Sonetti romaneschi* de G. Belli só aparece em 1952.

104. Cf., neste volume, p. 34-35, a lista de questões propostas a respeito da história da literatura italiana.

105. Sobre os "pelasgos" de Vincenzo Gioberti, cf. vol. 5, p. 356. Sobre Vincenzo Gioberti, cf. vol. 2, p. 295-296.

106. Sobre Francesco Guicciardini, cf. vol. 3, p. 377-378. Sobre o significado histórico-cultural de *Il Galateo ovvero de' costumi*, de Giovanni della Casa, cf. vol. 2, p. 134-135. Sobre Gasparo Gozzi, cf. vol. 2, p. 299.

107. O "Verão de São Martinho", usado metaforicamente por Gramsci, ocorre na metade de novembro e assinala, na cultura popular, o último

momento do outono ainda favorável à agricultura e à própria sobrevivência física, antes do inverno ameaçador.

108. Em inglês no original.

109. Ugo Bernasconi (1874-1960), argentino de nascimento, é também, de fato, um pintor representativo do romantismo tardio na Lombardia. Colaborador da *Voce* prezzoliniana, escreve, entre outros livros, *Precetti e pensieri giovanili* (1910) e *Uomini e altri animali* (1915).

110. Paul Nizan (1905-1940), escritor francês, amigo de Jean-Paul Sartre, rompe com o Partido Comunista em 1939, por causa do tratado entre Hitler e Stalin. Torna-se símbolo do escritor ao mesmo tempo comprometido e dissidente. Seus principais livros são *Aden Arabie* (1932) e *La Conspiration* (1938). Sobre P. Nizan, cf., também, vol. 1, p. 410.

111. As posições de Paul Nizan chegam a Gramsci indiretamente, através do artigo mencionado de Argo, colaborador não identificado da *Educazione fascista*.

O *Monde* é uma revista de literatura militante, fundada por Henri Barbusse em 1928.

112. Gramsci erra ligeiramente o título do artigo de G. Papini, que se chama, na verdade, "Il discorso di Roma", publicado na revista *Lacerba* de março de 1913.

113. Annibale Pastore (1868-1956), professor na Universidade de Turim, é um dos pioneiros, na Itália, da filosofia das ciências. Quando estudante, Gramsci frequenta um de seus cursos, sobre a "interpretação filosófica do marxismo". Em artigos publicados no *Avanti!*, no início dos anos 1950, Pastore dá um simpático testemunho sobre suas relações com Gramsci, chamando-o de "um aluno excepcional". Não foi possível esclarecer o conteúdo de sua discussão com Papini, mencionada por Gramsci.

114. Johan Bojer (1872-1959), dramaturgo e romancista norueguês, é muito popular na primeira metade do século XX, por causa de romances como *Os emigrantes* (sobre a emigração de seus conterrâneos para os Estados Unidos, no fim do século XIX) e *O último dos vikings*. A primeira edição norueguesa de *O prisioneiro que canta*, livro mencionado neste parágrafo, é de 1913.

APÊNDICES

1. Uma antologia dos textos A
2. Índice geral dos *Cadernos do cárcere*
3. Índice dos principais conceitos

1. Uma antologia dos textos A*

CADERNO 1 (1929-1930)

§ 10. *Sobre Maquiavel.* Costuma-se considerar Maquiavel, de modo excessivo, como o "político em geral", como o "cientista da política", válido para todos os tempos: eis aqui, já, um erro de política. Maquiavel ligado a seu tempo: 1) lutas internas na república florentina; 2) lutas entre os Estados italianos por um equilíbrio recíproco; 3) lutas dos Estados italianos por um equilíbrio europeu.

Influi em Maquiavel o exemplo da França e da Espanha, que alcançaram uma forte unidade estatal. Ele faz uma "comparação elíptica",

* Esta pequena antologia, contendo 30 textos A, tem como objetivo exemplificar para o leitor o tipo de mudança que Gramsci introduzia em seus textos quando os convertia em textos C.

Em nossa tradução dos textos A, tomamos o cuidado de evitar que a escolha de termos sinônimos (mas diferentes) em nossas traduções da primeira e da segunda redação induzisse o leitor a crer que a mudança foi feita por Gramsci. Assim, todas as diferenças registradas aqui entre o texto A e o texto C foram introduzidas pelo próprio autor dos Cadernos.

No final de cada texto A contido neste Apêndice, o leitor encontrará a remissão para o local (caderno, parágrafo, volume e página) onde o respectivo texto C se encontra na presente edição. As notas ao texto, aqui postas no rodapé, fazem parte do aparato crítico de nossa edição.

como diria Croce, e deduz as regras para um Estado forte em geral e italiano em particular. Maquiavel é um homem inteiramente de sua época e sua arte política representa a filosofia do tempo, que tende à monarquia nacional absoluta, a forma que pode permitir um desenvolvimento e uma organização burguesa. Em Maquiavel, descobre-se *in nuce* a separação dos poderes e o parlamentarismo; sua "ferocidade" é contra os resíduos do feudalismo, não contra as classes progressistas; o príncipe deve pôr fim à anarquia feudal, e é isto o que faz Valentino na Romanha, apoiando-se nas classes produtoras, camponeses e comerciantes. Dado o caráter militar do chefe do Estado, como se requer num período de luta para a formação e a consolidação do poder, a indicação de classe contida na *Arte da guerra* deve ser entendida para a estrutura geral estatal: se os burgueses das cidades pretendem pôr fim à desordem interna e à anarquia externa, devem apoiar-se nos camponeses como massa, constituindo uma força armada segura e fiel. Pode-se dizer que esta concepção essencialmente política é de tal forma dominante em Maquiavel que o leva a cometer erros de caráter militar: ele pensa especialmente na infantaria, cujas massas podem ser recrutadas com uma ação política, e, por isso, desconhece o valor da artilharia. Em síntese, deve ser considerado como um político que deve se ocupar de arte militar, uma vez que isso é necessário para sua construção política, mas o faz de modo unilateral, porque não está ali o centro de seu pensamento.

Cf. caderno 13, § 13, 3, 29-33.

§ 61. *Americanismo.* O americanismo pode ser uma fase intermediária da atual crise histórica? A concentração plutocrática pode determinar uma nova fase do industrialismo europeu, com base no modelo da indústria americana? A tentativa provavelmente será feita (racionalização, sistema Bédaux, taylorismo, etc.). Mas será bem-sucedida? A Europa reage, contrapondo à América "virgem" suas tradições de cultura. Esta reação é interessante, não porque uma suposta tradição de cultura possa impedir uma revolução na organização industrial, mas porque ela é a reação da "situação" europeia à "situação" americana. Na realidade, o americanismo, em sua forma mais completa, exige uma condição preliminar: "a racionalização da população", isto é, que não existam classes numerosas sem uma função no mundo da produção, isto é, classes absolutamente parasitárias. A "tradição" europeia, ao contrário, caracteriza-se precisamente pela existência de tais classes, criadas por estes elementos sociais: o clero e os intelectuais, a propriedade fundiária, o comércio. Estes elementos, quanto mais velha for a história de um país, tanto mais depositaram durante os séculos sedimentações de gente ociosa, que vive da "pensão" deixada pelos "avós". Uma estatística destes elementos sociais é dificílima, porque muito difícil é encontrar a "rubrica" que os possa incluir. A existência de determinadas formas de vida fornece alguns indícios. O número relevante de grandes e médios aglomerados urbanos sem indústria é um destes indícios, talvez o mais importante. O chamado "mistério de Nápoles". Recordar as observações feitas por Goethe sobre Nápoles e as "consoladoras" conclusões de Giustino Fortunato (opúsculo publicado recentemente pela "Biblioteca editrice", de Rieti, na coleção "Quaderni critici", de Domenico Petrini; resenha de Einaudi, na *Reforma Sociale*, sobre o texto de Fortunato quando saiu pela primeira vez, talvez em 1912). Goethe tinha razão em recusar a lenda do *lazzaronismo* orgânico dos napolitanos e em observar que, ao contrário, eles são muito ativos e laboriosos. A questão, porém, consiste em ver qual é o resultado efetivo desta laboriosidade: ela não é produtiva e não se destina a satisfazer as exigências de classes produtivas. Nápoles é uma cidade onde os proprietários fundiários do Sul gastam a renda da terra: em torno de dezenas de milhares destas famílias de proprietários, de maior ou menor importância econômica, com sua corte de servos e de lacaios diretos, é que se constitui uma boa parte da cidade, com suas indústrias artesanais, suas profissões ambulantes, a incrível pulverização da oferta imediata de mercadorias ou serviços aos desocupados que circulam pelas ruas. Uma outra parte importante é constituída pelo comércio por atacado e pela circulação de mercadorias. A indústria "produtiva" é uma parte relativamente pequena. Esta estrutura de Nápoles (seria muito útil ter dados precisos) explica grande parte da história da cidade.

A situação de Nápoles se repete em Palermo e em toda uma série de cidades médias e até pequenas, não só do Sul e das ilhas, mas também da Itália Central (Toscana, Úmbria, Roma) e até mesmo Setentrional (Bolonha, em parte, Parma, Ferrara, etc.). (Quando um cavalo caga, cem pássaros almoçam.)

Média e pequena propriedade fundiária nas mãos não de camponeses produtivos, mas de burgueses da cidadezinha ou da aldeia, que a concedem em meação primitiva (ou seja, aluguel pago *in natura*) ou em enfiteuse. Esta massa enorme de pequena e média burguesia de "pensionistas" e "rentistas" criou, na literatura econômica italiana, a figura monstruosa do chamado "produtor de poupança", isto é, de uma classe numerosa de "usurários" que não apenas extrai do trabalho primitivo de um determinado número de camponeses o próprio sustento, mas ainda consegue poupar.

As aposentadorias públicas: homens relativamente jovens e fisicamente capazes que, depois de 25 anos de emprego público (algumas vezes aos 45 anos e com ótima saúde), não fazem mais nada, mas vegetam com as 500-600-700 liras de aposentadoria. Numa família aparece um padre que se torna cônego: o trabalho manual se torna "vergonhoso". No máximo, o comércio. A composição já se tornou "malsã" por causa da emigração e da escassa ocupação das mulheres no trabalho produtivo. A relação entre população "potencialmente" ativa e população passiva é uma das mais desfavoráveis (ver estudo de Mortara nas *Prospettive Economiche* de 1922 e talvez pesquisas sucessivas): tal relação é ainda mais desfavorável se se leva em conta: 1) as doenças endêmicas (malária, etc.), que diminuem a força produtiva; 2) a desnutrição crônica de muitos estratos inferiores do campesinato (como se depreende das pesquisas de Mario Camis na *Riforma Sociale* de 1926 — primeiro ou segundo número —, cujas médias nacionais deveriam ser desagregadas por médias de classe; mas a média nacional mal alcança o padrão fixado pela ciência e, portanto, é óbvia a conclusão de uma desnutrição crônica de certos estratos. Quando foi discutida no Senado a proposta orçamentária para o ano 1929-1930, o deputado Mussolini reconheceu que, em algumas regiões, a população vive durante períodos inteiros apenas de hortaliças; 3) o desemprego endêmico de algumas regiões agrárias, que não aparece nos censos; 4) esta massa de população absolutamente parasitária (enorme), que requer a seu serviço o emprego de outra massa enorme de população; e a semiparasitária, isto é, que multiplica de modo anormal (dado um certo tipo de sociedade) determinadas atividades, como o comércio.

Esta situação não se apresenta apenas na Itália; em escala considerável, apresenta-se em toda a Europa, mais na Europa Meridional, cada vez menos em direção ao Norte. (Na Índia e na China deve ser ainda mais anormal do que na Itália, e isto explica a estagnação da história.)

A América sem "tradição", mas também sem esta camada de chumbo: esta, uma das razões da formidável acumulação de capitais, malgrado os salários relativamente melhores do que os europeus. A inexistência destas sedimentações viscosas das fases históricas passadas permitiu uma base sadia para a indústria e, em especial, para o comércio, possibilitando cada vez mais a redução dos transportes e do comércio a uma real atividade subordinada à produção, com a absorção desta atividade por parte da própria indústria (ver Ford e as economias que fez em termos de transportes e comércio, absorvendo-os). Esta "racionalização" preliminar das condições gerais da produção, já existente ou facilitada pela história, permitiu racionalizar a produção, combinando a força (destruição do sindicalismo) com a persuasão (salários e outros benefícios); para colocar toda a vida do país com base na indústria. A hegemonia nasce da fábrica e não tem necessidade de muitos intermediários políticos e ideológicos. As "massas" de Romier são a expressão deste novo tipo de sociedade, na qual a "estrutura" domina mais imediatamente as superestruturas e estas são "racionalizadas" (simplificadas e reduzidas em número). Rotary Club e Maçonaria (o Rotary é uma maçonaria sem os pequenos-burgueses). Rotary-América-Maçonaria-Europa. YMCA-América-Jesuítas-Europa.

Tentativas da YMCA na Europa: episódio Agnelli — tentativas de Agnelli em direção ao *L'Ordine Nuovo*, que defendia uma forma própria de "americanismo". Na América, existe a elaboração forçada de um novo tipo humano: mas a fase é só inicial e, por isso, (aparentemente) idílica. É ainda a fase da adaptação psicofísica à nova estrutura industrial; ainda não se verificou (salvo talvez de modo esporádico) nenhum florescimento "superestrutural", logo ainda não foi posta a questão fundamental da hegemonia: a luta se dá com armas tomadas do arsenal europeu, e ainda abastardado; logo parecem e são "reacionárias".

A luta que houve na América (descrita por Philip) é ainda pelos direitos profissionais, contra a "liberdade industrial", isto é, uma luta como aquela que houve na Europa no século XVIII, embora em outras condições. A ausência da fase europeia assinalada como tipo pela Revolução Francesa, na América, deixou os operários ainda em estado bruto.

Na Itália, tivemos um início de fanfarra fordista (exaltação da grande cidade — a grande Milão, etc. — o capitalismo ainda está em seus inícios, etc., com a programação de planos urbanísticos grandiosos: ver *Riforma Sociale* — artigos de Schiavi).

Conversão ao ruralismo e à desvalorização iluminista das cidades: exaltação do artesanato e do patriarcalismo, menções aos "direitos profissionais" e à luta contra a "liberdade industrial" (ver menção feita criticamente por U. Ricci em carta aos *Nuovi Studi*); em todo caso, não "mentalidade" americanista.

O livro de De Man está ligado a esta questão. É uma reação às duas maiores forças históricas do mundo.

Cf. caderno 22, § 2, 4, 362-270.

§ 150. *A concepção do Estado segundo a produtividade (função) das classes sociais.* O livro de Raffaele Ciasca *Le origini del programma nazionale* pode fornecer amplo material para desenvolver este tema. Para as classes produtivas (burguesia capitalista e proletariado moderno), o Estado só é concebível como forma concreta de um determinado mundo econômico, de um determinado sistema de produção. Conquista do poder e afirmação de um novo mundo produtivo são indissociáveis: a propaganda por uma também é propaganda pela outra: na realidade, somente nesta coincidência é que reside a origem unitária da classe dominante, a qual é econômica e política ao mesmo tempo. Ao contrário, quando o impulso para o progresso não é estreitamente ligado a um desenvolvimento econômico local, mas é reflexo do desenvolvimento internacional que envia para a periferia suas correntes ideológicas nascidas com base no desenvolvimento produtivo dos países mais evoluídos, então a classe portadora das novas ideias é a classe dos intelectuais e a concepção do Estado muda de aspecto. O Estado é concebido como uma coisa em si, como um absoluto racional. Pode-se dizer isto: sendo o Estado a moldura concreta de um mundo produtivo e sendo os intelectuais o elemento social que melhor se identifica com o pessoal de governo, é próprio da função dos intelectuais pôr o Estado como um absoluto: desse modo, é concebida como absoluta sua função histórica, é racionalizada sua existência. Este motivo é fundamental para o idealismo filosófico e está ligado à formação dos Estados modernos na Europa como "reação — superação nacional" da Revolução Francesa e do napoleonismo (revolução passiva)[1]. Pode-se observar: alguns critérios de avaliação histórica e cultural devem ser invertidos. 1º) As correntes italianas que são "etiquetadas" de racionalismo francês e de "iluminismo" são, ao contrário, precisamente as mais aderentes à realidade empírica, na medida em que concebem o Estado como forma concreta de um desenvolvimento econômico italiano. A conteúdo igual convém uma forma política igual. 2º) Ao contrário, são precisamente "jacobinas" as correntes que aparecem como mais autóctones, na medida em que aparentam desenvolver uma corrente tradicional italiana. Esta corrente é "italiana", porque, tendo sido a "cultura", por muitos séculos, a única manifestação italiana nacional, o que é desenvolvimento desta manifestação tradicional mais

---

1 A expressão entre parênteses foi acrescentada à margem, em data posterior. O termo "revolução passiva" aparece, pela primeira vez, no caderno 4, § 57, vol. 5, p. 209.

antiga parece mais autônomo. Mas é uma ilusão histórica. Onde estava a base material desta cultura italiana? Não estava na Itália. Esta "cultura" italiana é a continuação do "cosmopolitismo" medieval ligado à Igreja e ao Império, concebidos como universais. A Itália tem uma concentração intelectual "internacional", acolhe e elabora teoricamente os reflexos da mais consistente e autóctone vida do mundo não italiano. Os intelectuais italianos são "cosmopolitas", não nacionais; até mesmo Maquiavel, no *Príncipe*, reflete mais a França, a Espanha, etc., com seu empenho pela unificação nacional, do que a Itália. Eis por que chamaria de verdadeiros "jacobinos" os representantes desta corrente: eles verdadeiramente querem aplicar à Itália um esquema intelectual racional, elaborado com base na experiência alheia e não na experiência nacional. A questão é muito complexa e plena de aparentes contradições, e, por isso, é preciso ainda examiná-la profundamente numa base histórica. De qualquer modo, no *Risorgimento*, os intelectuais meridionais revelam-se claramente como estes estudiosos do Estado "puro", do Estado em si. E, sempre que os intelectuais parecem "dirigir", a concepção do Estado em si reaparece com todo o cortejo "reacionário" que comumente a acompanha.

Cf. caderno 10, II, § 61, 1, 428-432.

§ 151. *Relação histórica entre o moderno Estado francês nascido da Revolução e os outros Estados modernos europeus.* A questão é de sumo interesse, contanto que não seja resolvida segundo esquemas abstratos sociológicos. Historicamente, ela deriva destes elementos: 1º) Explosão revolucionária na França; 2º) Oposição europeia à Revolução Francesa e à sua expansão pelos "canais" de classe; 3º) Guerras revolucionárias da França, com a República e com Napoleão, e constituição de uma hegemonia francesa com tendência a um Estado universal; 4º) Insurreições nacionais contra a hegemonia francesa e nascimento dos Estados modernos europeus mediante ondas sucessivas, mas não mediante explosões revolucionárias como a francesa original. As "ondas sucessivas" se dão por uma combinação de lutas sociais de classe e de guerras nacionais, com predominância destas últimas. Deste ponto de vista, a "Restauração" é o período mais interessante: ela é a forma política na qual a luta de classes encontra quadros elásticos que permitem à burguesia chegar ao poder sem rupturas clamorosas, sem o aparelho terrorista francês. As velhas classes são rebaixadas da condição de "dirigentes" à de "governativas", mas não eliminadas nem sequer fisicamente suprimidas; de classes se tornam "castas", com determinadas características psicológicas, não mais com funções econômicas predominantes. Pode-se repetir este "modelo" de formação dos Estados modernos? Isto deve ser excluído, pelo menos quanto à amplitude e quanto aos grandes Estados. Mas a questão é de suma importância, já que o modelo França-Europa criou uma mentalidade.

Outra questão ligada à mencionada anteriormente é a do papel que os intelectuais acreditaram ter nesta fermentação política incubada pela Restauração. A filosofia clássica alemã é a filosofia desta época e é a que dá vida aos movimentos liberais nacionais de 1848 a 1870. Sobre isso, ver a conversão que Marx faz da fórmula francesa *liberté, fraternité, égalité* aos conceitos filosóficos alemães (*Sagrada família*). Esta conversão me parece teoricamente importantíssima: deve ser posta ao lado do que escrevi sobre a *Concepção do Estado segundo a produtividade (função) das classes sociais* (cf. § 150, supra). O que é "política" para a classe produtiva torna-se "racionalidade" para a classe intelectual.

O que é curioso é que alguns marxistas considerem a "racionalidade" superior à "política", a abstração ideológica superior à concretude econômica. Com base nestas relações históricas, deve-se explicar o idealismo filosófico moderno.

Cf. caderno 10, II, § 61, 1, 428-432.

CADERNO 3 (1930)

§ 90. *História das classes subalternas* (cf., neste caderno, §§ 14 e 18).[2] A unificação histórica das classes dirigentes reside no Estado e sua

2 Retomados, respectivamente, nos §§ 2 e 4 do caderno 25, vol. 5, p. 135-136 e 136-139.

história é, essencialmente, a história dos Estados e dos grupos de Estados. Esta unidade deve ser concreta e, portanto, o resultado das relações entre Estado e "sociedade civil". Quanto às classes subalternas, a unificação não acontece: sua história está entrelaçada à da "sociedade civil", é uma fração desagregada desta. Deve-se estudar: 1) a formação objetiva, através do desenvolvimento e das transformações acontecidas no mundo econômico, a difusão quantitativa das classes subalternas e sua origem a partir de outras classes anteriores; 2) sua adesão, passiva ou ativa, às formações políticas dominantes, isto é, a tentativa de influir sobre os programas destas formações com reivindicações próprias; 3) nascimento de novos partidos da classe dominante, para manter o controle das classes subalternas; 4) formações próprias das classes subalternas, de caráter restrito e parcial; 5) formações políticas que afirmam a autonomia das classes subalternas, mas no velho quadro; 6) formações políticas que afirmam a autonomia integral, etc. A lista destas fases pode ser ainda mais definida com fases intermediárias ou com combinações de várias fases. O historiador observa a linha de desenvolvimento para a autonomia integral, a partir das fases mais primitivas. Por isto, também a história de um partido destas classes é muito complexa, uma vez que deve incluir todas as repercussões de sua atividade em toda a área das classes subalternas em seu conjunto: entre estas, uma já exercerá uma certa hegemonia, e é preciso estabelecer isto, estudando também o desenvolvimento de todos os outros partidos, por incluírem elementos desta classe hegemônica ou das outras classes subalternas que sofrem tal hegemonia. Seria possível construir um cânone de investigação histórica, estudando a história da burguesia deste modo (estas observações se ligam às notas sobre o *Risorgimento*): a burguesia tomou o poder lutando contra determinadas forças sociais e ajudada por outras forças determinadas; para se unificar no Estado, devia eliminar as primeiras e ter o consenso ativo ou passivo das outras. Portanto, o estudo de seu desenvolvimento a partir da condição de classe subalterna deve investigar as fases através das quais conquistou autonomia em relação aos inimigos futuros a abater e conquistou a adesão daquelas forças que a ajudaram ativa ou passivamente, desde que, sem esta adesão, não teria podido unificar-se no Estado. O grau de consciência a que havia chegado a burguesia nas várias fases se mede exatamente com estes dois parâmetros, e não apenas com o de sua separação da classe que a dominava; habitualmente, na verdade, recorre-se só a este critério e se tem uma história unilateral ou, às vezes, não se compreende nada, como no caso da história italiana a partir das Comunas: a burguesia italiana não soube unificar o povo, e eis uma causa de suas derrotas e das interrupções de seu desenvolvimento: também no *Risorgimento*, este "egoísmo" estreito impediu uma revolução rápida e vigorosa, como a francesa.

Eis uma das questões mais importantes e uma das causas de dificuldades para fazer a história das classes subalternas.

Cf. caderno 25, § 5, 139-141.

§ 159. *Risorgimento.* A história como "biografia" nacional. Esta forma de história começa com o nascimento do sentimento nacional. Pressupõe-se que aquilo que se deseja sempre existiu e não pôde se afirmar em razão da intervenção de forças alheias ou do adormecimento das virtudes íntimas. É história oleográfica: a Itália é verdadeiramente pensada como algo abstrato, como a bela mulher dos quadros, etc., cujos "filhos" são os italianos, etc. Faz-se sua biografia, contrapondo-a aos filhos degenerados ou perdidos, etc., etc. Compreende-se que esta história nasceu por razões práticas, de propaganda. Mas por que continuar nesta tradição? Hoje, ela é duplamente anti-histórica: porque está em contradição com a realidade e porque impede avaliar adequadamente o esforço do *Risorgimento*, diminuindo a figura e a originalidade de seus protagonistas.

Cf. caderno 19, § 50, 5, 120-121.

CADERNO 4 (1930-1932)

§ 1. Se se quer estudar uma concepção do mundo que não foi nunca exposta sistematicamente pelo autor-pensador, é preciso fazer um trabalho minucioso e conduzido com escrúpulos máximos de exatidão e de honestidade científica. É preciso seguir, antes de mais nada, o processo de desenvolvimento intelectual do pensador, para reconstruí-lo segundo os elementos que se tornaram estáveis e permanentes, ou seja, que foram realmente assumidos pelo autor como pensamento próprio, diferente e superior ao "material" anteriormente estudado e pelo qual ele pode ter tido simpatia, em certos momentos, até o ponto de aceitá-lo provisoriamente e dele se servir para seu trabalho crítico ou de reconstrução histórica ou científica. Esta advertência é essencial, exatamente, quando se trata de um pensador assistemático, quando se trata de uma personalidade na qual a atividade teórica e a atividade prática estão indissoluvelmente entrelaçadas, de um intelecto, portanto, em contínua criação e em perpétuo movimento. Portanto: 1º) *biografia*, muito minuciosa, com 2º) *exposição* de todas as obras, mesmo as mais secundárias, em ordem cronológica, divididas segundo os vários períodos: de formação intelectual, de maturidade, de posse e aplicação serena do novo modo de pensar. A pesquisa do *Leitmotiv*, do ritmo do pensamento, mais importante do que as afirmações particulares e isoladas.

Esta investigação original deve ser o fundamento do trabalho. Além disso, entre as obras do próprio autor, é preciso distinguir as que ele concluiu e publicou e as inéditas, porque não concluídas. O conteúdo destas deve ser tomado com muito discernimento e cautela: ele não deve ser considerado definitivo, pelo menos naquela dada forma; ele deve ser considerado material ainda em elaboração, ainda provisório.

No caso de Marx, pode-se dividir a obra literária nestas categorias: 1) obras publicadas sob a responsabilidade direta do autor: entre estas, devem ser consideradas, em geral, não só as materialmente impressas, mas também os escritos destinados a operar imediatamente, ainda que não impressos, como as cartas, as circulares, os manifestos, etc. (exemplo típico: a *Crítica do Programa de Gotha* e a correspondência); 2) as obras não publicadas sob a responsabilidade direta do autor, mas por outros, depois de sua morte: naturalmente, destas últimas seria interessante ter o texto-base, isto é, ainda não reelaborado pelo organizador, ou pelo menos uma descrição minuciosa do texto original feita com critérios filológicos.

Ambas as categorias devem ser divididas segundo períodos crítico-cronológicos, de modo que se possam estabelecer comparações válidas e não puramente mecânicas e arbirtrárias.

Também o trabalho de elaboração realizado pelo autor sobre o material das obras publicadas a seguir por ele mesmo deveria ser estudado e analisado: pelo menos daria, este estudo, indícios para avaliar criticamente a credibilidade dos textos das obras inéditas editadas por outros. Quanto mais o material preparatório das obras editadas se afastar do texto definitivo redigido pelo próprio autor, tanto menos será confiável a redação de um material do mesmo tipo por outro escritor. Com efeito, uma obra não pode ser nunca identificada com o material bruto recolhido para sua feitura: a escolha, a disposição dos elementos, o peso maior ou menor dado a este ou àquele elemento recolhido no período preparatório são exatamente o que constitui a obra efetiva.

Também o estudo da correspondência deve ser feito com certas cautelas: uma afirmação incisiva feita numa carta talvez não fosse repetida num livro. A vivacidade estilística das cartas, embora muitas vezes artisticamente mais eficaz do que o estilo mais medido e ponderado de um livro, algumas vezes leva a deficiências de demonstração; nas cartas, como nos discursos e nos diálogos, verificam-se frequentemente *erros lógicos*; a maior rapidez do pensamento se dá em detrimento de sua solidez.

No estudo de um pensamento original e pessoal, só secundariamente se coloca a contribuição de outras pessoas para sua documentação. No caso de Marx: Engels. Naturalmente, não se deve subestimar a contribução de Engels, mas tampouco se deve identificar Engels e Marx, não se deve pensar que tudo aquilo que Engels atribui a Marx seja autêntico em sentido absoluto. É certo que Engels deu provas de um desinteresse e de uma ausência de vaidade pessoal ímpar: não se trata minimamente de pôr em dúvida sua absoluta lealdade pessoal. Mas o fato é que Engels não é Marx e que, se se quiser conhecer Marx, será preciso buscá-lo, *especialmente*, em suas obras autênticas, publicadas sob sua direta personalidade.

Decorrem daí várias advertências de método e algumas indicações para pesquisas correlatas. Que valor tem o livro de Rodolfo Mondolfo, *Il materialismo storico di Federico Engels*? Sorel (numa carta a B. Croce) formula a dúvida de que se *possa* estudar uma questão desta natureza, dada a escassa capacidade de pensamento original de Engels. Deixando de lado a questão de mérito posta por Sorel, parece-me que, pelo fato mesmo de se supor uma escassa capacidade teórica em Engels (pelo menos, uma posição subalterna em relação a Marx), é indispensável investigar as diferenças entre o Marx autêntico, por assim dizer, e Engels, para sermos capazes de ver o que não é marxista nas exposições que Engels faz do pensamento de seu amigo: na realidade, no mundo da cultura esta distinção jamais foi feita, e as exposições de Engels (especialmente, o *Anti-Dühring*) são consideradas como fonte autêntica e, muitas vezes, como a única fonte autêntica. O livro de Mondolfo me parece, por isso, muito útil como indicação de um caminho a seguir, à parte seu valor intrínseco, que agora não recordo.

Cf. caderno 16, § 2, 4, 20-24.

§ 7. *As superestruturas e a ciência.* Colocar a ciência como base da vida, fazer da ciência uma concepção do mundo significa recair no conceito de que o materialismo histórico tem necessidade de um outro sustentáculo fora de si mesmo. Mas, na realidade, também a ciência é uma superestrutura, uma ideologia. Mas no estudo das superestruturas a ciência ocupa um lugar à parte, pelo fato de sua reação sobre a estrutura ter um caráter de maior extensão e continuidade de desenvolvimento, sobretudo a partir do século XVIII, a partir do momento em que se deu à ciência um lugar à parte na opinião geral. Que a ciência seja uma superestrutura é demonstrado pelo fato de que ela teve períodos inteiros de eclipse, esmagada por uma ideologia dominante, sobretudo a religião: a ciência e a técnica dos árabes eram tidas pelos cristãos como bruxaria. A ciência jamais se apresenta numa noção objetiva; ela aparece sempre revestida por uma ideologia e, concretamente, a ciência é a união do fato objetivo com uma hipótese, ou um sistema de hipóteses, que superam o mero fato objetivo. Neste campo, porém, tornou-se relativamente fácil separar a noção objetiva do sistema de hipóteses, através de um processo de abstração que está inserido na própria metodologia científica, apropriar-se de uma e recusar o outro. De tal modo, uma classe pode apropriar-se da ciência de uma outra classe, sem aceitar sua ideologia (a ideologia do progresso foi criada pelo progresso científico), e não são válidas as observações de Sorel (e de Missiroli) a este respeito.

Cf. caderno 11, § 38, 1, 176-177.

§ 10. *Marx e Maquiavel.* Este tema pode dar origem a um duplo trabalho: um estudo sobre as relações reais entre os dois, como teóricos da política militante, da ação, e um livro que extraísse das doutrinas marxistas um sistema ordenado de política efetiva, como o do *Príncipe*. O tema seria o partido político, em suas relações com a classe e o Estado: não o partido como categoria sociológica, mas o partido que pretende fundar o Estado. Na realidade, se observarmos bem, a função tradicional do instituto da Coroa é, nos Estados ditatoriais, absorvida pelos partidos: são eles que, mesmo representando uma classe e uma só classe, mantêm um equilíbrio com as outras classes, não adversárias mas aliadas, fazendo com que o desenvolvimento da classe representada ocorra com o consenso e com a ajuda das classes aliadas. Mas o protagonista deste "novo Príncipe" não deve ser o partido em abstrato, uma classe em abstrato, mas um determinado partido histórico, que opera num ambiente histórico preciso, com uma determinada tradição, numa aliança de forças sociais característica e bem determinada. Tratar-se-ia, em síntese, não de organizar um repertório orgânico de máximas políticas, mas de escrever um livro "dramático" num certo sentido, um drama histórico em ato, no qual as máximas políticas sejam apresentadas como necessidade determinada e não como princípios de ciência.

Cf. caderno 13, § 21, 3, 59-60.

§ 11. *Problemas fundamentais do marxismo.* Faz-se (habitualmente) uma confusão entre a cultura filosófica pessoal de Marx, isto é, entre as correntes filosóficas e os grandes filósofos que Marx estudou, e as origens ou as partes constitutivas do materialismo histórico, e cai-se no erro de reduzir a filosofia que estaria na base do materialismo histórico a este ou àquele sistema. Certamente, é interessante (e necessário) pesquisar e aprofundar os elementos da cultura filosófica de Marx, mas tendo em conta que parte essencial do materialismo histórico não é o spinozismo, o hegelianismo ou o materialismo francês, mas, precisamente, o que não estava contido a não ser em germe em todas estas correntes e que Marx desenvolveu, ou cujos elementos de desenvolvimento abandonou; a parte essencial do marxismo consiste na superação das velhas filosofias e também no modo de conceber a filosofia, e isto é que deve ser demonstrado e desenvolvido sistematicamente. No plano teórico, o marxismo não se confunde e não se reduz a nenhuma outra filosofia: ele não é original apenas enquanto supera as filosofias precedentes, mas é original sobretudo enquanto abre um caminho inteiramente novo, isto é, renova de cima a baixo o modo de conceber a filosofia. No plano da investigação histórica, deverão ser estudados os elementos que motivaram a elaboração filosófica de Marx, os elementos que incorporou, homogeneizando-os, etc.: então se deverá reconhecer que, destes elementos "originários", o hegelianismo é relativamente o mais importante, especialmente por sua tentativa de superar as concepções tradicionais de "idealismo" e de "materialismo". Quando se diz que Marx emprega a expressão "imanência" em sentido metafórico, não se diz nada: na realidade, Marx dá ao termo "imanência" um significado próprio, isto é, ele não é um "panteísta" no sentido metafísico tradicional, mas é um "marxista" ou um "materialista histórico". Em tal expressão, "materialismo histórico", deu-se maior peso ao primeiro membro, quando deveria ter sido dado ao segundo: Marx é essencialmente um "historicista", etc.

Cf. caderno 11, § 27, 1, 153-157.

§ 12. *Estrutura e superestrutura.* Deve-se estabelecer bem o significado do conceito de estrutura e superestrutura, assim como o de "instrumento técnico", etc., ou se cai em confusões desastrosas e risíveis. Vê-se a complexidade da questão a partir disso: as bibliotecas são estrutura ou superestrutura? E os laboratórios experimentais dos cientistas? E os instrumentos musicais de uma orquestra?, etc. Confunde-se estrutura com "estrutura material" em geral e "instrumento técnico" com qualquer instrumento material, etc., até a ponto de defender que uma determinada arte se desenvolveu porque se desenvolveram os instrumentos específicos pelos quais as expressões artísticas se tornam de domínio público, podem ser reproduzidas. Não se pode negar uma certa relação, mas não direta e imediata. Na realidade, certas formas de instrumento técnico têm uma dupla fenomenologia: são estrutura e são superestrutura: a própria indústria tipográfica, que assumiu neste ponto particular do "instrumento técnico" uma importância extrema, participa desta dupla natureza. Ela é objeto de propriedade, portanto de divisão de classes e de luta, mas é também elemento inseparável de um fato ideológico ou de vários fatos ideológicos: a ciência, a literatura, a religião, a política, etc. Existem superestruturas que têm uma "estrutura material": mas seu caráter permanece superestrutural: seu desenvolvimento não é "imanente" em sua "estrutura material" particular, mas na "estrutura material" da sociedade. Uma classe se forma com base em sua função no mundo produtivo: o desenvolvimento e a luta pelo poder e pela conservação do poder criam as superestruturas, que determinam a formação de uma "especial estrutura material" para sua difusão, etc. O pensamento científico é uma superestrutura que cria "os instrumentos científicos"; a música é uma superestrutura que cria os instrumentos musicais. Logicamente, e também cronologicamente, tem-se: estrutura social--superestrutura-estrutura material da superestrutura.

Cf. caderno 11, § 29, 1, 158-161.

§ 14. *O conceito de "ortodoxia"*. Do que antes se disse, o conceito de "ortodoxia" deve ser renovado e relacionado a suas autênticas origens. A ortodoxia não deve ser buscada neste ou naquele discípulo de Marx, nesta ou naquela tendência ligada a correntes estranhas ao marxismo, mas no conceito de que o marxismo basta a si mesmo, contém em si todos os elementos fundamentais não só para construir uma concepção total do mundo, uma filosofia total, mas para fazer viva uma total organização prática da sociedade, isto é, para tornar-se uma civilização integral, total. Este conceito de ortodoxia, assim renovado, serve para precisar melhor o atributo de "revolucionária" atribuído a uma concepção do mundo, a uma teoria. O cristianismo foi revolucionário com relação ao paganismo porque foi um elemento de cisão completa entre os defensores do velho e do novo mundo. Uma teoria é revolucionária precisamente na medida em que é elemento de separação completa em dois campos, na medida em que é vértice inacessível aos adversários. Considerar que o materialismo histórico não é uma estrutura de pensamento completamente autônoma significa, na realidade, não ter rompido completamente os laços com o velho mundo. Na realidade, o materialismo histórico não tem necessidade de sustentáculos heterogêneos: ele mesmo é tão robusto que o velho mundo a ele recorre para alimentar seu arsenal com algumas armas mais eficazes. Isto significa que, ao mesmo tempo que o materialismo histórico não sofre hegemonias, ele próprio começa a exercer uma hegemonia sobre o velho mundo intelectual. Isso, naturalmente, ocorre sob formas recíprocas, mas é justamente o que se deve evitar. O velho mundo, prestando homenagem ao materialismo histórico, tenta reduzi-lo a um corpo de critérios subordinados, de segunda ordem, a ser incorporado em sua teoria geral, idealista ou materialista: quem reduz o materialismo histórico a um papel semelhante, no próprio campo desta teoria, capitula implicitamente ante os adversários.

Cf. caderno 11, § 27, 1, 153-157.

§ 19. *O "instrumento técnico" no Ensaio Popular.* Já fiz algumas anotações sobre este tema anteriormente.[3] Mas é preciso ver não só as afirmações mais evidentemente erradas (como aquela sobre o instrumento técnico e a música), mas a concepção geral do "instrumento

3. Cf., em especial, § 12 deste caderno 4.

técnico", que está errada em seu conjunto. Em seu ensaio sobre Loria, Croce observa que foi justamente o bravo Loria quem substituiu arbitrariamente a expressão marxista "forças materiais de produção" pela expressão "instrumento técnico" (nas p. 39-40 de *Materialismo storico ed economia marxistica*, existe uma comparação entre o trecho do prefácio à *Crítica da economia política*, no qual se desenvolvem os princípios do materialismo histórico, e um trecho do livro de Loria, *La terra e il sistema sociale*, prefácio — Verona, Drucker, 1892 —, no qual a substituição foi feita de modo risível). Este método loriano depois encontrou seu coroamento no artigo "L'influenza sociale dell'aeroplano", que me parece começar justamente com a repetição destas palavras gerais sobre a importância fundamental do instrumento técnico.

Croce observa que Marx pôs em destaque, muitas vezes, a importância histórica das invenções técnicas e invocou uma história da técnica (*Das Kapital*, I, p. 143 n., p. 335-6 n., sem dizer qual edição, mas deve ser a de Kautsky), mas jamais sonhou fazer do "instrumento técnico" a *causa* única e suprema do desenvolvimento econômico. O trecho da *Crítica da economia política* contém as expressões "grau de desenvolvimento das forças materiais de produção", "modo de produção da vida material", "condições econômicas da produção" e similares, expressões que afirmam certamente ser o desenvolvimento econômico determinado por condições materiais, mas não as reduzem, todas, à mera "metamorfose do instrumento técnico". Croce acrescenta, de resto, que Marx jamais se propôs uma indagação a respeito da *causa última* da vida econômica. "Sua filosofia não era assim tão barata. Ele não teria 'flertado' em vão com a dialética de Hegel, para logo depois sair buscando *causas últimas*." (Toda uma série de temas para estudar.)

Cf. caderno 11, § 29, 1, 158-161.

§ 34. *A propósito do nome "materialismo histórico"*. No *Marzocco* de 2 de outubro de 1927, no capítulo XI de *Bonaparte a Roma* de Diego Angeli, dedicado à Princesa Carlota Napoleão (filha do rei José e mulher de Napoleão Luís, o irmão de Napoleão III, morto na insurreição da Romanha de 1831), é reproduzida uma carta de Pietro Giordani à

Princesa Carlota, na qual Giordani escreve suas recordações pessoais sobre Napoleão I. Napoleão visitou em Bolonha, em 1805, o "Instituto" (Academia de Bolonha) e conversou longamente com os cientistas (entre os quais Volta). Entre outras coisas, disse: "[...] Eu creio que, na ciência, quando se encontra alguma coisa verdadeiramente nova, é necessário adequar-lhe um vocábulo inteiramente novo, a fim de que a ideia se mantenha precisa e distinta. Se os senhores derem novo significado a um velho vocábulo, ainda que professem que a antiga ideia ligada àquela palavra nada tem em comum com a nova ideia que lhe atribuíram, a mentalidade humana jamais pode deixar de supor que não existam semelhanças e conexões entre a antiga e a nova ideia; isto não só confunde a ciência, como produz disputas inúteis." Segundo Angeli, a carta de Giordani, sem data, pode ser considerada como da primavera de 1831 (daí ser possível supor que Giordani recordasse o conteúdo da conversa com Napoleão, mas não a forma exata). Ver se Giordani expõe, em seus livros sobre a língua, conceitos pessoais sobre este assunto.

Cf. caderno 11, § 27, 1, 153-157.

§ 40. *Filosofia e ideologia.* Como filosofia, o materialismo histórico afirma teoricamente que toda "verdade" tida como eterna e absoluta tem origens práticas e representou ou representa um valor provisório. Mas o difícil é tornar compreensível "praticamente" esta interpretação no que toca ao próprio materialismo histórico. Esta interpretação é insinuada por Engels, ao falar de passagem do reino da necessidade para o reino da liberdade. O idealismo absoluto ou, pelo menos, alguns de seus aspectos seriam uma utopia filosófica durante o reino da necessidade, mas poderiam se tornar "verdade" depois da passagem de um reino para o outro. Não se pode falar de "Espírito" quando a sociedade se compõe de grupos, sem necessariamente concluir que se trata do "espírito" de um grupo particular (coisa implicitamente reconhecida quando, como faz Gentile — no volume *Modernismo* —, se diz, no rastro de Schopenhauer, que a religião é a filosofia da multidão, enquanto a filosofia é a religião dos eleitos — isto é, dos grandes intelectuais), mas se poderá falar disso quando a sociedade for unitária.

Praticamente, dizia, também o materialismo histórico tende a se tornar uma ideologia no sentido negativo, isto é, uma verdade absoluta e eterna. Isto acontece especialmente quando, como no *Ensaio popular*, ele é confundido com o materialismo vulgar, com a metafísica da "matéria", que não pode deixar de ser eterna e absoluta.

Cf. caderno 11, § 62, 1, 205-208.

§ 43. *A "objetividade do real" e o professor Lukács* (cf. nota anterior, "A ciência", § 41).[4] Deve-se estudar a posição do professor Lukács em face do materialismo histórico. Lukács (conheço suas teorias muito vagamente), acredito, afirma que só se pode falar de dialética para a história dos homens e não para a natureza. Pode estar errado e pode ter razão. Se sua afirmação pressupõe um dualismo entre o homem e a natureza, está errado, já que cai numa concepção da natureza própria da religião e também própria do idealismo, que realmente não consegue unificar e relacionar o homem e a natureza mais do que verbalmente. Mas, se a história também for história da natureza, através da história da ciência, como a dialética pode ser separada da natureza? Penso que Lukács, insatisfeito com as teorias do *Ensaio popular*, tenha caído no erro oposto: toda conversão e identificação do materialismo histórico com o materialismo vulgar só pode determinar o erro oposto, a conversão do materialismo histórico no idealismo ou até mesmo na religião.

Caderno 11, § 34, 1, 167-168.

§ 45. *Estrutura e superestruturas.* Que o materialismo histórico conceba a si mesmo uma fase transitória do pensamento filosófico é algo que se deveria deduzir da afirmação de Engels, segundo a qual o desenvolvimento histórico se caracterizará, em determinado ponto, pela passagem do reino da necessidade ao reino da liberdade. Toda a filosofia que existiu até hoje nasceu e é a expressão das contradições íntimas da sociedade: mas cada sistema filosófico, tomado em si

4 Trata-se de um texto A, retomado como texto C, sem título, no caderno 11, § 37, vol. 1, p. 174.

mesmo, não é a expressão consciente destas contradições, já que esta expressão só pode ser dada pelo conjunto dos sistemas filosóficos. Todo filósofo está e não pode deixar de estar convencido de que expressa a unidade do espírito humano, isto é, a unidade da história e da natureza: se não fosse assim, os homens não atuariam, não criariam uma nova história, isto é, as filosofias não poderiam transformar-se em "ideologias", não poderiam assumir na prática a granítica e fanática solidez das "crenças populares" que têm o valor das "forças materiais". Hegel representa, na história do pensamento filosófico, um papel especial; e isto porque, em seu sistema, de um modo ou de outro, ainda que na forma de "romance filosófico", consegue-se compreender o que é a realidade, isto é, tem-se, num só sistema e num só filósofo, aquele conhecimento das contradições que, antes dele, era dado pelo conjunto dos sistemas, pelo conjunto dos filósofos, em polêmica entre si, em contradição entre si. Em certo sentido, portanto, o materialismo histórico é uma reforma e um desenvolvimento do hegelianismo, é uma filosofia liberada de qualquer elemento ideológico unilateral e fanático, é a consciência plena das contradições, na qual o próprio filósofo, entendido individualmente ou como grupo social global, não só compreende as contradições, mas coloca a si mesmo como elemento da contradição, e eleva este elemento a princípio político e de ação. O "homem em geral" é negado e todos os conceitos estaticamente "unitários" são ridicularizados e destruídos enquanto expressão do conceito de homem em geral ou de "natureza humana" imanente em cada homem. Mas também o materialismo histórico é expressão das contradições históricas — aliás, é a expressão perfeita, completa, de tais contradições: é uma expressão da necessidade e, portanto, não da liberdade, que não existe e não pode existir. Mas, se se demonstra que as contradições desaparecerão, demonstra-se implicitamente que também desaparecerá o materialismo histórico e que do reino da necessidade se passará ao reino da liberdade, isto é, a um período no qual o "pensamento", as ideias não nascerão mais no terreno das contradições. O filósofo atual pode afirmar isto, sem poder ir mais além: de fato, ele não pode se evadir do terreno atual das contradições, não pode afirmar, a não ser genericamente, um mundo sem contradições, sem com isso criar imediatamente uma utopia. Isto não significa que a utopia não tenha um valor filosófico, já que ela tem um valor político e toda política é implicitamente uma filosofia. A religião é a utopia mais "mastodôntica", isto é, a metafísica mais "mastodôntica" que já apareceu na história, ela é a tentativa mais grandiosa de conciliar em forma mitológica as contradições históricas: ela afirma, é verdade, que o homem tem a mesma "natureza", que existe o homem em geral, criado à semelhança de Deus e, por isso, irmão dos outros homens, igual aos outros homens, livre entre os outros homens, e que ele pode se conceber desta forma espelhando-se em Deus, "autoconsciência" da humanidade; mas afirma também que nada disto pertence a este mundo, e sim a um outro (utopia). Mas, enquanto isto, as ideias de igualdade, de liberdade, de fraternidade fermentam entre os homens, que não são iguais ou irmãos de outros homens nem se veem livres entre eles. E ocorre na história que toda sublevação geral das multidões, de um modo ou de outro, sob formas e com ideologias determinadas, apresenta estas reivindicações. Neste ponto surge um elemento trazido por Ilitch: no programa de abril de 1917, no parágrafo em que se fala da escola única e, precisamente, na nota explicativa (refiro-me à edição de Genebra de 1918), afirma-se que o químico e pedagogo Lavoisier, guilhotinado sob o Terror, havia sustentado o conceito de escola única, e isto em relação com os sentimentos populares da época, que viam no movimento democrático de 1789 uma realidade em desenvolvimento e não uma ideologia, extraindo daí as consequências igualitárias concretas. Em Lavoisier, tratava-se de elemento utópico (elemento que aparece, mais ou menos, em todas as correntes culturais que pressupõem a unicidade de natureza do homem: cf. B. Croce, num capítulo de *Cultura e vita morale*, no qual cita uma proposição em latim de uma dissertação alemã, que afirma ser a filosofia a mais democrática das ciências, porque seu objeto é a faculdade de raciocinar, comum a todos os homens — ou algo similar); Ilitch, todavia, o toma como elemento demonstrativo, teórico, de um princípio político.

Cf. caderno 11, § 62, 1, 205-208.

§ 47. *A objetividade do real e Engels.* Num certo ponto (acredito que no *Anti-Dühring*), Engels afirma, aproximadamente, que a objetividade do mundo físico é demonstrada pelas sucessivas investigações dos cientistas (cf. o texto exato). Em minha opinião, esta afirmação de Engels deveria ser analisada e precisada. Entende-se por ciência a atividade teórica ou a atividade prático-experimental dos cientistas? Penso que deve ser entendida neste segundo sentido e que Engels queira afirmar o caso típico em que se estabelece o processo unitário do real, isto é, através da atividade prática, que é a mediação dialética entre o homem e a natureza, isto é, a célula "histórica" elementar. Engels se refere à revolução que trouxe ao mundo científico em geral, e também à atividade prática, a afirmação do método experimental, que separa verdadeiramente dois mundos da história e inicia a dissolução da teologia e da metafísica e o nascimento do pensamento moderno, cuja última e aperfeiçoada expressão filosófica é o materialismo histórico. A "experiência" científica é a primeira célula do novo processo de trabalho, da nova forma de união ativa entre o homem e a natureza: o cientista-experimentador é um "operário", um produtor industrial e agrícola, não é puro pensamento: ele também é — aliás, é o primeiro — exemplo de homem que o processo histórico tirou da posição de caminhar de ponta-cabeça, para fazer caminhar sobre os pés.

Cf. caderno 11, § 34, 1, 167-168.

§ 56. *Maquiavel e a "autonomia" do fato político.* Questão do maquiavelismo e do antimaquiavelismo (todo verdadeiro "maquiavelismo" começa sua atividade política com uma refutação em regra das doutrinas de Maquiavel: por exemplo, os jesuítas e Frederico II, da Prússia). Importância da questão do maquiavelismo no desenvolvimento da ciência da política: na Itália, pelo menos, a ciência política se desenvolveu em torno deste tema. Fazer uma bibliografia crítica sobre este tema. Que significado tem a demonstração feita por Croce, de modo cabal, sobre a autonomia do momento político-econômico? Pode-se dizer que Croce chegou a este resultado sem a contribuição cultural do marxismo e do materialismo histórico? Recordar que, num certo ponto, Croce se diz surpreso com o fato de que ninguém jamais pensou em dizer que Marx efetuou, para uma classe moderna e determinada, a mesma obra realizada por Maquiavel. Desta posição incidental de Croce seria possível deduzir a limitada justeza de sua redução do materialismo histórico a um mero cânon empírico de metodologia histórica?

Outras questões: dada a autonomia da política, qual a relação dialética entre ela e as outras manifestações históricas? Problema da dialética em Croce e sua posição de uma "dialética dos distintos": não seria uma contradição em termos, uma *ignorantia elenchi*? Só pode se dar dialética dos opostos, negação da negação, não relação de "implicação".

A arte, a moral, a filosofia "servem" à política, isto é, estão "implicadas" na política, podem se reduzir a um momento da política, e não inversamente: pode-se afirmar, segundo estes esquemas, a prioridade do fato político-econômico, isto é, a "estrutura" como ponto de referência e de "causação" dialética, não mecânica, das superestruturas.

O ponto da filosofia crociana sobre o qual se deve insistir me parece, exatamente, sua chamada dialética dos distintos; existe uma exigência real nesta posição, mas existe também uma contradição em termos: deve-se estudar estes elementos para desenvolvê-los criticamente. Ver as objeções não verbalistas da escola de Gentile aos "distintos" de Croce; tornar a Hegel: será "completamente" exata a reforma do hegelianismo realizada por Croce-Gentile? Não terão eles tornado Hegel mais "abstrato"? Não terão abandonado sua parte mais realista, mais historicista? E, ao contrário, não terá sido desta parte que nasceu essencialmente o marxismo? Isto é, a superação do hegelianismo feita por Marx não será o desenvolvimento histórico mais fecundo desta filosofia, enquanto a reforma de Croce-Gentile só seria, exatamente, uma "reforma" e não uma superação? E não terá sido justamente o marxismo que levou Croce e Gentile a se desviarem, uma vez que ambos começaram pelo estudo de Marx? (Por razões implicitamente políticas?) Vico-B. Spaventa como elo, respectivamente, para Croce e Gentile com o hegelianismo: mas isto não seria fazer a filosofia de Hegel retroceder a uma fase anterior? Hegel poderia ser pensado sem a Revolução Francesa e as guerras de Napoleão, isto é, sem as experiências vitais e imediatas de um período histórico intensíssimo, no qual todas as concepções passadas foram criticadas pela realidade em curso de uma maneira peremptória? Vico e Spaventa podiam dar alguma coisa similar? (Mesmo Spaventa, que participou de eventos históricos de importância regional e provincial, em contraste com os de 1789 e 1815, que sacudiram todo o mundo civilizado de então e obrigaram a pensar "mundialmente"? Que colocaram em movimento a "totalidade" social, todo o gênero humano imaginável, todo o "espírito"? Eis por que Napoleão pôde aparecer a Hegel como o "espírito do mundo" a cavalo!) Qual "movimento" histórico testemunha a filosofia de Vico? Embora sua genialidade consista precisamente em ter concebido um vasto mundo a partir de um pequeno recanto morto da "história", ajudado pela concepção unitária e cosmopolita do catolicismo... Nisto, a diferença essencial entre Vico e Hegel, entre deus e Napoleão — espírito do mundo, entre a pura especulação abstrata e a "filosofia da história", que deverá levar à identificação de filosofia e história, de fazer e pensar, do "proletariado alemão como único herdeiro da filosofia clássica alemã".

Cf. caderno 10, II, § 41.X, 1, 386-388.

CADERNO 7 (1930-1932)

§ 10. *Estrutura e superestrutura* (ver notas escritas na "Primeira série").[5] Parece-me que se poderia lembrar a este propósito a comparação com a técnica militar, tal como se transformou na última guerra, com a passagem da guerra manobrada à guerra de posição [6]. Recordar

5 Como se pode ver no "Índice geral dos Cadernos", infra, o Caderno 4 apresenta uma seção intitulada "Apontamentos de filosofia. Materialismo e idealismo. Primeira série". Neste caso, a referência de Gramsci se faz, particularmente, aos §§12, 38 e 45 deste caderno 4.

6 Trata-se da primeira referência, nos *Cadernos*, a estes conceitos-chave da teoria gramsciana.

o opúsculo de Rosa, traduzido por Alessandri em 1919-1920 e cuja teoria se baseava nas experiências históricas de 1905 (de resto, ao que parece, não estudadas com exatidão, porque nele se negligenciam os elementos voluntários e organizativos, muito mais difundidos do que podia crer Rosa, a qual, por um preconceito "economicista", os negligenciava inconscientemente); este opúsculo me parece o mais significativo da teoria da guerra manobrada aplicada à ciência histórica e à arte política. O elemento econômico imediato é considerado a artilharia de campo na guerra, cujo papel era abrir uma brecha na defesa inimiga, brecha suficiente para que as próprias tropas por ela irrompessem e obtivessem um sucesso estratégico definitivo ou, pelo menos, na direção necessária do sucesso definitivo. Naturalmente, na ciência histórica, a eficácia do elemento econômico imediato era bem mais complexa do que a da artilharia de campo na guerra de manobra, já que ele era concebido tendo um duplo efeito: 1) abrir a brecha na defesa inimiga, depois de ter desbaratado o próprio inimigo e de levá-lo a perder a fé em si, em suas forças e em seu futuro; 2) organizar de modo fulminante as próprias tropas, criar os quadros ou, pelo menos, colocar com rapidez os quadros existentes (criados até então pelo processo histórico geral) em seu lugar de enquadramento das tropas dispersas; criar de modo fulminante a concentração da ideologia e dos fins a alcançar. Era uma forma de férreo determinismo economicista, com a agravante de que os efeitos eram concebidos por ele como rapidíssimos no tempo e no espaço; por isso, tratava-se de um verdadeiro misticismo histórico, da expectativa de uma espécie de fulguração milagrosa.

A observação do general Krasnov (em seu romance) de que, durante a guerra, a *Entente* (isto é, a Inglaterra, que não queria a vitória da Rússia imperial, para que não se resolvesse definitivamente a favor do czarismo a questão oriental) impôs ao Estado-Maior russo a guerra de trincheira (absurda em função da enorme extensão da frente, que ia do Báltico ao Mar Negro, com grandes zonas pantanosas e cobertas de bosque), quando a única possível era a guerra de manobra, tem só uma aparência de verdade. Na realidade, o Exército russo tentou a guerra de manobra e de penetração, especialmente no setor austríaco (mas também na Prússia, nos lagos da Mazúria) e obteve sucessos parciais brilhantíssimos, mas efêmeros. Com efeito, a guerra de posição não é constituída apenas pelas trincheiras propriamente ditas, mas por todo o sistema organizativo e industrial do território que está por trás do Exército alinhado e é dado, sobretudo, pelo tiro rápido dos canhões, das metralhadoras, dos fuzis e de sua concentração (além de sua abundância, que permite substituir rapidamente o material perdido depois de uma penetração). Na frente oriental, vê-se logo a diferença que a tática russa de penetração obtinha em seus resultados no setor alemão e no austríaco: também no setor austríaco, depois da passagem do comando aos alemães, esta tática redundou em desastre. Verificou-se a mesma coisa na guerra polonesa de 1920, na qual a invasão irresistível foi detida em Varsóvia por Weygand e pela linha defendida pelos oficiais franceses.

Com isto, não se quer dizer que a tática de assalto e de penetração e a guerra manobrada devem ser agora consideradas pelo estudo da arte militar como extintas: seria um grande erro. Mas elas, nas guerras entre os Estados mais avançados civil e industrialmente, devem ser consideradas como reduzidas mais a funções táticas do que estratégicas, tal como era a guerra de assédio no período anterior da história militar.

A mesma transformação deve ocorrer na arte e na ciência da política, pelo menos no que se refere aos Estados mais avançados, onde a "sociedade civil" tornou-se uma estrutura muito complexa e resistente às "irrupções" catastróficas do elemento econômico imediato (crises, depressões, etc.); as superestruturas da sociedade civil são como o sistema das trincheiras na guerra moderna. Assim como ocorria que um furibundo ataque de artilharia contra as trincheiras adversárias, que parecia ter destruído tudo, na verdade havia destruído só a superfície da defesa, e, no momento do avanço, os assaltantes defrontavam-se com uma linha defensiva ainda eficaz, algo similar ocorre na política durante as grandes crises econômicas: nem as tropas atacantes, por efeito da crise, se organizam de modo fulminante no tempo e no espaço nem, muito menos, adquirem o espírito agressivo; do outro lado, os atacados tampouco se desmoralizam nem abandonam suas defesas, mesmo entre as ruínas, nem perdem a confiança na própria força e no próprio futuro. Não que as coisas permaneçam tais como eram; mas elas não se desenrolam de modo fulminante e em marcha batida progressiva, tal como esperariam que ocorresse os estrategistas do cadornismo político. O último fato deste gênero foram os acontecimentos de 1917. Eles assinalaram uma reviravolta decisiva na história da arte e da ciência da política.

Trata-se, portanto, de estudar, com profundidade, quais são os elementos da sociedade civil que correspondem aos sistemas de defesa na guerra de posição. Digo "com profundidade" intencionalmente, já que tais elementos foram estudados: mas o foram ou a partir de um ponto de vista superficial e banal, assim como certos historiadores do vestuário estudam as extravagâncias da moda feminina ou de outra coisa qualquer; ou a partir de um ponto de vista "racionalista", isto é, com a persuasão de que certos fenômenos são destruídos tão logo se dá para eles uma justificação ou uma explicação "realista", como superstições, em síntese.

Cf. caderno 13, § 24, 3, 71-75.

§ 20. *O "Ensaio popular"*. Não é tratado o ponto fundamental: como, a partir das estruturas, nasce o movimento histórico? E, no entanto, este é o ponto crucial de toda a questão do materialismo histórico, é o problema da unidade entre a sociedade e a "natureza". As duas proposições: — 1) a "sociedade" não se coloca questões para cuja solução ainda não se realizaram as condições (premissas) necessárias e suficientes; 2) nenhuma forma de sociedade desaparece antes de ter esgotado todas as suas possibilidades de desenvolvimento — deveriam ter sido analisadas em toda a sua importância e consequência. Apenas nesse terreno é possível eliminar qualquer mecanicismo e qualquer traço de superstição "milagrosa". Também neste terreno deve ser colocado o problema da formação dos grupos sociais e dos partidos políticos e, em última instância, o da função das grandes personalidades da história.

Cf. caderno 11, § 22, 1, 141-145.

§ 26. *Sobre o "Ensaio popular"*. Registro dos intelectuais cuja filosofia é combatida com alguma amplitude, e notas sobre sua significação e importância científica. Referências brevíssimas aos grandes intelectuais. Coloca-se a questão: não seria necessário, ao contrário, referir-se apenas aos grandes intelectuais adversários, e quem sabe a só um deles, deixando de lado os secundários? Tem-se a impressão, precisamente, de que se procura combater apenas contra os mais débeis e, até mesmo, contra as posições mais débeis (ou mais inadequadamente expressas pelos mais débeis), a fim de obter uma fácil vitória (admitindo-se que haja vitória real). Ilusão de que existe semelhança (a não ser formal) entre uma frente ideológica e uma frente político-militar. Na luta política e militar, pode ser conveniente a tática de penetrar nos pontos de menor resistência para ganhar condições de investir sobre o ponto mais importante com o máximo de forças, colocadas à disposição precisamente por causa da eliminação dos "auxiliares" mais débeis, etc. A vitória política e militar, dentro de certos limites, é permanente, podendo o fim estratégico, dentro de certos limites, ser alcançado de modo decisivo. Na frente ideológica, ao contrário, a derrota dos auxiliares e dos seguidores menores tem importância infinitamente menor: nela, é preciso lutar contra os mais eminentes e não contra os menores. Se não for assim, confunde-se o jornal com o livro, a polêmica cotidiana com o trabalho científico. Os menores devem ser abandonados à polêmica de tipo jornalístico. Mas uma nova ciência alcança a prova de sua eficiência e vitalidade quando demonstra saber enfrentar os grandes campeões da tendência oposta, quando explica com os próprios instrumentos as questões vitais colocadas por eles ou quando demonstra peremptoriamente que estes problemas são falsos problemas.

É verdade que uma determinada época e uma determinada civilização são mais bem representadas pela média dos intelectuais e, consequentemente, pelos intelectuais medíocres; mas a ideologia difusa, de massa, deve ser diferenciada das obras científicas, das grandes sínteses filosóficas, que são, ademais, suas verdadeiras culminações, as quais devem ser nitidamente superadas, negativamente, demonstrando-lhes a falta de fundamento e, positivamente, contrapondo-lhes sínteses filosóficas equivalentes em significado e importância. A parte negativa e a positiva só podem ser divididas por motivos didáticos. Lendo o *Ensaio*, temos a impressão de alguém que se aborrece e não pode dormir por causa da claridade da lua e se distrai matando os vaga-lumes, convencido de que a claridade diminuirá ou desaparecerá.

Cf. caderno 11, § 22, 1, 141-145.

§ 29. *Sobre o "Ensaio Popular"*. É possível escrever um livro elementar, um manual, um ensaio popular, quando uma doutrina ainda está em estado de discussão, de polêmica, de elaboração? O manual popular só pode ser concebido como a exposição formalmente dogmática, estilisticamente moderada, cientificamente serena, de um determinado argumento: ele é uma introdução ao estudo científico, não a própria exposição das pesquisas científicas originais, dedicado aos jovens ou a um público que, do ponto de vista da disciplina científica, se encontra nas condições preliminares da idade juvenil e que, por isso, tem imediatamente necessidade de "certezas", de opiniões que se apresentem como verídicas e indiscutíveis naquele momento. Se uma determinada doutrina ainda não atingiu esta fase "clássica" de seu desenvolvimento, qualquer tentativa de manualizá-la fracassa, sua sistematização lógica é apenas aparente: tratar-se-á, ao contrário, como precisamente no *Ensaio*, de uma mecânica justaposição de elementos díspares ou que permanecem inexoravelmente independentes e desconexos entre si. Por que, então, não colocar a questão em seus justos termos históricos e teóricos e contentar-se em publicar um livro no qual a série dos problemas essenciais da doutrina seja exposta monograficamente? Seria mais sério e mais "científico". Contudo, acredita-se que ciência queira absolutamente dizer "sistema" e, por isso, constroem-se sistemas de qualquer maneira, que de sistema têm somente a exterioridade mecânica.

É digno de nota que, no *Ensaio*, inexista um tratamento adequado da dialética: a dialética é pressuposta, não exposta, o que é absurdo num manual que deve conter em si os elementos essenciais da doutrina tratada e cujas referências bibliográficas devem ter o fim de ampliar e aprofundar a matéria, não de substituir o próprio manual. A questão da ausência de um tratamento da "dialética" pode ter duas origens:

1) A primeira é constituída pelo fato de que o materialismo histórico não é concebido como uma filosofia, cuja doutrina do conhecimento é a dialética, mas como uma "sociologia", cuja filosofia é o materialismo filosófico ou metafísico ou mecânico (vulgar, como dizia Marx). Colocada assim a questão, não mais se compreende a importância e o significado da dialética, que é degradada a uma subespécie de lógica formal, a uma escolástica elementar. A função e o significado da dialética só podem ser concebidos em toda a sua fundamentalidade, quando o materialismo histórico é concebido como uma filosofia integral original, que inicia uma nova fase na história e no desenvolvimento mundial do pensamento, na medida em que supera (e, superando, integra em si seus elementos vitais) tanto o idealismo quanto o materialismo tradicionais, expressões das velhas sociedades que se sucederam na história mundial. Se o materialismo histórico só pode ser pensado subordinadamente a uma [outra] filosofia, a do materialismo filosófico, é impossível conceber a dialética marxista, na qual, precisamente, aquela superação se efetua e se expressa.

2) A segunda origem me parece de ordem psicológica. Sente-se que a dialética é algo muito árduo e difícil, na medida em que pensar dialeticamente vai de encontro ao vulgar senso comum, que tem a lógica formal como expressão e é dogmático e ávido de certezas peremptórias. Para ter um modelo prático, pense-se no que ocorreria se, nas escolas primárias e secundárias, as ciências naturais e cosmográficas fossem ensinadas com base no relativismo de Einstein e fazendo acompanhar

a noção tradicional de "lei da natureza" pela de "lei estatística ou dos grandes números". Os rapazes e os adolescentes não compreenderiam nada de nada e o choque entre o ensino escolar e a lógica das relações familiares e populares seria de tal ordem que a escola se tornaria objeto comum de escárnio e de ceticismo caricatural. Este motivo, ao que me parece, é um freio psicológico para o autor do *Ensaio*: ele realmente capitula diante do senso comum e do pensamento vulgar, já que não se colocou o problema nos termos teóricos exatos, pelo que está praticamente desarmado e impotente. O ambiente não educado e rústico dominou o educador, o senso comum vulgar se impôs à ciência e não vice-versa: se o ambiente é o educador, ele deve por sua vez ser educado, escreveu Marx, mas o *Ensaio popular* não compreende esta dialética revolucionária.

Cf. caderno 11, § 22, 1, 141-145.

CADERNO 8 (1931-1932)

§ 21. *O moderno Príncipe*. Sob este título poderão ser recolhidos todos os motivos de ciência política que podem concorrer para a formação de um trabalho de ciência política que seja concebido e organizado segundo o modelo do *Príncipe* de Maquiavel. O caráter fundamental do *Príncipe* é, exatamente, o de não ser um tratado sistemático, mas um livro "vivo", no qual a ideologia se torna "mito", isto é, "imagem" fantástica e artística entre a utopia e o tratado escolástico, no qual o elemento doutrinário e racional personifica-se em um *condottiero*, que representa plástica e "antropomorficamente" o símbolo da "vontade coletiva". O processo de formação da "vontade coletiva" é apresentado não através de uma investigação pedante de princípios e de critérios de método de ação, mas como "atributos e deveres" de uma personalidade concreta, que põe em movimento a fantasia artística e suscita a paixão.

O Príncipe de Maquiavel poderia ser estudado como uma exemplificação histórica do "mito" soreliano, isto é, da ideologia política que se apresenta não como fria utopia nem como raciocínio doutrinário, mas como "fantasia" concreta que atua sobre um povo disperso e pulverizado para despertar e organizar sua vontade coletiva. O caráter utópico do *Príncipe* é dado pelo fato de que o "Príncipe" não existia de fato, historicamente, não se apresentava ao povo italiano com características históricas imediatas, mas era também uma abstração doutrinária, o símbolo do líder em geral, do *condottiero* ideal. Pode-se estudar por que Sorel, partindo da concepção do "mito", não atingiu a concepção do partido político, através da concepção do sindicato econômico; mas, para Sorel, o mito não se personificava no sindicato, como expressão de uma vontade coletiva, mas na ação prática do sindicato e da vontade coletiva já organizada e atuante, ação prática cuja máxima realização deveria ser a greve geral, isto é, uma "atividade passiva", por assim dizer, ainda não transformada em fase "ativa ou construtiva". Mas pode um mito ser "não construtivo", pode-se imaginar, na ordem de intuições de Sorel, que seja produtivo aquilo que deixa a "vontade coletiva" em sua fase primitiva de formação, distinguindo-se (cindindo-se), para destruir?

O moderno Príncipe, o mito-Príncipe, não pode ser uma pessoa real, um indivíduo concreto; só pode ser um organismo, um elemento social no qual já tenha tido início a concretização de uma vontade coletiva reconhecida e afirmada parcialmente na ação. Este organismo já está dado pelo desenvolvimento histórico e é o partido político, a forma moderna na qual se sintetizam as vontades coletivas parciais que tendem a se tornar universais e totais. Só uma ação político-histórica imediata, caracterizada pela necessidade de um procedimento rápido e fulminante, pode se encarnar num indivíduo concreto: a rapidez só pode ser dada por um grande perigo iminente, grande perigo que cria precisamente, de modo fulminante, o fogo das paixões e do fanatismo, e anula o senso crítico e a ironia que podem destruir o caráter "carismático" do *condottiero* (exemplo de Boulanger). Mas esta ação imediata, por isto mesmo, não pode ser ampla e de caráter orgânico: será quase sempre do tipo restauração e reorganização, e não do tipo peculiar à fundação de novos Estados e novas estruturas nacionais e sociais (como era o caso no *Príncipe* de Maquiavel, onde o aspecto restauração, se havia, era de fundo retórico, isto é, ligado ao conceito da Itália descendente de Roma e que devia restaurar a ordem romana); de tipo "defensivo" e não criativo, no qual se supõe que uma "vontade coletiva" já existente tenha se enfraquecido e dispersado, e seja necessário reconcentrá-la e fortalecê-la; e não que se deva criar uma vontade coletiva *ex novo*, orientada para metas certamente concretas, mas de uma concretude ainda não verificada pela experiência passada. O caráter "abstrato" (espontaneísta) de Sorel revela-se em sua aversão (que assume a forma passional de uma repugnância ética) pelos *jacobinos*, que foram uma "encarnação" "categórica" do *Príncipe* de Maquiavel. O moderno Príncipe deve ter uma parte dedicada ao *jacobinismo* (no sentido completo da noção já estabelecida em outras notas), como exemplo de como se forma uma vontade coletiva concreta e atuante. E é preciso que se defina a "vontade coletiva" e a *vontade política* em geral no sentido moderno, a vontade como consciência operosa da necessidade histórica, como protagonista de um drama histórico real e imediato. O primeiro capítulo (parte), precisamente, deveria ser dedicado à "vontade coletiva", apresentando a questão do seguinte modo: existem as condições fundamentais para que se possa suscitar uma vontade coletiva nacional-popular? Em seguida, uma análise histórica (econômica) da estrutura social do país em questão e uma representação "dramática" das tentativas feitas através dos séculos para criar esta vontade e as razões dos sucessivos fracassos. Por que não se teve a monarquia absoluta na Itália na época de Maquiavel? É necessário voltar ao Império Romano (questão dos intelectuais e da língua), para compreender as Comunas medievais e a função da Igreja. A razão dos sucessivos fracassos na tentativa de criar uma vontade coletiva nacional popular deve ser apontada na existência de certas classes e no caráter particular de outras, dependente da situação internacional da Itália (sede da Igreja universal). Esta posição determina internamente uma situação que pode ser chamada "econômico-corporativa", isto é, no plano político, uma forma particular de feudalismo anárquico:

nunca se formou uma força *jacobina* eficiente, precisamente a força que cria a vontade coletiva nacional popular, fundamento de todos os Estados modernos. Existem finalmente as condições para esta vontade, ou seja, qual é a relação atual entre estas condições e as forças opostas? Tradicionalmente, as forças opostas são a aristocracia rural e, de modo mais geral, a propriedade agrária em seu conjunto, isto é, aquela específica "burguesia rural" que é a herança de parasitismo legada aos tempos modernos pela dissolução da burguesia comunal (as cem cidades, as cidades do silêncio). Qualquer formação de vontade coletiva nacional popular é impossível, sem que as grandes massas dos camponeses cultivadores entrem *simultaneamente* na vida política. Isso é o que Maquiavel queria através da reforma da milícia, isso é o que os jacobinos fizeram na Revolução Francesa, nisso consiste o jacobinismo precoce de Maquiavel, o germe fecundo de sua concepção da revolução nacional. Toda a história depois de 1815 é o esforço das classes tradicionais para não deixar formar uma vontade nacional, mas sim manter o poder "econômico-corporativo" num sistema internacional de equilíbrio subordinado, etc.

Uma parte importante do moderno Príncipe é a questão de uma reforma intelectual e moral, isto é, a questão religiosa ou de uma concepção do mundo. Também neste campo encontramos ausência de "jacobinismo" e medo do "jacobinismo" expressos em formas filosóficas (último exemplo: Benedetto Croce). O moderno Príncipe deve ser o anunciador de uma reforma intelectual e moral, que é o terreno para um novo desenvolvimento da vontade coletiva nacional popular, no terreno de uma forma completa e total de civilização moderna.

Realmente, o moderno Príncipe deveria limitar-se a estes dois pontos fundamentais: formação de uma vontade coletiva nacional popular, cuja expressão ativa e atuante é, exatamente, o moderno Príncipe, e reforma intelectual e moral. Os pontos concretos do programa de ação devem ser incorporados no primeiro ponto, isto é, devem resultar "dramaticamente" da argumentação, não ser uma fria exposição de raciocínios. (Pode haver reforma cultural, ou seja, elevação cultural dos elementos mais baixos da sociedade, sem uma anterior reforma econômica e uma modificação no padrão econômico de vida? Por isso, a reforma intelectual e moral está sempre ligada a um programa de reforma econômica; mais precisamente, o programa de reforma econômica é o modo concreto através do qual se apresenta toda reforma intelectual e moral. O moderno Príncipe, desenvolvendo-se, subverte todo o sistema de relações intelectuais e morais, uma vez que seu desenvolvimento significa de fato que toda ação é útil ou prejudicial, virtuosa ou criminosa, na medida em que tem como ponto de referência concreto o moderno Príncipe e aumenta seu poder ou o combate. Ele toma o lugar, nas consciências, da divindade e do imperativo categórico, ele é a base de um laicismo moderno e de uma completa laicização de toda a vida e de todas as relações de costume.)

Cf. caderno 13, § 1, 3, 13-19.

§ 78. *Maquiavel.* Compreende-se que o programa e a tendência a ligar a cidade ao campo só possam ter tido em Maquiavel uma expressão militar, sabendo-se que o jacobinismo francês seria inexplicável sem a escola fisiocrática, com sua demonstração da importância econômica e social do cultivador direto. As teorias econômicas de Maquiavel foram estudadas por Gino Arias (nos *Annali di Economia* da Universidade Bocconi): elas não podiam sair dos quadros do mercantilismo. Mas Rousseau também teria sido possível sem os fisiocratas?, etc. Não me parece justo afirmar que os fisiocratas tenham representado meros interesses agrícolas: eles representavam a burguesia já desenvolvida e, mais ainda, já organizadora de uma sociedade futura bem mais complexa do que a da época: certamente, não representavam o sistema corporativo e mercantilista, etc. Historicamente, os fisiocratas representam, exatamente, a ruptura do corporativismo e a ampliação ao campo da atividade econômica capitalista: a "linguagem" deles está ligada à época e expressa o contraste imediato entre cidade e campo.

Cf. caderno 13, § 13, 3, 29-33.

§ 114. *Maquiavel. Jean Bodin* (1530-1596) foi deputado dos Estados Gerais de Blois em 1576 e levou o Terceiro Estado a recusar os subsídios solicitados para a guerra civil. Obras: *Methodus ad facilem historiarum cognitionem* (1566), em que indica a influência do clima, a ideia do progresso, etc.; *La République*, na qual expressa as opiniões do Terceiro Estado sobre a monarquia absoluta e suas relações com o povo; *Heptalomeres* (inédito até a época moderna), em que compara todas as religiões e as justifica como expressões diversas da religião natural, a única racional, sendo todas igualmente dignas de respeito e de tolerância. Durante as guerras civis na França, Bodin é o expoente do terceiro partido, dito dos "políticos", que se coloca do ponto de vista do interesse nacional. Bodin é catalogado entre os "antimaquiavélicos", mas evidentemente esta é uma característica extrínseca e superficial de seu significado histórico. Bodin funda a ciência política na França num terreno muito mais avançado do que aquele oferecido pela Itália a Maquiavel. Para Bodin, não se trata de fundar o Estado territorial e unitário (nacional), mas de equilibrar as forças sociais em luta dentro desse Estado já forte e enraizado; não o momento da força interessa a Bodin, mas o do consenso. Deve-se observar que, na Itália que Maquiavel observava, não existiam instituições representativas notáveis, como a dos Estados Gerais na França. Quando, modernamente, observa-se que as instituições parlamentares foram importadas na Itália do exterior, não se leva em conta que isto reflete uma condição de fragilidade da história passada italiana, isto é, o fato de ter a estrutura estatal permanecido na fase comunal e não ter passado à fase territorial moderna (nacional). De resto, instituições representativas existiram, especialmente no Sul e na Sicília, mas com caráter bem mais restrito do que na França, por causa do escasso desenvolvimento do Terceiro Estado nestas regiões (os Parlamentos sicilianos, instrumentos dos barões contra a monarquia, essencialmente). Recordar o estudo de Antonio Panella sobre os "Antimachiavellici", publicado no *Marzocco* de 1927 (ou também 1926: onze artigos): observar como nele se julga Bodin em comparação com Maquiavel. (Pode-se ver que, em Maquiavel, as instituições representativas são mencionadas *in nuce*.)

Cf. caderno 13, § 13, 3, 29-33.

§ 207. *Questões de terminologia*. O conceito de estrutura e superestrutura, segundo o qual se diz que a "anatomia" da sociedade é constituída de sua "economia", não estará ligado às discussões surgidas a respeito da classificação das espécies animais, classificação que se tornou "científica" precisamente no momento em se tomou por base a anatomia e não características secundárias e acidentais? A origem da metáfora usada para indicar um conceito recentemente descoberto ajuda a compreender melhor o próprio conceito, que é relacionado ao mundo cultural e historicamente determinado em que surgiu. Certamente, as ciências sociais sempre buscaram encontrar um fundamento objetivo e cientificamente capaz de lhes fornecer a mesma segurança e energia das ciências experimentais e naturais: deste modo, não é difícil pensar por que tenham recorrido a estas para criar uma linguagem.

Recordar o outro motivo, ligado ao desenvolvimento das ciências jurídicas: "não se pode julgar uma época histórica pelo que ela pensa de si mesma", assim como um juiz não pode julgar o réu pelo que este diz para explicar seu ato criminoso ou considerado como tal.

Cf. caderno 11, § 50, 1, 192-195.

§ 234. *"Aparências" e superestruturas*. É verdade que existiu a tendência para julgar as superestruturas como simples e débeis "aparências". Parece-me possível dizer que uma tal tendência se reduz essencialmente a uma atitude psicológica, na qual o conteúdo teórico é mínimo e predomina a imediata paixão polêmica contra um exagero e uma deformação em sentido inverso. Seria possível comparar tal atitude à que se verificou em face da "mulher" e do amor em determinadas épocas. Aparece uma graciosa jovem, branca e rósea, etc., etc. O homem "prático" valoriza sua estrutura "esquelética", a amplitude de sua "bacia", procura conhecer sua mãe ou sua avó, a fim de observar que provável processo de deformação hereditária a jovem sofrerá com o passar dos anos, a fim de ver que "esposa" ele terá em 10, 20 ou 30 anos. O rapazola "satânico", com uma atitude pessimista ou ultrarrealista, observa a jovem com olhos "inexoráveis"; ela também é um saco de esterco, a imagem morta e enterrada, em putrefação, das órbitas malcheirosas e vazias fervilharão os vermes, o róseo será lividez cadavérica, a leveza será decomposição, a elegância de movimentos, o equilíbrio de ossos e tendões será um pequeno saco de ossos inertes, etc. Esta é uma atitude psicológica que está ligada aos anos juvenis, às primeiras reflexões. Mas ela é superada pela vida, e uma "determinada" mulher não mais fará pensar desse modo, etc.

Cf. caderno 11, § 50, 1, 192-195.

CADERNO 9 (1932)

[§] *Pontos da carta para Julia.*[7] Ordem intelectual e ordem moral em conflito: conciliação delas numa "ordem jurídica" que pode aparecer como puramente formal, mas na realidade representa um momento do movimento de evolução. A serenidade deve ter como fundamento a sobriedade moral, ou seja, uma consciência dos limites propostos e não impostos. Contra a embriaguez romântica. Homem coletivo e consciência (vontade) individual: como o "entusiasmo coletivo" pode se tornar norma de ação individual? A recordação do entusiasmo experimentado e que subsiste (mas na ordem intelectual) faz com que pareça inadequado nosso agir concreto e molecular, do que derivam contradições e escrúpulos e repressões de instintos e de impulsos que, na ordem intelectual, são julgados como inferiores e antissociais. Estes me parecem os limites de um problema psicanalítico, o qual, porém, deve ser posto e resolvido pelo próprio sujeito. Autocrítica. Não creio no fundamento científico da psicanálise, ou, pelo menos, creio ser

---

7 Este texto, sem notação de §, aparece na p. 2 do Caderno 9. Gerratana resolveu não considerá-lo como parágrafo autônomo (e, por isso, não o numerou nem o incluiu no Caderno 9), mas apenas o transcreveu em "Descrizioni dei Quaderni", QC, p. 2399-2400, com listas de livros preparadas por Gramsci, rascunhos de cartas para o "Chefe do Governo", etc. Contudo, por sua indiscutível importância teórica, parece-nos que o presente texto deva ser considerado um parágrafo dos Cadernos. Gramsci não o utilizou em nenhuma carta a Julia, mas volta a falar dos temas nele abordados em carta a Tatiana Schucht de 15 de fevereiro de 1932 (cf. Lettere dal carcere, Palermo, Sellerio, p. 533-536). Assim, o fato de que o texto tenha sido retomado, ainda que numa carta e só indiretamente, autoriza-nos a considerá-lo como um texto A e, por conseguinte, a incluí-lo nesta "Antologia".

necessário restringir muito sua esfera real. Os sucessos da psicanálise me parecem devidos à autoridade prestigiosa de personalidades eminentes sobre pacientes moralmente abatidos, aos quais se impõe uma tranquilidade moral mediante explicações subjetivas do médico, que são acolhidas pelo paciente como verdadeiras e lhe fazem seguro de si. A psicanálise deu uma forma atual ao diabo, chamando-o de "inconsciente" ou subconsciente.

Cf. carta a Tania, 15 de fevereiro de 1932.

§ 19. *Maquiavel. Política e arte militar.* O escritor militar italiano (general) De Cristoforis, em seu livro *Che cosa sia la guerra*, diz que, por "destruição do exército inimigo" (objetivo estratégico), não se entende "a morte dos soldados, mas a dissolução de seus laços como massa orgânica". A fórmula me parece feliz também para a terminologia política. Na política, o laço orgânico é dado pela economia, isto é, pelas relações de propriedade e de organização jurídica, que naquelas relações de propriedade se baseiam (partidos, sindicatos, etc.).

Cf. caderno 13, § 35, 3, 89-90.

2. Índice geral dos *Cadernos do cárcere**

* Este "Índice geral" registra todos os parágrafos contidos nos Cadernos do cárcere, inclusive os textos A, a maioria excluídos de nossa edição. Ele reproduz, caderno a caderno e parágrafo a parágrafo, a ordem material adotada na edição crítica de Valentino Gerratana. Os títulos dos cadernos e das partes dos cadernos foram atribuídos pelo próprio Gramsci. Quando estes títulos aparecem entre colchetes, porém, isso significa que reproduzimos as sugestões que, na ausência de uma explícita indicação de Gramsci, foram propostos na edição Gerratana.

Todos os textos A aparecem neste índice com seus títulos originais e são sempre remetidos para o respectivo texto (ou textos) C onde foram retomados e/ou ampliados, salvo nos casos em que estão contidos em nossa edição. Essa remissão se faz mediante uma indicação entre colchetes (por exemplo, [20, 3] ou [28, 1 e 2]) , onde o primeiro número refere-se ao caderno e o seguinte (ou seguintes) ao parágrafo. Para localizar o volume e a página onde se encontra o respectivo texto C em nossa edição, o leitor tem apenas de consultar o presente índice. Por sua vez, os textos B e C, todos contidos na presente edição, assim como os textos A incluídos em apêndice a este volume 6, são referidos mediante uma numeração (por exemplo, 3, 214) que indica, respectivamente, o volume e a página nos quais aparecem em nossa edição.

Como complemento deste "Índice geral", fornecemos também ao leitor a detalhada proposta de datação dos vários parágrafos dos Cadernos que, depois da publicação da edição crítica da obra de Gramsci, organizada por V. Gerratana, foi apresentada e justificada pelo filólogo Gianni Francioni (em L'officina gramsciana. Ipotesi sulla struttura dei "Quaderni del carcere", Nápoles, Bibliopolis, 1984, p. 140-146). Além de bem mais detalhada, a datação de Francioni, em alguns casos, diverge daquela proposta por Gerratana.

I. ÍNDICE DOS *CADERNOS* SEGUNDO A EDIÇÃO GERRATANA

Caderno 1 (1929-1930): Primeiro caderno

34. Pragmatismo americano 1, 229
35. Tipos de revista [24, 3]
36. Lorianismo [28, 7]
37. Turati e o lorianismo [28, 9]
38. Tipos de revista [24, 3; 20, 1]
39. Répaci (Os filhotes do padre Bresciani) [23, 13]
40. A "fórmula" de Léon Blum 3, 119
41. Lorianismo. — Luzzatti [28, 10]
42. Os filhotes de padre Bresciani. Curzio Malaparte — Kurt Erich Suckert [23, 14]
43. Tipos de revista [20, 1; 24, 3; 19, 26]
44. Direção política de classe antes e depois de chegar ao poder [19, 24]
45. Intelectuais sicilianos 2, 60
46. Os moderados e os intelectuais [19, 27]
47. Hegel e o associacionismo 3, 119
48. O jacobinismo ao revés de Charles Maurras [13, 37]
49. O "centralismo orgânico" e as doutrinas de Maurras [13, 38]
50. Um documento da *Amma* sobre a questão Norte-Sul 5, 149
51. Clero como intelectuais 4, 173
52. Origem social do clero 4, 174
53. Maurrasianismo e sindicalismo [13, 37]
54. A batalha da Jutlândia [13, 38]
55. Tipos de revista [24, 4]
56. Apólogo do tronco e dos ramos secos 4, 93
57. Reação do Norte aos preconceitos antimeridionais 5, 150
58. Emigração e movimentos intelectuais 5, 150
59. Ujo Ojetti [23, 15]
60. Papini, Cristo, Júlio César [23, 16]
61. Americanismo 6, 346
62. Questão sexual [22, 3]
63. Lorianismo e Graziadei [28, 11]
64. Lorianismo e G. Ferrero [28, 12]
65. Tipos de revista [24, 4]
66. Colônias italianas 4, 174
67. Sobre o casamento religioso com validade civil 4, 175
68. A questão sexual e a Igreja Católica. Elementos doutrinários [4, 175]
69. O Prêmio Nobel [23, 17]
70. "Impressões do cárcere", de Jacques Rivière 4, 93
71. O padre Gioacchino Ventura 5, 151

72. Os filhotes de padre Bresciani. Arte católica [23, 18]
73. A literatura italiana moderna de Crémieux [23, 40]
74. Supercosmopolitismo e super-regionalismo [22, 4]
75. Intelectuais sicilianos 2, 61
76. A crise do "Ocidente" 3, 120
77. Clero e intelectuais 4, 177
78. Bergson, o materialismo positivista, o pragmatismo 1, 229
79. Italo Chittaro, *La capacità di comando...* [13, 39]
80. O público e a literatura italiana [21, 4]
81. Nino Daniele, *D'Annunzio politico...* 6, 153
82. Os filhotes de padre Bresciani [23, 21]
83. Pietro Pieri, *Il regno di Napoli dal luglio 1799 al marzo 1806* [19, 32]
84. Giovanni Maioli, *Il fondatore della Società Nazionale* [19, 33]
85. Giuseppe Solitro, *Due famigerati gazzettieri dell'Austria* [19, 34]
86. Giovanni Crocioni, *Problemi fondamentali del Folklore* [27, 1]
87. *Gentile e la filosofia della politica italiana* [13, 40]
88. Gioberti [19, 35]
89. Folclore [27, 1]
90. *La Voce* e Prezzolini 2, 61
91. Super-regionalismo [22, 4]
92. Sobre o americanismo [22, 5]
93. Os filhotes de padre Bresciani [23, 19]
94. Proudhon, Jahier e Raimond [23, 34]
95. Adriano Tilgher, *Homo faber* [25, 3]
96. Adelchi Baratono [23, 20]
97. Salvadori, Valli e o lorianismo [28, 13]
98. Lello Cangemi, *Il problema della durata del lavoro...* 4, 285
99. Um famoso fanfarrão desmiolado 6, 153
100. Goffredo Belonci, *Pagine e idee* 6, 153
101. Piedigrotta 6, 154
102. "La Fiera letteraria" que depois se transformou em "L'Italia letteraria" 6, 154
103. Confederação Geral Fascista da Indústria Italiana, *Lo sviluppo dell'industria italiana* 5, 151
104. Jean Barois 4, 94
105. A filosofia americana 4, 285
106. A concepção religiosa de Maurras [13, 37]
107. Filippo Meda, *Statisti cattolici* 4, 177

108. Sobre o *Risorgimento* [19, 36]
109. Informantes e agentes provocadores da Áustria [19, 37]
110. Contradições dos moderados antes de 1948 [19, 38]
111. De Augusto Sandonà [19, 36]
112. padre Facchinei 4, 94
113. Revolução no direito penal e no processo penal e materialismo histórico [16, 20]
114. *Risorgimento*. Direção política e militar [19, 28]
115. Sobre a ameaça contínua que o governo de Viena... [19, 30]
116. Intelectuais italianos 2, 218
117. Direção política e militar no *Risorgimento* [19, 28]
118. O problema dos voluntários no *Risorgimento* [19, 28]
119. A demagogia [19, 28]
120. "Acreditem em mim, não tenham medo..." 3, 122
121. Novara 1849 [19, 29]
122. Temas e estímulos [16, 1]
123. Investigar a origem histórica exata de alguns princípios da pedagogia moderna 2, 62
124. Os futuristas 2, 63
125. 1919 5, 152
126. 1922 5, 152
127. A questão dos jovens 2, 63
128. Religião como princípio e clero como classe-ordem feudal 4, 178
129. O mais difundido lugar-comum sobre o *Risorgimento* [19, 28]
130. Itália real e Itália legal [19, 31]
131. Bainville e o sufrágio universal na França [13, 31]
132. O idealismo atual e o nexo ideologia-filosofia [10.II, 59.IV]
133. Arte militar e arte política 3, 122
134. Luta política e guerra militar 3, 124
135. Americanismo [22, 6]
136. Novecentismo de Bontempelli [23, 29]
137. Novecentistas e super-regionalistas [23, 30]
138. *Risorgimento* 5, 152
139. Ação Católica [20, 2]
140. A Constituição espanhola de 1812 no *Risorgimento* [19, 30]
141. Americanismo [22, 7]
142. Giuseppe Prezzolini e os intelectuais [23, 31]
143. Qualidade e quantidade [22, 8]

Caderno 2 (1929-1933): Miscelânea I

Caderno 3 (1930): [Miscelânea]

63. Os filhotes de padre Bresciani [21, 5]
64. Os filhotes de padre Bresciani [23, 38]
65. Massimo Lelj, *Il Risorgimento dello spirito italiano* [19, 41]
66. Lorianismo e barroquismo. Paolo Orano 2, 277
67. *Gerrymandering* 3, 200
68. Americanismo [22, 16]
69. Utopias e romances filosóficos [25, 7]
70. Frade Veremos 5, 207
71. Utopias e romances filosóficos [25, 7]
72. Rubricas científicas [24, 8]
73. Os filhotes de padre Bresciani. Luigi Capuana [23, 39]
74. Guido Bertoni e a linguística 6, 159
75. Utopias e romances filosóficos [25, 7]
76. A questão da língua e as classes intelectuais italianas 2, 80
77. O clero, a propriedade eclesiástica e as formas afins de propriedade fundiária ou mobiliária 4, 187
78. Os filhotes de padre Bresciani. Os romances populares de folhetim [21, 6]
79. A questão da língua 2, 84
80. O particular *chauvinismo* italiano... 2, 84
81. Federico Confalonieri [19, 42]
82. Cultura histórica italiana e francesa 6, 161
83. Passado e presente. *Scuola di giornalismo* de Ermanno Amicucci [24, 9]
84. A morte de Vítor Emanuel II [19, 43]
85. Arturo Graf 6, 162
86. Lorianismo. Alfredo Trombetti 2, 277
87. Para a formação das classes intelectuais italianas na Alta Idade Média 2, 85
88. A investigação da formação histórica dos intelectuais italianos 2, 89
89. Lorianismo 2, 280
90. História das classes subalternas 6, 352
91. Os filhotes de padre Bresciani. A feira do livro [23, 41]
92. Federico Confalonieri [19, 44]
93. Giovanni Cena [23, 43]
94. Os filhotes de padre Bresciani. Polifilo [23, 42]
95. Os filhotes de padre Bresciani [21, 7]
96. Os filhotes de padre Bresciani. Romances populares [21, 8]

129. Diplomacia italiana 3, 203
130. Cultura italiana 2, 94
131. Diplomacia italiana 3, 204
132. Lorianismo. Paolo Orano 2, 281
133. Carlo Flumiani, *I gruppi sociali. Fondamenti di scienza politica* 3, 204
134. Piero Pieri, *Il Regno di Napoli dal luglio 1799 al marzo 1806* [19, 48]
135. História e anti-história 1, 230
136. Os filhotes de padre Bresciani [23, 49]
137. A formação da classe intelectual italiana 2, 94
138. Os filhotes de padre Bresciani. Alfredo Panzini [23, 50]
139. Passado e presente 4, 100
140. Catolicismo e laicismo. Religião e ciência, etc. 4, 188
141. A função internacional dos intelectuais italianos 2, 95
142. Os limites da atividade do Estado 3, 204
143. 1914 5, 208
144. Renascimento 2, 96
145. Cultura italiana e francesa e academias 2, 96
146. Kipling 6, 163
147. Intelectuais italianos. Carducci 2, 97
148. Caráter popular-nacional negativo da literatura italiana [23, 51]
149. Literatura popular. Verne e literatura de aventuras maravilhosas [21, 10]
150. Literatura popular. Emilio De Marchi [21, 11]
151. Caráter popular-nacional negativo da literatura italiana [23, 51]
152. "Spectator = Mario Missiroli" 1, 231
153. Literatura popular. Notas sobre o romance policial [21, 12]
154. Aspecto nacional-popular negativo da literatura italiana [23, 52]
155. A nova arquitetura 6, 163
156. Lorianismo. Trombetti e a monogênese da linguagem 2, 281
157. Separação entre dirigentes e dirigidos 3, 205
158. O nó histórico 1848-1849 [19, 49]
159. *Risorgimento* 6, 354
160. Estrutura econômica italiana 5, 209
161. Leão XIII 4, 188
162. O nó histórico 1848-1849 [19, 51]
163. A "história" do *Risorgimento* de Alessandro Luzio [19, 53]

Caderno 4 (1930-1932): [Apontamentos de filosofia I — Miscelânea — O canto décimo do Inferno]

Apontamentos de filosofia. Materialismo e idealismo. Primeira série

28. Antonino Lovecchio, *Filosofia della prassi e filosofia dello spirito* [11, 8]
29. Maquiavel [13, 22]
30. O livro de De Man [11, 66]
31. De Georges Sorel [11, 66]
32. O *Ensaio popular* [11, 32]
33. Passagem do *saber* ao *compreender* e ao *sentir* e vice-versa [11, 67]
34. A propósito do nome "materialismo histórico" 6, 362
35. Sobre a origem do conceito de "ideologia" [11, 63]
36. Critérios de julgamento "literário" [23, 5]
37. Idealismo-positivismo ("Objetividade" do conhecimento) [11, 64]
38. Relações entre estrutura e superestruturas [13, 17 e 18; 10.II, 12]
39. Sobre o *Ensaio popular* [11, 33]
40. Filosofia e ideologia 6, 362
41. A ciência [11, 37]
42. Giovanni Vailati e a linguagem científica [11, 48]
43. A "objetividade do real" e o professor Lukács 6, 362
44. Sorel [10.II, 41.XII]
45. Estrutura e superestruturas 6, 363
46. Filosofia — política — economia [11, 65]
47. A objetividade do real e Engels 6, 365
48. O livro de Henri De Man [11, 66]

[Miscelânea]

49. Os intelectuais [12, 1]
50. A escola unitária [12, 1]
51. Braço e cérebro [12, 3]
52. Americanismo e fordismo [22, 11, 12 e 13]
53. Concordatas e tratados internacionais [16, 11]
54. 1918 [16, 11]
55. O princípio educativo na escola elementar e média [12, 2]
56. Maquiavel e a "autonomia" do fato político 6, 366
57. Vincenzo Cuoco e a revolução passiva 5, 209
58. (Literatura popular) [21, 15]
59. (História das classes subalternas) [11, 7]
60. Temas de cultura [Tipos de revista] [16, 6]
61. Filosofia-ideologia, ciência-doutrina 1, 231
62. Arte militar e política 3, 207

63. Epistolário Sorel-Croce [11, 66]
64. "História e anti-história" 1, 433
65. Passado e presente 4, 101
66. O elemento militar em política [13, 23]
67. Grandeza relativa das potências [13, 19]
68. *Il libro di Don Chisciotte* de E. Scarfoglio 6, 164
69. Sobre os partidos [13, 23]
70. Sorel, os jacobinos, a violência [11, 66]
71. A ciência [11, 39]
72. O novo intelectual [12, 3]
73. Lorianismo [28, 15]
74. G. B. Angioletti 2, 97
75. Passado e presente 1, 232
76. Vittorio Macchioro e a América 4, 294
77. Tipos de revista 2, 226

O canto décimo do Inferno

78. A questão de "estrutura e poesia" na *Divina comédia*... 6, 17
79. Crítica do "não expresso"? 6, 19
80. Plínio recorda que Timantes de Sicião... 6, 20
81. A data da morte de Guido Cavalcanti... 6, 20
82. O desdém de Guido 6, 21
83. Vincenzo Morello, *Dante, Farinata, Cavalcante*... 6, 22
84. As "renúncias descritivas" na *Divina comédia* 6, 26
85. Em 1918, numa coluna de *Sotto la mole*... 6, 27
86. De uma carta do professor U. Cosmo... 6, 28
87. Já que não se deve levar muito a sério a gravíssima tarefa... 6, 29
88. Shaw e Gordon Craig 6, 30

[Miscelânea]

89. Temas de cultura [16, 4]
90. Católicos integristas, jesuítas, modernistas 4, 190
91. Caráter cosmopolita dos intelectuais italianos 2, 98
92. Temas de cultura [16, 5]
93. Intelectuais. Breves notas sobre cultura inglesa 2, 99
94. Concordata [16, 14]
95. História das classes subalternas 5, 210

Caderno 5 (1930-1932): [Miscelânea]

Caderno 6 (1930-1932): [Miscelânea]

194. Passado e presente. A Reforma Gentile e a religião nas escolas 2, 148
195. Católicos integristas, jesuítas, modernistas. O caso Turmel 4, 218
196. Política do Vaticano. Malta 4, 220
197. Os intelectuais 2, 149
198. Passado e presente. "Forçar os textos" 4, 108
199. *Risorgimento.* A Constituição espanhola de 1812 5, 272
200. Intelectuais italianos 2, 149
201. Os filhotes de padre Bresciani. Bruno Cicognani 6, 204
202. A Concordata 4, 220
203. Passado e presente. O Estado e os funcionários 3, 258
204. Passado e presente 4, 108
205. Noções enciclopédicas. Ação direta 3, 258
206. Questões escolares 2, 150
207. Literatura popular. *Il Guerin Meschino* 6, 205
208. Literatura italiana. *Spartaco* de R. Giovagnoli 6, 206
209. Intelectuais. Intelectuais tradicionais 2, 151
210. Intelectuais 2, 151
211. Intelectuais. As Academias 2, 151

Caderno 7 (1930-1931): [Apontamentos de filosofia II e Miscelânea]

Apontamentos de filosofia. Materialismo e idealismo. Segunda série

1. Benedetto Croce e o materialismo histórico [10.II, 41.I]
2. Tradutibilidade das linguagens científicas e filosóficas [11, 46]
3. "Esperanto filosófico" e científico [11, 45]
4. Ciência moral e materialismo histórico 1, 235
5. O *Ensaio popular*, a ciência e os instrumentos da ciência [11, 21]
6. O *Ensaio popular* e a sociologia [11, 25]
7. A metáfora da parteira e a de Michelangelo 4, 108
8. Benedetto Croce e o materialismo histórico [10.II, 41.II]
9. B. Croce a história ético-política [10.II, 41.III]
10. Estrutura e superestrutura 6, 368
11. Um juízo sobre o "idealismo atual" de Gentile 1, 440
12. O homem-indivíduo e o homem-massa 3, 259
13. Einaudi e o materialismo histórico [10.II, 39]
14. Testemunhos 1, 236

[Miscelânea]

Caderno 8 (1931-1932): [Miscelânea e Apontamentos de Filosofia III]

[Miscelânea]

Apontamentos de filosofia. Materialismo e idealismo. Terceira série

222. Introdução ao estudo da filosofia. Sobre o conceito de regularidade e de lei nos fatos históricos [11, 52]
223. Croce e Loria [10.I, 13]
224. Teologia — Metafísica — Especulação [10.I, 8]
225. Pontos para um ensaio sobre B. Croce [10.I, Sumário, 1, 2, 3, 4, 5 e 6]
226. Uma Minerva de carne e osso [10.I, 13]
227. Pontos para um ensaio sobre Croce [10.I, 7 e 13]
228. A religião, a loteria e o ópio do povo [16, 1]
229. *Ensaio popular* [11, 15]
230. A religião, a loteria e o ópio do povo [16, 1]
231. Introdução ao estudo da filosofia [10.II, 31]
232. *Ensaio popular*. Juízo sobre as filosofias passadas [11, 18]
233. Pontos para um ensaio sobre Croce [10.I, 5]
234. "Aparências" e superestruturas 6, 379
235. Introdução ao estudo da filosofia [11, 51]
236. Pontos para um ensaio sobre Croce [10.I, 9]
237. Introdução ao estudo da filosofia [11, 52]
238. Introdução ao estudo da filosofia. Filosofia especulativa [11, 53]
239. *Ensaio popular*. Teleologia [11, 35]
240. Pontos para um ensaio sobre Croce. História ético-política ou história especulativa? [10.I, 13]
241. Os *Pensées* de Pascal... [16, 1]
242. 1º Origens populares do super-homem [16, 13]
243. 2º *Risorgimento* italiano [14, 16]
244. 3º Maquiavel. Contra o "voluntarismo" ou garibaldismo [14, 18]
245. 4º Literatura popular [14, 17]

Caderno 9 (1932): [Miscelânea e Notas sobre o *Risorgimento* italiano]

[Miscelânea]

Pontos da carta para Julia 6, 380

1. Noções enciclopédicas. O pequeno galo vermelho 5, 304
2. Os filhotes de padre Bresciani. Uma esfinge sem enigmas 6, 224
3. Noções enciclopédicas. *Angherie* [16, 28]
4. História das classes subalternas. De Amicis 5, 305
5. *Risorgimento* italiano. Sublevação de Palermo em 1866 [19, 23]

42. Os filhotes de padre Bresciani [23, 8]
43. Os filhotes de padre Bresciani. Livros sobre guerra [23, 25]
44. Temas de culura. Discussões, perder-se em minúcias excessivas, etc. [16, 29]
45. Passado e presente [16, 25]
46. Ricciotti Garibaldi 5, 307
47. Noções enciclopédicas. Tempo [16, 30]
48. Os filhotes de padre Bresciani. Leonida Répaci [23, 26]
49. Apólogos [16, 24]
50. Os filhotes de padre Bresciani [23, 27]
51. Passado e presente 4, 119
52. Passado e presente 3, 294
53. Passado e presente 4, 120
54. Noções enciclopédicas. Bibliografia 4, 121
55. Renascimento e Reforma 5, 307
56. Passado e presente 2, 170
57. A cultura como expressão da sociedade 4, 121
58. A "nova" ciência. Borgese e Michel Ardan [11, 68]
59. Noções enciclopédicas. Empirismo 1, 255
60. Passado e presente. Do sonhar de olhos abertos e do fantasiar 3, 295
61. Passado e presente. Inglaterra e Alemanha 4, 311
62. Maquiavel [13, 31]
63. Passado e presente. Contra o bizantinismo 1, 255
64. Maquiavel (história das classes subalternas). Importância e significado dos partidos [13, 33]
65. Passado e presente 3, 295
66. Literatura popular 6, 226
67. Passado e presente 4, 312
68. Maquiavel. Centralismo orgânico e centralismo democrático [13, 36]
69. Maquiavel [13, 30]
70. Maquiavel [13, 34]
71. Passado e presente 4, 313
72. Temas de cultura. Americanismo e fordismo [22, 13]
73. Passado e presente 4, 314
74. Americanismo e fordismo. Temas de cultura [22, 13]
75. Bibliografias 5, 308

Notas sobre o Risorgimento *italiano*

108. Origens do *Risorgimento* [19, 3]
109. Bibliografia [19, 4]
110. Rodolfo Morandi, *Storia della grande industria in Italia* [19, 7]
111. Missiroli e a história italiana moderna [19, 5]
112. A indústria italiana [19, 7]
113. Publicações de livros e relatos produzidos pelos antiliberais [19, 13]
114. Merimée e 1848 [19, 16]
115. A revolução de 1831 [19, 15]
116. Carlos Félix [19, 14]
117. Martino Beltrani Scalia, *Giornali di Palermo nel 1848-1849* [19, 17]
118. A posição geopolítica da Itália. A possibilidade dos blocos [19, 12]

[Miscelânea]

119. Questões escolares 2, 174
120. Literatura popular [21, 2]
121. Temas de cultura. Os grandes gênios nacionais 4, 122
122. Caráter cosmopolita da literatura italiana. A poesia provençal na Itália 2, 177
123. *Risorgimento* [19, 21]
124. Crítica literária [23, 6]
125. Passado e presente 5, 308
126. *Risorgimento* [19, 23]
127. *Risorgimento* [19, 5]
128. Catolicismo [16, 19]
129. *Risorgimento*. O nó histórico 1848-1849 [19, 22]
130. Passado e presente 1, 256
131. Passado e presente 4, 122
132. Temas de cultura [13, 26; 23, 7]
133. Maquiavel. O cesarismo [13, 27]
134. Literatura italiana. Pirandello 6, 227
135. Literatura nacional-popular. Os "humildes" [21, 3]
136. Maquiavel. O cesarismo [13, 27]
137. Temas de cultura. Sobre o desenvolvimento da técnica militar [13, 28]
138. Passado e presente 2, 178
139. Os intelectuais 2, 178
140. Sobre a civilização inglesa 2, 179

Caderno 10 (1932-1935): A filosofia de Benedetto Croce

[Parte I] Pontos de referência para um ensaio sobre B. Croce

[Parte II] A filosofia de Benedetto Croce

Caderno 11 (1932-1933): [Introdução ao estudo da filosofia]

Apontamentos e referências de caráter histórico-crítico

Apontamentos para uma introdução e um encaminhamento ao estudo da filosofia e da história da cultura

I. *Alguns pontos preliminares de referência*

II. Observações e notas críticas sobre uma tentativa de "Ensaio popular de sociologia"

III. A ciência e as ideologias científicas

Caderno 12 (1932): Apontamentos e notas dispersas para um grupo de ensaios sobre a história dos intelectuais

Caderno 13 (1932-1934): Breves notas sobre a política de Maquiavel

Caderno 14 (1932-1935): [Miscelânea]

Caderno 15 (1933): [Miscelânea]

Caderno 16 (1933-1934): Temas de cultura. 1º

Caderno 17 (1933-1935): Miscelânea

Caderno 18 (1934): Nicolau Maquiavel. II

Caderno 19 (1934-1935): [*Risorgimento* italiano]

Caderno 20 (1934-1935): Ação Católica — Católicos integristas — Jesuítas — Modernistas

Caderno 21 (1934-1935): Problemas da cultura nacional italiana. 1º Literatura popular

Caderno 22 (1934): Americanismo e fordismo

Caderno 23 (1934): Crítica literária

Caderno 24 (1934): Jornalismo

Caderno 25 (1934): Às margens da história (História dos grupos sociais subalternos)

Caderno 26 (1935): Temas de cultura. 2º

1. Indicações bibliográficas 4, 81
2. A "equação pessoal" 4, 81
3. O nariz de Cleópatra 4, 81
4. Sobre raciocinar segundo médias estatísticas 4, 82
5. "Contradições" do historicismo e suas expressões literárias (ironia, sarcasmo) 4, 82
6. O Estado "*veilleur de nuit*" 4, 85
7. Postulado 4, 86
8. Classe média 4, 87
9. Oficial 4, 88
10. *Ascari, crumiri, moretti*, etc. 4, 88
11. *"Rinascimento", "Risorgimento", "Riscossa"*, etc. 4, 89

Caderno 27 (1935): Observações sobre o "folclore"

1. Giovanni Crocioni... 6, 133
2. "Direito natural" e folclore 6, 136

Caderno 28 (1935): Lorianismo

Sobre alguns aspectos deteriorados e bizarros... 2, 257

1. Registro dos principais "documentos"... 2, 257
2. Juntamente com Loria, devem-se examinar Enrico Ferri e Lumbroso... 2, 262
3. O ossinho de Cuvier 2, 262
4. Paolo Orano 2, 263
5. Nas cartas de G. Sorel a B. Croce... 2, 263
6. Alberto Lumbroso 2, 263
7. Lorianismo na ciência geográfica 2, 264
8. Recordar o volume sobre a *Cultura italiana*... 2, 264
9. Turati 2, 265
10. Credaro-Luzzatti 2, 265
11. Graziadei e o Eldorado 2, 265
12. Guglielmo Ferrero 2, 267
13. Luigi Valli 2, 267
14. Loria e a altimetria 2, 268
15. Corso Bovio 2, 268

Caderno 29 (1935): Notas para uma introdução ao estudo da gramática

II. DATAÇÃO DOS PARÁGRAFOS SEGUNDO A PROPOSTA DE G. FRANCIONI

Caderno 1

Projeto: 8 de fevereiro de 1929

§§ 1-7: junho de 1929
8-11: entre junho e julho
12: julho
13-27: entre julho e outubro
28-29: outubro
30-32: entre outubro e dezembro
33: dezembro de 1929
34-43: entre dezembro de 1929 e fevereiro de 1930
44-144: entre fevereiro e março
145-147: março
148: entre março e maio
149-158: maio de 1930 (depois do dia 20)

Caderno 2

§§ 1-18: maio de 1930 (antes do dia 20)
19-32: entre maio e antes do dia 15 de junho
33-54: junho (antes do dia 15)
55-72: entre agosto e setembro
73-75: 1929(?)-1930 (talvez antes de maio)
76-105: entre agosto e setembro (antes de 2 de outubro)
106-125: entre outubro e novembro
126-129: entre novembro e dezembro
130-136: dezembro de 1930
137-141: entre dezembro de 1930 e março de 1931
142-149: outubro de 1931
150: 1933 (depois de janeiro)

Caderno 3

§§ 1-13: entre 20 e 30 de maio de 1930
14-27: junho (antes do dia 15)
28-56: entre junho e julho
57-60: julho
61-62: entre julho e agosto
63-104: agosto
105-142: entre agosto e setembro (antes de 2 de outubro)
143-162: entre setembro e outubro
163-166: outubro de 1930

Caderno 4

§§ 1-8: maio de 1930
9-27: entre maio e agosto
28-30: entre agosto e setembro
31: setembro
32-37: entre setembro e outubro
38-42: outubro
43-48: entre outubro e novembro de 1930
48-77: novembro de 1930
78: maio de 1930

79: entre maio e junho
80: julho
81-83: entre julho de 1930 e 13 de março de 1931
84-85: entre 1931 e 1932
86-88: 1932 (provavelmente entre a metade do ano e agosto)
89-95: entre agosto e setembro de 1932

Caderno 5

§§ 1-14: outubro de 1930
15-96: entre outubro e novembro
97: novembro
98-135: entre novembro e dezembro
136-145: dezembro
146-159: dezembro de 1930 (ou entre agosto de 1931 e início de 1932?)
160-161: início de 1932

Caderno 6

§§ 1-11: entre novembro e dezembro de 1930
12-40: dezembro de 1930
41-74: entre dezembro de 1930 e 13 de março de 1931
75-76: março
77-136: entre março e agosto
137-142: agosto
143-157: outubro
158-163: entre outubro e novembro
164-172: novembro
173: entre novembro e dezembro
174-202: dezembro de 1931
203-205: entre dezembro de 1931 e janeiro de 1932
206-211: janeiro de 1932

Caderno 7

§§ 1-11: novembro de 1930
12-17: entre novembro e dezembro de 1930
18-22: entre novembro-dezembro de 1930 e fevereiro de 1931

23-32: fevereiro
33-48: entre fevereiro e novembro de 1931
49-54: agosto de 1931
55-59: entre agosto e outubro
60-68: outubro
69: entre outubro e dezembro
70-108: dezembro de 1931

Caderno 8

Proposta: entre novembro e dezembro de 1931
Agrupamentos de matéria: entre novembro e dezembro de 1931

§§ 1-18: janeiro de 1932
19-30: entre janeiro e fevereiro
31-70: fevereiro
71-76: entre fevereiro e março
77-118: março
119: entre março e abril
120-165: abril de 1932
166-176: novembro de 1931
177: entre novembro e dezembro
178-193: dezembro de 1931
194-199: fevereiro de 1932
200-212: entre fevereiro e março
213-220: março
221: entre março e abril
222-236: abril
237-240: maio de 1932
241-245: entre novembro de 1931 e maio de 1932

Caderno 9

§§ 1-2: abril de 1932
3-15: entre abril e maio
16-31: maio
32-34: entre maio e junho
35-56: junho

57: julho
58-68: entre julho e agosto
69-71: agosto
72-75: entre agosto e setembro
76-88: setembro de 1932
89-96: maio de 1932
97-104: entre maio e junho
105: junho
106: entre junho e julho
107: julho
108: agosto
109-117: entre agosto e setembro
118: setembro
119-127: entre setembro e novembro
128-142: novembro de 1932

Caderno 10

Parte I
Sumário e
§§ 1-12: entre meados de abril e meados de maio de 1932 (acréscimos marginais ao Sumário em meados de 1935)
13: segunda metade de maio de 1932

Parte II
1-5: abril (primeira metade?) de 1932
6-14: segunda metade de maio
15-28: junho
29-40: entre junho e agosto
41.I: agosto
41.II-47: entre agosto e dezembro
48: dezembro de 1932
49: entre dezembro de 1932 e fevereiro de 1933
50-55: fevereiro
56-69: entre fevereiro e maio de 1933

Caderno 11

§§ 1-11: 1932
12: entre junho e julho de 1932
13-31: entre julho e agosto
32: agosto
33-70: entre agosto e final de 1932 (ou início de 1933)

Caderno 12

§§ 1-3: entre maio e junho (?) de 1932

Caderno 13

§§ 1-40: entre maio de 1932 e os primeiros meses de 1934

Caderno 14

§§ 1-3: março de 1935
4-6: dezembro de 1932
7-14: entre dezembro de 1932 e janeiro de 1933
15-35: janeiro
36-43: entre janeiro e fevereiro
44-73: fevereiro de 1933
74-80: março de 1935

Caderno 15

§§ 1-8: fevereiro de 1933
9: entre fevereiro e março
10: março
11: entre março e abril
12-14: abril
15-19: entre abril e maio
20-49: maio
50-53: entre maio e junho
54-57: junho
58-65: entre junho e julho

66-71: julho
72-73: entre julho e agosto
74-76: agosto de 1933

Caderno 16

§§ 1-30: entre fevereiro e final (?) de 1934

Caderno 17

§§ 1-3: agosto de 1933
4-9: entre agosto e setembro
10-25: setembro
26-37: entre setembro de 1933 e janeiro de 1934
38-41: janeiro
42-43: fevereiro
44: março
45-46: julho
47: agosto de 1934
48-53: junho de 1935

Caderno 18

§§ 1-30: primeiros meses de 1934

Caderno 19

§§ 1-58: entre fevereiro de 1934 e fevereiro de 1935

Caderno 20

§§ 1-4: entre fevereiro de 1934 e início (?) de 1935

Caderno 21

§§ 1-15: entre fevereiro de 1934 e final (?) de 1934

Caderno 22

§§ 1-16: entre fevereiro e março (?) de 1934

Caderno 23

§§ 1-59: entre fevereiro e agosto de 1934

Caderno 24

§§ 1-9: 1934 (iniciado provavelmente em fevereiro)

Caderno 25

§§ 1-7: entre fevereiro e agosto (?) de 1934

Caderno 26

§§ 1-11: entre fevereiro e meados (?) de 1935

Caderno 27

§§ 1-2: primeira metade (?) de 1935

Caderno 28

§§ 1-18: primeira metade (?) de 1935

Caderno 29

§§ 1-9: em torno de abril de 1935

3. Índice dos principais conceitos*

---

* Selecionamos aqui alguns dos principais conceitos e temas presentes nos Cadernos do cárcere. Esta seleção permitirá ao leitor localizá-los nos vários volumes de nossa edição. Nas remissões — por exemplo, 3 (218, 315) —, o primeiro número refere-se ao volume, enquanto os postos entre parênteses remetem às respectivas páginas.

Na escolha das entradas para este índice, valemo-nos não apenas da edição Gerratana, já citada, onde o extenso "Indice per Argomenti" ocupa mais de 100 páginas (vol. 4, p. 3161-3270), mas também do modesto mas eficiente "Subject Index" presente em A. Gramsci, Selections from the Prison Notebooks, ed. de Quintin Hoare e G. Nowell Smith, Londres-Nova York, Lawrence & Wishart- International Publishers, 1971, p. 478-483.

Na elaboração deste índice, bem como em várias outras tarefas desta edição, contamos com a valiosa colaboração da professora Andréa de Paula Teixeira.

D

F

Q

R

S

T

U

V

ÍNDICE ONOMÁSTICO

O texto deste livro foi composto em Minion Pro, em corpo 11,5/15,5.

A impressão se deu sobre papel off-white pelo Sistema Digital Instant Duplex da Divisão Gráfica da Distribuidora Record.